Littératures d'ailleurs

Histoire et actualité
des littératures étrangères en France

Espaces Littéraires
Collection dirigée par Maguy Albet

Dernières parutions

Hassan WAHBI, *La beauté de l'absent*, 2010.
Claude HERZFELD, *Paul Nizan, écrivain en liberté surveillée*, 2010.
Charles WEINSTEIN (textes réunis par), *Récits et nouvelles du Grand Nord*, 2010.
Paul TIRAND, *Edmond Combes. L'Abyssinien. 1812-1848. La passion de l'Orient*, 2010.
Paule PLOUVIER, *Pierre Torreilles Poète, Entre splendeur hellénique et méditation hébraïque du souffle*, 2010.
Tommaso MELDOLESI, *Sur les rails. La littérature de voyage de la réalité aux profondeurs de l'âme*, 2010.
Cynthia HAHN (coordonné par), *Ezza Agha Malak. À la croisée des regards*, 2010.
Miguel COUFFON, *Marlen Haushofer. Écrire pour ne pas perdre la raison*, 2010.
David L. PARRIS, *Albert Adès et Albert Josipovici : écrivains d'Egypte d'expression française au début du XXe siècle*, 2010.
Arnaud TRIPET, *Poètes d'Italie. De saint François à Pasolini*, 2009.
Miguel COUFFON, *Le Signe et la convention. Hommage à Ingeborg Bachmann*, 2009.
Patricia IZQUIERDO, *Devenir poétesse à la belle époque (1900-1914). Étude littéraire, historique et sociologique*, 2009.
Jean-Pierre BRÈTHES, *D'un auteur l'autre*, 2009.
Thierry POYET, *Du romancier aux personnages. Éléments didactiques pour l'étude de quelques personnages littéraires*, 2009.
Jean-Yves POUILLOUX et Marie-Françoise MAREIN, *Les voix de l'éveil. Ecritures et expérience spirituelle*, 2009.
Gizelda MORAIS, *Réveillez les tambours*, 2009.
Claudine MONTEIL, *Simone de Beauvoir. Modernité et engagement*, 2009.
Irena KRISTEVA, *Pour comprendre la traduction*, 2009.

Céline GITON

Littératures d'ailleurs

HISTOIRE ET ACTUALITÉ
DES LITTÉRATURES ÉTRANGÈRES EN FRANCE

© L'Harmattan, 2010
5-7, rue de l'Ecole polytechnique ; 75005 Paris

http://www.librairieharmattan.com
diffusion.harmattan@wanadoo.fr
harmattan1@wanadoo.fr

ISBN : 978-2-296-12507-0
EAN : 9782296125070

A une époque de langages conflictuels [...]
le roman est, sera et devra être l'un de ces langages.
Il devra surtout être l'arène où tous pourront se donner rendez-vous.
Le roman, non seulement comme lieu de rencontre de personnages,
mais lieu de rencontre de langages,
de temps historiques différents et de civilisations
qui n'auraient sans cela aucune chance d'entrer en relation.

Carlos Fuentes, *Géographie du roman*

Le monde a rétréci, les échanges mondiaux sont permanents,
et si nous croulons, certes, sous la camelote internationale,
notre vraie chance est dans cette nouvelle ouverture et ces contacts,
par la lecture, par les voyages, avec toutes les parties du monde.

Jean-Luc Toula-Breysse, *Cultures du monde en France*

Les œuvres littéraires dépassent les frontières, elles dépassent les
langues grâce aux traductions, elles dépassent aussi les usages sociaux et
certaines relations humaines
particulièrement formées par l'histoire et le lieu,
mais l'humain qu'elles révèlent en profondeur est universellement
communicable à l'humanité entière.

Gao Xingjian, *La raison d'être de la littérature*

Si la situation leur semble favorable, les littératures venues d'ailleurs préoccupent peu les pouvoirs publics. Aucun discours officiel n'existe sur le sujet ; les politiques se désintéressent de la question, comme si les échanges littéraires n'étaient pas d'importance pour mesurer le degré d'ouverture aux civilisations étrangères... Pourtant, l'ouverture aux littératures venues d'ailleurs interroge l'intérêt porté à l'autre. En ces temps de « choc des civilisations », alors que la France adopte une attitude de moins en moins accueillante pour les étrangers et que les reconduites à la frontière se multiplient, la question semble pourtant d'actualité. Pascale Casanova nous rappelle le danger de cette attitude dans la *République mondiale des lettres* (Seuil, 1999), en remarquant que les nations refermées sur elles-mêmes, « préoccupées de donner une définition d'elles-mêmes, reproduisent en circuit fermé leurs propres normes *ad infinitum*, les déclarant nationales et donc nécessaires et suffisantes sur le marché autarcique du territoire national ».

Se pencher sur la diffusion et la promotion des littératures étrangères permet ainsi de se faire une idée du degré de tolérance et d'intérêt de la population française envers les mondes étrangers. Bien sûr, la lecture d'œuvres littéraires reste en elle-même pratiquée par un public relativement restreint. Quelques chiffres parleront d'eux-mêmes : selon différentes enquêtes et sondages effectués sur le livre et la lecture, en particulier les enquêtes sur les pratiques culturelles du ministère de la Culture, les non-lecteurs, relatifs ou absolus, représentaient environ 25 % de la population française en 1997 et ont augmenté depuis pour atteindre 30 % en 2008. A l'autre extrémité, la création littéraire et intellectuelle est susceptible d'intéresser environ 200 000 personnes seulement, soit 0,3 % de la population. Près de 13 % des Français déclaraient en 1997 ne pas posséder de livres dans leur foyer, même si seulement 4 % n'en posséderaient vraiment aucun. A l'inverse, 22 % des Français possèdent deux cents livres ou davantage. Et si beaucoup de Français lisent des livres aujourd'hui, chaque lecteur lit moins qu'il y a trente ans. Plus d'un Français sur quatre de plus de quinze ans n'a pas lu de livres au cours des douze derniers mois, et le nombre de faibles lecteurs augmente tandis que celui des forts lecteurs est en constante diminution : 38 % de la population lit moins de dix livres par an (en comptant les bandes dessinées), contre 24 % en 1973 ; 12 % seulement lisent plus de vingt-cinq livres, contre 15 % en 1997 et 22 % en 1973.

Cependant, ces chiffres ne font que donner des grandes tendances et les enquêtes permettent difficilement de dresser des portraits fidèles de lecteurs. Jean-Louis Fabiani dénonce ainsi des « enquêtes standardisées sur la lecture », menées « au prix de l'oubli de la diversité du livre », ce qui conduit certains à « opposer les limites des approches quantitatives aux richesses de l'investigation anthropologique, seule censée pouvoir rendre compte de l'expérience du lecteur ou de sa "carrière" au sens que la sociologie interactionniste a donné à ce mot, quitte à jeter par-dessus bord les constats les mieux établis de la sociologie des consommations culturelles[1] ». D'autre part, les chiffres moyens cachent des disparités fortes face au livre, y compris parmi les populations qui lisent.

Un constat en tout cas est inquiétant : l'évolution des pratiques de lecture ne va pas de pair avec la massification de l'enseignement. C'est ainsi que l'instruction obligatoire n'a pas mené les jeunes à la lecture, et que même les études supérieures n'entraînent pas automatiquement un rapport plus étroit au livre. La lecture des jeunes à l'école puis à l'université passe d'abord par l'usage de photocopies et d'extraits de textes reproduits dans les manuels scolaires. Pour de nombreux jeunes scolarisés jusqu'en troisième ou en terminale, les seuls livres lus intégralement sont ceux imposés par le professeur de français, et aucune habitude de lecture-plaisir ne se met en place durant la scolarité. Par ailleurs, il est estimé que près de 9 % des adultes (18-65 ans) ayant été scolarisés sont aujourd'hui en situation d'illettrisme et 4,5 % des jeunes de 17 ans. Dans une telle situation, c'est bien sûr le sort du livre en général qui est préoccupant, au-delà des seuls livres étrangers. Mais nous verrons que ces derniers peuvent avoir leur importance dans la lutte contre la disparition du plaisir de la lecture chez les jeunes. Pour quelles raisons ? Parce que les romans étrangers peuvent attirer par leur nouveauté, le dépaysement qu'ils procurent, leur style, leurs thèmes. Parce qu'ils peuvent être utilisés pour ramener au plaisir de lire, mais aussi à plus de tolérance, de connaissance des cultures différentes, parce qu'ils peuvent servir à prévenir le racisme, à aider à mieux « vivre ensemble », alors que dans notre pays « l'enjeu du vivre ensemble est aujourd'hui l'un des défis les plus cruciaux du siècle qui s'ouvre[2] ».

En l'absence d'enquête approfondie sur les littératures étrangères et à partir des seules données disponibles sur la population des lecteurs en France, l'impact des littératures étrangères ne peut être surestimé, même si certains romanciers étrangers connaissent une grande popularité dans notre pays, Umberto Eco ou Gabriel García Márquez par exemple. Mais contrairement à la musique et aux films étrangers, la lecture implique un acte d'approfondissement poussé d'une culture particulière. Non pas que musique

---

[1] Jean-Louis Fabiani, « Pour une sociologie du lecteur », in *Le lecteur. Approche sociologique, économique, juridique*, Emmanuel Dreyer et Patrick Le Floch (dir.), L'Harmattan, 2004.
[2] Annabelle Albany, *La France et le multiculturalisme : vers la reconnaissance publique de la diversité culturelle française ?*, Institut d'Etudes Politiques de Grenoble, 2004.

et cinéma soient moins « culturels » que le livre. Simplement, ce sont aussi des industries, qui représentent des marchés tels que les films et chansons qui font le tour du monde et qui connaissent le plus de succès populaire sont bien souvent issus d'une culture-monde à l'américaine, et ne plongent pas le spectateur/auditeur dans un univers particulier, dépaysant et donc déroutant. Les livres échappent relativement à ce phénomène même si Stephen King, Mary Higgins Clark, J. K. Rowlings, Michael Crichton ou encore Dan Brown, qui utilisent eux aussi ces effets de nivellement par le plus petit dénominateur commun, sont parmi les plus vendus des auteurs étrangers en terme quantitatif. Mais la littérature dite « difficile » ou « exigeante » dit bien son nom : elle ne va pas de soi et nécessite de la part des lecteurs un réel effort d'immersion plus important que dans d'autres domaines cultuerels. Comme le rappelle Georges Steiner dans *Le silence des livres* (Arléa, 2006), « une foule grouillante de communautés ethniques, de mythologies élaborées, de connaissances naturelles traditionnelles est parvenue jusqu'à nous en dehors de toute forme d'alphabétisation. Il n'y a pas un seul être humain sur cette planète qui n'ait un rapport quelconque à la musique. La musique, sous les formes du chant ou de la performance instrumentale, semble véritablement universelle. Elle est le langage fondamental pour communiquer sentiments et significations. La majeure partie de l'humanité ne lit pas de livres. Mais elle chante et elle danse ».

La majeure partie de l'humanité ne lit pas de livres, et, pourtant l'importance des besoins symboliques remplis par la lecture, souvent rappelés dans les discours officiels, justifie largement l'intérêt à accorder aux littératures étrangères dans le cadre de la société contemporaine, où la perte du *sens* est devenue dramatique depuis la laïcisation et la fin des grandes idéologies politiques. Dans *Les coulisses de l'édition et les libertés éditoriales* (Editions des Ecrivains, 1999), Sébastien Brancq évoque « l'attirance vers l'autre et l'ailleurs », le « besoin d'évasion » qui peut être satisfait par la lecture, expliquant que « les récits d'aventures humaines extraordinaires, les romans situés dans des lieux ou des époques lointaines fournissent à foison des portraits captivants, au sein desquels on pourra à loisir se plonger, dans un double but de rêve et d'espérance ». La romancière Nancy Huston le rappelle également, « le roman est un des grands pourvoyeurs de sens dans un monde désenchanté : il est né au XVIe siècle et surtout au XVIIIe siècle, au moment où les certitudes religieuses ont été ébranlées. Il ne remplace pas la Bible ou le Coran, mais par sa multiplicité même, il permet à une autre éthique de naître, beaucoup mieux adaptée au monde moderne[3] ». Quant à Tzvetan Todorov, il rappelle que « par un usage évocateur des mots, par un recours aux histoires, aux exemples, aux cas particuliers, l'œuvre littéraire produit un tremblement de sens, elle met en

---

[3] Aliette Armel, « Entretien avec Nancy Huston : "nous sommes tous pétris d'imaginaire" », *Le Magazine littéraire* n°475, mai 2008.

branle notre appareil d'interprétation symbolique, elle réveille nos capacités d'association et provoque un mouvement dont les ondes de choc se poursuivent longtemps après le contact initial. [...] Plus dense, plus éloquente que la vie quotidienne mais non radicalement différente, la littérature élargit notre univers, nous incite à imaginer d'autres manières de le concevoir et de l'organiser. [...] Elle nous procure des sensations irremplaçables qui font que le monde réel devient plus chargé de sens et plus beau. Loin d'être un simple agrément, une distraction réservée aux personnes éduquées, elle permet à chacun de mieux accomplir sa vocation d'être humain[4] ».

D'un autre côté, les enquêtes et les approches sociologiques générales se montrent d'une profonde indifférence à l'égard de la littérature étrangère. Par exemple, les enquêtes régulièrement commandées par le ministère de la Culture sur les pratiques culturelles des Français, dont la dernière version intitulée *Les pratiques culturelles des Français à l'ère numérique, enquête 2008*[5] a été publiée en 2009, ne font aucune distinction entre ouvrages français et ouvrages étrangers (traduits ou non). Les livres sont séparés par genre (choix parfois délicat et subjectif), non par origine, et aucune question n'est posée sur la littérature étrangère en tant que telle. Cette absence est particulièrement révélatrice du fait qu'on n'envisage pas les pratiques de lecture sous cet angle particulier. Ces informations seraient pourtant à même de nous renseigner précisément sur les lecteurs d'ouvrages étrangers, ce qui permettrait ensuite de mener des actions de promotion mieux ciblées sur certains publics. On pourrait aussi voir si la littérature d'un continent ou d'un pays en particulier connaît le succès en France, en corrélation avec les phénomènes d'immigration par exemple.

S'intéresser aux littératures étrangères comprend forcément un détour par le phénomène de la traduction, primordiale dans ce domaine. C'est la traduction littéraire qui permet en effet, comme le rappelle Françoise Barret-Ducrocq dans *Traduire l'Europe* (Payot, 1992), « de remédier à la malédiction divine de Babel en autorisant chacun, quelles que soient ses capacités linguistiques, à accéder aux œuvres d'Italo Calvino, de Stefan Zweig, de Jorge Luis Borges, de Fernando Pessoa et tant d'autres... ». L'accès aux littératures étrangères peut aussi se faire directement dans une langue originale, mais c'est surtout le fort taux de traduction dans la production éditoriale d'un pays qui illustre une grande ouverture aux civilisations étrangères. D'autant plus que l'immense majorité de la population française ne maîtrise pas suffisamment une langue étrangère pour

---

[4] Allocution de Tzvetan Todorov, rapportée par Jacques Legendre dans son *Rapport d'information sur le colloque organisé le 11 décembre 2007 sur l'enseignement des littératures européennes*, février 2008.
[5] Voir Olivier Donnat, *Les pratiques culturelles des Français à l'ère numérique, enquête 2008*, La Découverte/Ministère de la Culture, 2009.

lire spontanément un ouvrage en langue originale plutôt qu'en français. Ainsi, selon Marie-Françoise Cachin et Claire Bruyère, « l'histoire des traductions [...] reflète les fluctuations de l'intérêt porté aux cultures étrangères suivant les périodes et les nations. Elle met en évidence les fossés culturels parfois difficiles à franchir, elle désigne les pays réfractaires à l'introduction de cultures étrangères. La place et le nombre des traductions dans la production éditoriale d'un pays à une époque donnée sont donc des indices significatifs de son ouverture à d'autres cultures[6] ».

Certains diront bien sûr : pourquoi poser l'ouverture aux autres cultures comme un fait positif à rechercher et à encourager absolument ? Faut-il adopter une vision exclusivement positive des échanges culturels internationaux ? A ces sceptiques, Catherine Clément apporte une réponse dans *Cultures du monde en France : le guide* (Plume, 1999) : « Pourquoi tant d'efforts pour les cultures d'ailleurs ? Pourquoi ne pas se contenter des nôtres ? Excellente question. [...] Plus et mieux on accueille les cultures des autres, plus et mieux la sienne se porte. Sinon, ailleurs comme ici, c'est l'étouffement ». Paul Ricœur également ne pouvait envisager l'absence de pluralité :

> *Je suis porté, c'est certain, à privilégier l'entrée par la porte de l'étranger. N'avons-nous pas été mis en mouvement par le fait de la pluralité humaine et par l'énigme double de l'incommunicabilité entre idiomes et de la traduction malgré tout ? Et puis, sans l'épreuve de l'étranger, serions-nous sensibles à l'étrangeté de notre propre langue ? Enfin, sans cette épreuve, ne serions-nous pas menacés de nous enfermer dans l'aigreur d'un monologue, seuls avec nos livres ?*[7]

L'intérêt des littératures étrangères, c'est de présenter l'altérité, non comme un danger ou une menace à l'image des discours de l'extrême-droite, mais comme un fait allant de soi, un élément à étudier, à comprendre et à mettre en perspective par rapport à soi. Dans les échanges avec les cultures étrangères, « l'autre n'est pas enfermé dans un statut d'altérité, il n'est pas assigné à sa différence, mais interrogé à son propos afin de mieux se comprendre soi. Il est le détour qui mène à soi, de même que soi est le détour

---

[6] Marie-Françoise Cachin et Claire Bruyère, « La traduction au carrefour des cultures », in *Les mutations du livre et de l'édition dans le monde du XVIIIe siècle à l'an 2000*, Jacques Michon et Jean-Yves Mollier (dir.), L'Harmattan, 2001.
[7] Paul Ricœur, *Sur la traduction*, Bayard, 2004.

qui mène à l'autre. Toute œuvre de culture oscille entre le particulier et l'universel, et interroge sur la manière dont l'un et l'autre s'enchevêtrent[8] ».

Les littératures étrangères sont plutôt bien présentes en France par rapport à d'autres pays, et ce grâce à l'action menée par de multiples acteurs, aussi bien privés (éditeurs, libraires, médias, associations et structures assimilées, écrivains étrangers, traducteurs et centres culturels étrangers) que publics (administrations étatique ou locales, établissements publics, bibliothèques, enseignants). Ces différents acteurs, apparus au fil des siècles, ne peuvent plus aujourd'hui ignorer leur existence réciproque. Et pourtant, la promotion des littératures étrangères relève encore beaucoup d'actions éparses et d'initiatives individuelles, plus que d'un réseau cohérent et d'une volonté commune et concertée de l'ensemble des acteurs, réunis au sein d'une politique publique cohérente et volontariste.

Les littératures étrangères ne laissent pourtant pas les pouvoirs publics totalement indifférents. Ainsi en novembre 2008, les « Belles étrangères », manifestation organisée par le Centre national du livre, a fêté sa vingtième édition en invitant vingt écrivains originaires de dix pays invités dans les années précédentes et écrivant en neuf langues.

Festivals, rencontres, lectures en tous genres mettent aujourd'hui à l'honneur des livres et des auteurs étrangers. Le nombre d'ouvrages étrangers traduits et publiés dans notre pays est d'ailleurs plutôt impressionnant : « la présence généralisée d'œuvres étrangères dans les programmes des classes de lettres, mais aussi dans les librairies des halls de gare, les critiques multiples qui en sont faites dans les magazines et les journaux, etc., témoignent que la littérature aujourd'hui n'est pas constituée seulement par des productions nationales, mais s'ouvre, de plus en plus, à des cultures multiples et diverses[9] ».

En tout état de cause, il est assez difficile de mesurer les actions menées dans ce domaine, tant à cause de la multiplicité des acteurs et des actions, que de l'absence générale de coordination de ces actions, de discours officiel et de théorie sur la promotion des littératures étrangères, de la difficulté pour appréhender les motivations des acteurs, ainsi que de l'absence d'étude globale sur ce sujet. Cet ouvrage a simplement pour objectif de brosser une vision générale des littératures étrangères en France, de leur histoire, de leur promotion, et des obstacles qui restent encore à franchir pour les diffuser de manière plus large et plus consciente auprès de l'ensemble du public français. De dresser pour la première fois une synthèse de la situation des littératures étrangères en France.

---

[8] David Le Breton, « Les cultures du monde et la mondialisation des hommes », in *Internationale de l'imaginaire n°20 : Cultures du monde, matériaux et pratiques*, Babel/Maison des cultures du monde, 2005.
[9] Yves Chevrel, *La littérature comparée*, PUF, 1997.

Chapitre 1 : Une arrivée au compte-gouttes à la Renaissance

Premières incursions

Que de chemin parcouru depuis la timide introduction des premières œuvres littéraires étrangères en France au XVIe siècle ! Si elles ont été introduites assez tôt, leur essor est resté relativement lent durant plusieurs siècles. Dès la Renaissance, la France a commencé à s'intéresser aux littératures étrangères, en langue vulgaire comme en latin moderne. Les traducteurs se penchent d'abord sur la littérature espagnole, et Philippe Van Tieghem relève dans *Les influences étrangères sur la littérature française* (PUF, 1961) que quatre auteurs rencontrent un large succès à partir de 1520 : Diego de San Pedro, avec la *Prison d'amour*, composée vers 1470, publiée vers 1495 et traduite en français en 1526 par Herberay des Essarts ; Juan de Flores, avec ses romans *Grimalte et Gradissa* (1495) traduit par Maurice Scève en 1535, et surtout *Grisel et Mirabella* (1495) traduit en 1520 sous le titre *Jugement d'amour* et onze fois réédité jusqu'en 1555 ; Montemayor qui publie en 1550 sa *Diane*, premier roman pastoral ; enfin, *L'Amadis de Gaule* (1508). Ces ouvrages espagnols contribuent à répandre une conception à la fois idéaliste et rationnelle de l'amour, avant l'introduction au début du XVIIe siècle du *Don Quichotte* de Cervantès (entre 1614 et 1618). Dans le domaine italien, Marot en 1544 et Peletier en 1547 s'attaquent aux *Sonnets* de Pétrarque, tandis que Jacques Colin traduit *Le Courtisan* de Castiglione et *La Jérusalem régnante* du Tasse en 1600[10].

Les littératures des autres pays restent longtemps sous-représentées en France, notamment celles de langue germanique. Henri Van Hoof relève surtout *L'Histoire prodigieuse et lamentable du Dr Faust* (1598), ouvrage traduit par Pierre-Victor Cayet, ainsi que le *Traité des Vœux monastiques* de Luther, traduit par Louis de Berquin. Quant à la littérature anglaise, avant 1680, la France connaît seulement quelques traductions de Bacon (*Essais*, 1619 ; *Sagesse*, 1626), de Sidney (*Arcadie*, 1625) ou de Barclay (*L'Argenis*, 1617). Avant le XVIIe siècle donc, la vision de l'étranger à travers la littérature reste étroite. Le public lettré parvient à prendre connaissance de quelques grandes œuvres des pays frontaliers, mais les œuvres diffusées en France se limitent quasiment aux langues romanes.

Un tournant décisif est franchi à la fin du XVIIe siècle, qui voit un net accroissement des traductions. De 1680 à 1730, ces dernières révèlent des écrivains étrangers dans les genres les plus divers. La situation change, l'horizon littéraire s'élargit. Les littératures britannique et allemande se mêlent au XVIIIe siècle à celles de l'Antiquité classique, de l'Italie et de l'Espagne. C'est à cette époque que « les traductions se multiplient ; les

---

[10] Voir Henri van Hoof, *Histoire de la traduction en Occident,* Duculot, 1991.

communications intellectuelles se font plus intimes ; des journaux littéraires se fondent de toutes parts ; la notion de *république des lettres* devient familière à un grand nombre d'esprits ; le cosmopolitisme intellectuel est un des traits dominants du siècle[11] ». L'intérêt croissant pour les littératures étrangères se traduit par la publication de dictionnaires, généraux ou techniques. La traduction se voit désormais assigner la tâche d'ouvrir des horizons nouveaux ; le culte des Anciens décline, la vogue est aux littératures vivantes. Les écrivains britanniques Addison, De Foe, Swift, Richardson deviennent rapidement connus en France. La tragédie *Caton* d'Addison, traduite l'année de sa publication (1713), est bien accueillie, Voltaire allant même jusqu'à lui attribuer la qualité « d'élargir le goût des Français ». *Robinson Crusoé*, qui paraît en 1719-1720, est immédiatement traduit par Van Effen. Le roman connaît un vif succès, et dans son *Emile*, Rousseau en recommande la lecture comme la meilleure pour la jeunesse, ce qui renforce encore son succès. Sont aussi très appréciés les *Voyages de Gulliver* de Swift (1727), le *Paradis perdu* de John Milton (qui connaît huit traductions entre 1729 et 1778), les romans de Richardson, notamment *Paméla ou la vertu récompensée* (1740), *Clarisse Harlowe* (1747-1748) et *Charles Grandison* (1754). Selon Diderot, l'immense succès des romans britanniques serait dû à la fois à leur aspect moralisateur et à un réalisme original pour l'époque.

Quant à la littérature allemande, elle arrive vraiment en France de manière tardive, bien après les littératures des autres pays frontaliers. Philippe Van Tieghem explique dans *Les influences étrangères sur la littérature française* (PUF, 1961) « qu'avant 1750 l'ignorance et le mépris sont les deux seules attitudes du Français cultivé à l'égard de la littérature de langue allemande ». Ce n'est qu'à partir de 1776 que Goethe est rendu accessible par la traduction des *Souffrances du jeune Werther*, qui connaît un énorme succès. La littérature allemande est alors découverte avec des auteurs comme Schiller (*Les Brigands*, traduits en 1793), Lessing (les *Fables* en 1764), Klopstock (*La Mort d'Adam* en 1762, *La Messiade* en 1769) ou Wieland. En outre, si au XVIIIe siècle les littératures italienne et espagnole ne sont plus beaucoup traduites, des littératures jusque-là inexplorées entrent en lice. Pour la première fois, une œuvre de langue portugaise, la *Lusiade* de Camoëns, est traduite en 1735. Antoine Galland donne une première version des *Mille et une Nuits* en douze volumes, tandis que Parraud traduit du sanskrit l'épopée hindoue du *Bhagavad-Gîtâ* en 1787 et le Père Prémare du chinois *Tchao-chi-con-eulh ou l'Orphelin de la Maison de Tchao* en 1755.

Malgré cette timide ouverture, la focalisation sur les littératures européennes reste forte. On souhaite mettre en avant les liens unissant les littératures européennes, car on estime – avec une certaine logique d'ailleurs

---

[11] Paul van Tieghem, *La littérature comparée*, Librairie Armand Colin, 1951.

– que la faiblesse des échanges avec le reste du monde pendant des siècles a conduit à une grande influence de ces littératures les unes sur les autres autour d'un passé commun. Le but n'est donc pas d'étudier les différentes littératures en soi, mais les unes par rapport aux autres :

> *Il n'est aucune des littératures occidentales qui se soit développée en vase clos : [...] ces littératures ont pu opérer, depuis le XVIe siècle, des échanges constants et profitables parce que, malgré la différence des langues et la particularisation progressive des sensibilités et des imaginations, les écrivains parlaient un langage analogue et avaient, dans le profond de leur conscience, une hérédité commune*[12].

Jusqu'au XIXe siècle, on va évoquer une « petite » Europe littéraire, réduite presque entièrement aux quatre voisins de la France : Angleterre, Allemagne, Italie, Espagne, auxquels s'ajoutent la Russie, la Pologne et la Scandinavie. Dans le second tome de son *Histoire des littératures étrangères*, paru en 1880, Eugène Hallberg consacre vingt-huit pages aux littératures slaves (centrées sur la Pologne et la Russie) et trente-huit aux littératures scandinaves. Les littératures slaves sont encore considérées comme « exotiques » et la littérature russe ne connaîtra un véritable succès qu'après 1886.

C'est au XIXe siècle, constate Paul Van Tieghem dans *La littérature comparée* (Librairie Armand Colin, 1951), que « l'horizon littéraire s'est beaucoup élargi ; les littératures étrangères ont été plus solidement connues et mieux comprises ; l'érudition précise a succédé à l'à-peu-près ; les traditions populaires ont été explorées. Tout ce renouveau a été sans doute fort utile à la diffusion, en France par exemple, des littératures étrangères ». Avec la multiplication et la diversification des échanges entre les langues, ce siècle voit la traduction jouer un rôle de plus en plus important dans la société ; elle devient en effet le pont indispensable à la compréhension entre citoyens d'un monde qui va se rétrécissant. Le gros de l'activité de traduction se porte désormais sur les littératures contemporaines, et de nombreux écrivains étrangers rencontrent un vif succès en France, comme Walter Scott. Fenimore Cooper est accueilli avec enthousiasme, à la fois par les écrivains français comme Balzac ou Eugène Sue, et par le grand public. Les traductions de l'allemand, de l'italien, de l'espagnol et du portugais se poursuivent, tandis que la France découvre la littérature russe dès 1823 avec des fragments poétiques de Pouchkine, puis son œuvre poétique *Eugène Onéguine* en 1846. La littérature polonaise se révèle à travers le poète Ignacy Krasicki (*La Souriade*, 1817), la littérature néerlandaise par la traduction des *Œuvres complètes* du romancier flamand Henri Conscience (entre 1885 et

---

[12] Philippe van Tieghem, *Les influences étrangères sur la littérature française*, PUF, 1961.

1888). Le paysage littéraire s'ouvre à de nouveaux horizons : Scandinavie, Hongrie, Asie (Chine, Japon, Inde), monde arabe. Les littératures étrangères parviennent ainsi à conquérir une véritable légitimité, à tel point que Jean-Jacques Ampère écrira dès 1867 dans ses *Mélanges d'histoire littéraire et de littérature* que la littérature de l'Asie « est plus riche de textes que toutes celles de l'Europe mises bout à bout[13] ». Emile Guimet insiste de son côté sur la richesse littéraire et théâtrale japonaise : « Par le peu que j'ai pu voir, en traversant rapidement cet intéressant pays, j'ai trouvé, au contraire, qu'il y avait au Japon une littérature dramatique très variée, et qui présente à l'auditeur toutes les qualités tragiques ou comiques que nous demandons à nos pièces de théâtre[14] ». A la fin du siècle, ce mouvement commence à mieux se structurer.

Une affirmation progressive

A partir de la fin du XIXe et du début du XXe siècle, les littératures étrangères s'introduisent de manière plus régulière grâce au travail des éditeurs. Les grandes maisons d'édition se dotent de collections dédiées aux littératures étrangères, se livrant une concurrence acharnée. Les stratégies éditoriales à l'égard de la traduction fonctionnent dans les deux sens : vente des œuvres nationales à l'étranger d'un côté (extraduction), accueil d'œuvres étrangères de l'autre (intraduction). Ce double mouvement reste cependant très « commercial », dans le sens où il demeure cantonné à la volonté de vendre les œuvres étrangères bien plus que de les promouvoir en tant que telles.

Dès 1856, Louis Hachette innove en recrutant des directeurs de collection, notamment Paul Lorrain qui devient directeur littéraire de la « Bibliothèque des meilleurs romans étrangers », puis Adolphe Régnier, qui s'occupe de l'espace germanique tandis que Lorrain, chargé de traduire Dickens, se consacre au recrutement et à la traduction de nouveaux auteurs britanniques. Ces deux postes portent la collection à un haut degré de sophistication et d'efficacité. La « Bibliothèque des meilleurs romans étrangers » est conçue à partir d'une double expérience, celle de la série « Littérature étrangère » de la « Bibliothèque des chemins de fer » de Louis Hachette et celle de la « Collection des meilleurs romans étrangers » de Charles Lahure. Les premiers volumes de la série comprennent *Marie Barton* d'Elizabeth Gaskell, *L'allumeur de réverbères* de Miss Cummins, *L'oiseau du Bon Dieu* de Lady Fullerton et *Henry Esmond* de William

---

[13] Propos cités par René Etiemble dans *Ouverture sur un comparatisme planétaire*, Christian Bourgois Editeur, 1988.
[14] Emile Guimet, Félix Regamey, *Le Théâtre au Japon, conférence faite au Cercle Saint-Simon le 16 avril 1884*, Librairie Léopold Cerf, Paris, 1886, propos cités par J-M Pradier, « Des chimères de l'abstraction au ravissement des corps en scène », *Internationale de l'imaginaire n°20,* Babel/Maison des cultures du monde, 2005.

Thackeray. Après 1867, la maison décide de se diversifier en lançant « la Bibliothèque variée ». Cette collection, qui se veut la bibliothèque des *gens du monde*, comporte des œuvres de grands écrivains contemporains français, et des traductions des classiques et d'écrivains étrangers tels Ossian, Byron, Shakespeare, Goethe ou Schiller. L'initiative d'Hachette est bientôt suivie par d'autres éditeurs comme Plon ou Perrin[15].

Comment expliquer cet engouement pour les littératures étrangères ? Pour Roger Chartier et Henri-Jean Martin (*Histoire de l'édition française, Tome IV,* Fayard/Promodis, 1991), à partir de 1885, « trouver des auteurs, voilà la préoccupation des éditeurs de littérature romanesque. Et, s'il n'y en a pas en France, peut-être faut-il en chercher hors de nos frontières ? ». Les éditeurs, jusque-là relativement peu intéressés, changent d'attitude. Suite par exemple au dossier sur « Le roman russe » paru en 1884 dans la *Revue des deux mondes*, Plon édite Dostoïevski, Hachette et Perrin, Tolstoï : en l'espace de cinq ans, l'essentiel de leur œuvre est traduit. A partir de 1889, Albert Savine fait connaître Ibsen dans sa *Nouvelle Librairie littéraire*, puis Björnson et Strindberg, qui font les beaux jours du théâtre. Perrin suit son exemple, la mode est à la littérature scandinave : « les Scandinaves, comme les romanciers russes [...], se voient assigner la mission de dérouter un public blasé, de lui montrer une voie nouvelle et de frayer ainsi le chemin aux auteurs français, en banalisant les audaces[16] ». C'est ainsi qu'un véritable renversement s'opère petit à petit, entre 1880 et la Première guerre mondiale. Des romans étrangers comme *Guerre et Paix* de Tolstoï, *L'Egoïste* de Meredith, *Le Trust* de Paul Adam, connaissent un grand succès et donnent au public français l'exemple d'un genre nouveau, avec de grandes fresques se déroulant tout au long d'une vie ou sur l'ensemble d'une société donnée. Comme l'explique Michel Raimond dans *La crise du roman* (Librairie José Corti, 1966), « ce n'était plus le roman anglais que l'on condamnait au nom d'une esthétique française qui avait longtemps prévalu officiellement ; mais le roman français paraissait, de *La Princesse de Clèves* à *Adolphe* ou à *Dominique*, trahir l'esthétique propre du roman que des œuvres anglaises, allemandes ou russes paraissaient avoir mieux incarnée ». C'est dans ce contexte qu'André Gide fait scandale en déclarant que les romans français sont beaucoup moins bons que les romans étrangers, notamment les romans anglais et russes, et en se faisant le défenseur de Dostoïevski. De son côté, Proust fait l'éloge de Georges Eliot, de Thomas Hardy, et Larbaud s'enflamme pour Chesterton, Conrad, Coventry Patmore ou encore Butler.

---

[15] Jean-Yves Mollier, *Louis Hachette (1800-1864), le fondateur d'un empire*, Librairie Arthème Fayard, 1999.
[16] Christophe Charle, « Champ littéraire français et importations étrangères », in *Capitales culturelles, capitales symboliques, Paris et les expériences européennes*. Christophe Charle et Daniel Roche (dir.), Publications de la Sorbonne, 2002.

Peu à peu se constitue un public suffisant pour permettre aux éditeurs de se spécialiser dans le domaine de la littérature étrangère. Grâce au succès de sa « Bibliothèque cosmopolite », Stock investit progressivement ce domaine, tandis que d'autres éditeurs, comme le Mercure de France, lancent une collection d'auteurs étrangers. Blaise Wilfert note tout de même que ces débuts doivent beaucoup au hasard et que la qualité des traductions n'est pas toujours au rendez-vous : ainsi, « la collection des romans étrangers du *Mercure*, dirigée par Henry Gavray, commençait à peine ses activités en 1904 et elle ne dut sa naissance qu'à un hasard familial, alors que le Cabinet cosmopolite se résumait aux traductions à la chaîne de Savine[17] ».

En 1905, Flammarion lance sa collection des « Meilleurs classiques français et étrangers », dont chaque volume est vendu 95 centimes, avec l'idée de se démarquer de la traditionnelle littérature populaire. Elisabeth Parinet relève dans *La librairie Flammarion, 1875-1914*, (IMEC Editions, 1992) que « par le choix de ses titres, [cette collection] s'adresse à une clientèle cultivée, estudiantine vraisemblablement. [...] L'histoire y est représentée par Mommsen, la culture allemande par Kleist, Lessing, Goethe, Schiller, la culture grecque par Aristote, Eschyle et Sophocle, etc. ». Au tournant du siècle, tous les éditeurs ont compris l'intérêt des traductions. A partir de cette époque, tous les grands noms de la littérature étrangère, notamment anglo-saxonne (déjà !), sont traduits de plus en plus tôt après la parution de l'œuvre originale. Les traducteurs suivent les auteurs comme leur ombre.

La fin du XIXe siècle marque également la première tentative des professionnels de l'édition de se réunir en congrès à l'échelle internationale, afin de faciliter les échanges entre éditeurs français et étrangers. Après une première tentative avortée en 1893, René Fouret, l'un des principaux dirigeants de la maison Hachette, lance le 18 octobre 1895 l'idée d'organiser un congrès professionnel de l'édition. Ce congrès naît en juin 1896 puis se structure peu à peu en une organisation élaborée qui dépasse les réunions professionnelles à l'occasion des foires ou des Expositions universelles : « il s'agit d'une véritable institution internationale de l'édition, avec ses pôles dominants, français et allemands notamment, avec ses dissensions aussi, mais qui organisait la profession en instituant des instances de régulation de la profession[18] ». Cette organisation professionnelle internationale a joué un rôle important en s'attaquant en particulier aux problèmes de commerce international, de droits de douane et de coûts des transports.

---

[17] Blaise Wilfert, « Cosmopolis et l'homme invisible. Les importateurs de littérature étrangère en France, 1885-1914 », *Actes de la recherche en sciences sociales* n°144, 2002.
[18] Marie-Françoise Cachin et Claire Bruyère, « La traduction au carrefour des cultures », in *Les mutations du livre et de l'édition dans le monde du XVIIIe siècle à l'an 2000*, Jacques Michon et Jean-Yves Mollier (dir.), L'Harmattan, 2001.

Après la Première guerre mondiale, la France s'ouvre plus largement à la littérature américaine, surtout au début des années 1920. Comme l'a très bien montré Bernard Wilhelm[19], l'entrée en guerre des Etats-Unis en 1917 aux côtés des Alliés crée un courant de sympathie à l'égard de la civilisation américaine, d'où un important volume de traductions. La *Revue de littérature comparée* et la *Revue anglo-américaine* publient des articles écrits par les premiers titulaires des chaires de littérature américaine en France, comme Bernard Faÿ ou Charles Cestre. Au même moment, les grandes revues de vulgarisation ouvrent leurs numéros aux jeunes Américains. *La Revue de Paris* fait connaître Gertrude Stein, tandis que le *Mercure de France* publie en 1920 une présentation d'Amy Lowell et de Carl Sandburg. Mais l'intérêt et le volume des traductions d'œuvres américaines baissent de façon notable après 1923, le point le plus bas étant atteint en 1927-1929. La période de l'entre-deux-guerres correspond à ce que Michel Raimond nomme « la crise du roman ». Les romans étrangers exercent alors en France une véritable fascination, grâce à la poésie et à l'atmosphère subtile qui s'en dégagent souvent et qui contrastent avec les œuvres françaises :

> *Chez beaucoup d'auteurs étrangers, les Français trouvaient des incitations à dépasser la stricte observation du réel, à promouvoir le récit jusqu'à un deuxième plan, à la fois poétique, philosophique, « métapsychique », disait Gabriel Marcel à propos de Baring. On trouvait ce deuxième plan dans* Daphné Adeane, *dans* La Montagne Magique *de Thomas Mann, dans* La Métamorphose *de Kafka que publiait en 1928 la* Nouvelle Revue Française, *dans* Le Docteur Invraisemblable *de Ramon Gomez de la Serna; dans* Erewhon *de Butler ; dans l'effort que Joyce avait accompli pour hausser jusqu'au symbole, fût-ce dans un dessein ironique, les aventures de ses médiocres Irlandais*[20].

Cet engouement croissant pour les littératures étrangères ne manque pas d'inquiéter certains écrivains et critiques quant à l'avenir du roman français, car « le seul afflux des œuvres traduites suscitait le sentiment d'une crise du roman français. On adoptait après Dostoïevski et Tolstoï, Bounine, Chestov, Kouprine, Tchékhov, Thomas Mann et Rainer Maria Rilke, Conrad, Butler, Moore, Galsworthy, Clemence Dane, Knut Hansum, Miguel de Unamuno, Ramn Gomez de la Serna, Pirandello. On redécouvrait des écrivains plus anciens[21] ».

---

[19] Voir Bernard Wilhelm, « Imprimeurs et traducteurs français : les obscurs bâtisseurs de la littérature américaine des années 1920 », in *Paris et le phénomène des capitales littéraires, volume I*. Op.cit.
[20] Michel Raimond, *La crise du roman*, Librairie José Corti, 1966.
[21] Ibid.

Dans ce contexte, la concurrence entre les maisons d'édition devient de plus en plus acharnée. En mai 1922, Plon fonde, sous la direction de Charles Du Bos, une « Collection d'Auteurs étrangers ». Stock riposte avec sa « Bibliothèque cosmopolite ». Sa politique est poursuivie après le rachat de Stock par Jacques Boutelleau et Maurice Delamain, avec la collection « Le Cabinet cosmopolite », lancée en 1925, qui impose des auteurs comme Katherine Mansfield, Sinclair Lewis, Sigrid Undset ou Selma Lagerlöf. La maison connaît un énorme succès avec *A l'Ouest rien de nouveau* d'Erich-Maria Remarque. Au début, chaque titre étranger est tiré à 2 750 exemplaires seulement. En octobre 1927, Plon imite cette formule avec « Feux croisés », une collection dont le tirage oscille entre 2 200 et 5 500 exemplaires.

En mai 1931, c'est au tour de Gallimard de créer « Du Monde entier », collection dans laquelle sont publiés D-H Lawrence, Kafka, Hemingway, Faulkner ou Caldwell. Ces auteurs étrangers contribuent à bâtir la réputation de Gallimard dans l'entre-deux-guerres. L'éditeur s'entoure très vite de brillants collaborateurs, qui prennent part au comité de lecture de la maison. Benjamin Crémieux, spécialiste de littérature italienne, traduit et adapte presque tout le théâtre de Luigi Pirandello, avec *Six personnages en quête d'auteur* dès 1925. Il fait aussi connaître Verga, Borgese, Moravia et Svevo, parfois avant même qu'ils n'obtiennent la reconnaissance en Italie. Bernard Groethuysen s'occupe de son côté du domaine allemand. Comme le rappelle Pierre Assouline dans *Gaston Gallimard, un demi-siècle d'édition française* (Balland, 1984), « Gallimard lui doit d'avoir introduit Franz Kafka en France. [...] Grâce à lui, le comité de lecture s'intéressera à des inconnus comme Hermann Broch, l'essayiste et romancier autrichien auteur des *Somnambules* et à son compatriote Robert Musil, celui des *Désarrois de l'élève Törless* et surtout celui de l'*Homme sans qualités* ». Brice Parain, spécialiste de littérature russe, fait publier *Les Défricheurs* de Mikhaïl Cholokhov, *Le train blindé n°1469* de Vsevolod Ivanov, *Tête brûlée* de Nicolaï Tikhonov, *Le Voyage imaginaire* de Léo Cassil, et des ouvrages de Constantin Fedine, Ilya Ehrenbourg et Boris Pilniak. Des collaborateurs extérieurs de la maison, comme Léon-Paul Fargue ou Valéry Larbaud, viennent enrichir le catalogue de leurs relations et de leur érudition. Le rôle de Larbaud est immense, notamment dans la découverte du domaine anglo-saxon et espagnol ; Gallimard devient grâce à lui l'éditeur de Samuel Beckett, de Chesterton, de Gomez de la Serna et de Güiraldes. Grâce au flair et à l'opiniâtreté de ces lecteurs, Gallimard parvient au début des années 1930 à concurrencer la « Bibliothèque cosmopolite » de Stock.

Dans la même veine, les autres éditeurs lancent leur propre collection de littérature étrangère, d'importance variable ; « Univers » chez Fayard, « Prosateurs étrangers modernes » chez Rieder, ou encore « Collection des Maîtres de la littérature étrangère » chez Albin Michel. Dans cette dernière collection, Archibald Joseph Cronin (*Citadelle* en 1938),

Axel Munthe (*Le Livre de San Michele*, 1934) et Upton Sinclair (*Trilogie du pétrole*, 1928) connaissent un grand succès. Dans la première moitié du XXe siècle, les littératures étrangères en France deviennent ainsi un secteur porteur de l'édition. Dans les années 1930, le volume des traductions se situe entre 500 et 600 titres annuels, avec une pointe à 834 en 1935[22]. Pour des raisons compréhensibles, le nombre des traductions baisse cependant de manière constante durant la guerre : 676 titres en 1940, 322 en 1942, 130 en 1943, 81 en 1944. Mais durant ces premiers siècles, le livre est « un produit comme les autres » ; son commerce ne donne lieu à aucune mesure publique spécifique autre que des phénomènes éventuels de censure, et il se heurte à un problème de taille, celui de la traduction.

L'épineuse question de la traduction

A mesure que s'est développée en France la civilisation de l'imprimé, ouvrages en langues étrangères, traductions, adaptations, anthologies, revues et journaux ont aboli les distances. Comme le rappellent Pierre Brunel, Claude Pichois et André-Michel Rousseau dans *Qu'est-ce que la littérature comparée ?* (Armand Colin, 1983), « le plus sûr accès à des littératures étrangères est de les pratiquer dans leur langue originale. Il faut toutefois reconnaître que, souvent, adaptations et traductions ont chronologiquement la priorité ». Pour Gisèle Sapiro, « la formation d'un marché de la traduction est liée historiquement à l'émergence d'une production intellectuelle en langue vernaculaire et au développement corrélatif du marché du livre. Etroitement contrôlé sous les régimes monarchiques, ce marché se libéralise progressivement au XIXe siècle, au moment de son industrialisation, les éditeurs en devenant les principaux acteurs[23] ». A l'époque, il n'existe aucune définition juridique de la traduction ou du traducteur, même si la France reconnaît de fait la traduction comme « la reproduction d'un ouvrage original, même si elle se faisait dans une autre langue, depuis un arrêt de la cour de Paris du 26 janvier 1852. Cet arrêt donnait à l'auteur du texte étranger les mêmes droits sur son œuvre que dans le cas de la reproduction, situation très favorable mais qui limitait la facilité de traduction[24] ». Par la suite, « la signature de la convention de Berne en 1886, puis les accords de Paris en 1896 et de Berlin en 1908 assimilèrent progressivement la protection des œuvres étrangères à celle des nationaux, ce qui rendait difficile la diffusion de traductions au rabais[25] ».

---

[22] Jean-Yves Mollier, « Paris capitale éditoriale des mondes étrangers », in Antoine Mares et Pierre Milza (dir.), *Le Paris des étrangers depuis 1945*, Publications de la Sorbonne, 1994.
[23] Gisèle Sapiro, « Traduction et globalisation des échanges : le cas du français », in *Où va le livre ? – Edition 2007-2008*, Jean-Yves Mollier et collectif, La Dispute/SNEDIT, 2007.
[24] Blaise Wilfert, « Cosmopolis et l'homme invisible. Les importateurs de littérature étrangère en France, 1885-1914 », *Actes de la recherche en sciences sociales* n°144, 2002.
[25] Ibid.

Très tôt, le rôle des traducteurs et des traductions s'est donc révélé très important. Les traductions effectuées directement à partir de l'original offrent le plus de garanties de qualité, même si en France, la qualité des traductions a longtemps laissé à désirer. Pendant plusieurs siècles, elles ont été effectuées par des écrivains, qui n'hésitaient pas à mutiler ou transformer les textes afin de respecter la langue française et le goût du public. C'était l'époque des *belles infidèles*, qui voyait les auteurs étrangers contraints de se plier aux exigences de la langue française… D'autres traductions, nombreuses, étaient réalisées à partir d'une version intermédiaire dans une grande langue véhiculaire, l'anglais ou l'allemand, ce qui ne garantissait pas leur fidélité au texte original. Le plus étonnant, c'est que ces infidélités ont longtemps été bien acceptées, voire même prônées, par des écrits théoriques sur l'art de la traduction.

Pourtant, parmi les premiers traducteurs du XVe siècle et de la première moitié du XVIe siècle, certains étaient des gens scrupuleux, qui attachaient de l'importance à leur travail de traduction, à sa qualité et à sa fidélité au texte d'origine. C'est ainsi par exemple que le libraire et humaniste Etienne Dolet publie en 1540 sa *Manière de bien traduire d'une langue en autre*. Comme l'explique Roger Zuber dans *Les « Belles Infidèles » et la formation du goût classique* (Armand Colin, 1968), « on voit apparaître l'idée qu'il existe des règles pour traduire, et l'idée que la traduction est un art. Discipline d'une part, juste conscience de sa valeur de l'autre, en voilà assez pour qu'on puisse parler de l'entrée de la traduction dans la littérature ». Malheureusement, ce premier mouvement fait l'objet d'un violent rejet de la part de plusieurs écrivains, qui dévalorisent la traduction. Du Bellay notamment affirme haut et fort que la traduction n'est qu'une tâche bassement utilitaire, envahissante et secondaire. Dans *Defence et illustration de la langue françoyse* (1549), le poète explique que lire de grands poètes étrangers a pour but d'enrichir la langue et la littérature française, non pas par des traductions fidèles mais par un processus d'imitation – ce que l'on nommerait aujourd'hui du plagiat. Theo Hermans rapporte la métaphore utilisée par Du Bellay pour illustrer son propos : à l'image des grands auteurs romains inspirés par les Grecs comme Sénèque ou Pétrarque, les poètes français doivent lire, absorber et « digérer » les grands auteurs étrangers, afin d'enrichir et de « nourrir » leur propre œuvre personnelle[26]. De leur côté, Périon, professeur en Sorbonne, Lambin, professeur au Collège de France à partir de 1561, Bachet de Méziriac (1581-1638) dans son *Discours sur la traduction*, soutiennent que l'important n'est pas d'être fidèle au texte d'origine mais d'écrire dans un français élégant, digne des plus grands écrivains, s'opposant en cela aux règles de fidélité formulées un siècle plus tôt par Amyot. Cette attitude persiste au XVIIe

---

[26] A ce propos, voir Theo Hermans, « Literary Translation: The Birth of a Concept » dans *La traduction dans le développement des littératures*, Peter Lang/Leuven University Press, 1993.

siècle ; en 1660, Gaspard de Tende publie un traité intitulé *De la traduction ou règles pour bien apprendre à traduire* (1660), dans lequel il soutient de nouveau que les traductions peuvent améliorer les originaux en les adaptant au goût du jour[27]. Au XVIIIe siècle, la situation ne s'améliore guère, et on continue d'attacher plus d'importance au message transmis par le texte traduit et à son rendu en « bon français » qu'au texte original voulu par l'auteur, ce que Lieven d'Hulst résume de la manière suivante : « aussi longtemps que la littérature assume des fonctions didactiques, la traduction se plie aux contraintes de la poétique dominante, en faisant prévaloir le modèle sur le texte, dont les variations individuelles ou génériques sont de simples signes d'une dynamique au second degré. Le discours sur la traduction s'avère ici un moyen influent pour sauvegarder l'ordre littéraire[28] ».

Certains éditeurs forcent les traducteurs à respecter des normes précises, sans souci de fidélité envers les textes originaux. Un cas exemplaire, même s'il est loin d'être isolé : Louis Hachette. Ce dernier souhaite en effet publier des œuvres étrangères sous une forme aseptisée, épurée, afin de se conformer aux normes de l'époque. Jean-Yves Mollier dénonce dans *Louis Hachette (1800-1864), le fondateur d'un empire* (Librairie Arthème Fayard, 1999), « le dirigisme de l'éditeur et son intervention délibérée dans le processus d'acheminement de l'œuvre vers le public ». Dans l'optique de Louis Hachette, seul le libraire-éditeur connaît les goûts, les besoins et les attentes du public, et l'œuvre est avant tout le fruit d'un travail éditorial sans lequel elle n'existerait pas. Aussi ses contrats de cession de droits de traduction autorisent-ils non seulement le changement de titre, mais également les coupures et les suppressions. Cet interventionnisme est marqué par exemple dans la traduction d'*Afraja* de Theodor Mügge, dont le contrat prévoit d'importants remaniements. Cette politique commerciale empêche Hachette d'attirer dans sa collection bon marché des écrivains de premier plan ; mais de toute façon, l'éditeur préfère attendre la publication des premiers essais de la jeune génération avant de lui faire une place dans ses catalogues. Plus diffuseur qu'éditeur, Louis Hachette met déjà au XIXe siècle l'accent sur la commercialisation du livre plutôt que sur son renouvellement.

La question de la traduction reste donc épineuse pendant plusieurs siècles. Et pourtant, l'œuvre de traduction se veut idéalement consécration de l'œuvre, selon la formule devenue célèbre de Valéry Larbaud : « En même temps qu'il accroît sa richesse intellectuelle, [le traducteur] enrichit sa littérature nationale et honore son propre nom. Ce n'est pas une entreprise obscure et sans grandeur que celle de faire passer dans une langue et dans

---

[27] Voir Henri van Hoof, *Histoire de la traduction en Occident*, Duculot, 1991.
[28] Lieven d'Hulst, « Le discours sur la traduction (1800-1850) », *Revue de littérature comparée*, avril-juin 1989.

une littérature une œuvre importante d'une autre littérature[29] ». Durant longtemps, cet idéal sera pourtant, nous l'avons vu, bien éloigné de la réalité !

Pendant plusieurs siècles, la traduction reste un travail mal rémunéré et peu valorisé, dont on ne retient que l'élégance de la mise en français. Les traducteurs, hommes invisibles ne bénéficiant pas du statut d'auteur, sont contraints de traduire à la chaîne pour survivre. Ce sont souvent des jeunes gens, parfois des femmes signant d'un pseudonyme masculin, qui disposent d'un capital social ou économique modeste et sont peu ou mal intégrés dans la vie littéraire. Pour une bonne part d'entre eux, « la littérature étrangère a pu servir de tremplin, pour ceux qui réussissent, et de voie d'accès détourné au champ littéraire, pour ceux qui restèrent confinés à l'importation[30] ». Conséquence de cette situation précaire, les traducteurs se déclarent souvent compétents dans plusieurs domaines linguistiques très différents, et une minorité d'entre eux, parmi les plus connus, les plus productifs et les mieux rémunérés, n'hésitent pas à utiliser eux-mêmes des « nègres ». C'est ainsi qu'« Elie Halpérine-Kaminski, qui a laissé son nom à beaucoup de traductions de romanciers russes et fut un artisan de l'élaboration des conventions entre la France et la Russie sur le droit d'auteur, était un entrepreneur en traductions, qui se contentait de donner le sens littéral du russe et laissait ses collaborateurs francophones traduire en bon français[31] ».

De la même manière, Blaise Wilfert décrit les pratiques douteuses alors en vogue parmi les traducteurs :

> *Nombre de traducteurs s'adjoignaient ainsi les services d'un « naturel » de la langue, comme le prolifique Ernest Jaubert, auteur de pièces de théâtre et conservateur du Musée pédagogique de la Ville de Paris, qui traduisit un nombre considérable de textes russes, romans d'adulte ou textes pour enfants, sans connaître un mot de russe, mais en recourant aux services d'immigrés comme Léon Golschmann ou Victor Tseyline, inconnus quant à eux. Gide s'engagea dans des traductions de l'anglais dès les années 1910 alors qu'il venait de reconnaître à Edmund Gosse qu'il ne connaissait pas l'anglais, la langue intime de ses parents. Ses traductions de Conrad ou de Shakespeare apparaissent ainsi rétrospectivement contestables tant elles étaient éloignées du rythme du texte initial. Cette situation était connue à l'étranger : Ibsen n'accorda des droits de traduction en français qu'au comte Prozor, un Balte diplomate du tsar mais*

---

[29] Valéry Larbaud, *Sous l'invocation de Saint Jérôme*, cité par Pascale Casanova dans *La république mondiale des lettres*, Le Seuil, 1999.
[30] Blaise Wilfert, « Cosmopolis et l'homme invisible. Les importateurs de littérature étrangère en France, 1885-1914 », *Actes de la recherche en sciences sociales* n°144, 2002.
[31] Ibid.

> *marié à une Norvégienne, dont il était sûr qu'il connaissait la langue dans laquelle il écrivait. Il ne voulait à aucun prix être traduit de l'allemand ou de l'anglais, et craignait les traducteurs français comme la peste, les jugeant beaucoup trop publicistes et incompétents sur le plan de la langue[32].*

Parallèlement à la question de la traduction, la diffusion des littératures étrangères implique un autre choix en ce qui concerne cette fois la diffusion d'œuvres en langue originale : celui de l'importation ou de l'impression sur place. Dès le début du XIXe siècle, les éditeurs se rendent compte que l'importation d'ouvrages étrangers pose des problèmes de transport et de dédouanement. Dès la Monarchie de Juillet, ils songent donc à faire imprimer des livres étrangers sur place. La firme de Baudry publie par exemple à Paris plusieurs auteurs britanniques en texte intégral dans les années 1830-1840, dont Walter Scott. Certaines œuvres importantes, qui ne pouvaient paraître dans leur pays d'origine pour des raisons de morale comme *Ulysse* de James Joyce ou *Tropiques* d'Henri Miller, sont publiées en langue anglaise à Paris. A propos d'*Ulysse*, Pascale Casanova note d'ailleurs que « la traduction est sans doute la forme par excellence de la reconnaissance spécifique. Ainsi, c'est à partir de la traduction de son *Ulysse* à Paris, en 1929, traduction rédigée sous la direction de Valéry Larbaud et publiée par Adrienne Monnier, que Joyce accède à la reconnaissance internationale[33] ». Les éditeurs étrangers se multiplient à Paris, notamment les éditeurs américains dans les années 1920. Robert McAlmon fonde la *Contact Publishing Company*, qui publie le premier ouvrage d'Hemingway *Three Stories and Ten Poems*, ainsi que *Making of Americans* de Gertrude Stein. William Bird fonde en 1923 une maison artisanale, *Three Mountains Press*, tandis qu'Edward Titus ouvre sa maison sous le nom de *Black Manikin*. Harry et Caresse Crosby fondent *The Black Sun* et Gertrude Stein *Plain Editions*. Cette présence étrangère favorise la diffusion des littératures étrangères en France. Ainsi, « la présence d'éditeurs ou de libraires-imprimeurs étrangers, comme Galignani en France, a joué un rôle incontestable, quoique limité, dans les échanges interculturels, grâce aux livres en langues étrangères publiés et diffusés par eux[34] ». La motivation de ces éditeurs étrangers est double : « dans une France ouverte mais prodigue de son sentiment de supériorité, [les éditeurs américains] entendent non seulement permettre aux Américains de publier mais veulent aussi faire (re)connaître la littérature de leur pays, trop souvent relégué au rang de nation neuve et sans Histoire[35] ».

---

[32] Ibid.
[33] Pascale Casanova, « Paris, méridien de Greenwich de la littérature », in C. Charles et D. Roche (dir.). *Capitales culturelles, capitales symboliques*. Op.cit.
[34] Marie-F. Cachin et Claire Bruyère, « La traduction au carrefour des cultures ». Op.cit.
[35] Laure Murat, *Passage de l'Odéon*, Arthème Fayard, 2003.

La traduction précède même parfois l'édition en langue originale, comme les satires du prince russe Antiochus Cantemir qui paraissent d'abord dans leur traduction française en 1749 avant d'être imprimées en russe et en Russie en 1762. Pierre Brunel, Claude Pichois et André-Michel Rousseau rappellent également que « les appartenances nationale et linguistique ne coïncident pas toujours : William Beckford compose en français, Vathek, Milosz oublie son origine balte et – ainsi que plus récemment Ionesco et Beckett – devient un auteur français[36] ». Pour ces raisons, il n'est pas toujours évident de tracer les contours de la « littérature étrangère » par rapport à la littérature française. Il faudrait pour cela déterminer si une œuvre « étrangère » se définit par la langue dans laquelle elle a été écrite ou par la nationalité de son auteur. Les mêmes interrogations se poseront d'ailleurs un peu plus tard concernant, entre autres, les littératures francophones produites dans le contexte colonial.

En effet, avec l'expansion coloniale, le concept de « littérature nationale » s'agrandit, et on assiste à un mouvement de promotion d'une « littérature de la Plus Grande France », même si ce mouvement est plutôt marginal et n'a pas d'impact vraiment durable. Des prix littéraires sont tout de même institués, comme le Grand Prix de littérature coloniale :

> *[Ces prix] incitèrent des écrivains métropolitains à situer leurs œuvres dans l'empire colonial, mais motivèrent également des Français d'outre-mer et des écrivains autochtones à écrire et à publier – tels les premiers écrivains algériens comme Ferhat Abbas ou Rachid Zenati, l'écrivain martiniquais René Maran qui reçut en 1921 le prix Goncourt pour son roman Batouala. Véritable roman nègre*[37].

Les écrivains autochtones sont considérés techniquement comme des auteurs français, et il faut attendre la décolonisation pour que l'on se décide à les considérer comme des représentants de littératures étrangères.

Entre la Renaissance et le début de la Seconde guerre mondiale, les littératures étrangères se sont donc progressivement introduites en France, intéressant de plus en plus les professionnels du livre. Avant 1945, elles font l'objet d'une promotion qui est surtout le fait d'intellectuels œuvrant au sein des revues et des salons, et font aussi leur entrée à l'université.

---

[36] Pierre Brunel, Claude Pichois et André-Michel Rousseau, *Qu'est-ce que la littérature comparée ?*, Armand Colin, 1983.
[37] Hans-Jürgen Luse Brink, « Littérature nationale et espace national », in Michel Espagne et Michael Werner (dir.). *Philologiques III : Qu'est-ce qu'une littérature nationale ? Approches pour une théorie interculturelle du champ littéraire*, Ed. de la Maison des sciences de l'Homme, 1994.

Chapitre 2 : Une infiltration progressive à partir du XIXe siècle

Au XIXe siècle, « le plus grand choix de livres étrangers se trouve dans des librairies spécialisées, qui s'adjoignent parfois des cabinets de lecture, lesquels reçoivent également des revues et des journaux : tous les Parisiens connaissent de longue date la librairie Galignani. La Bibliothèque américaine, la Bibliothèque polonaise, offrent des ressources analogues[38] ». Par contre, une question se pose : celle de l'accès aux littératures étrangères en dehors de l'achat des ouvrages. En l'absence de politique culturelle telle que nous en connaissons depuis la seconde moitié du XXe siècle, la promotion des littératures étrangères passe par la collaboration spontanée, la complicité entre universitaires, revues, intellectuels parisiens qui tiennent salon, et les intellectuels et écrivains étrangers qui s'installent ou résident de manière temporaire en France. Ces différents acteurs se retrouvent pour aider à une meilleure diffusion et une meilleure connaissance des littératures étrangères, même si les universités restent plutôt centrées sur les auteurs considérés comme « classiques », tandis que les éditeurs, libraires et critiques littéraires sont à l'affût des nouveautés.

Le rôle croissant des universités à partir de 1830

Comme le souligne Michel Espagne dans son ouvrage remarquable *Le paradigme de l'étranger : les chaires de littérature étrangère au XIXe siècle* (Editions du Cerf, 1993), « si la connaissance des littératures étrangères remonte bien au-delà des années 1830, leur définition en termes de discipline d'enseignement, de relation codifiée entre un professeur rémunéré par l'Etat et un public, ne s'opère qu'au cours du XIXe siècle ». Les caractéristiques sociologiques d'une discipline universitaire – associations, revues spécialisées, concours de recrutement – se mettent progressivement en place.

Le premier professeur de littérature étrangère nommé en France est Claude Fauriel (1772-1843). Sensibilisé au cosmopolitisme du début du XIXe siècle, Fauriel avait suivi la genèse de *De l'Allemagne* grâce aux échos réguliers du voyage que faisait Mme de Staël dans les pays germaniques. Appelé par le duc de Broglie, gendre de Mme de Staël et ministre de l'Instruction publique, il accepte la chaire de littérature étrangère instituée à la Sorbonne par une ordonnance d'octobre 1830, où il propose un enseignement centré sur l'Europe :

---

[38] Pierre Brunel, Claude Pichois et André-Michel Rousseau, *Qu'est-ce que la littérature comparée ?*, Armand Colin, 1983.

> *Fauriel traita longuement de la poésie provençale, puis ce fut le tour de la poésie populaire des Serbes et des Grecs. Il parla en 1833-1834 de la littérature italienne (Dante surtout) et de linguistique comparée. En 1835-36, il traita de l'épopée homérique. De 1837 à 1839 il fut question de langue et de littérature espagnoles, en particulier du théâtre de Lope de Vega*[39].

Dès ses débuts, Fauriel adopte une approche originale, abordant par exemple la version moderne et populaire de la littérature grecque, et se lançant en même temps dans une comparaison thématique entre littérature grecque et littérature serbe, dans le but de mettre en évidence un imaginaire collectif indo-européen. Il est remplacé de manière ponctuelle par Jean-Jacques Ampère, dont le cours s'intéresse à l'ancienne littérature scandinave. Ampère enseigne lui-même dès l'automne 1830 à l'Ecole normale, où il se concentre sur l'étude des littératures anglaise, allemande, italienne et espagnole, en opposant le domaine du Nord à celui du Midi.

Le principe d'une extension de l'enseignement de la littérature étrangère est affirmé par une ordonnance du ministre Salvandy en 1838 sous la Monarchie de Juillet. Cette ordonnance prévoit de reconstituer les facultés de lettres de Bordeaux, Lyon, Montpellier et Rennes, supprimées sous la Restauration. Salvandy définit l'enseignement supérieur des lettres comme un système de cinq chaires, dont une de littérature étrangère :

> *La faculté des lettres de Paris possédait seule, jusqu'à présent, une chaire de littérature étrangère. Le professeur renommé qui l'occupe comprend à la fois dans son enseignement toutes les littératures du Nord et du Midi ; et bien que sa science suffise à une étude si variée, le temps d'un seul cours ne pouvant pas y suffire, il y aura lieu d'examiner plus tard s'il ne devrait pas être divisé.*
> *Je soumets à Votre Majesté la proposition de créer dans les facultés nouvelles un enseignement de même nature. La connaissance des langues vivantes est un besoin de notre époque. L'Université prend en ce moment des mesures pour qu'elles soient professées dans tous les collèges et qu'elles y soient obligatoires. Les facultés ne sauraient donc y rester étrangères. Mais le même cours ne pouvant, sans s'énerver, remplacer tant de matières, ni se restreindre à une seule sans s'abaisser rapidement, il y aura lieu d'assigner à chaque cours une destination conforme aux penchants, aux habitudes, aux intérêts de chaque contrée*[40].

---

[39] Michel Espagne, *Le paradigme de l'étranger*, Editions du Cerf, 1993.
[40] Ordonnance du 24 août 1838, reproduite par Michel Espagne dans *Le paradigme de l'étranger*. Op.cit.

L'ordonnance de Salvandy explique quelles littératures devront être enseignées dans chacune des universités et spécialise les chaires en fonction de leur implantation géographique. Les langues du Nord, la littérature anglaise et les idiomes galliques seront au programme à Rennes, les lettres espagnoles et anglaises à Bordeaux, les langues du Midi et les nombreux dialectes dont sont issues les littératures provençale, languedocienne et catalane à Montpellier, les littératures allemande et italienne à Lyon, enfin les littératures du Nord à Strasbourg. Ces nouvelles chaires sont pourvues dès le 18 septembre 1838, avant une extension à Poitiers en 1845 et à Aix-en-Provence en 1846. La première chaire de langue et littérature slaves est créée en 1840 au Collège de France ; elle est occupée par Adam Mickiewicz pendant cinq ans. Dès cette époque, et même si la création des chaires de littérature étrangère n'entraîne pas d'effets immédiats, « leur imputation au budget de l'Etat implique la volonté de développer un discours sur l'étranger autorisé et donc virtuellement indépendant des simples aléas du goût du public[41] ».

L'activité des universités pour la promotion des littératures étrangères, bien que limitée, est loin d'être négligeable ; ce sont en effet les seuls acteurs payés par l'Etat dans ce domaine pendant plus d'un siècle. Les facultés de Lyon et de Lille mènent un travail important, la première avec Quinet dans le domaine de la littérature allemande, la seconde pour les littératures russe, anglaise et allemande. La faculté de Rennes est particulièrement qualifiée dans le domaine des littératures espagnole et italienne, Nancy dans les études germaniques, Caen dans les études anglaises, Grenoble dans la littérature italienne. Même si les facultés de lettres de province ont une activité discutable durant le XIXe siècle, elles témoignent souvent d'une personnalité affirmée dans le domaine marginal des littératures étrangères, et ont tendance à esquisser des traditions au-delà de la personnalité des enseignants. L'un des traits caractéristiques de ces chaires de littérature étrangère reste l'importance générale dévolue à la littérature allemande.

Dès le début du Second Empire, le ministre Fortoul décide d'instaurer un programme d'enseignement précis. Il est décidé que chaque professeur travaillerait sur la base de cycles de trois ans. A Besançon, Dijon, Poitiers, Rennes et Strasbourg, il consacrerait une année à la littérature anglaise, la deuxième à l'Allemagne, la troisième aux littératures du Sud. A Aix, Bordeaux et Montpellier, une année serait consacrée à la littérature italienne, la deuxième à la littérature espagnole, la troisième aux littératures du Nord. Les enseignants devraient soumettre leurs cours à l'approbation du ministre. Ce projet n'a guère été mis en pratique, mais de nombreux professeurs ont commencé à alterner des sujets pris dans les littératures du Midi et dans celles du Nord. C'est le Collège de France qui le premier distingue officiellement l'Europe en trois aires culturelles : en 1840 et 1841

---

[41] Michel Espagne, *Le paradigme de l'étranger,* Editions du Cerf, 1993.

sont créées trois chaires distinctes pour les langues et littératures slaves, celles de l'Europe méridionale et celles d'origine germanique.

A partir de 1880, les chaires se diversifient à Paris malgré l'emploi continu du terme générique de « littérature étrangère » jusqu'à la fin du siècle. En 1883, chaque chaire est spécialisée sur une aire culturelle ; les littératures allemande, anglaise, espagnole, italienne et classiques (grecque et latine) restent les plus représentées, devant les langues et littératures slaves enseignées au Collège de France, les littératures russe et serbe à l'Ecole des langues orientales, le sanscrit et les langues indo-européennes à Aix et à Lyon, ou encore la littérature arabe et les dialectes berbères à l'Ecole supérieure des lettres d'Alger et à Montpellier. Les littératures du Midi semblent généralement défavorisées par rapport aux littératures du Nord. A l'université de Paris, la première chaire officielle de littérature italienne n'est ainsi confiée à Henri Fauvette qu'en 1918, alors qu'il enseignait la littérature italienne à Grenoble depuis 1895. En cela, le monde de l'enseignement imite le monde de l'édition, lui aussi centré sur les littératures du Nord.

Sans vouloir rabaisser le travail, parfois considérable, effectué par les universitaires, Michel Espagne souligne que bon nombre d'enseignants restent peu spécialistes de leur sujet, et leur public demeure souvent restreint. Entre la Monarchie de Juillet et le Second Empire, les critères de choix des occupants des chaires de littérature étrangère évoluent tout de même dans le sens d'une certaine professionnalisation, et les enseignants nommés après 1848 sont des normaliens agrégés et docteurs. Mais la professionnalisation reste relative ; en effet, « certains professeurs ont écrit des thèses n'ayant rien à voir avec les cultures étrangères et certains auteurs de travaux sur les littératures européennes ne les ont pas enseignées[42] ». Les chaires de littérature étrangère représentent en réalité une voie d'accès à l'enseignement supérieur plus facile que les autres. Le choix d'enseigner les littératures étrangères correspond donc, dans un grand nombre de cas, à une stratégie de carrière universitaire plus qu'à une vocation intellectuelle, même si au cours du XIXe siècle, on observe de plus en plus souvent une adéquation entre la fonction et la qualification. Cette relative absence de spécialisation transparaît dans la perception que les enseignants ont eux-mêmes de la manière dont les littératures étrangères doivent être abordées :

> *Si la vie des mots qui anime les textes étrangers [...] fait tout naturellement déboucher les littératures étrangères sur une investigation ethnologique des nations qui les ont produites, la littérature étrangère, sur un plan beaucoup plus immédiat, s'explique par l'histoire. Aux yeux de nombre de professeurs de littérature étrangère, leur objet ne constitue qu'une source historique d'un type particulier*[43].

---

[42] Ibid.
[43] Ibid.

L'idée sous-jacente est qu'il existe un nombre limité d'œuvres majeures composant un patrimoine littéraire universel, expression des formes esthétiques dans lesquelles se reconnaît l'homme européen. Dans le fond, il ne s'agit que d'étendre les principes universalistes français à quelques grands noms de la littérature européenne, comme Shakespeare, Dante, Goethe ou Cervantès. On le voit, le concept de « littérature étrangère » reste européano-centré ; depuis la fin du Moyen-âge perdure en effet l'idée que les Européens partagent une même culture supérieure :

> *Sur le plan historique, le concept de littérature européenne est loin d'être aussi vieux que la matière littéraire dans laquelle il puise ses sources. Sans remonter jusqu'aux plus anciens traités de l'Antiquité ni du Moyen Age où la pensée de la culture européenne apparaît bien souvent comme une évidence, on peut se risquer à quelques hypothèses. A la fin du Moyen Age, hors des différentes Renaissances successives, s'affirme peu à peu le sentiment d'une appartenance à une culture sinon tout à fait une, en tout cas cristallisée autour de quelques points fixes*[44].

Par ailleurs, l'assimilation des textes littéraires étrangers à des sources historiques s'inscrit dans le cadre du conflit entre belles lettres et érudition. A la fin du XIXe siècle, la tradition érudite et philologique semble l'emporter, et les premiers spécialistes de littératures étrangères veulent surtout mettre en avant le contexte culturel et l'arrière-plan historique des textes, faisant de la littérature l'illustration par excellence d'une civilisation et l'instrument humanitariste permettant un dépassement des préjugés nationaux. Les enseignants sont supposés garder une certaine sévérité vis-à-vis des auteurs étrangers et mettre en évidence le bon goût national. Enfin, le travail de traduction est assez mal vu, et ce n'est qu'au XXe siècle qu'il devient une activité courante des enseignants d'université. Cette façon de voir transparaît dans le discours prononcé par Léon Boré à l'occasion de l'ouverture de son cours de littérature allemande :

> *Pénétrant au fond de l'essence constitutive d'un peuple, vous vous éprenez d'une sincère affection, d'un intérêt tendre pour ce frère que la divine bonté du père commun a doué de biens particuliers dans l'inépuisable profusion de ses bienfaits ; et votre cœur tressaille, enlacé plus fortement des liens de la charité, de la solidarité universelle. C'est là, certainement, la suprême jouissance d'une communication intime, immédiate, avec les différentes tribus de l'humanité*[45].

---

[44] Pascal Dethurens, « Le concept de littérature européenne », in *La recherche en littérature générale et comparée en France en 2007,* Anne Tomiche et Karl Zieger, PUV, 2007.
[45] Leçon d'ouverture de Léon Boré, professeur de littérature étrangère à la faculté des lettres de Dijon, 14 mai 1860 ; citation par Michel Espagne dans *Le paradigme de l'étranger.* Op.cit.

Cependant, et malgré ces hautes ambitions humanistes, le public étudiant les littératures étrangères demeure longtemps restreint. Alfred Morel-Fatio par exemple, fondateur des études espagnoles en France, lance les recherches sur l'Espagne à l'Ecole des Hautes études, au Collège de France et à l'Ecole des Chartes, mais il enseigne la littérature italienne du Moyen Age et la littérature castillane devant un auditoire clairsemé. De la même manière, le cours d'Ernest Mérimée à Toulouse sur la littérature espagnole n'attire que six étudiants en 1889, atteignant un total de douze étudiants et d'une cinquantaine d'auditeurs en 1894.

Malgré le rôle certain joué par les universitaires dans une meilleure connaissance des littératures étrangères, Michel Espagne conclut que bien souvent, les « passeurs » qui ont le plus introduit ces littératures n'ont pas enseigné, ou n'ont pas été en tout cas des professeurs réguliers. Beaucoup de ceux qui ont joué un rôle important pour les littératures étrangères se sont plutôt exprimés en effet à travers les revues et les salons.

Revues, salons et critiques littéraires

Les salons, qui font intervenir les acteurs contemporains de la vie littéraire, constituent une forme sociale à travers laquelle la connaissance des littératures étrangères s'est affirmée en France. Au XIXe siècle, avec la multiplication des canaux de diffusion, la sociabilité des salons est peut-être moins essentielle pour la circulation des idées qu'au siècle précédent. Mais les salons contribuent encore à acclimater des savoirs marginaux et mal reconnus, même si leur rôle se limite à Paris et ne concerne que des cercles mondains : « le salon russe de Mme Svetchine n'est pas le salon italien de la princesse Belgiojoso, mais tous permettent, pour des durées plus ou moins longues et avec des présupposés politiques divers, la rencontre d'écrivains, de publicistes français, avec des étrangers qui eux-mêmes écrivent[46] ». L'anglomanie, trait constant de la vie intellectuelle française aux XVIIIe et XIXe siècles, est relayée par plusieurs de ces cercles parisiens. Des femmes anglaises favorisent la connaissance fiable et régulière de la littérature anglaise, comme Mary Clarke, épouse d'un professeur de littérature étrangère au Collège de France, qui tient salon de 1830 à 1880. Le cercle de Darmesteter et de sa femme, la poétesse anglophone Mary Robinson, prennent le relais à partir de 1887.

De son côté, Mme de Staël a une grande importance pour les littératures étrangères grâce à ses écrits. C'est en partie à cause d'elle que l'on différencie dès la fin du XVIIIe siècle les littératures du Sud et celles du Nord, après qu'elle ait écrit dans *De la littérature dans ses rapports avec les institutions sociales* (1800) :

---

[46] Michel Espagne, *Le paradigme de l'étranger.* Op.cit.

Il existe, ce me semble, deux littératures tout à fait distinctes, celle qui vient du Midi et celle qui descend du Nord ; celle dont Homère est la première source, celle dont Ossian est l'origine. Les Grecs, les Latins, les Italiens, les Espagnols et les Français du siècle de Louis XIV appartiennent au genre de la littérature que j'appellerai la littérature du Midi. Les ouvrages anglais, les ouvrages allemands, et quelques écrits des Danois et des Suédois doivent être classés dans la littérature du Nord, dans celle qui a commencé par les bardes écossais, les fables islandaises et la poésie scandinave.

L'enthousiasme de Mme de Staël pour les littératures du Nord (*De l'Allemagne*, 1814) révèle aux Français les trésors intellectuels allemands – bien que l'auteur laisse de côté la nouvelle école, le nationalisme et le romantisme – avec l'objectif de dresser « contre une France tyrannisée des voisins jugés plus heureux, plus respectueux de la dignité humaine[47] ». Ce livre rencontre un grand succès, même si Heine ou Edgar Quinet, qui connaissent mieux l'Allemagne que Mme de Staël, eussent souhaité y apporter nuances et corrections. Quant à son jugement négatif sur les littératures du Midi, il sera en partie corrigé par des représentants du Nord eux-mêmes. Ainsi, August Wilhelm Schlegel, dans son *Cours de littérature dramatique* (1814), étudie l'œuvre de Lope de Vega et de Calderón, avec l'idée que la littérature allemande pourrait bien être l'héritière de l'ensemble des traditions littéraires européennes, dont celles du Midi.

Les salons parisiens entretiennent des liens étroits avec les différentes revues littéraires. Marie d'Argoult, qui écrit dans la *Revue des deux mondes* sur Bettina von Arnim, Heine ou Freiligrath, reçoit dans son salon Mickicwicz, le baron d'Eckstein, Karl Gutzkow, Arnold Ruge et Tourgueniev. Salons et revues œuvrent de pair dès le XVIIIe siècle pour mieux faire connaître les littératures étrangères en France, et les essais de revues cosmopolites se multiplient aux XVIIIe et XIXe siècles.

Dès le début du XVIIIe siècle sont lancées la *Bibliothèque anglaise* (1717-1728) et la *Bibliothèque britannique* (1729-1747), mais ces revues restent généralistes et peu ouvertes sur les littératures. En 1754 paraît le premier périodique littéraire spécialisé, le *Journal étranger*, dont l'intention est « de familiariser de plus en plus notre nation avec des arts et des talents auxquels l'ignorance et le préjugé ont fait trop longtemps refuser parmi nous l'estime qui leur était due[48] ». Le *Journal étranger* présente à ses lecteurs des auteurs comme Winckelmann ou Goldoni, et rassemble pour la première fois un groupe de traducteurs dans un effort de vulgarisation des textes.

---

[47] Pierre Brunel, Claude Pichois et André-Michel Rousseau, *Qu'est-ce que la littérature comparée ?*, Armand Colin, 1983.
[48] Ibid.

La Gazette littéraire de l'Europe (1764-1766) publie d'intéressantes études thématiques sur la littérature de langue allemande. A côté des revues spécialisées, le rôle des revues généralistes est important. *L'Année littéraire* publie entre 1754 et 1790 plus de 500 annonces et comptes-rendus concernant les littératures anglaise, allemande et italienne, avec un intérêt particulier pour l'Angleterre. Les *Archives littéraires de l'Europe* (1804-1808), dirigées par Vanderbourg, rassemblent les plus sérieux connaisseurs des aires culturelles européennes dans une tentative d'explorer les diverses littératures. L'Allemagne y est particulièrement représentée.

Les revues publient notamment de très larges extraits des œuvres étrangères en traduction, voire même des traductions d'œuvres complètes. C'est ainsi que « la participation aux revues, sous la forme de chroniques, de notes, de présentations d'un auteur, d'un courant ou d'une époque fut une pratique essentielle pour l'importation littéraire. Elle incluait souvent des morceaux de traduction, servait parfois à préparer des campagnes ou les rendait inévitables […] ou résumait les auteurs pour en rendre d'une certaine manière inutile la traduction[49] ». L'impact des premières revues reste pourtant à relativiser, car si leur bonne volonté est évidente, « les temps n'étaient point propices puisque, tout en reconnaissant les goûts des autres nations, la France prétendait à la palme en faveur du sien[50] ». Il faut attendre le XIXe siècle pour que les revues consacrées aux littératures étrangères se multiplient et se spécialisent. La *Revue britannique* est fondée en 1825, juste avant la *Revue germanique* (1826-1836), qui propose des traductions, des essais, des comptes rendus et des nouvelles. Au tout début du XXe siècle est créé le *Bulletin italien* (1901-1918), revue dont Henri Fauvette est le principal collaborateur.

L'une des caractéristiques de ces revues est leur vocation interculturelle : même lorsque leur titre renvoie à une aire géographique unique, elles ont un postulat à l'universalité. *L'Europe littéraire*, lancée en 1833, est un essai intéressant de revue ouverte sur les littératures étrangères. Thomas R. Palfrey lui reproche cependant dans *L'Europe littéraire (1833-1834), Un essai de périodique cosmopolite* (Librairie ancienne Honoré Champion, 1927), de faire appel à trop peu de collaborateurs étrangers :

> *Malgré les promesses grandiloquentes des directeurs du journal, les collaborateurs étrangers se distinguent plutôt par leur petit nombre : dans ce sens au moins,* L'Europe littéraire *ne devint pas le forum où devaient se rencontrer tous les écrivains du monde civilisé. Cependant cette lacune fut savamment comblée par les articles d'auteurs « français » sur les arts et les littératures étrangers.*

---

[49] Blaise Wilfert, « Cosmopolis et l'homme invisible. Les importateurs de littérature étrangère en France, 1885-1914 », *Actes de la recherche en sciences sociales* n°144, 2002.
[50] Ibid.

L'Europe littéraire propose à ses lecteurs de découvrir les littératures allemande et anglaise, mais aussi italienne, orientale, russe, polonaise, espagnole, portugaise. La littérature allemande est encore une fois la mieux représentée, devant la littérature anglaise. Quant aux littératures méridionales, elles tiennent toutes ensemble moins de place que l'Angleterre ou l'Allemagne, et si on les considère séparément, elles ont droit à moins de place que les littératures slave ou orientale. Thomas Palfrey considère que la place occupée par les littératures orientales « est de la plus haute importance en établissant des jalons successifs entre les connaissances superficielles de l'Orient mystique au commencement du XIXe siècle et l'exotisme oriental qui alla croissant jusqu'à nos jours[51] ». *L'Europe littéraire* ne dure que deux ans, durant lesquels elle s'efforce de rendre les connaissances des littératures européennes un peu moins superficielles malgré la place prépondérante consacrée à la France dans ses rubriques. Thomas R. Palfrey conclut que « le vrai mérite des efforts du journal vers une assimilation bien comprise des littératures étrangères a été plutôt de donner sur elles des renseignements plus étendus, et d'offrir de nouveaux modèles aux jeunes littérateurs français, au moyen de traductions et d'articles généraux[52] ».

Quelques revues généralistes s'intéressent aussi à l'activité littéraire. Parmi celles qui ont le plus d'impact pour les littératures étrangères se trouve le *Globe*, fondé en 1824, largement ouvert à la littérature allemande, et surtout, la *Revue des deux mondes* qui commence à paraître en 1829. On a ainsi pu dire qu'« au XIXe siècle, le certificat de la connaissance d'un auteur étranger en France est fourni par l'insertion d'un article sur cet auteur dans la *Revue des deux mondes*[53] ». Heinrich, Heine, Henri Blaze de Bury, Edouard de La Grange, Loeve-Veimars, Saint-René Taillandier, Marie d'Argoult, Challemel Lacour y œuvrent pour faire connaître la littérature allemande. Emile Montégut, Eugène Forcade, Emile Durand Forgues y parlent de littérature anglaise, tandis que Ferrari et François Tommy Perrens analysent la littérature italienne et que Mérimée explore la littérature russe. La *Revue des deux mondes* s'intéresse aux littératures étrangères dès ses débuts. « Philippe Régnier a pu ainsi montrer qu'entre 1829 et 1870 la *Revue* avait constitué une plaque tournante de l'importation littéraire, en se donnant pour tâche implicite de décerner, du point de vue de Sirius offert par la littérature française, universelle par nature, des brevets de nationalité aux différentes littératures européennes et aux nations elles-mêmes, suivant le principe qu'un pays devenait une nation telle lorsqu'il avait acquis une littérature

---

[51] Thomas Palfrey, *L'Europe littéraire (1833-1834)*, Librairie Honoré Champion, 1927.
[52] Ibid.
[53] Pierre Brunel, Claude Pichois et André-Michel Rousseau, *Qu'est-ce que la littérature comparée ?*, Armand Colin, 1983.

nationale[54] ». Dès les années 1840, la *Revue des deux mondes* acquiert une prééminence inébranlable. En 1852, elle affiche un capital de plus de 500 000 francs sans compter les recettes, et compte entre 6 000 et 7 000 abonnés[55]. Dans les littératures étrangères, elle s'intéresse surtout aux domaines germanique et scandinave, puis au domaine slave, avec l'article de George Sand sur Mickiewicz, « Essai sur le drame fantastique », publié en 1839. La littérature russe se développe à partir de 1847, avec un tableau de Pouchkine et du mouvement littéraire en Russie brossé par Charles de Saint-Julien. En 1884, la revue publie une étude d'Eugène-Melchior de Vogüé sur « Le roman russe » qui fait sensation en présentant Tourgueniev, Tolstoï et Dostoïevski. La collaboration entre la revue et le monde universitaire est étroite ; les professeurs de littératures étrangères en Sorbonne et au Collège de France y accèdent facilement. Comme l'explique Blaise Wilfert, cette revue constitue un véritable pilier académique, qui accueille notamment les intellectuels et les « spécialistes » de littératures étrangères ne parvenant pas à trouver un poste d'enseignant :

> *Cette association d'intellectuels libres, de diplomates et de fonctionnaires titrés, typique de la sphère académique, témoignait, singulièrement pour tout ce qui touchait à l'étude des peuples étrangers, de la lenteur de la professionnalisation universitaire. Le mouvement de spécialisation dans les différents domaines étrangers, par grandes aires de civilisation – l'opposition entre philologie et civilisation – n'en était alors qu'à ses débuts, et il puisait largement dans les rangs des professeurs du secondaire, plus titrés et plus formés depuis l'augmentation des promotions d'agrégation et le renforcement des exigences lors des concours. Un grand nombre de ces importateurs avaient donc soutenu une thèse de doctorat et se trouvaient dans des positions d'attente, le nombre de postes créés dans les universités ne suivant pas l'augmentation du nombre des professeurs de langue vivante : c'est dans cette sphère académique que leur ambition trouva à s'exprimer, et le discours sur l'étranger, principalement organisé autour de la culture littéraire, servit de pont entre ces différentes élites*[56].

---

[54] Blaise Wilfert, « Cosmopolis et l'homme invisible. Les importateurs de littérature étrangère en France, 1885-1914 », *Actes de la recherche en sciences sociales* n°144, 2002.
[55] Voir Philippe Regnier, « Littérature nationale, littérature étrangère au XIX siècle », in *Philologiques III : Qu'est-ce qu'une littérature nationale ?*, Michel Espagne et Michael Werner (dir.), Editions de la Maison des sciences de l'Homme, 1994.
[56] Blaise Wilfert, « Cosmopolis et l'homme invisible. Les importateurs de littérature étrangère en France, 1885-1914 », *Actes de la recherche en sciences sociales* n°144, 2002.

La *Revue des deux mondes* offre ainsi un refuge et un moyen d'expression à tous les littéraires qui, sans cela, n'auraient pu se faire connaître et publier leurs articles et traductions. Blaise Wilfert cite en particulier l'exemple de Théodore de Wyzewa, qui prend la tête de la section des littératures étrangères de la *Revue* en 1893 : « payé entre 1 200 et 2 000 francs par mois, un chroniqueur de revue académique, même s'il avait une lourde tâche, gagnait largement sa vie et pouvait mener une vie bourgeoise d'auteur parisien, sans compter les revenus de la publication en volume de ses chroniques. […] Ces auteurs pouvaient de plus bénéficier du foisonnement des revues pour placer leurs textes plusieurs fois[57] ».

A partir du début du XXe siècle, les revues se multiplient. Dans le domaine de la littérature américaine, citons la revue *Transition* (1927-1938), lancée par l'Américain trilingue Eugène Jolas, ami de Gertrude Stein et de James Joyce dont il publie *Work in Progress*. De son côté, *Présence africaine* contribue dès les années 1930 à faire découvrir la littérature d'Afrique noire, révélant notamment le *Docker noir* de Sembène Ousmane en 1956, *Un nègre à Paris* de Bernard Dadié en 1959, ou encore l'*Etudiant noir* d'Aké Loba en 1960. Ces revues accueillent elles aussi en priorité les publications des professeurs de littérature étrangère, parfois même, mais c'est plus rare, des contributions d'écrivains étrangers. Concernant les littératures d'Amérique du Sud, Sylvia Molloy regrette ainsi que « le cas Gómez Carrillo mis à part, le bilan des traductions de 1900 à 1920 [soit] assez pauvre ; celui des collaborations hispano-américaines aux revues françaises l'est, toute proportion gardée, encore davantage. Les écrivains hispano-américains semblent publier surtout dans les revues qu'ils éditent eux-mêmes, très peu dans les revues parisiennes. Darío publie deux articles en français, l'un dans la *Revue blanche* en 1898, l'autre dans *Paris Journal*, et le compte-rendu d'un livre de Gómez Carrillo au *Mercure de France*. Des poèmes de lui sont publiés en 1918 – c'est-à-dire après sa mort – dans *Hispania*, revue spécialisée[58] ». Malgré tout, des relations étroites se nouent entre enseignants, revues et maisons d'édition, et la frontière entre critiques littéraires, traducteurs et enseignants universitaires est ténue. Tous comprennent intuitivement la nécessité de mettre leurs forces en commun pour mieux faire connaître les littératures étrangères au grand public.

La critique littéraire commence de son côté à jouer un rôle important à partir du XVIIIe siècle, époque à laquelle « un Marmontel, un Fréron, un La Harpe embrassent un horizon qui, outre les Grecs, les Latins, les Français, comprend les principaux chefs-d'œuvre de quelques nations modernes, ceux du moins qu'admettait le goût classique alors régnant[59] ». La

---

[57] Ibid.
[58] Sylvia Molloy, *La diffusion de la littérature hispano-américaine en France au XX siècle*, PUF, 1972.
[59] Paul van Tieghem, *La littérature comparée*, Librairie Armand Colin, 1951.

critique considère chaque épopée, chaque tragédie en elle-même. Esthétique et dogmatique, elle ne tient compte ni des racines de l'œuvre littéraire dans le pays, la société ou la vie de son auteur, ni des liens qui peuvent l'unir aux autres œuvres étrangères de même ordre. On est encore loin de la démarche intellectuelle qui conduira plus tard à la littérature comparée. Paul Van Tieghem constate ainsi dans *La littérature comparée* (Librairie Armand Colin, 1951) :

> *Qu'importe [...] que l'horizon littéraire s'élargisse, si chaque littérature est considérée surtout dans son originalité propre et incommunicable ? Si, au lieu d'étudier ce qui rapproche les littératures, traits communs à une même époque ou influences réciproques, on ne veut voir que ce qui les distingue et les oppose l'une à l'autre ?*

Le rôle de la critique dans le domaine des littératures étrangères prend de l'importance dès le début du XIXe siècle, surtout dans la mesure où elle est « créatrice de valeur littéraire[60] ». Pierre Moreau remarque ainsi dans *La critique littéraire en France* (Librairie Armand Colin, 1960) que « la critique de 1830 a enrichi l'esprit contemporain de vues dont les créateurs mêmes ont reçu lumière et excitation. Elle a ouvert plus largement les mondes étrangers ».

Jules Barbey d'Aurevilly, écrivain et critique littéraire, s'occupe plutôt de littérature française, mais s'intéresse à l'occasion aux grands auteurs étrangers ; en 1891, il publie chez Lemerre *Littérature étrangère*, dans lequel il cite Shakespeare, Tourgueniev, Heine, Hoffmann, Goethe, Gogol, « examinant les rééditions, ou les traductions des plus grands classiques de la littérature européenne avec une totale liberté d'esprit[61] ». De tels critiques servent à légitimer les auteurs étrangers, à encourager leur lecture et à leur donner une valeur dans le panthéon de la littérature nationale. Triés, épluchés, les ouvrages étrangers font l'objet d'une critique pointue, qui n'en retient qu'un petit nombre : « peu nombreux sont toujours les ouvrages significatifs qui ajoutent au domaine de la raison générale et viennent grossir le patrimoine commun de l'humanité[62] ». Dans la préface de son *Histoire des littératures étrangères* (Librairie Hachette et Cie, 1884), Jacques Demogeot se donne l'objectif suivant :

---

[60] Pascale Casanova, *La république mondiale des lettres*, Le Seuil, 1999.
[61] Michel Lécurseur, préface à Jules Barbey d'Aurevilly, *L'Europe des écrivains, De Cervantès à Tourgueniev* (articles réunis et présentés par Michel Lécurseur), Les Belles Lettres, 2000.
[62] Jacques Demogeot, *Histoire des littératures étrangères*, Librairie Hachette et Cie, 1884, préface.

> *On se plaint depuis longtemps qu'à la fin de leurs études, beaucoup de jeunes gens et de jeunes filles, que même un bon nombre d'hommes et de femmes du monde n'ont presque aucune connaissance des écrivains étrangers les plus célèbres et manquent de moyens faciles pour combler cette lacune. Nous avons voulu les y aider, en plaçant sous leurs yeux, dans un exposé sommaire mais non aride, l'ensemble du mouvement littéraire de l'Europe.*

Le rôle des critiques littéraires n'est donc pas négligeable : l'exemple type en est James Joyce, dont la reconnaissance « par les plus hautes instances de l'univers littéraire l'a placé d'emblée en position de fondateur et l'a transformé en une sorte d'"unité de mesure" de la modernité littéraire[63] ».

Intellectuels et passionnés

En dehors de l'Université, la diffusion des littératures étrangères se fait jusqu'à la Seconde guerre mondiale plutôt de manière spontanée ; leur visibilité est relativement faible, leur développement lent. En l'absence de toute politique culturelle étatique (hormis à l'université) – au moins à l'intérieur des frontières, puisque la culture constitue un outil de diplomatie et de rayonnement de l'Etat français à l'étranger depuis déjà plusieurs siècles – les littératures étrangères s'introduisent tant bien que mal en France et touchent un public surtout composé d'étudiants, d'enseignants et d'intellectuels. L'absence d'intérêt particulier vis-à-vis de la question des littératures étrangères accompagne l'absence de toute politique coordonnée concernant le livre ou plus généralement la culture. Pendant longtemps, le grand public ne dispose que de peu de ressources publiques dans ce domaine, notamment en l'absence de bibliothèques accessibles à tous. Marc Bloch comptait encore en 1940 parmi les faiblesses françaises « la misère de nos bibliothèques municipales [...] maintes fois dénoncée[64] ».

Avec l'avènement de la Troisième République, l'école se retrouve dépositaire de la tâche d'éduquer le peuple et de fabriquer de « bons Français ». Dans le contexte de la défaite de 1870 et de la volonté revancharde face à l'Allemagne, cette école gratuite, laïque et obligatoire ne peut que difficilement encourager les littératures étrangères. Au contraire, les ouvrages scolaires ont tendance à glorifier la culture et la littérature française, considérées comme naturellement supérieures à toutes les autres. Avant 1945, il y a ainsi absence de légitimité à promouvoir l'étranger et à en

---

[63] Pascale Casanova, *La république mondiale des lettres*, Le Seuil, 1999.
[64] Propos cités par Marc Fumaroli dans *L'Etat culturel, essai sur une religion moderne*, Fallois, 1992.

véhiculer une image trop positive. Toute admiration envers l'étranger est ressentie comme une critique implicite de la France et de sa culture. Enfin, le contexte colonial ne favorise pas non plus l'intérêt et le respect pour les cultures étrangères, souvent regardées avec mépris.

Dangereux ou inférieurs, les étrangers sont donc loin d'être appréciés en France par la majorité de la population. Dans ces conditions, le développement continu réel des littératures étrangères est remarquable, et il est le fait notamment d'une minorité intellectuelle très active. La France est apparue durant plusieurs siècles comme le pays de la littérature par excellence, pays pionnier ouvert aux écrits de toutes les cultures. Malgré l'absence d'initiative publique, les littératures étrangères y prennent une place de plus en plus importante, plaçant Paris dans le rôle de capitale littéraire ouverte aux mondes étrangers. La ville foisonne d'auteurs, de traducteurs, de cosmopolites, ce qui permet un essor des littératures étrangères sans comparaison possible avec d'autres pays.

Dès le XIXe siècle, Paris apparaît en effet comme une capitale littéraire prédominante : « la fonction littéraire de Paris ne s'exerce pas, ou pas seulement, sur le territoire national. [...] C'est, depuis le début du siècle dernier, la capitale de la littérature, c'est-à-dire de l'univers littéraire dans son ensemble[65] ». Entre 1830 et 1945, la ville devient le lieu d'une immigration massive : des milliers d'artistes et d'écrivains affluent du monde entier et contribuent à en faire le carrefour mondial de la littérature. Comme le rappelle Christophe Pradeau, « c'est au siècle du chemin de fer et du navire à vapeur, au siècle du télégraphe et du *Tour du monde en quatre-vingts jours* qu'il revient de rêver pour la première fois à un régime planétaire de la littérature. [...] En même temps que l'on redécouvre les monuments fondateurs des littératures nationales européennes, quelque chose comme le passé profond de l'Occident, on déchiffre les hiéroglyphes et l'écriture cunéiforme et l'on traduit les épopées sanskrites ou les grands classiques de la littérature chinoise. Le passé se démultiplie et ne cesse de s'étendre…[66] ». Dans ce contexte, « ce n'est pas l'appartenance nationale qui compte pour accéder à la reconnaissance littéraire. [...] La patrie de ceux qui n'ont plus de patrie, serait la définition la plus exacte de l'exterritorialité artistique et littéraire de Paris[67] ». Pour des raisons historiques se trouvent réunis à Paris de grands « consécrateurs », peu nombreux et marginaux, mais dont les verdicts critiques constituent de vrais « certificats d'universalité littéraire », car « il suffit d'un ou deux agents de ce type – songeons pour l'entre-deux-guerres à Valéry Larbaud et à André Gide –, de gens très

---

[65] Pascale Casanova, « Paris, méridien de Greenwich de la littérature ». Op.cit.
[66] Christophe Pradeau, « Un drakkar sur le lac Léman », *Où est la littérature mondiale ?*, PUV, 2005.
[67] Pascale Casanova, « Paris, méridien de Greenwich de la littérature ». Op.cit.

marginaux comme Adrienne Monnier, pour que la totalité du système se mette à fonctionner[68] ».

De nombreux étrangers, de passage à Paris ou y résidant en permanence, jouent les intermédiaires et donnent de la visibilité aux littératures étrangères. C'est le cas de Carl Burjström, qui propose des traductions commentées d'August Strindberg, d'Heinrich Heine, de Gabriela Mistral, de Sylvia Beach, de Gertrude Stein, d'Ezra Pound. Cosmopolites, écrivains, traducteurs, poètes internationaux repoussent les frontières linguistiques et nationales, faisant de Paris un territoire voué à l'invention, à la désignation et à la consécration des œuvres littéraires universelles. La littérature d'avant-garde ne peut paraître qu'à Paris. C'est principalement pour cette raison que s'y tient en juin 1935 le Congrès international des écrivains pour la défense de la culture. C'est là que se retrouvent les écrivains inquiets de la montée du fascisme : Forster, Musil, Brecht, Huxley, Seghers, Pasternak, Heinrich Mann, Rolland, Aragon, Breton, Gide, Barbusse, etc.

Les écrivains hispano-américains sont eux aussi très présents, nombre d'entre eux venant s'installer de manière quasi-définitive dans la capitale française au début du XXe siècle. Le désir de culture se traduit en effet par des voyages à partir de 1900 :

> *Les écrivains hispano-américains ne se contentent plus de recevoir les livres et revues français, il leur faut désormais aller toucher d'eux-mêmes aux sources de cette culture qu'ils réclament. Ils font leur « voyage en Europe » un peu comme les peintres français du XVIIe siècle faisaient leur « voyage en Italie »: le « complexe de Paris », selon l'heureuse expression de Pedro Salinas, devient une véritable épidémie. [...] Pour la première fois dans l'histoire des échanges culturels entre la France et l'Amérique hispanique, on peut parler d'une véritable colonie littéraire établie à Paris qui présente, pour ainsi dire, un front unique, celui du* modernismo*: Enrique Gómez Carrillo, Rubén Darío, Amado Nervo, les frères Garcia Calderón, Rufino Blanco Fombona, Enrique Larreta ne sont que quelques-uns des écrivains qui la composent. [...] La diplomatie ou le journalisme – souvent les deux à la fois – assurent, tout comme de nos jours, la vie matérielle de ces écrivains hispano-américains en exil volontaire*[69].

---

[68] Ibid.
[69] Sylvia Molloy, *La diffusion de la littérature hispano-américaine en France au XX siècle*, PUF, 1972.

La littérature hispano-américaine devient mieux connue à partir des années 1920 ; par exemple, Valery Larbaud présente les livres de Ricardo Güiraldes en juillet 1920 dans la *Nouvelle Revue française* et commence sa chronique par des aperçus généraux sur les courants littéraires en Amérique hispanique.

Dans ce contexte de foisonnement littéraire, des intellectuels passionnés jouent un rôle de pionnier dans l'introduction des littératures étrangères. Originaire de Genève et familier du Groupe de Coppet, l'historien et essayiste Jean Charles Léonard Simonde de Sismondi par exemple œuvre pour les littératures méridionales dès le début du XIXe siècle. Il propose d'abord un cours à l'université de Genève sur les littératures du Midi en 1812, avant de publier en 1813 les quatre volumes *De la littérature du Midi en Europe*. Ami de Mme de Staël à partir de 1802, il lui fait découvrir les littératures espagnole et italienne. Si ses ouvrages balancent entre tradition classique et tendances nouvelles, Sismondi y recommande la connaissance des littératures étrangères pour dégager les lois essentielles de l'art. Le premier, il donne « une grande importance à la littérature arabe, qui était restée complètement en dehors du cercle des modèles utilisables ; il révèle en même temps l'existence de la poésie provençale, tout à fait inconnue alors[70] ». Pierre Louis Ginguené a de son côté beaucoup fait pour l'étude de la littérature italienne, et le diplomate Jean-François de Bourgoing a contribué à faire connaître et apprécier la littérature espagnole.

Outre Mme De Staël, l'Allemagne a très tôt de nombreux défenseurs. Charles de Villers, qui méprise les salons et juge que l'Allemagne de *Werther*, de Klopstock et de Gessner est déjà dépassée, étudie Kant et Königsberg : « sa combativité, sa foi à l'égard de sa nouvelle patrie, son zèle d'enquêteur intellectuel, en firent un des pionniers de l'influence allemande au seuil du romantisme[71] ». Le baron d'Eckstein fait connaître de nombreux thèmes de la littérature germanique : poésie populaire, textes primitifs, poésie du Moyen Age, etc. Il considère l'Orient comme l'origine de toute la littérature européenne primitive et de sa valeur symbolique, et popularise certaines positions mystiques de Swedenborg.

Quant à la littérature américaine, elle est surtout introduite en France dans l'entre-deux-guerres, et elle doit beaucoup aux initiatives de deux libraires passionnées, Adrienne Monnier et Sylvia Beach. Dans la modeste librairie-bibliothèque de prêt d'Adrienne Monnier, 7 rue de l'Odéon, nombreux sont les écrivains étrangers. La « Maison des Amis du livre » ouvre en 1915 et devient rapidement l'un des hauts lieux du cosmopolitisme littéraire, grâce aux efforts de Sylvia Beach et de Larbaud, amoureux des lettres américaines. Les librairies jumelles d'Adrienne Monnier et de Sylvia Beach (qui fonde « Shakespeare and Co » au 12 rue de l'Odéon, passage

---

[70] Philippe van Tieghem, *Les influences étrangères sur la littérature française,* PUF, 1961.
[71] Ibid.

obligé de tous les Anglophones) accueillent Hemingway, Sherwood Anderson, Thornton Wilder, Djuna Barnes, Fitzgerald, TS Eliot, etc. Jacqueline Baldran raconte qu'« un des meilleurs amis, en ces années-là, fut le jeune Hemingway dont la vitalité, la gentillesse, le talent séduisirent les deux femmes. Adrienne Monnier fut la première en France à s'intéresser à lui, à publier une de ses nouvelles dans un numéro du *Navire d'Argent* consacré tout entier à la littérature américaine[72] ». La libraire accueille les écrivains, les édite, les diffuse, organise des séances de lecture ; la séance Joyce de 1922 est un grand succès et réconforte l'écrivain à un moment critique de sa carrière. Outre la littérature américaine, la Maison des Amis du Livre s'intéresse aux écrivains de langue espagnole comme Diez-Canedo, Gomez de la Serna, Marichalar, Alfonso Reyes, Eugenio d'Ors ou Ricardo Güiraldes, tandis qu'Adrienne Monnier se lie d'amitié avec des écrivains allemands et italiens : Rilke, Walter Benjamin, Gisèle Freund, Svevo, Leo Ferrero, Ungaretti. Le *Navire d'Argent* présente de grands textes étrangers, ainsi que des bibliographies d'ouvrages traduits. Laure Murat décrit cette ambiance dans *Passage de l'Odéon, Sylvia Beach, Adrienne Monnier et la vie littéraire à Paris dans l'entre-deux-guerres* (Arthème Fayard, 2003) :

> *L'Odéonie est un village, l'Odéonie est un monde. Une Babel miniature, un quartier vaste comme un royaume, traversé par cent nationalités, dans un Paris qui ne dort jamais et que l'on surnomme Cosmopolis. A raison. [...] Les écrivains qui gravissent la côte de la rue de l'Odéon sont pour la plupart américains, irlandais, allemands, russes, espagnols, argentins, italiens. Ils fuient la censure, l'intolérance, la prohibition, l'ennui.*

Enfin, la promotion des littératures étrangères passe par les publications. Dès le milieu du XVIIIe siècle paraissent des anthologies telles que l'*Idée de la poésie anglaise* par l'abbé Yart ou le *Choix de poésies allemandes* par Hubert. L'éditeur Ladvocat publie les *Chefs-d'œuvre du théâtre étranger*. Selon Pierre Brunel, Claude Pichois et André-Michel Rousseau, « ces anthologies ont eu des répercussions sur nombre de lecteurs, et plus encore les morceaux choisis en usage dans les classes[73] ».

Philarète Chasles, avec ses nombreux essais publiés dès 1828, apparaît comme un important passeur, notamment en ce qui concerne les littératures anglaise et allemande. De son côté, Jacques Demogeot, avec son *Histoire des littératures étrangères, considérées dans leurs rapports avec le développement de la littérature française*, couvre les littératures

---

[72] Ibid.
[73] Pierre Brunel, Claude Pichois et André-Michel Rousseau, *Qu'est-ce que la littérature comparée ?*, Armand Colin, 1983.

septentrionale et méridionale. L'ouvrage sera plusieurs fois réédité. De la même manière, Alfred Bougeault publie une *Histoire des littératures étrangères* en plusieurs tomes, dont le troisième, publié en 1876, est consacré aux littératures italienne, espagnole, portugaise et grecque. Certaines de ces publications connaissent un large succès, tout comme les histoires, générales ou partielles, des littératures étrangères. L'attention du grand public est attirée notamment par *La Genèse du romantisme allemand* de Roger Ayrault, *Dostoïevski* de Gide, *Pour saluer Melville* de Giono, *Balzac* et *Proust* de Curtius, ou encore la préface de Malraux à la traduction de *Sanctuaire* de Faulkner.

Mais si ces efforts pour faire connaître les littératures étrangères ont été nombreux et variés, leur accueil s'est tout de même révélé mitigé, les littératures étrangères ayant rarement laissé les Français indifférents. Les « Belles étrangères » ont en effet toujours suscité des réactions passionnées dans notre pays, entre engouement pour l'étranger « exotique » et différent et repli xénophobe sur une littérature nationale jugée autosuffisante.

Chapitre 3 : Entre engouement et repli nationaliste, une réception mitigée avant 1945

Face à l'importation croissante de littérature étrangère à partir de la Renaissance, les Français ont longtemps balancé entre séduction et menace. Les œuvres venues de rives étrangères ont parfois posé un problème d'appréhension pour le public, qui dès lors, et selon les périodes, a pu soit s'enthousiasmer pour des littératures considérées comme différentes et « exotiques », soit les rejeter par crainte d'une « invasion de l'étranger ». Cette « peur » de l'autre a été d'autant plus forte que jusqu'au XXe siècle, les récits de voyage font la part belle aux étrangers « barbares » et « ennemis ». Dans les récits écrits par des Français, ou plus généralement par des Européens, l'autre est en effet longtemps perçu comme étrange et menaçant, ce qui n'incite pas à s'intéresser à sa culture et à ses éventuels écrits. Le Tartare, le Mahométan, le Turc, l'Hottentot, le péril jaune, sont autant de figures étrangères effrayantes et fantasmées qui entretiennent les craintes des Européens et leur repli sur eux-mêmes durant plusieurs siècles[74]. Une bien mauvaise façon d'entrer en contact avec les autres civilisations…

La difficulté d'appréhender une littérature étrangère

Toute œuvre étrangère propose au lecteur français un cadre et des valeurs qu'il n'a pas l'habitude de fréquenter. L'appropriation de l'œuvre, le fait d'y trouver une résonance par rapport à sa propre vie, ne va pas de soi. Face à cette difficulté, trois types de réactions sont possibles : l'intégration (partielle ou globale, brusque ou progressive), la marginalisation (le maintien dans la périphérie) ou l'exclusion (résultant d'un refus pur et simple de l'œuvre)[75]. A partir de ces catégories, José Lambert estime qu'en France, durant l'époque romantique, « un nombre énorme de textes étrangers, traduits une ou deux fois, sont voués à l'exclusion[76] ». La confrontation avec les textes étrangers reste difficile jusqu'à la multiplication et la banalisation des échanges et des contacts au XXe siècle. Les différences de représentations entraînent longtemps incompréhension et désintérêt pour des œuvres jugées inaccessibles. Paradoxalement, on se met dans le même temps à importer de plus en plus d'ouvrages étrangers, même si « à moyen terme, passée la vogue, aucun courant littéraire n'a durablement imité les œuvres ou les tendances étrangères. Bien au contraire, la réaction de rejet l'a emporté et

---

[74] A ce sujet, voir *Travaux de littérature, tome XX : les grandes peurs, 2. L'autre*, Actes du colloque de Nancy (2003), ADIREL, 2004.
[75] Voir José Lambert, « L'époque romantique en France : les genres, la traduction et l'évolution littéraire » in la *Revue de littérature comparée*, n°250, avril-juin 1989.
[76] Ibid.

les principales écoles n'ont eu de cesse de réaffirmer les fondements de l'hégémonie traditionnelle de la France sur la vie littéraire internationale[77] ».

Cette situation explique en partie pourquoi les littératures étrangères restent longtemps mal connues du grand public jusqu'à la fin du XIXe siècle : elles intéressent relativement peu. Roger Chartier et Henri-Jean Martin relèvent dans leur *Histoire de l'édition française, Tome IV* (Fayard/Promodis, 1991) que « grâce au succès de Scott et de Dickens, c'est sans doute la littérature anglaise qui est la mieux représentée, mais, dans les années 1880, les Français en sont encore à découvrir Shelley et Thackeray ! Quant aux autres littératures, elles sont encore plus mal loties ». Il arrive cependant – rarement ! – qu'un auteur étranger trouve plus de lecteurs en France que dans son pays d'origine. C'est par exemple « le cas de Charles Morgan à qui seuls les Français ont attribué du génie[78] ». Mais la plupart du temps, des auteurs pourtant internationalement reconnus ont été mal accueillis en France, tels Góngora, à qui on reprochait son obscurité, ou encore Shakespeare, dont le théâtre tragi-comique en vers libres n'était pas pris au sérieux. Ces résistances du public français sont révélatrices de sa faible capacité d'assimilation et de réception des littératures étrangères. Si ces dernières sont restées mal connues, c'est en partie à cause des images préconçues et des stéréotypes que les Français se faisaient de l'étranger, et qui les ont souvent empêchés d'adhérer à des visions du monde différentes.

D'autre part, si certains écrivains de pays lointains sont consacrés et célébrés en France dès les XVIe et XVIIe siècles, les écrivains provinciaux, ainsi que de nombreux Belges et Suisses, sont par contre rejetés avec constance. Il semble y avoir eu un véritable « préjugé défavorable à l'égard [...] de ceux qui, bien qu'étrangers, parlent la même langue[79] ». Dans le même ordre d'idée, les littératures qui naissent dans les pays colonisés par l'Europe sont fondées sur une ambiguïté :

> *D'un côté, l'influence de l'Europe mène à l'imitation des modèles qu'elle véhicule : phase de continuation pour les colonisateurs et d'acculturation pour les colonisés, pendant laquelle la littérature née « là-bas » ambitionne de s'intégrer à celle de la mère patrie. A quoi s'oppose, très naturellement, une résistance, une tendance à la différenciation en vue de conserver le sentiment d'une identité nationale, ethnique, religieuse ou culturelle, aiguisé par le passage du temps, le relâchement des liens avec le pays d'origine, la conscience croissante de l'altérité[80].*

---

[77] Christophe Charle, « Champ littéraire français et importations étrangères », in *Philologiques III : Qu'est-ce qu'une littérature nationale ?*, M. Espagne et M. Werner. Op.cit.
[78] Pierre Brunel, Claude Pichois et André-Michel Rousseau, *Qu'est-ce que la littérature comparée ?*, Armand Colin, 1983.
[79] Pascale Casanova, « Paris, méridien de Greenwich de la littérature ». Op.cit.
[80] Annick Benoit et Guy Fontaine (dir.), *Lettres européennes*, Editions De Boeck Université, 2007.

D'où une acceptation parfois difficile de ces littératures dans les pays européens, comme c'est le cas pour la France avec les littératures francophones d'outre-mer, qui sont apparentées à la littérature française sans toutefois s'insérer dans le moule de la littérature nationale. Cette situation perdure d'une certaine manière aujourd'hui car les littératures francophones bénéficient encore d'une reconnaissance et d'un intérêt moindres de la part du lectorat français par rapport à l'ensemble des littératures étrangères.

Des engouements éphémères ?

Malgré ces difficultés, certaines œuvres étrangères connaissent très vite un vif succès. Dès le XVIIIe siècle on dénote un engouement pour la littérature anglaise ; une partie des élites souhaite enrichir le patrimoine français des chefs-d'œuvre étrangers, refusant « d'admettre que l'unique capitale littéraire de l'Europe fût Paris, que le théâtre fût soumis aux règles que la Comédie française donnait en exemple, que poètes et penseurs prissent leurs lois auprès de l'Académie Française ou des salons parisiens, que le monde cultivé se limitât au public du *Mercure de France*[81] ». Shakespeare remporte un grand succès auprès de cette élite, persuadée qu'il est celui à travers lequel la nature parle sans entraves, exprimant ce que les hommes peuvent ressentir et les peignant dans leur vérité et leur diversité :

> *Le théâtre de Shakespeare offrait aux anglomanes le tableau de l'humanité toute entière. [...] Ce qui, à l'origine, n'était peut-être qu'escapade, puis évasion, était devenu libération [...] pour mieux découvrir les sources celtiques et germaniques, les origines populaires et médiévales de la culture occidentale qu'il fallait faire partager à tous*[82].

Cet engouement pour l'Angleterre s'accroît au XIXe siècle. Thomas R. Palfrey relève ainsi la « popularité énorme de la littérature d'outre-manche » dans les années 1830, expliquant que « non seulement les traductions de l'anglais, mais les textes originaux pullulaient à Paris. Shakespeare, Milton, Byron, Scott avaient été acclamés[83] ». Les romans de Walter Scott font un triomphe dans les années 1820 ; immédiatement traduits, il s'en vend près de 2 millions de volumes entre 1817 et 1840. Fenimore Cooper suscite l'enthousiasme aussi bien des lettrés (Balzac, Eugène Sue, Edouard Corbière) que du grand public.

---

[81] Jacques Gury, « L'anglomanie au XVIIIe siècle : refus de Paris comme capitale littéraire », in *Paris et le phénomène des capitales littéraires, carrefour ou dialogue des cultures, volume II*. Op.cit.
[82] Ibid.
[83] Thomas R. Palfrey, *L'Europe littéraire (1833-1834)*. Op.cit.

D'autres littératures connaissent des succès plus éphémères. C'est le cas notamment du roman russe dans les années 1884-1889, à travers Dostoïevski et Tolstoï, même si l'on peut considérer que cette vogue « n'est pas le signe d'une réelle ouverture du public français à la littérature étrangère mais d'un engouement pour une littérature de l'effusion, du mysticisme et de l'utopie, qui change du naturalisme[84] ». La France se tourne ensuite vers la littérature scandinave, jusqu'au succès imprévu, au tournant du XXe siècle, du roman *Quo Vadis ?* du Polonais Sienkievicz. Le roman est présenté au public français en juin 1900 ; « avant de paraître à Paris, il avait été traduit en vingt-deux langues [...] Le record des tirages fut néanmoins battu par la version française dont plus de deux cents éditions furent épuisées en quelques mois[85] ». Ces chiffres sont considérables pour l'époque, plaçant *Quo Vadis ?* au rang des best-sellers du moment. Le grand public s'enthousiasme pour ce roman polonais « parce que c'est un roman historique – genre toujours populaire – utilisant les ingrédients habituels : amours contrariées, héroïne persécutée, rebondissements spectaculaires, avec en toile de fond une peinture des "temps néroniens" qui ne bouleversa pas les idées reçues. [...] Un thème à la mode en a fait l'originalité et lui a permis de toucher une masse de lecteurs estimée à près de deux millions en 1914[86] ». Mais ne nous leurrons pas : ce triomphe couronne plus le sujet « romain » que l'origine polonaise du roman !

D'autres littératures peinent à trouver leur place, par exemple celle d'Amérique latine ; en effet, parfois assimilée à la littérature espagnole, la littérature hispano-américaine intéresse peu : « il est rare de trouver à l'époque des écrivains français dont l'intérêt pour la littérature hispano-américaine soit plus que passager. Emile Faguet et Paul Adam préfacent Gómez Carrillo, Henri Barbusse préface Blanco Fombona, Maurice Barrès et Anna de Noailles connaissent bien Larreta, mais ce ne sont là que des contacts personnels, et la curiosité des préfaciers s'arrête le plus souvent à l'œuvre qu'ils préfacent[87] ». En réalité, l'audience des œuvres étrangères ne s'accroît que lentement, au gré des découvertes des éditeurs et des revues, et la littérature étrangère ne parvient pas à elle seule à « susciter un renouveau réel et durable de l'intérêt pour la littérature romanesque[88] », alors en baisse.

En outre, la fortune des écrivains étrangers suit des chemins divers ; en effet, « tantôt l'exotisme demandé à l'étranger doit être éclatant, excessif, bariolé ; tantôt, il doit être mitigé et ne pas dépayser les lecteurs. Le contemporain de Voltaire se satisfait d'Otway ; à celui d'André Breton, la

---

[84] Roger Chartier et Henri-Jean Martin, *Histoire de l'édition française, Tome IV*. Op.cit.
[85] Maria Kosko, *Un « best-seller » 1900, Quo Vadis ?*, Librairie José Corti, 1960.
[86] Roger Chartier et Henri-Jean Martin, *Histoire de l'édition française, Tome IV*. Op.cit.
[87] Sylvia Molloy, *La diffusion de la littérature hispano-américaine en France au XX siècle*, PUF, 1972.
[88] Ibid.

Polynésie paraît tout juste suffisante[89] ». Les inclinations éphémères du public français ne manquent pas d'occasionner des difficultés financières pour les éditeurs. Face aux engouements successifs, ils adoptent une double attitude. D'un côté, ils restent méfiants et concentrés sur la littérature française ; mais de l'autre, le succès de certains ouvrages étrangers les pousse à accroître le volume global de leurs traductions. Enthousiasmés, ils se lancent alors dans des traductions massives, technique financièrement dangereuse. Les modes se succèdent dans les années 1880 et 1890, mais une fois l'effet de nouveauté passé, ces littératures perdent de leur mystère et de leur intérêt. Le succès d'un roman ne garantit donc en rien qu'une traduction intégrale de l'œuvre de l'auteur connaîtra le même succès. Savine par exemple décide de traduire toute l'œuvre d'Ibsen, une entreprise qui sera plus satisfaisante sur le plan intellectuel que financier. Plus prudent, Plon laissera rapidement à d'autres le soin de traduire Dostoïevski après 1889, une fois le roman russe passé de mode. A la fin du XIXe siècle, les éditeurs ne savent plus vers quelle littérature se tourner pour satisfaire le public. A cette époque, le *Mercure de France* équilibre ses comptes avec les ouvrages de Kipling comme *Le livre de la jungle* et crée en 1897 une rubrique de « Lettres latino-américaines » ; Ollendorff parie sur la littérature italienne avec Fogazzaro, et Garnier sur la littérature hispano-américaine. Les éditeurs tentent de se diversifier, sans vraiment parvenir à renouer avec le succès des littératures russe et scandinave. Le seul véritable grand succès étranger de ces années de crise reste donc *Quo Vadis ?* Le succès du roman encourage les éditeurs à augmenter leur nombre de traductions, et l'année 1900 est très riche en ouvrages étrangers.

Mais la connaissance des écrivains et des ouvrages étrangers reste encore très superficielle. Au sujet de l'Amérique latine, Sylvia Molloy remarque par exemple qu'« à une époque où la littérature hispano-américaine est particulièrement riche en poètes – le *modernismo* ayant été avant tout un mouvement poétique – seuls deux recueils poétiques furent traduits : *Au-delà des horizons* de Blanco Fombona et les *Pages choisies* de Darío. Les écrivains qu'on traduit ou qui écrivent directement en français sont plutôt les romanciers et les conteurs (Larreta, Gómez Carrillo, Reyles), voire les essayistes[90] », ce qui n'est pas une démarche très logique. Mais si les éditeurs connaissent encore mal les littératures étrangères et ont des difficultés à s'adapter aux voltes-faces du public, une partie de la population rejette de toute façon les œuvres étrangères. A partir de la fin du XIXe siècle se développe en effet un véritable nationalisme littéraire.

---

[89] Pierre Brunel, Claude Pichois et André-Michel Rousseau, *Qu'est-ce que la littérature comparée ?*, Armand Colin, 1983.
[90] Sylvia Molloy, *La diffusion de la littérature hispano-américaine en France au XX siècle*, PUF, 1972.

Un nationalisme littéraire exacerbé après 1870

Les étrangers et leurs littératures ne sont pas toujours bien accueillis en France, loin s'en faut, et les engouements pour une littérature étrangère sont souvent suivis d'une contre-réaction à l'égard de cette même littérature. Voltaire vieillissant nie déjà que la France puisse avoir à partager son hégémonie littéraire et condamne l'enthousiasme pour Shakespeare. Jacques Gury note qu'au XVIIIe siècle, « on s'était beaucoup gaussé de ces mauvais citoyens qui vénéraient un auteur étranger et barbare [Shakespeare], et on avait mis leur engouement intempestif sur le compte de l'anglomanie[91] ».

Dès 1757, Fourgeret de Montbron publie d'ailleurs un *Préservatif contre l'Anglomanie*, suivi en 1772 par Saurin, qui, dans son *Avertissement à l'Anglomanie*, évoque « cet enthousiasme aveugle de nos *Anglomanes*, cette espèce de culte qu'ils rendent aux auteurs anglais, peut-être moins pour les exalter que pour rabaisser les nôtres[92] ». L'hommage rendu aux auteurs étrangers est perçu comme un outrage aux grands écrivains français, et dans la mesure où la France affirme son empire intellectuel grâce à Corneille, Racine et Voltaire, la reconnaissance de rivaux comme Shakespeare, Milton, Ossian, Young ou Thomson semble mettre en danger l'autorité française dans le domaine littéraire. Rivarol dira ainsi de Shakespeare qu'il est « l'idole de sa nation, et le scandale de notre littérature » et choisit comme devise et épigraphe de son *Discours sur l'universalité de la langue française* « Tu regere eloquio populos, O Galle, memento[93] ». Pascale Casanova a analysé ce phénomène de nationalisme littéraire, qui sévit même (et surtout) dans la « capitale littéraire » que constitue Paris :

> *Cela ne signifie nullement que* tous *les secteurs de la vie littéraire parisienne sont ouverts à la nouveauté de l'étranger, que les écrivains s'intéresseraient* tous *à des esthétiques exotiques, que les instances littéraires parisiennes échapperaient* toutes *aux revendications nationalistes, ou même qu'aucune manifestation de fermeture à l'étranger et aux littératures étrangères ne pourrait être repérable à Paris, surtout dans les moments de tension politique et nationale. Les espaces littéraires sont des lieux de luttes, de rivalités et de tensions, et il y a évidemment dans l'espace littéraire parisien des secteurs nationalistes et même xénophobes littérairement*[94].

---

[91] Jacques Gury, « L'anglomanie au XVIII siècle : refus de Paris comme capitale littéraire », in *Paris et le phénomène des capitales littéraires, carrefour ou dialogue des cultures.* Op.cit.
[92] Saurin, *L'Anglomanie*, cité par GURY, Jacques in « L'anglomanie au XVIII siècle : refus de Paris comme capitale littéraire ». Op.cit.
[93] « Souviens-toi, Français, que tu règnes sur les peuples par ta langue ». Propos cités par Jacques Gury in « L'anglomanie au XVIII siècle : refus de Paris comme capitale littéraire ». Op.cit.
[94] Pascale Casanova, « Paris, méridien de Greenwich de la littérature ». Op.cit.

Le nationalisme littéraire s'exacerbe encore en France après la crise de 1870, alors que les importations littéraires commencent à se multiplier. Blaise Wilfert souligne ce que cette période a de paradoxal : « les années 1890-1900 correspondent, dans l'histoire intellectuelle française, à la naissance conjointe de deux figures antagonistes, celle de l' "intellectuel" et celle du "nationaliste". [...] Par rapport aux années 1860-1880, on assista ainsi, au tournant du XIXe siècle, à la renationalisation agressive d'une partie du monde littéraire. Mais ce fut aussi l'époque où, aux yeux de beaucoup, se serait accomplie une étape décisive de l' "internationalisation" littéraire[95] ». Différentes enquêtes sont menées sur ce sujet dans des revues d'avant-garde. En 1897, la *Revue blanche* interroge des personnalités littéraires à propos des littératures étrangères et de leur influence sur la littérature française. A cette occasion, Jules Renard – entre autres – affiche sans hésiter son chauvinisme culturel :

> *Comme je n'aime au fond que la littérature française, je m'imagine que les autres ne peuvent servir qu'à sa gloire. Amenez-nous donc des Russes et des Scandinaves, et des Espagnols. Amenez tous les barbares. Notre homme de génie les écoute, attentif ou résigné, et demain, avec ce qu'ils ont de mieux, il fera quelque chose d'original et de parfait[96].*

Quant à Georges Ohnet, il estime que « si l'esprit français touche aux littératures étrangères, il y portera l'ordre et la lumière[97] ». Cinq ans plus tard, une enquête du *Mercure de France* nous montre un nationalisme littéraire encore plus affirmé, exacerbé par le contexte politique au lendemain de l'affaire Dreyfus et les tensions internationales montantes avec l'Allemagne. Ainsi, en 1902, « le glissement vers la fermeture culturelle, expression d'un complexe de supériorité littéraire, est très général[98] ». Gide, esprit cosmopolite, regrette vivement cette fermeture, comme le souligne Sylvia Molloy : « la génération dont je fais partie était casanière, écrivait Gide, elle ignorait beaucoup l'étranger, et loin de souffrir de cette ignorance, était prête à s'en glorifier[99] ». La jeune génération d'écrivains français est impatiente de s'affirmer après deux décennies de cosmopolitisme et « d'invasions étrangères ». L'enquête du *Mercure* montre que la culture allemande des écrivains français est très passéiste : sur les huit premiers

---

[95] Blaise Wilfert, « Cosmopolis et l'homme invisible. Les importateurs de littérature étrangère en France, 1885-1914 », *Actes de la recherche en sciences sociales* n°144, 2002.
[96] Propos cités par Christophe Charle dans « Champ littéraire français et importations étrangères ». Op.cit.
[97] Ibid.
[98] Christophe Charle, « Champ littéraire français et importations étrangères ». Op.cit.
[99] Sylvia Molloy, *La diffusion de la littérature hispano-américaine en France au XX siècle*, PUF, 1972.

Allemands cités, un seul est vivant : Hauptmann. Goethe est apprécié pour son classicisme et son imprégnation française, mais la littérature allemande contemporaine est peu connue ou jugée de manière négative. Comme le rappelle Michel Raimond dans *La crise du roman* (Librairie José Corti, 1966), « il s'en fallait de beaucoup que tous les esprits fussent gagnés aux littératures étrangères ; il en était qui déploraient leur invasion sans précédent. Lemaître et Brunetière, déjà, trouvaient chez Daudet ce mélange de réalisme et d'émotion, de vérité et de sympathie, que de Vogüé était allé chercher au loin. Doumic se félicitait, en 1900, qu'on fût guéri d'une incuriosité qui était blâmable ; mais il s'inquiétait d'un engouement qui ne l'était pas moins ». Des journaux comme la *Revue bleue* donnent la parole aux tenants du nationalisme littéraire[100], qui reprochent aux œuvres étrangères leur confusion, leur approximation, leur mise en forme, leur longueur, leur style. Il faut tout de même dire que ces reproches n'étaient pas complètement infondés, étant donné la piètre qualité d'un certain nombre de traductions – mais c'est là une autre question.

La méfiance envers les cultures étrangères semble donc particulièrement forte dans ces années où Maurice Barrès publie *Contre les étrangers* (Grande imprimerie parisienne, 1893), dans lequel il accuse les cosmopolites de corrompre l'esprit national et prescrit une réaction « contre les étrangers qui nous envahissent et qui déforment notre raison naturelle », car « la vérité allemande et l'anglaise ne sont point la vérité française, et peuvent nous empoisonner ». Cette méfiance est d'ailleurs plus le fait d'intellectuels et d'écrivains que du grand public. C'est ainsi que Jules Lemaître avoue par exemple : « Ce n'est pas le moment, quand tous les peuples se resserrent sur eux-mêmes et nous observent d'un œil haineux, ce n'est pas le moment de nous piquer de leur rendre justice ni de nous épancher sur eux en considérations sympathiques. Je ne suis cosmopolite ni par ma vie, ni par mon esprit et mon cœur[101] ». Blaise Wilfert décrypte ce phénomène :

> *Autour de 1895, le mouvement d'intérêt pour la littérature étrangère rencontra une opposition de plus en plus forte, dont l'axe était l'hostilité à « l'influence de l'étranger » et à la dénationalisation de la littérature française. C'est sur ce thème que se constitua le courant du « nationalisme » maurrassien, qui l'emporta par la suite dans le champ littéraire, autour de Bourget, de Barrès, de Maurras et de Lemaitre, au plus fort des conflits sur Wagner, le théâtre scandinave et l'esthétisme anglais. Cette hostilité, venue des rangs mêmes des jeunes écrivains, de personnalités académiques et de critiques de la grande presse, ne*

---

[100] Voir par exemple l'article intitulé « Le cosmopolitisme littéraire en 1900 », 10 mars 1900.
[101] Propos cités par Pierre Moreau dans *La critique littéraire en France*, Librairie Armand Colin, 1960.

> *suscita pas, pour autant, la disparition de l'importation littéraire, mais elle en changea le sens [...] Léon Daudet, qui avait été dans sa jeunesse un admirateur de Wagner et d'Ibsen, commença à s'imposer comme un partisan du protectionnisme littéraire. La posture de méfiance rétive devient aussi celle d'un importateur de premier plan, Eugène-Melchior de Vogüé, qui fit connaître en 1898 sa préoccupation face à « l'invasion des littératures du Nord », dans la* Revue des Deux Mondes *». [...]*
> *L'essentiel de l'importation littéraire en France entre 1895 et 1914, passé la courte période de l'anti-nationalisme symboliste, consista de ce fait, dans son contenu, en une importation nationalisatrice, au sens où les importateurs contribuèrent collectivement à la construction d'une géopolitique des littératures nationales, à laquelle participèrent les professeurs de langue et de littérature étrangère en voie de consécration, des diplomates lettrés et une génération d'écrivains qui avaient vécu dans leurs premières années littéraires la plurinationalité des réseaux symbolistes ou l'internationale du snobisme. Importer revenait pour l'essentiel à valoriser chez l'autre l'expression de sa nationalité, à en faire un modèle pour une littérature française oublieuse de son enracinement ». [...]*
> *La France littéraire de la génération symboliste connut donc à la fois de grandes vagues d'importation et une nationalisation en profondeur de sa vie intellectuelle, et ce paradoxe ne s'explique pas principalement par l'idée simple de réaction protectionniste face à une invasion de l'étranger. L'intrication de la traduction et de l'importation littéraires avec la nationalisation du champ intellectuel est beaucoup plus intime : la principale conséquence de l'activité des importateurs entre 1885 et 1914 fut de constituer une géopolitique littéraire organisée en nations culturelles essentiellement différentes, voire affrontées, dont les œuvres traduites ou commentées devaient manifester l'insurmontable altérité. Ce système de représentations, de postures critiques et théoriques fut central dans la constitution de la légitimité des « intellectuels nationaux » qui dominèrent la vie littéraire et colonisèrent l'espace public à partir de 1905*[102].

Dans l'entre-deux-guerres, la situation reste ambiguë ; même si la vogue est au cosmopolitisme et aux échanges culturels, les replis identitaires restent courants. Bien des Français pensent avec Henri Valet que les étrangers sont « des éléments dont le niveau de vie et la culture sont inférieurs aux nôtres[103] ». L'abâtardissement du « génie français » est

---

[102] Blaise Wilfert, « Cosmopolis et l'homme invisible. Les importateurs de littérature étrangère en France, 1885-1914 », *Actes de la recherche en sciences sociales* n°144, 2002.
[103] Propos cités par Ralph Schor dans *L'opinion française et les étrangers, 1919-1939*, Publications de la Sorbonne, 1985.

tellement redouté que certains en viennent à préconiser le repli de la France sur elle-même, considérant que les relations nouées avec l'étranger sont inutiles et dangereuses. La peur de l'étranger se décline sous trois facettes : peur d'une altération de la pensée et de la langue françaises, peur du mauvais goût, peur des mœurs délétères. Ralph Schor précise pourtant que « l'antipathie éprouvée par une partie des Français à l'égard des étrangers ne prenait pas les formes extrêmes qu'elle revêtait dans d'autres pays européens. Mais la méfiance générale, les campagnes de presse, les réflexions acerbes des particuliers, les mesures de police multipliées par le gouvernement, tous ces facteurs composaient un climat de réelle hostilité[104] ». Dans ce contexte, la « Maison des Amis du livre » d'Adrienne Monnier peine parfois à trouver son public : « si le "cosmopolitisme" si fameux de l'entre-deux-guerres triomphe, pourquoi la librairie doit-elle déployer tant d'énergie à initier et à convaincre, à informer et à traduire ? Ce que l'on nomme cosmopolitisme ne serait-il pas en réalité un universalisme utopique qui, dans le domaine littéraire, se traduit d'abord par la production d'œuvres-monde d'une exceptionnelle densité et d'envergure hors norme, que quelques auteurs mènent seuls ?[105] ». En fait, même si les échanges internationaux se multiplient, une certaine forme de nationalisme littéraire perdure chez un grand nombre de Français. Ce repli donne lieu à plusieurs vagues violentes de rejet :

> *S'il est vrai que la France a toujours reçu les œuvres étrangères avec une hospitalité intellectuelle admirable, il n'est pas moins vrai qu'il lui est arrivé de réagir avec véhémence contre l'importation de romans étrangers, lorsque l'afflux trop pressant de ceux-ci risquèrent de submerger sa propre production littéraire. On a vu alors des écrivains et des critiques s'insurger contre l' « envahisseur » et mener contre lui une campagne où se rencontraient, momentanément, les tendances les plus opposées. C'est ainsi qu'en l'espace d'un demi-siècle, les lettrés français se sont soulevés à trois reprises. En 1894, sous l'égide de Jules Lemaître, contre la littérature scandinave ; en 1900, contre* Quo Vadis ? *et, au lendemain de la Libération, contre le roman américain*[106].

---

[104] Ralph Schor, *L'opinion française et les étrangers, 1919-1939.* Op.cit.
[105] Laure Murat, *Passage de l'Odéon.* Op.cit.
[106] Maria Kosko, *Un « best-seller » 1900, Quo Vadis ?* Op.cit.

La France connaît ainsi plusieurs crises anti-cosmopolites dans le domaine littéraire. La réaction au succès du roman polonais *Quo Vadis ?* en est un exemple frappant. La campagne menée en France contre cet ouvrage catalyse toutes les animosités accumulées depuis la fin du XIXe siècle. Les libéraux, en général partisans du cosmopolitisme littéraire, méprisent le roman et s'allient donc contre lui avec les nationalistes traditionnels de la littérature. A cette occasion, et pour la première fois en France, on propose des « mesures protectionnistes » afin de limiter l'entrée en France des œuvres étrangères importées chaque année. Selon Maria Kosko, cette réaction s'explique entre autres par le fait que le succès de *Quo Vadis ?* tombe mal à propos : « il venait à un moment où la vague continue des œuvres anglaises, russes, scandinaves et italiennes avait fini par épuiser la patience de la critique[107] ». Même si les ventes de traductions restent modestes à l'époque, leur nombre avait réellement augmenté depuis les années 1880. Dans ce contexte, la critique se déchaîne à travers la presse de 1900 à 1902 contre le roman de Sienkievicz. Certains accusent les romanciers étrangers de plagier le roman français et de lui nuire, une attitude qui se comprend surtout comme la volonté de « trouver commodément un bouc émissaire à la crise du roman[108] ». Maurice Cabs déplore dans *La République Française* (5 avril 1901) « l'engouement du public pour certains romans étrangers », écrivant qu'« un beau jour, on s'apercevra que le meilleur de toutes ces œuvres étrangères appartient encore à nos vieux maîtres du roman [...] Si du moins, ces déconvenues pouvaient nous guérir de nos emballements irréfléchis pour tout ce qui vient de l'autre côté de la frontière ». De son côté, Catulle Mendès s'exclame dans le *Journal* (18 mars 1901) : « Ah ! Combien est fâcheuse l'intrusion persévérante, et trop complaisamment acceptée, de la littérature étrangère en l'esprit de notre race ». Dans *Le Correspondant* (25 décembre 1901), Henri Bordeaux crie à l'invasion : « Un grand nombre des auteurs [...] ne méritaient pas de traverser notre frontière. [...] Nous sommes réellement envahis, et de tous les côtés à la fois. Si nous n'y prenons pas garde [...] il n'y aura bientôt plus de littérature française ». Quant à Jean Ernest-Charles, il estime dans *La littérature française d'aujourd'hui* (1902) que « c'est par l'étranger de l'année ou de la saison que nous jugerons maintenant du degré d'abaissement intellectuel et d'abaissement moral où nous voilà descendus ».

Ce déchaînement de nationalisme prendra cependant fin, en particulier avec l'article « Sienkiewicz, Hauptmann, d'Annunzio et Cie », publié le 28 février 1902 dans *Le Journal des Débats* et dans lequel Maurice Muret déclare : « Au nom du ciel, ne crions pas à la décadence parce que les œuvres [des auteurs étrangers] se traduisent et se vendent [...] Une nation, si

---

[107] Ibid.
[108] Roger Chartier et Henri-Jean Martin, *Histoire de l'édition française, Tome IV*. Op.cit.

grande soit-elle, ne saurait plus vivre désormais sur son propre fonds ». A partir de ce moment-là, une approche plus apaisée prévaudra et les littératures étrangères ne seront plus perçues comme une menace pour la littérature nationale, contrairement à d'autres formes culturelles et artistiques. Durant l'entre-deux-guerres par exemple, « on ne pensait pas que toutes les activités artistiques connussent un égal péril. Ainsi, la littérature n'était pas considérée, en général, comme menacée. En revanche, la peinture, la scène et le cinématographe paraissaient particulièrement exposés à la contamination en raison de la venue de nombreux artistes étrangers en France[109] ». Et malgré ce nationalisme sous-jacent, la France se présente jusqu'en 1945 comme l'un des pays les plus accueillants pour les littératures étrangères. Si l'on compare avec l'Espagne par exemple, la situation y est beaucoup plus favorable. De l'autre côté des Pyrénées, seuls quelques écrivains dont Proust sont traduits durant l'entre-deux-guerres :

> *Personne ou presque n'avait jamais entendu parler de Kafka, Thomas Mann, Faulkner. [...] C'était presque impossible de connaître ces livres en provenance de l'étranger ; ils n'étaient pas interdits, mais il n'y avait tout simplement pas d'importation de livres. Seul* Sanctuaire, *de Faulkner, avait été traduit en 1935, mais personne ne s'y intéressait*[110].

Au contraire en France, les littératures étrangères se sont introduites de manière un peu chaotique, parfois controversée, mais de façon continue. Et à partir de 1945, la situation bascule dans un contexte de nouvel ordre mondial, avec un travail de diffusion et de promotion des littératures étrangères beaucoup plus soutenu, en particulier par les professionnels du livre.

---

[109] Ralph Schor, *L'opinion française et les étrangers, 1919-1939*. Op.cit.
[110] Pascale Casanova, *La république mondiale des lettres*. Op.cit.

Chapitre 4 : Les étrangers devenus une valeur sûre pour éditeurs et libraires

Après des débuts prometteurs dans l'accueil des littératures étrangères, la France s'ouvre davantage à ces littératures après la Seconde guerre mondiale, grâce notamment à une plus grande liberté accordée aux éditeurs. Ainsi, « on constate une relativisation croissante des contraintes proprement politiques pesant sur les échanges culturels internationaux au profit des contraintes économiques, corrélativement au degré de libéralisation des marchés nationaux – les échanges avec les pays du bloc communiste demeurant régis pas des enjeux idéologiques[111] ». La France développe désormais l'importation de littérature étrangère et les éditeurs peuvent satisfaire librement les demandes du public dans ce domaine : « accueillante aux écrivains du monde entier, la France accorde toute son importance à l'enseignement de la littérature comparée dans les universités et assume sa responsabilité dans le domaine essentiel de la traduction. Exportatrice de livres imprimés, elle augmente substantiellement ses importations et continue à se révéler comme un pôle attractif pour nombre de littératures[112] ». Si Jean-Paul Sartre partage cette opinion, il se montre par contre très critique sur la qualité des littératures importées, notamment dans *Qu'est-ce que la littérature ?* (Gallimard, 1948) :

> *Les autarcies d'avant-guerre et puis la guerre ont privé les publics nationaux de leur contingent annuel d'œuvres étrangères ; on se rattrape aujourd'hui, on met les bouchées doubles : sur ce seul point, il y a décompression. Les États sont de la partie : j'ai montré ailleurs qu'on s'était mis depuis peu dans les pays vaincus ou ruinés à considérer la littérature comme un article d'exportation. Ce marché littéraire s'est étendu et régularisé depuis que les collectivités s'en occupent ; on y retrouve les procédés ordinaires : dumping (par exemple les éditions américaines « overseas ») [...], accords internationaux ; les pays s'inondent réciproquement de « Digests », c'est-à-dire, comme le nom l'indique, de littérature déjà digérée, de chyle littéraire. En un mot les belles-lettres, comme le cinéma, sont en passe de devenir un art industrialisé.*

---
[111] Gisèle Sapiro, « Traduction et globalisation des échanges : le cas du français », in *Où va le livre ? – Edition 2007-2008*, Jean-Yves Mollier et collectif. La Dispute/SNEDIT, 2007.
[112] Jean-Yves Mollier, « Paris capitale éditoriale des mondes étrangers ». Op.cit.

Après-guerre, la France vit effectivement l'arrivée triomphale du livre policier américain, dont l'énorme succès justifie très vite des tirages élevés. La critique émise par Sartre doit pourtant être relativisée : malgré ses craintes, l'intérêt pour les « bonnes » littératures du monde entier s'est considérablement accru en France, et à l'heure actuelle, leur intérêt ne semble plus remis en cause. Cette situation va de pair avec la position toujours dominante de la France dans le domaine littéraire, comme l'explique Pascale Casanova :

> *L'efficacité de la consécration des instances parisiennes, la puissance des décrets de la critique, l'effet canonisateur des préfaces ou des traductions signées par des écrivains eux-mêmes consacrés au centre (Gide préfaçant l'Egyptien Taha Hussein et traduisant Tagore, Marguerite Yourcenar introduisant en France l'œuvre du Japonais Yukio Mishima), le prestige de grandes collections, le rôle majeur des grands traducteurs sont quelques-unes des manifestations de cette domination spécifique*[113].

Des éditeurs de plus en plus friands de littératures étrangères

La France, principalement Paris, joue après 1945 un rôle prépondérant pour les littératures étrangères. Les grands éditeurs recommencent très vite à publier des œuvres étrangères et sont plus au fait de l'actualité littéraire internationale grâce à la multiplication de grandes foires professionnelles. Leipzig, Francfort, Londres, deviennent ainsi des plaques tournantes dans les échanges de livres et les achats de droits.

Dès 1945, Stock publie des auteurs comme Katherine Mansfield, Pearl Buck et Louis Bromfield. Les éditions Nagel lancent la collection « les grands romans étrangers », qui s'ouvre à Soloviov et à Karel Čapek. Calmann-Lévy crée la collection « traduit de », dirigée par l'écrivain autrichien Manès Sperber. La maison lui doit notamment deux best-sellers : *Le zéro et l'infini* de Koestler et le *Journal* d'Anne Franck. Seghers lance « la Terre vivante », nouvelle bibliothèque de livres étrangers qui démarre avec *Gens de l'Equateur* de Georges Pillement. Les Editions de Minuit reprennent Steinbeck alors que Robert Laffont crée la collection « Pavillons » où entrent Graham Greene, Forster et Evelyn Waugh. Plon confie sa collection « Feux croisés » au philosophe Gabriel Marcel et connaît un grand succès avec la *Vingt-cinquième heure* de Gheorgiu en 1949. Quant à Gallimard, à la fin des années 1940, Aragon y dirige la collection « Littératures soviétiques » et Roger Caillois « la Croix du Sud »[114].

---

[113] Pascale Casanova, *La république mondiale des lettres*, Editions du Seuil, 1999.
[114] Voir Jean-Yves Mollier, « Paris capitale éditoriale des mondes étrangers ». Op.cit.

De leur côté, les éditions du Seuil lancent « Pierres vives » avec Senghor et créent la collection « Méditerranée » en 1953 :

> *En 1953, Emmanuel Roblès crée la collection « Méditerranée ». Né en 1914 à Oran, hispanisant de formation et ami d'Albert Camus, Roblès disait se sentir « fils de l'Algérie aussi bien que de l'Italie, de la Grèce ou de l'Espagne ». Les premiers contacts avec Flamand datent de 1950 et concernent la publication au Seuil de l'œuvre de Roblès, paraissant jusqu'alors chez Edmond Charlot à Alger, le premier éditeur de Camus, celui de Gide pendant la guerre et aussi des ouvrages de la France libre. Après les massacres de Sétif, Roblès écrit* Les Hauteurs de la ville *(1947), primé par le Fémina. L'année suivante, il connaît aussi le succès avec* Montserrat, *une pièce dont le thème est la dictature. Une première ébauche de collection d'auteurs d'Afrique du Nord est discutée avec Flamand pour regrouper les manuscrits que l'écrivain reçoit de Mouloud Feraoun ou de Mohammed Dib. Au printemps 1952, l'éditeur manifeste son grand intérêt à Roblès : « J'y serais d'autant plus attaché que ce serait pour nous une humble manière de racheter un peu tout ce qui se fait là-bas sous le nom de la France et que nous n'aimons pas ». Le projet s'étend à l'ensemble des écrivains méditerranéens. [...] Sur 63 titres parus dans « Méditerranée » – qui ne résume donc pas l'ensemble de la littérature méditerranéenne du Seuil, – 20 sont des traductions. Au total, les traductions de l'espagnol dominent (10) suivies du grec (8), pour un auteur turc et un italien*[115].

L'impression en France même de livres en langue originale demeure aussi une activité non négligeable pour l'édition d'après-guerre. La France publie ainsi 503 titres en allemand en 1948, puis 1 449 en 1949, avant de diminuer cette production à partir de 1950. L'édition en langue anglaise demeure relativement importante jusqu'en 1954 (100 à 150 titres par an), et de nombreux écrivains noirs américains se fixent à Paris, comme Richard Wright, James Baldwin, Chester Himes ou William Gardner Smith. De même, le maintien des tabous de la société nord-américaine jusqu'en 1958 profite à la France, où certains auteurs interdits aux Etats-Unis se font publier, comme Arthur Miller ou William Burroughs. *The Naked Lunch*, *The Soft Machine* figurent au catalogue d'Olympia Press. Une nouvelle écriture est imposée par Faulkner, Dos Passos, Hemingway, Steinbeck, Caldwell, Miller. Ces écrivains choisissent de vivre ou de publier en France, car, par

---

[115] Hervé Serry, « Constituer un catalogue littéraire. La place des traductions dans l'histoire des Editions du Seuil », in *Actes de la recherche en sciences sociales* n°144, « Traduction : les échanges littéraires internationaux », 2002.

rapport à l'édition américaine très concentrée et soumise aux exigences de profit, « les professionnels français pouvaient consacrer du temps et de l'argent à lancer des romanciers inconnus, africains, maghrébins, antillais, quand leurs homologues de New York ne songeaient qu'à des œuvres dont les tirages se chiffreraient en dizaines ou centaines de milliers d'exemplaires[116] ». Les éditeurs français découvrent et consacrent de multiples auteurs étrangers : Nabokov, Ginsberg, Anaïs Nin. Dans le domaine hispanophone, certains écrivains, comme Jorge Semprun, Neruda ou Amado, n'acquièrent une notoriété dans leur pays d'origine que par le biais de la publication en France. La littérature asiatique est moins bien lotie, et ne trouve qu'un écho réduit à Paris ; malgré quelques éditions de poésie vietnamienne et de titres chinois, les traductions restent rares avant 1970.

Si Paris est bien sûr capitale éditoriale du pays, elle reste aussi le centre éditorial d'autres nations, notamment des colonies françaises : « de 1945 à 1958 [...] les auteurs nés dans les limites de l'ancien empire colonial durent encore transiter par Saint-Germain-des-Prés pour se faire reconnaître dans leur pays d'origine, qu'ils se nomment Kateb Yacine, Mohammed Dib, Albert Memmi ou Sembène Ousmane[117] ». Ce rôle de Paris est encore bien réel, car « c'est, paradoxalement, par leur traduction en français, qu'aujourd'hui les Américains Paul Auster, Jim Harrison, John Edgar Widerman, John Hawkes, les Autrichiens Thomas Bernhard et Elfriede Jelinek, le Yougoslave Danilo Kiš, le Portugais António Lobo Antunes (qui publie désormais ses textes en traduction française avant la version « originale » portugaise), tous les Latino-Américains, et Borges le premier, l'Italien Antonio Tabucchi et beaucoup d'autres ont commencé à exister en tant qu'écrivains, ont été consacrés comme créateurs littéraires universels[118] ». Les maisons d'édition parisiennes se font un point d'honneur à avoir des auteurs arabes et africains, et de leur côté, beaucoup d'auteurs espèrent être diffusés dans le monde entier par le canal de l'édition française. A ce propos, Jean-Yves Mollier note « une différence entre la littérature maghrébine, en général admise par les grandes maisons d'édition, bien diffusée, [...] et la littérature africaine, souvent éditée par de petites ou jeunes entreprises, malgré les efforts de *Présence africaine*[119] ». De son côté, Jacques Chevrier explique :

> *Il faut bien reconnaître que le tournant des années 1945-1950, au lendemain de la Seconde Guerre mondiale, marque de manière décisive l'émergence d'une parole longtemps contenue ou réprimée, tant au Québec que dans les anciennes*

---

[116] Jean-Yves Mollier, « Paris capitale éditoriale des mondes étrangers ». Op.cit.
[117] Jean-Yves Mollier et collectif. *Où va le livre ?*, La Dispute/SNEDIT, 2002.
[118] Pascale Casanova, « La tragédie des hommes-traduits ou l'impossible choix de la langue d'écriture », revue *Chaoïd*, 2008.
[119] Jean-Yves Mollier, « Paris capitale éditoriale des mondes étrangers ». Op.cit.

colonies françaises d'Afrique et des Caraïbes. Nées du fait colonial et largement en réaction contre ce même fait colonial, ces littératures ont joué un rôle de premier plan dans la prise de conscience et la reconnaissance des valeurs propres aux sociétés du Maghreb et du monde noir. Tandis que Senghor, Césaire, Damas et leurs amis entendaient « manifester » l'Afrique à travers l'épiphanie poétique de la Négritude, leurs successeurs, davantage portés sur la prose romanesque, se sont employés à réhabiliter des traditions souvent méconnues et à dénoncer aussi bien l'oppression coloniale que les dérives des Indépendances. Dans le même temps, les romanciers et dramaturges maghrébins retrouvaient le chemin de leur identité dans une langue française habitée par une passion iconoclaste. Ce mouvement de relecture du passé s'étendait bientôt aux Caraïbes et à l'océan Indien, où poètes, romanciers et dramaturges entreprenaient, à la suite de Césaire, d'assumer le lourd héritage de trois siècles d'esclavage et de domination. Enfin, au Québec comme en Afrique, le tournant des années 1950 marque également une volonté de rupture avec les « littératures séculaires »[120].

Cet engouement éditorial pour les littératures étrangères n'a cessé de s'accroître depuis l'après-guerre ; aujourd'hui, tous les éditeurs en sont friands et possèdent des domaines étrangers parfois aussi importants que le domaine français. Les grandes maisons comme Stock, le Seuil, Gallimard et Flammarion sont en première ligne. Stock a lancé par exemple à l'automne 2003 une nouvelle collection dirigée par Gila Lustiger, « Mots étrangers ». La réputation de Stock provient d'ailleurs principalement de ses collections étrangères, notamment « Cosmopolite » qui publie Jorge Amado, André Brink, Remarque, Singer, Tourgueniev ou encore Han Suyin. La maison connaît aussi un vif succès avec ses auteurs des Caraïbes et du Maghreb, comme Raphaël Confiant ou Rachid Mimouni.

De son côté, Gallimard a créé en 1999 la collection « Continent noir », qui publie des auteurs africains francophones, tandis que les traductions restent publiées dans la collection « Du monde entier ». La filiale de Gallimard « L'Arpenteur » a publié plus d'une centaine de titres d'auteurs français et étrangers. Le Mercure de France publie des textes étrangers avec la collection « Bibliothèque étrangère », et la maison Denoël, reprise par Gallimard dès 1951, a lancé la collection « Denoël et d'ailleurs ». Aujourd'hui, Gallimard publie chaque année environ trente-cinq titres issus de trente-sept domaines linguistiques différents dans sa collection « Du monde entier ». Jean Mattern, qui s'occupe de cette collection, estimait en

---

[120] Jacques Chevrier, « Les littératures francophones contemporaines », in *Littérature contemporaine en bibliothèque*, Martine Poulain (dir.), Editions du Cercle de la Librairie, 2001.

2006 que « d'un point de vue commercial, le paysage est imprévisible : en 2005, le plus grand succès de la collection a été une traduction du turc (*Neige* d'Orhan Pamuk). Cette année, selon toute probabilité, ce sera un titre américain (*Le complot contre l'Amérique* de Philip Roth). Globalement, je dirais qu'il est devenu plus facile de faire découvrir des auteurs de langues "moins visibles". Des succès d'auteurs comme Jens Christian Grondhal (Danois) ou tout récemment Alona Kimhi (Israélien) en témoignent. Mais j'ai l'impression qu'il reste encore une zone culturelle dont la littérature est peu visible en France : l'Europe centrale[121] ». Jean Mattern insistait par ailleurs sur le fait que « son rôle d'éditeur n'est pas de faire connaître une "littérature nationale", mais d'accueillir, dans la collection "Du monde entier", les meilleurs écrivains de chaque langue. A une lecture "ethnographique", il oppose l'inscription de ces auteurs dans la littérature universelle, qui va aussi dans le sens de l'évolution du marché[122] ».

Le Seuil est lui aussi fortement tourné vers l'étranger, Martine Poulain estimant d'ailleurs que c'est « le succès inattendu du *Petit monde de Don Camillo* de Giovanni Guareschi publié en 1951 [qui a] fait connaître la maison dans le grand public[123] ». Le roman s'est vendu à 1,2 million d'exemplaires au total, apportant une manne inespérée que la maison investit dans l'appareil productif et dans des collections diverses. Déjà dès 1945, le directeur littéraire Paul Flamand s'était tourné vers la traduction pour constituer son catalogue, avec la création l'année suivante des collections « Cadre vert » et « Le Don des langues ». Cette dernière, dirigée par Pierre Leyris pendant plus de quinze ans, publie d'abord de la poésie étrangère en bilingue, choisissant des auteurs reconnus mais souvent peu traduits, avant de se diversifier pour accueillir essais littéraires, journaux, correspondances, romans, recueils de nouvelles. La langue allemande est la plus présente (29 titres), suivie de l'anglais (18), de l'italien (10), du russe (7) et de l'américain (2). On y trouve par exemple les œuvres de Joseph Roth, les essais de Christine Jordis sur le roman anglais ou de Marc Chénetier sur la fiction américaine.

Jusqu'en 1950, la maison publie des traductions de langue anglaise, avant de s'investir dans les littératures allemande et italienne ce qui « illustre le poids de l'héritage de la guerre sur la politique éditoriale et la mise en avant de la dimension morale que l'on retrouve à travers l'engagement du Seuil dans la décolonisation, puis son intérêt pour les pays de l'Est[124] ».

---

[121] Propos de Jean Mattern, rapportés par Fabrice Piault dans « Littérature étrangère : la pente anglaise », *Livres Hebdo* n°646, 19 mai 2006.
[122] Gisèle Sapiro, « L'importation de la littérature hébraïque en France. Entre communautarisme et universalisme », *Actes de la recherche en sciences sociales* n°144, 2002.
[123] Martine Poulain (dir.), *Littérature contemporaine en bibliothèque*, Electre/Editions du Cercle de la Librairie, 2001.
[124] Hervé Serry, « Constituer un catalogue littéraire. La place des traductions dans l'histoire des Editions du Seuil », *Actes de la recherche en sciences sociales* n°144, 2002.

Jusqu'au milieu des années 1970, le Seuil édite en moyenne quatorze traductions par an, dont une majorité d'ouvrages allemands grâce notamment au journaliste et traducteur René Wintzen et au germaniste Luc de Goustine. Cette tendance évolue ensuite à partir des années 1970, et la maison traduit plus de textes américains, « signe, parmi d'autres, de l'installation du Seuil parmi les "grandes maisons" et, donc, de la fin de la phase d'accumulation de capital symbolique et de la reconnaissance nécessaire à ce statut[125] ».

Entre 1946 et 1999, Le Seuil fait paraître 757 traductions. Outre les cinq langues les plus représentées (américain, allemand, espagnol, italien, anglais), « le catalogue est composé de vingt autres idiomes dont, pour ceux atteignant au moins dix ouvrages parus, le russe (27 titres depuis 1947), le hongrois (18 depuis 1957), le grec (15 depuis 1957), le néerlandais (11 depuis 1964) et le japonais (11 depuis 1990). L'ensemble de ces langues représente 90 % de la littérature étrangère importée par Le Seuil[126] ». L'ancrage international du Seuil est conforté par l'obtention, entre 1950 et 1976, de dix Prix du meilleur livre étranger avec Böll (1955), Musil pour *L'homme sans qualités* (1958), Günter Grass (1962), Robert-Marie Grant (1964), John Updike (1965), Peter Härtling (1966), Gabriel García Márquez pour *Cent ans de solitude* (1969), Stratis Tsirkas (1971), Abram Tertz (1974) et Ernesto Sabato (1976). La maison a aussi connu de grands succès commerciaux avec *Le guépard* de Tomasi di Lampedusa ou *Le Dernier des Justes* d'André Schwarz Bart. Soljenitsyne, William Boyd et John Irving font également les beaux jours de la maison. Le Seuil est ainsi parvenu à constituer un catalogue d'auteurs étrangers dont la qualité et le prestige ont été rapidement avérés, et dans sa mouvance se trouvent aujourd'hui deux maisons intéressées par l'international : les éditions de l'Olivier (spécialisées dans la littérature anglo-saxonne, plutôt nord-américaine) et Phébus (qui publie notamment des romantiques allemands dans de nouvelles traductions ainsi que la revue *Caravanes : tour du monde des littératures*).

En ce qui concerne les autres maisons d'édition, chez Albin Michel, la littérature étrangère comprend des traductions de Konsalik, des sœurs Brontë, de Cronin, d'Hemingway, d'Henry James, ainsi que des deux prix Nobel Kawabata et Asturias. Des auteurs nord-américains comme Mary Higgins Clark et Stephen King se maintiennent en tête des meilleures ventes depuis quelques années. Robert Laffont publie de son côté Graham Greene, Scott Fitzgerald, Bioy Casares, Henry James et Dino Buzzati dans la collection « Pavillons », dirigée aujourd'hui par Jean-Claude Zylberstein, responsable également de la série « Domaine étranger » (10/18) qui a été recentrée sur la littérature étrangère (textes d'évasion, romancières anglaises, série « Grands détectives »...). Julliard connaît le succès avec Henry Miller, Malcolm Lowry, Witold Gombrowicz, Leonardo Sciascia, ou encore *Les*

---

[125] Ibid.
[126] Ibid.

Récits de Kolyma de Varlam Chalamov. Quant à Plon, sa grande collection « Feux croisés » fait connaître Joyce, Moravia, ou Joseph Roth, et publie le *Dernier soupir du Maure* de Salman Rushdie.

Mais il faut avouer que dans ces grandes maisons, « le directeur littéraire étranger, soucieux de maintenir un équilibre entre des titres type best-sellers à vente forte et rotation rapide, et ceux réputés difficiles au rythme plus lent, cherche surtout à miser sur quelques grands auteurs reconnus et déjà classiques dans leur pays, qui sont une valorisation pour un fonds d'édition[127] ». Soumises aux lois du marché, les maisons d'édition sont en effet forcées de tenir compte de la demande et de publier des textes qui ne sont pas toujours de grandes œuvres…

> *Le critère de rentabilité n'est pas étranger au choix des textes importés et c'est une des raisons qui peut intervenir dans la décision de publier en traduction de la littérature populaire, des best-sellers, des livres pour la jeunesse, des genres dits mineurs. En témoigne par exemple le lancement de la « Série noire » par Gallimard après la Deuxième guerre mondiale ou l'essor en France, dans les années 1980, des traductions de récits de voyage, genre importé d'Angleterre*[128].

C'est ainsi que Stephen King ou Mary Higgins Clark sont immédiatement traduits et tirés à des dizaines de milliers d'exemplaires, alors même que peu de professionnels de l'édition leur reconnaissent une qualité littéraire intrinsèque. Certains des éditeurs qui publient ce genre d'ouvrages avouent d'ailleurs les utiliser pour gagner de l'argent… Plusieurs maisons traduisent et vendent ainsi sans états d'âme des ouvrages étrangers peu intéressants – souvent anglo-saxons –, courant un risque financier minime par rapport à d'autres éditeurs qui publient des textes de qualité, plus difficiles d'accès et dont le lectorat est bien plus restreint.

En outre, un texte étranger est plus volontiers traduit s'il correspond à l'horizon d'attente du pays d'accueil, avec le risque que sa publication conforte une certaine vision, parfois même des images stéréotypées, de la culture du pays d'origine. On peut classer dans cette catégorie le genre des « témoignages romancés », dans la veine de *Jamais sans ma fille*, des collections spécialisées ayant vu le jour pour dénoncer les violences à l'encontre des femmes arabes, l'excision en Afrique noire ou la prostitution en Thaïlande. Ces ouvrages marchent parce qu'ils correspondent aux stéréotypes véhiculés, entre autres, par la télévision. Tout comme pour le journal télévisé, les centres d'intérêts des lecteurs de ce type d'ouvrages sont

---

[127] Jean-Marie Bouvaist, *Pratiques et métiers de l'édition*, Editions du Cercle de la Librairie, 1991.
[128] Marie-Françoise Cachin et Claire Bruyère, « La traduction au carrefour des cultures ». Op.cit.

limités, aussi de nombreux livres sur des sujets similaires sont-ils sans cesse publiés alors même que des textes plus originaux et plus littéraires ne sont jamais traduits.

Heureusement, un grand nombre de petites et moyennes maisons, exigeantes, refusent cette logique et offrent au public des littératures étrangères novatrices. C'est le cas par exemple de José Corti, qui, dans sa collection « Romantiques », publie des textes méconnus de romantiques tels Quincey, Hawthorne, Jean-Paul ou William Blake. De la même manière, Christian Bourgois a fait connaître les grands noms de la littérature américaine (William Burroughs, Jack Kerouac, John Fante, Allen Ginsberg, Jim Harrison, Toni Morrison) ou allemande (Jünger, Handke). Lui-même se définissait comme « un "passeur" qui fait circuler des ouvrages et qui ne se contente pas du pré carré germano-pratin de nos ambitions culturelles ethnocentriques[129] ».

Quant à Actes Sud, son arrivée à Arles en 1978 et sa réussite « exemplaire » ont permis de rompre avec le parisianisme éditorial, malgré les liens que la maison d'édition continue d'entretenir avec la capitale. En 1997, elle emploie soixante-dix salariés et possède de nombreuses collections étrangères, dont sa propre collection de livres de poche, « Babel ». A noter que dans sa phase de décollage, Actes Sud a été aidée par soixante-seize subventions à la traduction, octroyées par le CNL. Cependant, Jean-Yves Mollier apporte un démenti formel à la thèse, parfois avancée, que le succès d'Actes Sud viendrait d'aides « exceptionnelles » du CNL. Jean-Yves Mollier précise en effet dans *Où va le livre* (La Dispute/SNEDIT, 2007) qu'une étude du catalogue de la maison d'édition montre que « l'aide du CNL n'y est pas plus fréquente qu'aux PUF, chez Gallimard ou L'Harmattan et ne saurait, à elle seule, rendre compte de l'extraordinaire succès de ces volumes dont le format, les couvertures et le papier jonquille ont conquis tant d'amateurs ». En réalité, c'est en « misant sur la popularité des littératures du monde et sur leur accueil en France par le biais de la traduction qu'il [Hubert Nyssen] imposera sa maison comme le lieu par excellence de la médiation entre les cultures[130] ». De soixante-dix salariés en 1997, Actes Sud est passé à cent-trente à partir de 2005. La maison d'édition possède un bureau à Paris et entretient de nombreux liens, accords et prises de participations avec Labor (Bruxelles), Léméac (Québec), et les maisons d'éditions Papiers, Sorlin, Sindbad, Le Rouergue, Errance, Thierry Magnier, Bleu de Chine, Gaïa, Editions de l'imprimerie nationale, Editions de l'an 2[131]. Actes Sud compte aujourd'hui 5 500 titres au catalogue et édite les œuvres de plus de 2 000 écrivains, réalisant un chiffre d'affaires de 25,5

---

[129] Christian Bourgois, « Quels principes pour quels choix ? ». Op.cit.
[130] Jean-Yves Mollier, « D'Actes Sud à Vent d'Ouest, le souffle des régions », in *Où va le livre ? – Edition 2007-2008*, Jean-Yves Mollier et collectif (dir.), La Dispute/SNEDIT, 2007.
[131] Ibid.

millions d'euros en 2005. Son catalogue couvre plus de trente langues différentes, et la maison d'édition poursuit une politique d'auteurs affirmée, publiant systématiquement plusieurs titres de chaque écrivain. Par ailleurs, afin de réduire le risque financier, Actes Sud essaye de favoriser les projets de coédition, en collaborant avec des structures telles que l'Institut de traduction de la littérature hébraïque. « Ce mode de coopération est caractéristique de la maison Actes Sud, qui investit particulièrement dans les langues dites « minoritaires » et crée des domaines par aires culturelles, les domaines coréen, scandinave, etc. (elle a racheté aussi Sinbad, maison d'édition spécialisée dans la littérature arabe), en s'appuyant sur les aides d'instituts étrangers ou sur l'aide du CNL. Ces subventions lui permettent de réduire très significativement le coût des traductions (jusqu'à 80, voire 100 %), qui constitue le principal obstacle à la publication de la littérature étrangère[132] ».

L'action d'Actes Sud se rapproche de celle d'Anne-Marie Métailié, qui, après avoir travaillé au CNRS, fonde en 1979 sa propre maison d'édition consacrée aux littératures d'Amérique latine. En 2007, son catalogue proposait 700 titres. Aujourd'hui, la découverte de nouveaux talents étrangers passe donc souvent par des maisons d'édition de petite taille, jeunes, parfois situées en région. C'est le cas des Editions de l'Aube, qui ont commencé en 1987 au Moulin du Château dans le Vaucluse. Jean-Yves Mollier remarque ainsi que « l'attribution du prix Nobel de littérature à Gao Xingjian en 2000 est venue récompenser l'acharnement de Marion Hennebert et Jean Viard à traduire d'authentiques écrivains et à prendre des risques financiers[133] ». Ce genre de réussite a encouragé d'autres débutants à créer de petites structures d'édition, privilégiant l'aide à la création, les Editions Milan par exemple, ou encore les Editions de Zoé, qui ont lancé une collection intitulée « Classiques du monde ». La jeune édition littéraire française aime la nouveauté et « entend réagir devant la morosité du ciel parisien en offrant au public des œuvres dignes de ce nom. En ce sens, [ces] maisons provinciales ne se distinguent pas de leurs homologues de la capitale surgies après 1970, qu'elles s'appellent Anne-Marie Métailié, P.O.L. (Paul Otchakovsky-Laurens), La Différence ou Rivages, parisiennes celles-là mais tout autant marquées par leur hostilité plus ou moins déclarée à l'establishment éditorial[134] ». Enfin, une vingtaine d'éditeurs français, parfois de très petite taille, se consacrent uniquement aux littératures étrangères, comme Nech Edition (littérature arménienne), Dewatshang (littérature tibétaine), Karthala (littérature africaine), Eulina Carvalho (littératures lusophones) ou encore l'Esprit des péninsules (littérature est-

---

[132] Gisèle Sapiro, « L'importation de la littérature hébraïque en France. Entre communautarisme et universalisme », *Actes de la recherche en sciences sociales* n°144, 2002.
[133] Jean-Yves Mollier et collectif, *Où va le livre ?*, La Dispute/SNEDIT, 2002.
[134] Ibid.

européenne). De leur côté, les Editions Noir sur Blanc sont spécialisées dans les littératures européennes :

> *Les éditions Noir sur Blanc ont été fondées il y a une vingtaine d'années par mon mari Jan Michalski et par moi-même. [...] Si je tentais, après vingt ans, de faire le bilan de notre activité sur le front du dialogue interculturel, je rappellerais que cette maison d'édition est née en Suisse, qu'elle a essaimé en France puis en Pologne ; qu'elle a été à l'origine d'un petit groupe indépendant européen ; qu'avec d'autres maisons d'édition en France et en Pologne, elle joue un rôle de pépinière de talents littéraires français, que nous faisons ensuite découvrir en Pologne. Plus de vingt langues sont représentées dans notre catalogue : on y trouve des auteurs de langue lettone, russe, anglaise, hébreu, française, polonaise, ukrainienne, serbe, italienne, allemande, bulgare, roumaine, espagnole, tchèque, hongroise, estonienne, albanaise. A l'origine, notre démarche était de donner à connaître toutes les composantes de la culture des pays d'Europe de l'Est, ce qui a pu nous amener à publier un auteur écrivant en hébreu sur la Cracovie d'avant-guerre ou un autre écrivant en anglais un essai sur un auteur tchèque*[135].

Les jeunes maisons d'édition de la capitale retrouvent aussi un penchant pour les cultures étrangères et privilégient les traductions, en réponse à la difficulté de trouver des manuscrits sur un marché dominé par un réseau de rabatteurs, de relations de notoriétés et de contrats d'exclusivité. Comme les grands éditeurs n'éditent quasiment que des œuvres connues des auteurs étrangers les plus confirmés, « les nouveaux éditeurs peuvent donc soit traduire les ouvrages moins connus d'écrivains célèbres, soit traduire les œuvres de la "nouvelle génération" (les moins de cinquante ans), soit enfin traduire ou racheter les droits de traduction de grands contemporains étrangers méconnus ou oubliés en France[136] ».

Les petites maisons peuvent ainsi se constituer des fonds honorables, les droits étrangers et les frais de traduction étant moins élevés que certaines avances sur droits exigées par des auteurs français connus. Plusieurs éditeurs bien implantés dans leurs régions n'hésitent pas non plus à publier des traductions d'œuvres « frontalières », traductions du catalan dans la Midi ou du flamand dans le Nord par exemple. Ces jeunes éditeurs reçoivent parfois

---

[135] Propos de l'éditrice Vera Michalski, rapportés par Jacques Legendre dans son *Rapport d'information sur le colloque organisé le 11 décembre 2007 sur l'enseignement des littératures européennes*, février 2008.
[136] Ministère de la Culture, *Les jeunes éditeurs, esquisse pour un portrait*, La Documentation française, 1986.

des aides de l'Etat au titre de l'encouragement à l'édition d'ouvrages « difficiles », ce qui n'est que justice « puisqu'une part non négligeable de la traduction des grandes littératures étrangères passe désormais par la périphérie plus que par le centre[137] ».

En 1982, 389 traductions ont été publiées par soixante-dix éditeurs (dont trente-cinq nouveaux) dans la catégorie « romans, récits, nouvelles » dans l'ensemble de l'édition française. Les nouveaux éditeurs ont produit 100 titres, soit 26 % du total des traductions littéraires. Cette situation n'est pas particulière à la France ; au Royaume-Uni par exemple, les principaux textes d'origine étrangère sont publiés par des petites ou moyennes maisons d'édition comme Minerva, Carcanet, Quartet, ou John Calder.

D'autre part, certains, comme Hubert Nyssen, se montrent très critiques vis-à-vis du système éditorial actuel :

> *Maintenant – dans la transition où nous sommes, entre un passé dévasté et un avenir incertain – le paysage éditorial n'est pas loin de ressembler à celui de l'internautisme avec lequel, d'ailleurs, il lui arrive de se confondre. On y croise, en effet, le rare et l'ordinaire, le meilleur et le pire, on tombe sur des perles dans des porcheries, on assiste à des démonstrations bouleversantes et, sur la même estrade, à de l'esbroufe en toge universitaire. Et ainsi sommes-nous aujourd'hui dans une situation paradoxale où la diffusion de la culture est, d'apparence, plus active, mieux soutenue et plus considérable qu'elle ne l'a jamais été, alors même que les valeurs qui la constituent sont noyées dans une bouillie ou jetées à la décharge[138].*

Et Eric Hazan de renchérir : « dans l'abondante littérature institutionnelle, il n'est presque jamais fait mention de *la première cause* des difficultés du livre indépendant : la concentration de la presse et de l'édition – sans précédents ni équivalents dans d'autres pays –, l'industrialisation massive, avec comme conséquences directes l'hyperproduction, la puissance de la prescription médiatique, et la décrépitude de la critique de livres qui s'apparente à une démission collective[139] ».

En ce qui concerne l'apparition et la diffusion de certaines littératures étrangères plutôt que d'autres, cela n'est pas seulement le fait des éditeurs français, et il ne faut pas sous-estimer l'importance des actions menées par certains pays pour promouvoir leur littérature en France. La politique d'exportation et de publicité utilisée massivement par les Etats-

---

[137] Jean-Yves Mollier et collectif, *Où va le livre ?*, La Dispute/SNEDIT, 2002.
[138] Hubert Nyssen, « Péripéties éditoriales », in *Internationale de l'imaginaire n°20 : Cultures du monde, matériaux et pratiques*, Babel/Maison des cultures du monde, 2005.
[139] Eric Hazan, « Assez de larmes », dans *Le livre : que faire ?*, La Fabrique Editions, 2008.

Unis depuis 1945 en est le meilleur exemple, mais ce n'est pas le seul. Durant la période soviétique, plusieurs pays de l'Est – dont l'URSS dès 1920 – mettent aussi en place une politique officielle d'exportation littéraire. Comme l'explique Ioana Popa :

> *Les traductions faites par ce circuit sont publiées dans le pays d'origine en vue d'une diffusion à l'étranger. Elles existent indépendamment de toute demande du pays auquel elles sont destinées, grâce à une politique volontariste d'exportation des œuvres littéraires par des maisons d'édition spécialement créées à cette fin : Artia en Tchécoslovaquie, Corvina en Hongrie, Interpress en Pologne. La Roumanie fait exception puisque ce sont les maisons d'édition « ordinaires » les plus importantes qui s'en chargent. Ces maisons, qui publient également des traductions non littéraires et des revues en langues étrangères, exportent ainsi une valeur littéraire officielle construite pour l'étranger, la « vitrine » littéraire du régime [...]*
> *Il s'agit d'exporter des valeurs littéraires « sûres », c'est-à-dire déjà reconnues dans l'état antérieur du champ littéraire, et non pas d'imposer un contenu idéologique, comme en témoigne le profil des 65 auteurs « promus » : la moitié d'entre eux sont des auteurs classiques ou déjà consacrés. Néanmoins, les œuvres exportées ont été soigneusement sélectionnées au sein du canon littéraire. Ecartant les œuvres « décadentes » dont il faut effacer la trace, ces maisons exportent une littérature humaniste et progressiste*[140].

Un effort similaire a été entrepris ces dernières années par Israël pour faire connaître la littérature hébraïque à l'étranger, une technique efficace puisque les auteurs écrivant en hébreu sont de plus en plus nombreux à être publiés en France. Pour Gisèle Sapiro, une telle réussite est le fruit de l'action menée par l'Institut de traduction de la littérature hébraïque, mais aussi « du travail d'importation réalisé par des agents littéraires représentant un plus grand nombre d'auteurs [...] et de l'apparition d'un groupe d'intermédiaires, traducteurs, lecteurs, directeurs de collection, ayant vécu un temps en Israël et/ou étant introduits dans les milieux intellectuels israéliens, qui se spécialisent dans la littérature hébraïque[141] ».

---

[140] Ioana Popa, « Un transfert littéraire politisé. Circuits de traduction des littératures d'Europe de l'Est en France, 1947-1989 », *Actes de la recherche en sciences sociales* n°144, 2002.
[141] Gisèle Sapiro, « L'importation de la littérature hébraïque en France. Entre communautarisme et universalisme », *Actes de la recherche en sciences sociales* n°144, 2002.

Les littératures francophones constituent un cas particulier, beaucoup d'entre elles continuant à être publiées directement par des maisons d'édition françaises. D'où la question de l'assimilation pure et simple de ces œuvres dans la production éditoriale française. C'est le cas par exemple de la littérature belge. Pourtant, une littérature peut-elle se développer sans pôle éditorial national ? Parmi le grand public français, qui estime qu'Amélie Nothomb est « étrangère » de part sa nationalité belge ? Sans même parler de la question complexe des littératures produites par des écrivains de nationalité française résidant en France, mais issus de l'immigration et se revendiquant parfois comme tels. Comme l'explique Alec G. Hargreaves :

> *Les années quatre-vingt ont vu l'émergence d'une littérature dite « beur ». A la fin des années quatre-vingt-dix, une trentaine d'auteurs issus de l'immigration maghrébine se sont fait éditer, mais leurs écrits restent encore peu reconnus par le grand public. Peu d'études universitaires, très peu de couverture médiatique et aucun grand prix littéraire à comparer avec le Goncourt de Ben Jelloun : voilà le maigre bilan critique de la littérature « issue de l'immigration ». Les libraires et bibliothécaires sont très partagés sur son classement. Si certains auteurs trouvent leur place dans les rayons de littérature française, d'autres sont classés dans la littérature maghrébine, alors que d'autres encore sont renvoyés dans une catégorie infralittéraire, telle que « sociologie » ou « immigration ».*
> *Selon certains analystes, cette marginalisation s'expliquerait par la médiocrité des écrits en question, qui sont souvent relégués au rang de simples témoignages dénués de qualité esthétique. Il est certain que ce corpus est de qualité inégale. Mais si la médiocrité de certains textes relève d'un manque de talent chez l'auteur, on peut aussi mettre en cause le rôle des éditeurs dans leur choix des manuscrits. Beaucoup des textes publiés dans les années quatre-vingt-dix ressemblent étroitement aux témoignages parus dans les années quatre-vingt. On dirait que les éditeurs français cherchent à s'assurer la rentabilité d'auteurs inconnus en choisissant ceux qui peuvent être commercialisés dans le cadre de catégories bien rodées, telles que la galère des quartiers déshérités ou l'oppression de jeunes filles musulmanes. [Pourtant], malgré les motivations commerciales des éditeurs, il existe indiscutablement des auteurs issus de l'immigration qui ont fait preuve de vrais talents littéraires. Outre Azouz Begag et Medhi Charef, on peut citer Farida Belghoul, Tassadit Imache, Moussa Lebkiri, Ahmed Kalouaz et bien d'autres[142].*

---

[142] Alec G. Hargreaves, « Cultures de France, artistes de toutes origines », in *Immigration et intégration : l'état des savoirs*, Philippe Dewitte (dir.), Editions la Découverte, 1999.

D'autre part, la France publie chaque année tellement d'ouvrages écrits en français que « cela pose problème pour s'ouvrir aux littératures francophones publiées ailleurs qu'en France[143] ». Paradoxalement, ce sont en effet les littératures francophones éditées à l'étranger qui bénéficient d'une moindre visibilité chez nous. Ainsi, « le public français est peu informé sur la littérature québécoise et francophone en général, et il a tendance à lire soit des livres publiés en France, soit des livres étrangers traduits[144] ». L'exception qui confirme la règle, c'est bien sûr le roman Les Bienveillantes, publié en 2006 par Jonathan Littell : roman écrit en français par un auteur américain, qui a, depuis, réussi à obtenir la nationalité française pour « contribution au rayonnement de la France » (700 000 exemplaires vendus fin 2007, prix Goncourt 2006, Grand prix du roman de l'Académie française 2006) ! Comme le souligne Jacques Chevrier :

> *Il n'y a pas si longtemps, les auteurs de dictionnaires ou d'encyclopédies, contraints par souci d'exhaustivité d'évoquer ces productions littéraires « périphériques » à la littérature française parlaient de littératures « régionales », « annexes » ou « connexes » ! A cet embarras taxinomique a succédé une reconnaissance progressive, parfois teintée de paternalisme, des différentes littératures francophones, dont l'émergence a été en grande partie favorisée par les bouleversements politiques, économiques qui ont marqué nos sociétés après 1945. Mais il ne faudrait pas oublier que la francophonie est d'abord une affaire de voisinage, avec aux portes de Paris l'existence plus que séculaire de littératures d'expression française, largement enracinées, dans nos habitudes mentales, et parfois couronnées de récompenses prestigieuses, comme le prix Goncourt, au point de ne pas toujours être clairement distinguées du patrimoine national[145].*

Cette absence de différenciation peut pourtant paraître étonnante. En effet, les ouvrages francophones venus des quatre coins du globe sont souvent bien différents dans leur contenu des livres français et évoquent une réalité étrangère très marquée. Ainsi, pour Marie-France Eymery, « les littératures francophones nous ouvrent à un autre paysage, à d'autres solitudes, à d'autres souffrances, elles nous font entendre d'autres cris, d'autres rires, d'autres écritures. Elles nous font découvrir des univers

---

[143] Ibid.
[144] Yannick Gasquy-Resh, « L'Edition québécoise : exportation et diffusion en France ». Colloque sur « L'édition francophone », BNF, Cycle « Les Ateliers du livre », 25 mars 2004.
[145] Jacques Chevrier, « Les littératures francophones contemporaines », in *Littérature contemporaine en bibliothèque*, Martine Poulain (dir.), Editions du Cercle de la Librairie, 2001.

symboliques différents et mettent en relation des phénomènes littéraires avec leur contexte socioculturel[146] ». Les littératures francophones sont d'autant plus diversifiées que bien des écrivains se retrouvent quasiment « obligés » d'écrire en français (ou en anglais) pour pouvoir être entendus ou élargir leur public. C'est la théorie avancée par Pascale Casanova, pour qui « il est encore plus difficile de se libérer de la domination culturelle coloniale quand on a été colonisé par la France » :

> *Ceux qui viennent de territoires (ex)colonisés occupent des positions fort complexes et souvent tragiques. Dans beaucoup de ces pays, les langues maternelles (qui n'ont pas toujours le statut de langue nationale) sont très « démunies » littérairement. En Afrique notamment, ce sont quelquefois des langues sans écriture ou dont l'écriture n'a été fixée que récemment : c'est le cas par exemple du gikuyu au Kenya (la langue maternelle du romancier Ngugi wa Thiong'o) ou de l'amharique en Somalie (langue maternelle de Nuruddin Farah). Je ne sais pas où en sont aujourd'hui, d'un point de vue littéraire, le kikongo d'Emmanuel Dongala, le mandingue d'Ahmadou Kourouma : ce sont des langues qui n'ont pas même accès à l'univers littéraire. Le swahili, qui est l'une des langues africaines dotées d'une véritable tradition littéraire, de maisons d'édition, d'écrivains, d'un public, de traducteurs, est pourtant une langue presque inconnue sur la planète littéraire. De ce fait, et c'est aussi le cas de l'Inde par exemple, on rencontre souvent sur le continent africain des romanciers trilingues ou quadrilingues : le Somalien Nuruddin Farah parle le somali et écrit l'amharique, l'arabe et l'anglais ; le Kenyan Ngugi wa Thiong'o parle et écrit (au moins) le gikuyu, le swahili et l'anglais[147].*

C'est ainsi que des milliers d'écrivains dont la langue maternelle est peu valorisée littérairement et peu diffusée – voire carrément dépourvue d'écriture et de lecteurs potentiels – choisissent encore aujourd'hui d'écrire en français, parfois même de vivre à Paris ; c'est le cas par exemple de nombreux écrivains africains ou de l'écrivain finlandais Hannu Väisänen[148]. Or la création en exil, dans une langue autre que sa langue maternelle, est

---

[146] Marie-France Eymery, « Quelle place pour les littératures francophones dans une bibliothèque d'étude ? », in *Littérature contemporaine en bibliothèque*, Martine Poulain (dir.), Editions du Cercle de la Librairie, 2001.
[147] Pascale Casanova, « La tragédie des hommes-traduits ou l'impossible choix de la langue d'écriture », revue *Chaoïd*, 2008.
[148] « Comment écrire pour un peuple majoritairement analphabète, dans une langue inconnue de tous les peuples de la terre, inconnue au point de ne pas posséder de traducteurs ? », s'interroge ainsi Pascale Casanova, en citant pour exemple l'écrivain kenyan Ngugi wa Thiong'o, qui est le seul écrivain sur terre à écrire en gikuyu.

loin d'être évidente : « derrière le choix de la langue de l'écriture se cachent plusieurs dilemmes : privilégier l'authenticité maximale de son expression artistique sans tenir compte du public potentiel, ou préférer l'accès à un public plus large à travers la traduction ou l'auto-traduction ? Plusieurs grands noms de la littérature européenne ont été confrontés à ces choix, souvent ressentis comme la source d'un malaise, parfois d'une véritable souffrance[149] ». Pascale Casanova enfonce le clou :

> *Le bilinguisme, ou, pour être plus précis, le « digraphisme » de nombreux écrivains dans le monde, est donc, à l'inverse de toutes les croyances et de toutes les légendes romantiques qui entourent le choix de la langue, l'un des indices objectifs d'une situation de dépendance ou, quelquefois même, de dénuement littéraire. On ne « choisit » pas le français ou toute autre « grande » langue littéraire. Il s'impose dans une situation terriblement difficile qui a peu à voir en général avec un amour pur et désintéressé de la langue [...] On retrouve partout, sous-jacente à celle de la langue, énorme, incontournable, toujours présente et pourtant toujours tue, la question de la trahison. Tous les créateurs qui changent de langue littéraire ou qui adoptent une langue littéraire différente de leur langue nationale sont d'abord confrontés à cette interrogation inéluctable ; pour qui écrit-on ?[150].*

Le développement de la littérature étrangère est tel qu'aujourd'hui « les éditeurs n'ignorent plus qu'elle peut rapporter gros. Qu'elle est une affaire qui marche, tout en offrant aux lecteurs des livres haut de gamme[151] ». La progression de ce domaine est confirmée par le développement et les implantations de nouveaux secteurs étrangers dans les entreprises d'édition. De petites maisons fondent leur production et leur image de marque sur le domaine étranger, les maisons de taille moyenne créent ou agrandissent leurs départements étrangers, tandis que les grandes maisons perpétuent et consolident leur tradition en matière de littérature étrangère. Un peu comme si la littérature étrangère constituait une « vitrine » pour les éditeurs en quête d'une image de marque, ou une réponse à une certaine crise de l'offre littéraire nationale... Certains éditeurs n'hésitent pas à évoquer en effet « la pénurie de sujets et le relatif essoufflement de la production littéraire française comme raisons majeures de leur enthousiasme pour des littératures étrangères[152] ». Et « si la fabrication de best-sellers mondiaux illustre la logique de la rentabilité à court terme, une bonne part du processus d'importation des littératures étrangères relève de la logique de

---
[149] Joanna Nowicki, « Les enjeux identitaires de la traduction: les écrivains de l'autre Europe », *Hermès* n°49, 2007.
[150] Pascale Casanova, « La tragédie des hommes-traduits ou l'impossible choix de la langue d'écriture », revue *Chaoïd*, 2008.
[151] « Romans étrangers : les gagnants 2002 », *L'Express*, 19 décembre 2002.
[152] Françoise Barret-Ducrocq (dir.), *Traduire l'Europe*, Editions Payot, 1992.

production restreinte qui se projette sur le long terme et vise la constitution d'un fonds, comme en témoignent les modes de sélection (souvent basés sur des critères de valeur littéraire plutôt que sur les chances de succès auprès d'un large public) et les faibles tirages[153] ».

En conséquence, le service étranger des maisons d'édition s'est généralement étoffé, notamment pour l'achat de droits : « choix littéraire et éditorial d'ouvrages étrangers à traduire, négociation et gestion des contrats sont les principales fonctions du service littéraire étranger, qui doit aussi contrôler le suivi des phases de traduction, fabrication, promotion et vente en France du livre traduit[154] ». Le directeur littéraire étranger s'entoure de directeurs de collection, auxquels sont affectés des domaines linguistiques précis. Il travaille avec des agents, intermédiaires obligés avec les éditeurs étrangers, à statut variable. Enfin, il s'entoure de lecteurs et de traducteurs. Les lecteurs, peu nombreux, triés sur le volet, parlent souvent deux ou trois langues et gèrent des secteurs spécialisés ; ce sont des universitaires, des enseignants, parfois des journalistes. Traducteurs, écrivains, critiques réalisent un travail de tri, de recherche et assistent les comités de lecture. Le travail n'est pas simple, car « le "service étranger" d'une maison reçoit un nombre si élevé d'ouvrages (souvent sans grand discernement), de manuscrits et de propositions d'agents littéraires qu'il est vite confronté à un problème de rentabilité et doit opérer des choix drastiques[155] ». Jean Mattern, directeur du domaine de la littérature étrangère chez Gallimard, avoue d'ailleurs : « un roman qui atterrit chez nous en traduction, c'est vrai, doit convaincre presque plus qu'un roman français, parce qu'il y a à la fois des réalités très concrètes, de l'argent, et puis il faut qu'il s'impose. Un roman étranger, il faut vraiment qu'il s'impose pour qu'on fasse toutes ces démarches de chercher un traducteur, de payer. Un livre étranger est un risque financier beaucoup plus considérable pour nous qu'un premier roman français, qui ne coûte quasiment rien[156] ».

Une fois le titre étranger définitivement sélectionné, le travail technique commence : soit l'éditeur fait lui-même une offre, soit l'éditeur étranger lui soumet ses conditions, sous forme d'un à-valoir à payer sur droits fixés en fonction du premier tirage. L'accord conclu est scellé par un contrat d'achat, qui comporte notamment la clause de cession du droit à traduire, généralement exclusif, et limité à certains territoires de la langue du cessionnaire, le délai de publication, ou encore les droits dérivés. Le directeur littéraire étranger peut ensuite choisir son traducteur, ce qu'il fait

---

[153] Johan Heilbron et Gisèle Sapiro, « La traduction littéraire, un objet sociologique », *Actes de la recherche en sciences sociales* n°144, 2002.
[154] Jean-Marie Bouvaist, *Pratiques et métiers de l'édition*. Op.cit.
[155] Philippe Schuwer, *Traité pratique de l'édition*, Electre/Cercle de la Librairie, 1994.
[156] Entretien de Gisèle Sapiro avec Jean Mattern (14 mai 2002), propos rapportés par Gisèle Sapiro dans « L'importation de la littérature hébraïque en France. Entre communautarisme et universalisme », *Actes de la recherche en sciences sociales* n°144, 2002.

en fonction des critères de langue bien sûr, mais aussi sur des critères littéraires (affinités, renom, auteurs déjà traduits, etc.)[157]. Les coûts élevés liés à la publication d'ouvrages étrangers traduits posent néanmoins un problème de rentabilité, aussi la question de la survie d'un département étranger se pose-t-elle régulièrement dans beaucoup de maisons spécialisées en littérature générale. Et ce d'autant plus que l'engouement pour les littératures étrangères conduit depuis quelques années à un mouvement de surenchère des droits des best-sellers étrangers. Pourtant, les directeurs de collection « s'accordent à dire que, hormis les best-sellers et quelques auteurs dotés d'une large reconnaissance internationale, les littératures étrangères en France – surtout celles des langues minoritaires – ne touchent qu'un public restreint et sont souvent publiées à perte, sachant que la plupart des livres ne dépassent pas la barre de 2 000 ou 3 000 exemplaires vendus nécessaire pour amortir le coût du livre (auquel il faut ajouter les frais de traduction, qui se montent à 80 000 francs en moyenne, et les droits d'acquisition)[158] ». Enfin, une fois le titre traduit, il est finalement publié et se retrouve... dans les librairies, où l'attendent de nouvelles péripéties parmi les milliers de parutions qui inondent le marché chaque année.

Des librairies qui tentent de suivre le mouvement éditorial

Dans l'après-guerre, certaines librairies parisiennes sont déjà spécialisées depuis longtemps dans la vente d'ouvrages en langues étrangères, et Jean-Yves Mollier rappelle que « la Librairie polonaise, les librairies russes chères à l'immigration ont servi pendant des années de vecteurs aux idées que les frontières politiques étaient censées arrêter[159] ». Aujourd'hui, Paris compte plus de soixante librairies axées sur les littératures étrangères, dont une trentaine de librairies étrangères. Citons par exemple les librairies spécialistes de littérature allemande (Marrissel Bücher, Infobuch, Calligrammes, Buchladen), britannique (Galignani, Brentan's Albion, Shakespeare and Company, Tea and Tattered Pages, Tridias), espagnole (Librairie espagnole), grecque (Desmos), italienne (La Tour de Babel), polonaise (Dolosz, Librairie polonaise), asiatique (Phénix, Fenêtre sur l'Asie, Kailash, Sudestasie, You-Feng), australienne (The Australian Bookshop), sud-américaine (Ediciones hispano-americanas), canadienne (The Abbey Bookshop), nord-américaine (Smith, San Francisco Books Co, Village Voice Bookshop), africaine (L'Harmattan, Présence africaine, Karthala) ou arabe (Al-Bustane, Averroès, Avicenne, Dar Byblion, Librairie de l'Orient, Librairie du monde arabe, Essalam).

---

[157] Jean-Marie Bouvaist, *Pratiques et métiers de l'édition*. Op.cit.
[158] Gisèle Sapiro, « L'importation de la littérature hébraïque en France. Entre communautarisme et universalisme », *Actes de la recherche en sciences sociales* n°144, 2002.
[159] Jean-Yves Mollier, « Paris capitale éditoriale des mondes étrangers ». Op.cit.

Ces librairies vendent leurs ouvrages en général 25 % plus cher que leurs homologues françaises et elles doivent affronter la concurrence des librairies en ligne, en particulier dans le domaine anglophone, mais aussi en ce qui concerne les ouvrages traduits. Leur clientèle se divise entre chercheurs, amateurs de littérature étrangère, touristes et résidents étrangers cherchant des ouvrages dans leur langue. Si la capitale est bien desservie, la province souffre par contre d'une offre relativement faible, inexistante dans les campagnes et petites villes. Certaines librairies tentent pourtant de faire des efforts dans ce domaine, par exemple les trente-cinq « libraires indépendants, partageant la même passion des livres » regroupés au sein de l'association Initiales depuis 1997. Ce réseau est particulièrement actif dans le domaine des littératures de création, notamment étrangères. Initiales édite des dossiers thématiques (par exemple sur la littérature algérienne, Jørn Riel, Raymond Carver, Nancy Huston, Mario Rigoni Stern) ainsi que des nouvelles inédites (de Martin Winckler, d'Erri De Luca...). A l'occasion de diverses manifestations, le réseau publie des nouvelles, comme celle d'Elwood Reid *Territoire* en 2002, lors du Festival America à Vincennes. Chaque librairie du réseau se veut un lieu d'échanges, de rencontres et de débats, en particulier autour des littératures et des écrivains étrangers. Leur action de promotion n'est donc pas négligeable, et elles entrent dans la catégorie de ce que Jean-Pierre Colin et Norbert Vannereau appellent les « vraies » librairies, « commerces de proximité utiles à la collectivité », « indispensables au maintien d'une activité culturelle authentique[160] ». Les librairies de ce réseau sont éparpillées à travers la France, et s'il y en a plusieurs à Paris, on en trouve aussi à Lyon, Grenoble, Montpellier, Saint-Etienne, La Rochelle, Nantes, Nevers, Manosque ou Romans-sur-Isère.

Autre exemple : la librairie lilloise V.O., créée en septembre 2002, a pris le parti de défendre la littérature en version originale. Elle propose des classiques, des nouveautés, ainsi que des livres d'auteurs dans leur langue d'origine (anglais, allemand, italien et espagnol principalement). Elle mène aussi des actions autour de la littérature étrangère : rencontres entre le public et les auteurs, partenariats avec des manifestations littéraires de la région, etc. Outre la vente d'ouvrages étrangers, les librairies s'investissent ainsi dans leur promotion. Dans ce contexte, Michel Chaffanjon reste optimiste quant à l'intérêt des libraires pour les littératures étrangères : « demain, au cœur des évolutions sociétales, l'écrit poursuivra son accompagnement de la vie humaine. [...] La librairie s'ouvre à l'Europe, une librairie internationale s'esquisse, capable de commercialiser à la fois les traductions et les œuvres en langues originales[161] ». Alors que chez les libraires, la littérature étrangère

---

[160] Jean-Pierre Colin et Norbert Vannereau, *Librairies en mutation ou en péril ?*, Publisud, 1990.
[161] Michel Chaffangeon, « Libraires d'aujourd'hui, libraires de demain ; le rôle du libraire », in *Le commerce de la librairie en France au XIXe siècle*, Jean-Yves Mollier (dir.). Op.cit.

a longtemps occupé les tables du fond, elle bénéficie aujourd'hui du « fort engouement du public pour "ce qui vient d'ailleurs"[162] ». Quoi que l'on en dise, les romans étrangers se vendent plutôt bien. A côté des ouvrages américains, qui connaissent un succès toujours aussi grand, « il reste [en 2006] de la place sur les tables pour *Terre des oublis* de la Vietnamienne Duong Thu Huong, *Loin de Chandigarh* de l'Indien Tarun Tejpal, *Neige* du Turc Orhan Pamuk, *L'immeuble Yacoubian* de l'Egyptien Alaa El Aswany, *Kafka sur le rivage* du Japonais Haruki Murakami… Les littératures asiatiques et celles du Proche-Orient ont, sous l'effet de la médiatisation de ces régions, le vent en poupe[163] ». Cela n'empêche pas Vaira Vīķe-Freiberga de déplorer :

> *Souvent, lorsque je parcours l'Europe et que je me rends dans les librairies de différents pays, je suis déçue d'y trouver si peu de littérature locale ou européenne par rapport aux grands rayons remplis de traductions d'ouvrages américains, y compris de livres qui prétendent être de la littérature et qui ne le sont pas. Ce n'est pas que je sois contre la littérature américaine. Au contraire, j'en fais moi-même une consommation régulière. Je suis contre la présence de tant de mauvais livres par rapport à l'absence de livres qui seraient bien meilleurs. Car il y a de mauvais auteurs tout comme il y a de méchants poètes[164].*

Présence ou non de littérature étrangère, cela ne résout pas la question globale de la survie économique des librairies, notamment face à la concurrence des autres loisirs culturels, des grandes surfaces, de la télévision et d'Internet. Mais il s'agit là d'une autre question, plus vaste, concernant la diffusion des œuvres littéraires en général et la transformation d'une partie de l'activité édition-librairie en production d'objets-livres consommables dans un espace mondialisé. Pascale Casanova nous met en garde car « aujourd'hui, paradoxalement, la mondialisation comme phénomène commercial et éditorial – soit l'augmentation ou la maximisation des profits à court terme des grands éditeurs mondiaux – met en danger toutes les possibilités créées et inventées par les écrivains pour produire une véritable internationalisation de la littérature, c'est-à-dire pour perpétuer l'existence de valeurs autonomes et ce d'autant plus qu'elle parvient souvent à mimer les acquis et les formes de l'autonomie[165] ». Plus que jamais, la littérature étrangère a besoin d'une mobilisation de tous les acteurs du livre pour trouver son public, à côté de la seule sphère marchande.

---

[162] Jean-Marie Bouvaist, *Pratiques et métiers de l'édition*. Op.cit.
[163] Catherine Andreucci, « Globalisation en rayon », *Livres Hebdo* n°646, 19 mai 2006.
[164] Propos de l'ancienne Présidente de Lettonie Vaira Vīķe-Freiberga, rapportés par Jacques Legendre dans son *Rapport d'information*. Op.cit.
[165] Pascale Casanova et Tiphaine Samoyault, « Entretien sur *La République mondiale des lettres* », in *Où est la littérature mondiale ?*, C. Pradeau et T. Samoyault, PUV, 2005.

Chapitre 5 : Le rôle fondamental de la traduction

Des traductions en augmentation

Alors que durant la Seconde guerre mondiale, la France s'est vue privée des échanges intellectuels et des transferts culturels liés à l'appropriation des littératures du monde entier, le nombre annuel de traductions s'accroît fortement dès la Libération. On passe de 81 titres en 1944 à 190 en 1945, 421 en 1946, 955 en 1947 et 1 088 en 1948. La progression ralentit ensuite, avec 1 112 traductions en 1951, 1 288 en 1955, 1 330 en 1958. Dès cette époque, le bassin linguistique dominant est celui de l'anglais, avec une prédilection pour l'américain. A partir de 1946, le domaine anglo-américain dépasse la moitié de la production d'œuvres étrangères pour culminer à 65,5 % en 1949. A Paris, c'est l'ébullition :

> *Après le succès de* Nuits noires *de Steinbeck que les Editions de Minuit ont imprimé en février 1944, Gallimard a réimprimé* l'Adieu aux armes *d'Hemingway à la fin de l'année et* Autant en emporte le vent *début 1945. [...] Marcel Duhamel était expédié à Londres où il faisait signer leurs premiers contrats à James Hadley Chase et Peter Cheney. La Série noire débutera quelques semaines plus tard avec la* Môme vert-de-gris *et* Pas d'orchidées pour Miss Blandish. *Un genre était né qui attirera vers Paris nombre de Noirs américains qui imiteront la génération précédente. Chester Himes, James Baldwin seront de ceux-là tout comme Richard Wright dont Albin Michel publie en 1946* Enfants du pays *et les Temps modernes* Black Boy, *en feuilleton. Maurice Girodias, à la tête des éditions du Chêne, reprenait le fonds paternel, Obelisk Press de Jack Kahane. Le* Tropique du capricorne *atteignait 125 000 exemplaires fin 1944, celui du* Cancer, *chez Denoël, 160 000*[166].

Entre 1948 et 1958, la France publie en moyenne 224 ouvrages américains par an, contre 137 ouvrages de langue allemande (allemands, mais aussi autrichiens ou suisses), et seulement 55 titres italiens, 47 titres d'URSS et 25 titres espagnols. Entre 1951 et 1958, les importations d'œuvres étrangères sont multipliées par 2,71, les exportations d'œuvres françaises par 2,2. En 1958, la vente des livres à l'étranger représente 9 163 milliards de francs et l'achat d'ouvrages publiés hors frontières 4 376 milliards[167].

---

[166] Jean-Yves Mollier, « Paris capitale éditoriale des mondes étrangers ». Op.cit.
[167] Ibid.

L'explosion des traductions n'a dès lors plus cessé. Trente ans plus tard, en 1985, les traductions représentent 15 % de la production éditoriale française. L'anglais domine nettement avec 2 051 titres par an, suivi par l'allemand (275 titres), l'italien (169 titres), l'espagnol (71 titres) et le russe (46 titres). Au total, les traductions sont faites à partir de trente-quatre langues étrangères, mais les cinq langues principales représentent 91 % des traductions[168]. Les grands éditeurs traduisent surtout depuis des langues vernaculaires, principalement l'anglais. Philippe Schuwer, très critique vis-à-vis de cette situation, se plaint de cette disproportion dans *Editeurs aujourd'hui* (Retz, 1987) :

> *Que des œuvres très importantes, voire majeures, n'aient qu'une « audience » limitée parce qu'elles émanent de certains pays qui « déméritent » n'est pas acceptable. L'Index translationum, édité tous les ans par l'Unesco, révèle ces extrêmes disparités, même pour des aires linguistiques comparables. A la faveur d'un renversement de tendance, dû à un événement (prix Nobel, efforts des critiques, film soudain sacralisé, etc.), le public redécouvre, pour un temps, d'autres voix. Nous n'émettons qu'un vœu : des possibilités d'alternances...*

Nous l'avons vu, le rôle des jeunes éditeurs au niveau de la traduction et de l'innovation est primordial. Depuis les années 1970, les jeunes éditeurs publient un quart des traductions littéraires ; ils adoptent aussi des stratégies ouvertes sur l'étranger, par le biais de la coédition par exemple. Arcane 17 a ainsi décidé de publier des recueils de poésie bilingues en collaboration avec des éditeurs étrangers, ce qui permet à ses recueils de bénéficier de l'appui promotionnel d'une large communauté internationale. Dans le même esprit a été conçue en 1985 « la petite bibliothèque européenne du XXe siècle » de Maren Sell. Trois éditeurs européens sont associés à ce projet et se sont mis d'accord pour publier un même titre en même temps dans leurs trois langues. Cette timide collaboration entre professionnels du livre français et étrangers mériterait d'être développée.

En matière de traduction, l'édition française se situe dans une moyenne honorable en Europe. La moitié des traductions éditées dans le monde sont produites sur notre continent, où le taux moyen de traduction s'élève à 15 %. En 1989, le nombre de titres traduits en France représente un pourcentage légèrement en baisse, environ 14 % de la production éditoriale. La littérature représente 30 % de l'ensemble des titres acquis, devant l'édition jeunesse (28 %). Près de 75 % des achats de droits sont monopolisés par trois langues principales : l'anglais (60 %), l'allemand (10 %) et l'italien (9 %). Viennent ensuite le portugais (4 %), l'espagnol

---

[168] Philippe Schuwer, *Editeurs aujourd'hui*, Editions Retz, 1987.

(3,8 %) et le japonais (1,8 %), suivis par le tchèque, le russe, le néerlandais, l'arabe, le suédois, le serbo-croate, le norvégien et le polonais[169]. A noter la percée du portugais et du japonais, ainsi qu'un recul relatif (en pourcentage mais pas en nombre absolu) de l'espagnol et du russe entre 1985 et 1989. Les domaines linguistiques se sont aussi élargis : si l'on traduit encore des romans espagnols et portugais, ce sont les lettres latino-américaines qui sont désormais en vogue.

En 1991, on compte 4 406 traductions sur près de 25 000 titres édités, ce qui correspond à un taux d'intraduction en hausse (18 %, près d'un livre sur cinq). La croissance globale de la production éditoriale exerce aussi un effet de levier sur le nombre absolu des traductions. Ainsi, si la part des traductions dans la production éditoriale est passée de 15 à 18 % entre 1985 et 1991, le nombre de traductions éditées est, lui, passé de 2 867 à 4 406, soit une augmentation en nombre absolu de plus de 50 % sur la même période. Il reste cependant difficile d'obtenir des statistiques fiables sur la traduction. Marie-Françoise Cachin et Claire Bruyère estiment en 1998 que le taux d'intraduction oscille entre 17 et 20 % ; en outre, en 1998, presque 50 % des titres sont traduits de l'anglais, l'espagnol venant en second[170]. Cette dernière langue a ainsi regagné du terrain durant les années 1990.

Dans le secteur du livre jeunesse, 25 à 30 % des ouvrages publiés en 1991 sont des traductions, ce qui s'explique à la fois par la relative brièveté de ces ouvrages (entraînant des coûts de traduction moins élevés) et des tirages moyens plus importants (ce qui permet un amortissement des coûts de la traduction sur une base plus large)[171]. On peut relever cependant que « dans le secteur jeunesse, la standardisation internationale des produits est sans nul doute plus marquée que dans les autres secteurs éditoriaux, ce qui reflète les stratégies d'offre, mais également les caractéristiques de la demande, moins attentive et réceptrice des spécificités culturelles[172] ». A noter enfin la montée des éditions bilingues (surtout en poche), dont la part est importante en littérature. Finalement, sans atteindre les records des nations scandinaves qui publient plus de traductions que de romans nationaux, les chiffres de la traduction en France attestent la réalité d'une édition ouverte au monde, malgré de fortes inégalités selon les régions du globe.

---

[169] Jean-Marie Bouvaist, *Pratiques et métiers de l'édition*, Editions du Cercle de la Librairie, 1991.
[170] Marie-Françoise Cachin et Claire Bruyère. « La traduction au carrefour des cultures », in *Les mutations du livre et de l'édition dans le monde du XVIIIe siècle à l'an 2000*, Jacques Michon et Jean-Yves Mollier (dir.), L'Harmattan, 2001.
[171] Ce phénomène se retrouve dans d'autres pays européens. Ainsi, la part des traductions dans la production éditoriale du secteur jeunesse atteint 30 % en Allemagne et plus de 50 % en Espagne.
[172] Françoise Barret-Ducrocq (dir.), *Traduire l'Europe*, Editions Payot, 1992.

Ce grand nombre de traductions se remarque tout particulièrement lors de notre spécialité française, la « rentrée littéraire » qui a lieu juste avant la vague de remise des prix littéraires les plus prestigieux. Assez stable jusqu'en 1997 (369 romans parus en 1991 dont 161 étrangers soit plus de 43 % ; 364 romans en 1994 dont 147 étrangers soit 40 %), la rentrée littéraire connaît une nette inflation depuis une dizaine d'années. On est ainsi passé de 409 romans publiés à la rentrée 1997 à 557 romans (dont 210 étrangers soit 38 %) en 2000. En 2002, entre la fin-août et la mi-octobre, 663 romans ont été publiés, dont 221 œuvres étrangères (soit 33 %)[173]. Le pourcentage d'ouvrages étrangers est en baisse, et la hausse du nombre de livres publiés provient surtout de l'augmentation des ouvrages français. Pour donner une idée des ventes de littérature étrangère en 2002, le roman *La Tache* de l'Américain Philip Roth – présenté par le magazine *Lire* comme l'auteur du meilleur livre de l'année, régulièrement réimprimé chez Gallimard et lauréat du prix Médicis étranger – s'est vendu à près de 140 000 exemplaires. Au Seuil, la *Quatrième Main* de John Irving a largement dépassé les ventes de ses autres romans (150 000 exemplaires). Mêmes chiffres pour *Le Livre des illusions,* de Paul Auster chez Actes Sud, et pour les *Pensées secrètes* de David Lodge chez Rivages, qui a augmenté ses tirages de près de 40 %. A côté des Anglo-saxons, les Italiens Umberto Eco avec *Baudolino* chez Grasset et Erri De Luca avec *Montedidio* chez Gallimard (prix Fémina étranger) ont aussi connu un vif succès. D'autres auteurs se sont bien vendus, comme Franzen, Vargas Llosa, Barnes, Grass, Bellow, Naipaul, Boyd, Updike ou le Prix Nobel hongrois Imre Kertész[174].

Pour la rentrée 2003, le nombre d'ouvrages étrangers a été à peu près semblable : 236 romans sur 691 (soit 34 %). Les grandes maisons d'édition font leur rentrée avec des étrangers : Salim Bachi (*La Kahéna*) et Dai Sijie (*Le Complexe de Di*) chez Gallimard, Elfriede Jelinek (*Avidité*) au Seuil, Ismail Kadaré chez Fayard, Luis Sepulveda et Alfredo-Bryce Echenique chez Métailié. En 2005, les chiffres sont presque les mêmes qu'en 2002, avec 214 titres étrangers sur 663 romans publiés, pour une rentrée avec Sue Miller, Paul Auster, Mary McGarry, Paul McAuley, Nagjet Ghaouti et Edeet Ravel entre autres. L'année suivante, le pourcentage de romans étrangers est en légère baisse : 207 sur 683 (soit 30 %). Thomas Flamerion donne un aperçu de cette rentrée 2006 :

> *Côté romans étrangers, pas de surprise sur la représentativité linguistique. Les traducteurs de l'anglais ont encore beaucoup de beaux jours devant eux. Ils ont œuvré sur plus de la moitié des romans étrangers de cette rentrée – soit 112 romans sur 207. La production made in US se taille la part du lion. Au*

---

[173] Voir « La rentrée littéraire en dix questions », *Le Figaro*, 20 août 2002.
[174] « Romans étrangers : les gagnants 2002 », *L'Express*, 19 décembre 2002.

> *nombre des événements,* Au Louvre *de la nobélisée Toni Morrison,* Tu chercheras mon visage *de John Updike ou encore* Je te retrouverai *de John Irving. Les éditions Grasset publient une œuvre de jeunesse inédite de Truman Capote,* La Traversée de l'été. *De bon aloi après le film biographique de Bennett Miller sorti au début de l'année. Autre inédit, italien cette fois : un Dino Buzzati. Laffont publie* Nouvelles inquiètes, *alors qu'on célèbre cette année le centenaire de la naissance de l'écrivain. Voilà pour les légendes mais la production d'importation est très vaste. Sur les rayons à la rentrée : Chuck Palahniuk, Iain Levison, Jonathan Lethem ou encore Jonathan Safran Foer pour les lettres d'outre-Atlantique, et J.M. Ledgard, Sarah Waters et Edmund White pour l'outre-Manche. Toute minoritaire qu'elle soit, la production internationale non anglo-saxonne est plutôt variée. Les romans étrangers cuvée 2006 viennent d'Europe, d'Asie, d'Afrique du Nord ou encore du Moyen-Orient. Les Espagnols tirent leur épingle du jeu avec 21 romans au nombre desquels un Javier Cercas et un José Carlos Llop. A noter pour le reste des romans étrangers :* Perdu le Paradis *du Néerlandais Cees Nooteboom,* Soudain dans la forêt profonde *de l'Israélien Amos Oz,* Le Diable de Milan *de l'Allemand Martin Suter,* Son excellence *de l'Egyptien Naguib Mahfouz et* Rue Katalin *de la Hongroise Magda Szabo*[175].

Pour 2007, c'est Claire Simon qui dresse un tableau des 234 romans étrangers publiés sur 727 romans au total (soit 32 %) :

> *Côté romans étrangers, le casting est alléchant. Trois pointures reviennent à leur façon sur le traumatisme de la Seconde Guerre mondiale. Norman Mailer raconte Hitler dans* Un château en forêt, *William T0 Vollman interroge l'art sous la dictature avec* Central Europe *et Günter Grass se livre dans* Pelure d'oignon, *dans lequel l'écrivain allemand, nobélisé en 1999, aborde son enrôlement dans la Waffen SS à l'âge de 17 ans. Pour ceux qui ne veulent pas prendre de risques, plusieurs auteurs reconnus devraient faire l'événement en France. La très engagée Doris Lessing revient avec* Un enfant de l'amour, *le dernier Douglas Coupland paraît au Diable Vauvert, Michael Ondaatje, auteur du* Patient anglais, *est annoncé pour* Divisadero *et Grasset publie l'angoissant* Talk Talk *de T.C. Boyle. A l'affiche également, une troupe de romans déjà encensés par la critique et le public à l'étranger :* La physique des catastrophes *de Marisha Pessl, acclamé par le* New York Times Book Review *à sa sortie aux Etats-Unis, le best-seller*

---

[175] Thomas Flamerion, article pour Even.fr, août 2006, disponible sur le site http://www.evene.fr/livres

de Daniel Mendelsohn Les Disparus *ou encore* Arlington Park *de Rachel Cusk. Quant aux œuvres primées, elles sont au rendez-vous avec Kiran Desai (*La perte en héritage*, Booker Prize 2006),* Parklife *du Japonais Yoshida Shuishi ou encore le prix best-seller 2005 en Russie de Mikhaïl Chichkine* Le Cheveu de Vénus[176].

De ces 234 romans étrangers, la moitié sont traduits de l'anglais, dix-neuf de l'espagnol, dix-huit de l'italien, onze des langues scandinaves et dix de l'allemand.

Légère baisse pour 2008, avec « seulement » 676 nouveaux romans pour la rentrée, dont 210 étrangers (soit 31 %). Mais la « rentrée » de l'automne est concurrencée depuis quelques années par une nouvelle vague de publications en janvier-février (précédant le Salon du Livre de Paris)… 542 nouveautés publiées en janvier-février 2007, 547 (dont 180 romans étrangers, soit 33 %) en 2008 ! Sans même parler de la troisième « vague » de publications juste avant les vacances d'été…

En janvier 2009, cette tendance s'affirme, avec 558 romans publiés à la rentrée de janvier-février dont 211 venus de l'étranger (soit 38 %, un pourcentage en hausse)[177]. Les grands auteurs étrangers restent les plus publiés, comme Auster ou Coe. Hors les livres anglo-saxons, sur-représentés (46 % des romans étrangers publiés, 17 % de l'ensemble des romans), les grands succès étrangers annoncés sont des valeurs sûres, amplement médiatisées, comme Luis Sepúlveda (Chili), Zoé Valdès (Cuba), Duong Thu Huong (Vietnam) ou Alaa El Aswany (Egypte). La bonne santé des romans étrangers continue à la rentrée de septembre 2009, avec 229 livres publiés sur 659 titres (soit 35 %) lors d'« une rentrée plus variée qui, outre la littérature anglo-saxonne, donne aussi une large place aux auteurs espagnols, indiens, néerlandais ou danois[178] ».

Le pourcentage de romans étrangers publiés durant les grands « moments littéraires » en France semble donc être aujourd'hui légèrement remonté après quelques années de baisse. Mais l'inflation éditoriale des dix dernières années reste tout de même consacrée d'abord à la littérature française, qui représente environ les deux-tiers des nouveautés romanesques publiées à ces occasions. Les littératures étrangères se « rattrapent » cependant tout au long de l'année, puisqu'elles représentent en moyenne plus de 40 % de l'ensemble des romans publiés chaque année.

---

[176] Claire Simon, article pour Even.fr, août 2007, disponible sur le site Internet http://www.evene.fr/livres
[177] Voir l'article de Céline Ngi, « Des livres pour passer l'hiver : la rentrée littéraire de janvier 2009 », disponible sur le site Internet http://www.fluctuat.net.
[178] « Rentrée littéraire de septembre 2009 : les romans étrangers », 14 juillet 2009, site Internet http://www.culture-cafe.net.

En 2005 par exemple, 53 462 nouveautés ont été publiées en France, contre 15 800 en 1950, 21 300 en 1971, 38 400 en 1990. Sur ces 53 462 nouveautés, 8 512 étaient des traductions (16 %), dont 3 173 romans (près de 1 roman sur 2, soit 42,7 %, tandis que les sciences humaines et sociales et l'édition jeunesse ne comprennent que 15 % de traductions)[179]. Pour la littérature adulte, les traductions provenaient principalement de la langue anglaise (73,8 % de l'ensemble des romans traduits, soit 2 343 titres), puis de l'espagnol (3,6 %), de l'allemand (3,5 %), de l'italien (3 %), du russe (2,4 %), des langues scandinaves (2,4 %), du portugais (1,3 %), des langues d'Europe de l'Est (1,2 %) et du japonais (1,1 %).Venaient ensuite avec moins de 1 % (soit moins de 30 titres) le chinois, le néerlandais le coréen, l'arabe, le polonais, puis l'ensemble des autres langues de la planète, qui représentaient seulement 5,1 % des romans traduits (soit 162 titres). A noter que la prédominance de la langue anglaise s'exerce aussi fortement dans le domaine de la littérature jeunesse (71,7 % des titres traduits), mais qu'elle est moins importante pour la bande dessinée, pour laquelle le Japon et la Corée restent les principaux exportateurs par le biais des mangas. Enfin, si 43 % des romans publiés en France en 2005 sont des traductions, ce pourcentage s'élève à 52 % pour les romans policiers et d'espionnage et à 65,5 % pour les romans fantastiques et de science fiction.

De manière générale, la tendance semble être à la baisse des ventes de fiction[180] et même les ouvrages qui ont le plus de succès se vendent moins qu'avant. En 2003 comme en 2002, aucun titre de littérature générale (fiction ou non-fiction) n'a ainsi dépassé les 300 000 exemplaires. Globalement, les ventes de fiction baissent, tandis que celles des documents sont en forte progression. La fiction représentait ainsi 64,6 % des ventes de littérature générale en 2001, 61,5 % en 2002 et seulement 56 % en 2003. Cette baisse est particulièrement forte pour les romans policiers et la littérature étrangère. Plusieurs romans étrangers connaissent tout de même un grand succès de librairie en 2003, comme *Onze minutes* de Paulo Coelho (Anne Carrière, 163 000 exemplaires), *Antechrista* d'Amélie Nothomb (Albin Michel, 159 800 exemplaires), *L'Ignorance* de Milan Kundera (Gallimard, 139 300 exemplaires), *Le Ventre de l'Atlantique*, premier roman de Fatou Diome (Anne Carrière, 101 900 exemplaires), ou encore *Impératrice* de Shan Sa (46 600 exemplaires). En littérature jeunesse, le phénomène Harry Potter fait de son côté exploser les statistiques de vente de littérature jeunesse étrangère[181]. Mais les inégalités sont criantes. Sorti le 3 décembre 2003, au prix de 28 €, *Harry Potter et l'ordre du Phénix* s'est vendu à 1 111 700

---

[179] Voir Fabrice Piault, « Littérature étrangère : la pente anglaise », *Livres Hebdo* n°646, 19 mai 2006.
[180] Alain Salles, « Les ventes de fiction perdent du terrain », *Le Monde des Livres*, 5 février 2004.
[181] Ibid.

exemplaires en France en à peine un mois, selon les estimations d'Ipsos parues dans *Livres Hebdo* le 30 janvier 2004. Et ce chiffre ne comprend ni les ventes sur Internet ni celles dans les autres pays francophones ! En poche, les quatre autres titres de la série étaient également en tête des ventes, avec plus de 900 000 exemplaires. Comme autrefois, les ventes de traductions continuent de souffrir de phénomènes irréguliers de médiatisation. Françoise Barret-Ducrocq relève que « les traductions en littérature générale, plus que dans les autres genres éditoriaux, sont soumises aux effets de mode ; ce sont ceux-ci qui ont contribué à propulser sur les devants de la scène littéraire française les auteurs sud-américains, les auteurs nord-américains de romans policiers, puis les auteurs espagnols[182] ».

Et les nombreux succès étrangers ne doivent pas, rappelle Alan Riding, cacher la domination réelle des écrivains populaires américains parmi les écrivains étrangers les plus vendus en Europe : « rares sont les écrivains qui ont un lectorat européen, comme l'Italien Umberto Eco, l'Allemand Günter Grass et, plus récemment, l'Espagnol Carlos Ruiz Zafón [...] La plupart des best-sellers non nationaux sont le fait d'écrivains populaires américains, actuellement Dan Brown avec *Da Vinci Code* (Editions Jean-Claude Lattès), mais aussi fréquemment John Grisham et Patricia Cornwell ou, plus récemment, Michael Moore[183] ». Les écrivains anglo-saxons sont avantagés par la langue (leurs ouvrages étant accessibles à tous les anglophones, y compris parmi les éditeurs), mais aussi par le fait d'avoir fait leurs preuves outre-Atlantique. *Livres Hebdo* a réalisé en 2006 une enquête détaillée sur les traductions étrangères en France, dont il ressort que « quatre livres traduits sur six et trois romans étrangers sur quatre proviennent de la langue anglaise[184] ». « Tom Wolfe, Jim Harrison, Jonathan Coe, Russell Banks, Paul Auster, Philip Roth, Bret Easton Ellis… En librairie, les meilleures ventes de littérature étrangère se concentrent sur les écrivains anglo-saxons. Et surtout américains[185] ».

Comment expliquer cette domination ? Art de conter des histoires, réussite des dialogues, mais aussi effet de la globalisation et de la culture de masse, sont les principales raisons évoquées par Catherine Andreucci. Certes, des auteurs comme Paul Auster ou Philip Roth écrivent de la « vraie » littérature et leur succès apparaît légitime. Les « bons » auteurs américains assurent ainsi les meilleures ventes de littérature étrangère en France après Dan Brown et autres auteurs de best-sellers plus « commerciaux », eux aussi américains pour la plupart… L'injustice est

---

[182] Françoise Barret-Ducrocq (dir.), *Traduire l'Europe*, Editions Payot, 1992.
[183] Alan Riding, « Culture : les Européens préfèrent le "made in USA" », *Courrier International* n° 706, du 13 au 18 mai 2004.
[184] Fabrice Piault, « Littérature étrangère : la pente anglaise », *Livres Hebdo* n°646, 19 mai 2006.
[185] Catherine Andreucci, « Globalisation en rayon », *Livres Hebdo* n°646, 19 mai 2006.

simplement de ne pas médiatiser de la même manière qu'Auster ou Roth les bons auteurs d'autres pays. A noter d'ailleurs que cette tendance est la même sur l'ensemble de la planète :

> *A la fin des années 1980, environ la moitié des livres traduits dans toutes les langues l'étaient de l'anglais (contre environ 40 % au début de la décennie). Loin derrière, l'allemand, le français et le russe représentaient entre 10 et 12 % du marché mondial des traductions. Huit langues, dont l'espagnol et l'italien, occupaient une position semi-périphérique, avec une part variant entre 1 et 3 %. Avec une part de 1 % du marché international, toutes les autres langues se situaient dans une position périphérique. En une décennie, les écarts se sont creusés. La domination de l'anglais s'est accrue, approchant désormais les deux tiers des parts du marché international de la traduction*[186].

De son côté, Johan Heilbron a étudié en 1999 les flux de traductions de livres comme un système international, en se basant sur l'idée que plus on traduit à partir d'une certaine langue, plus celle-ci est centrale[187]. Heilbron a calculé qu'environ 40 % des ouvrages traduits dans le monde le sont à partir de l'anglais, alors que le pourcentage de livres écrits en anglais, dans l'ensemble des livres publiés dans le monde, diminue. Viennent ensuite le français, l'allemand et le russe, ces quatre langues représentant au total les trois quarts des livres traduits dans le monde. « Puis viennent six langues (italien, espagnol, danois, suédois, polonais et tchèque) dont chacune fournit entre 1 % et 3 % des livres traduits dans le monde, le chinois, le japonais, l'arabe et le portugais venant loin derrière ».

Si l'on compare la situation de la traduction littéraire en France et ailleurs, elle semble plus favorable chez nous que dans les pays anglo-saxons. Alain Lombard relève que « le marché de l'édition montre un écart considérable entre les Etats-Unis où les œuvres traduites ne représentent que 3 % des ouvrages édités et les pays européens où ce pourcentage atteint en 1992 14 % en Allemagne, 17 % en France, 25 % en Italie et 60 % en Suède[188] ». En Europe, la Grande-Bretagne se présente comme un cas à part ; à l'exemple des Etats-Unis, elle importe très peu de livres, et il n'existe qu'une poignée de librairies consacrées aux littératures étrangères à Londres. Par ailleurs, moins de 3 % des livres qui y sont publiés sont des livres traduits, le français arrivant en tête. La situation du monde de l'édition y est difficile ; l'industrie du livre regroupe plus de 2 000 entreprises, alors que

---

[186] Gisèle Sapiro, « Traduction et globalisation des échanges : le cas du français », in *Où va le livre ? – Edition 2007-2008*, Jean-Yves Mollier et collectif. La Dispute/SNEDIT, 2007.
[187] A ce sujet, voir Louis-Jean Calvet, « La mondialisation au filtre des traductions », *Hermès* n°49, 2007.
[188] Alain Lombard, *Politique culturelle internationale : le modèle français face à la mondialisation*, Babel, collection « Internationale de l'imaginaire » n°16, 2003.

plus de 60 % de l'édition de livres provient d'une douzaine de groupes seulement. Maylis Vauterin relève cependant que « les livres en traduction, rares dans les catalogues des éditeurs britanniques, sont de plus en plus présents : des ouvrages aussi variés que le *Monde de Sophie* et le roman de Michel Houellebecq *Atomised* (*Les Particules élémentaires*) ont eu beaucoup de succès[189] ». De même, Serpent's Tail et Harvill Press ont investi les littératures d'Amérique latine. Néanmoins, le Royaume-Uni reste encore à la traîne des autres pays européens en ce qui concerne l'introduction des littératures étrangères, avec une fermeture aux textes littéraires étrangers aujourd'hui « beaucoup plus grande que dans les années 50 et 60[190] ».

Ailleurs en Europe, la situation est bien différente. En Espagne, où le secteur éditorial se concentre à Madrid et à Barcelone, il existe plus de 3 000 maisons d'édition. L'Italie, qui compte plus de 4 200 éditeurs, connaît en 1998 un taux d'intraduction élevé (27,9 %), 16,5 % des ouvrages ayant été traduits de l'anglais. Mais Giorgio Pinotti se montre critique concernant les livres traduits : « Je suis frappé, par exemple, par les courageuses retraductions françaises de classiques étrangers comme *Orlando Furioso* de l'Arioste ou *Don Quichotte*. Il s'agit d'initiatives, me semble-t-il, beaucoup plus rares en Italie[191] ».

En Allemagne, si les ouvrages étrangers en langue originale sont peu courants, les traductions sont très nombreuses : 45 % des ouvrages de littérature sont des œuvres traduites. Mais sur ce total, 80 % sont traduits de l'anglais, 6 % du français, 2 % de l'espagnol et 2 % de l'italien. Dans l'autre sens, la France n'est que le 6e pays qui importe de la littérature allemande (derrière notamment la Pologne et la République tchèque)[192].

Dans les petits pays européens à langues minoritaires, la situation est très favorable aux littératures d'ailleurs ; au Danemark par exemple, sur 9 554 titres publiés en 1985, 1 808 sont des traductions, soit 18,9 % de la production éditoriale. Les chiffres sont encore plus éloquents aux Pays-Bas (3 761 traductions publiées sur 15 392 titres en 1989, soit 24 % de la production éditoriale) et surtout en Suède, où l'intraduction représentait en 1991 près de 60 % de la production éditoriale[193]. Rappelons tout de même dans l'ensemble des pays d'Europe l'influence déterminante des œuvres d'origine anglo-saxonne, qui sont partout les plus traduites.

---

[189] T. David Brent, Luisa Finocchi et alii, « Pour une comparaison internationale », *Esprit*, n°6, juin 2003.
[190] Pascale Casanova, *La république mondiale des lettres*, Le Seuil, 1999.
[191] T. David Brent, Luisa Finocchi et alii, « Pour une comparaison internationale ». Op.cit.
[192] Voir Isabelle Masse, « L'Europe par le livre ? », *BBF*. Paris, 1997, tome 42, n°1.
[193] Voir Françoise Barret-Ducrocq (dir.), *Traduire l'Europe*, Payot, 1992.

Aux Etats-Unis, première industrie éditoriale au monde avec un chiffre d'affaires estimé à 24 milliards de dollars en 1999, œuvrent plus de 2 500 maisons d'édition dont six conglomérats. Les littératures étrangères y ont peu de place, et depuis les années 1980, le taux d'intraduction tourne autour de 2,5 %, même si un phénomène sociologique récent a tendance à faire augmenter ce chiffre : l'augmentation du lectorat hispanophone. Les grands éditeurs sont de plus en plus nombreux aujourd'hui à publier simultanément une version espagnole et une version anglaise de textes promis au succès, que l'auteur soit américain ou non[194]. Malgré tout, les littératures étrangères sont peu présentes aux Etats-Unis ; en 2000 par exemple, aucun des catalogues de printemps des cinq premiers éditeurs américains n'incluait de traductions. Dans ces conditions, la circulation des idées et des formes esthétiques étrangères incombe surtout aux presses universitaires et aux éditeurs indépendants. Cette situation n'est pas anodine, car comme l'explique Louis-Jean Calvet, l'un des enjeux de la traduction est de contribuer à la diversité, à la circulation des idées, or les pays qui importent peu d'ouvrages étrangers, comme les Etats-Unis ou la Grande-Bretagne, sont moins informés sur les idées qui circulent :

> *Du point de vue du flux des traductions considéré comme un système planétaire, le mouvement va du centre vers la périphérie, ce qui confirme les leçons du modèle gravitationnel même si [...] les deux « hiérarchies » de langues ne sont pas vraiment superposables. Il en découle différentes conséquences :*
> *1. Une tendance tout d'abord à ne lire, outre les livres rédigés dans sa propre langue, que ceux qui sont traduits à partir des langues centrales. Si nous laissons de côté les rares personnes capables de lire en plusieurs langues, le public cultivé français par exemple a une image de la littérature étrangère qui se limite aux auteurs anglophones, hispanophones, germanophones et russophones traduits en français. Il y a, bien sûr, d'autres auteurs traduits, de l'arabe, du japonais, du portugais ou du chinois par exemple, mais en nombre très limité. C'est-à-dire que cette organisation mondiale de la traduction est un frein à la diversité culturelle, ou, pour dire les choses autrement, que nous lisons le déficit de diversité à travers cette organisation.*
> *2. [...] Le marché du livre offre plus de choix, plus de diversité, aux lecteurs des langues périphériques qu'à ceux des langues centrales, et en particulier le public anglophone a une information culturelle, théorique, etc., plus limitée, ou du moins plus « pensée unique », que le public suédois ou japonais.* Cette relation inverse entre la centralité d'une langue et le taux de traduction vers cette langue *peut donc se résumer ainsi : d'une part les cultures « centrales » sont les plus*

---
[194] Voir Marie-Françoise Cachin et Claire Bruyère, « La traduction au carrefour des cultures ». Op.cit.

> *diffusées dans le monde (dans un domaine différent le cinéma et les feuilletons de télévision venant des Etats-Unis nous en fournissent un bon exemple), d'autre part les pays de langues « centrales » sont moins informés sur la production culturelle des pays « périphériques ». [...]*
> *3. Fréquemment, on ne traduit vers une langue périphérique que lorsque les ouvrages ont déjà été traduits dans une langue centrale. Heilbron (1999) souligne par exemple que des auteurs comme Borges, Cortazar, García Márquez, Vargas Llosa, ont été traduits en français et en anglais avant de l'être en néerlandais et qu'en outre la traduction du titre, le texte de la quatrième de couverture, les articles de presse cités dans la publicité, etc., étaient le plus souvent empruntés à la traduction anglaise ou française. Là aussi, le centre pèse lourdement sur la périphérie en limitant considérablement la diversité de son information. Un Danois aura d'autant plus de chance de lire un livre traduit du grec que ce livre aura d'abord été traduit en anglais ou en français*[195].

Enfin, en dehors de l'Europe, les chiffres sont plus difficiles à trouver. Mais nombre de pays, semblables aux Etats-Unis et à la Grande-Bretagne, importent peu de littérature étrangère. L'écrivain Habib Selmi livre ainsi son témoignage : « Nous autres Arabes, malheureusement, traduisons très peu. Tous les écrivains étrangers, je les ai lus dans des traductions européennes, y compris des écrivains qui sont le plus proche de nous culturellement – Iraniens et Africains par exemple[196] ». Pareil en Chine, où les livres traduits sont d'abord des ouvrages pratiques, des manuels, des écrits professionnels, importés principalement des Etats-Unis.

A cause du surcoût entraîné par la traduction, le domaine des littératures étrangères ne représente nulle part plus de 1 % du chiffre d'affaires du secteur de l'édition. Néanmoins, des différences conséquentes se remarquent entre les pays. En 1990, la traduction représente 112 millions de francs de chiffre d'affaires en France, contre 180 millions en Espagne, 161 millions en Italie, 156 millions en Allemagne, et 49 millions au Royaume-Uni. En Espagne et en Italie, la traduction avoisine les 1 % du chiffre d'affaires total du secteur de l'édition, tandis qu'elle ne représente que 0,5 % en France, 0,3 % en Allemagne et 0,2 % au Royaume-Uni.

Jean-Yves Mollier tient à souligner en France « la vigueur de l'entreprise de traduction, bien supérieure ici que là-bas [aux Etats-Unis]. Aujourd'hui encore, nombre de pays, la Grande-Bretagne par exemple, admirent l'ouverture française aux littératures du monde entier, sa rapidité à faire connaître les œuvres rédigées dans d'autres contrées[197] ». L'éditeur Eric

---

[195] Louis-Jean Calvet, « La mondialisation au filtre des traductions », *Hermès* n°49, 2007.
[196] Habib Selmi, « L'Autre est moi », in *La pensée du midi* n°14, « Aimer les différences », hiver 2004/2005.
[197] Jean-Yves Mollier, « Paris capitale éditoriale des mondes étrangers ». Op.cit.

Naulleau rappelle cependant que « le marché à 90 % est dominé par les Français, parce que les Français lisent beaucoup de littérature française, et par les Anglo-saxons. Alors, il reste 10 %. Le reste des langues couvre les 10 % et parmi ces langues, il y en a quelques-unes très importantes, telles l'espagnol et l'italien. Donc, la littérature slave ou balkanique ou est-européenne représente un pourcentage extrêmement minime[198] ».

Au niveau mondial, « ce sont les pays du Nord qui se montrent, aujourd'hui, les plus actifs dans le domaine de la traduction, notamment d'œuvres littéraires et philosophiques issues de régions non européennes, y compris du Sud, alors que c'est le Sud qui a le plus besoin de traduction sans en avoir les moyens nécessaires[199] ». Ce phénomène est évident lorsque l'on regarde l'*Index translationum* publié chaque année par l'Unesco. On estime aujourd'hui à environ 60 000 seulement les œuvres traduites chaque année à travers le monde (sachant que rien qu'en France, environ 4 000 titres étrangers traduits sont publiés chaque année). Citons d'ailleurs le rôle de Unesco dans ce domaine, à la suite de René Etiemble qui rappelait dans *Ouverture sur un comparatisme planétaire* (Christian Bourgois Editeur, 1988) que l'organisation « finance, un peu partout dans le monde, des collections d'*œuvres représentatives* qui, étant donné le provincialisme où s'attarde encore l'opinion qui se pique de culture, étant donné aussi le prix de revient d'une œuvre traduite d'une langue rare ou difficile, ne seraient pas rentables. On traduit désormais en langues occidentales les classiques arabes et iraniens, cependant que ceux de l'Europe sont imprimés en iranien ou en arabe ». Un bémol tout de même : la quasi-disparition de cette fameuse « Collection d'œuvres représentatives » de l'Unesco ces dernières années…

Les traducteurs

Nous n'évoquerons pas ici les débats, qui subsistent parfois sur la possibilité ou non de l'acte même de *traduire*. En effet, pour ceux qui se demandent encore s'il est possible d'être fidèle à un auteur qui s'exprime dans une autre langue et un autre contexte, et si dans ce cas il est bien utile de faire œuvre de traduction, je citerai simplement ce passage de Georges Mounin (*Les belles infidèles*, Presses universitaires de Lille, 1994) auquel il me semble qu'une majorité de personnes souscrivent de nos jours :

> *Toutes les théories sur l'impossibilité de traduire nous ont été transmises par des époques où la culture était réservée à une couche mince de population privilégiée, qui s'accordait le temps d'acquérir les langues originales : on savait communément assez de grec et de*

---
[198] Dessislava Yougova, « La littérature est-européenne, cette belle étrangère si peu connue. Entretien avec Eric Naulleau ». Article paru sur le site « manuscrit.com », janvier 2002.
[199] Françoise Barret-Ducrocq (dir.), *Traduire l'Europe*, Editions Payot, 1992.

> *latin, d'espagnol ou d'italien, jusque vers la fin du XVIIIe siècle, pour envisager la traduction comme un exercice de français tout à fait facultatif. Ni l'anglais, ni l'allemand, ni l'arabe, ni le russe, ni l'hébreu n'étaient des langues de culture dont on sentit le besoin : apprendre les langues mortes et vivantes utiles était faisable, et justifiait le dédain qu'on professait alors pour les traductions. Mais aujourd'hui, c'est anachronisme de raisonner sur et contre les traductions comme au temps où le bout de la culture, c'était de lire dans le texte Homère, Horace et Pétrarque, et quelquefois Lope de Vega. Vouloir aujourd'hui passer pour cultivé sans recourir aux traductions, ce serait pour un Français lire aussi dans le texte à la fois Swinburne et Whitman, Hölderlin, Omar Khayyâm, et Rabindranath Tagore, Pouchkine, Ibsen, Mickiewicz et Carducci, voire Attila Jozsef, ainsi que Nazim Hikmet et Pablo Neruda, sans compter* Le Livre de Job. *Traduire est devenu nécessaire.*

Si les littératures étrangères sont, comme nous l'avons vu, largement traduites, publiées et diffusées en France, penchons-nous maintenant sur la question des traducteurs, ô combien essentiels pour l'introduction des littératures étrangères, comme le rappelle Pascale Casanova dans *La république mondiale des lettres* (Le Seuil, 1999) :

> *La traduction est la grande instance de consécration spécifique de l'univers littéraire. Méconnue comme telle du fait de son apparente neutralité, elle est pourtant la voie d'accès principale à l'univers littéraire pour tous les écrivains « excentriques » : elle est une forme de reconnaissance littéraire et non pas un simple changement de langue, pur échange horizontal qu'on pourrait (devrait) quantifier pour connaître le volume des transactions éditoriales dans le monde.*

Malgré cette importance, les traducteurs restent d'une part peu reconnus, peu valorisés et souffrent d'une reconnaissance tardive ; d'autre part, la profession toute entière est pénalisée par un statut assez précaire et par un manque de formation et de professionnalisme.

En règle générale, les directeurs littéraires étrangers des maisons d'édition s'entourent d'un cercle de traducteurs limité et peu renouvelé. Dans la masse des traducteurs potentiels proposant leurs services, peu parviennent à travailler régulièrement et le faible roulement de la profession limite les débouchés. Les revenus des traducteurs restent modestes : ils gagnent en général moins de 15 € le feuillet de 1 500 signes, percevant également un pourcentage de droits sur vente compris entre 1 et 2 %. Enfin, les traducteurs ne bénéficient toujours pas d'un statut reconnu. Même si leur situation s'est récemment améliorée, puisque leur nom apparaît désormais sur le livre traduit avec le nom de l'auteur, la profession souhaiterait une refonte complète des statuts, qui lui accorderait, entre autres, une protection et des droits équivalents à ceux dont jouissent les auteurs par contrat. Aujourd'hui, les traducteurs peuvent tout de même faire partie de la Société des Gens de Lettre (SGDL) et être affiliés à l'AGESSA afin de bénéficier de la protection sociale, à condition de tirer de la traduction au moins 51 % de leur revenu. Depuis 2003, il existe aussi un régime de retraite complémentaire pour les affiliés à l'AGESSA. Pour Marie-Françoise Cachin (*La traduction*, 2007), « si le statut et la protection sociale des traducteurs ont pu s'améliorer, c'est sans doute grâce aux associations qui les défendent : l'Association des traducteurs littéraires de France (ATLF) et la Société française des traducteurs (SFT) ».

Malgré tout, Françoise Barret-Ducrocq remarque dans *Traduire l'Europe* (Payot, 1992) que « si les traducteurs littéraires partagent le statut social souvent précaire et instable des auteurs, ils vivent difficilement de leur travail et ne disposent que rarement du capital symbolique associé aux activités de création ». Pourtant, un traducteur est un véritable écrivain, qui fait « franchir au texte de l'*autre* cette ligne qui toujours séparera le rédigé de l'écrit[200] ». Dans le cadre de la loi de 1957 sur la propriété littéraire et artistique, le traducteur est d'ailleurs assimilé aux écrivains. Mais « la traduction s'est à ce point inscrite dans les habitudes [...] qu'elle est devenue transparente, en ce sens que les fous de lecture ont dévoré Shakespeare, Dante, Cervantès, Dostoïevski, Proust et autres monuments d'un patrimoine littéraire ressenti comme commun, sans s'interroger sur cette claque magistrale à la malédiction de Babel[201] ». Le traducteur reste encore souvent absent du livre traduit, peut-être à cause du « désir inconscient ou délibéré de gommer l'origine étrangère d'un chef-d'œuvre que l'on aimerait annexer ou plus prosaïquement d'un produit que l'on tient à vendre[202] ». D'ailleurs, le métier de traducteur reste encore souvent une profession à laquelle on arrive presque par hasard : « le métier de traducteur apparaît rarement comme un choix clair, fait à un moment précis, une vocation née dès le plus jeune âge, mais plutôt comme la conjonction de divers facteurs, un concours de circonstances où le hasard et les coups de foudre jouent un rôle non négligeable. [...] Le plus souvent, c'est le désir d'écrire, associé à la connaissance d'une ou de plusieurs langues étrangères, qui mène à la traduction[203] ».

La situation de la traduction n'est certes pas dramatique. Hubert Nyssen estime ainsi dans *Traduire l'Europe* (Payot, 1992) que « les choses ont bien changé, la condition de traducteur est reconnue, fréquemment honorée par des prix, aidée par l'Etat, encouragée par les institutions

---

[200] Hubert Nyssen, « La traduction et les traducteurs », in *Traduire l'Europe*, Payot, 1992.
[201] Françoise Cartano, « La traduction littéraire, un métier », in *Traduire l'Europe*, Payot, 1992.
[202] Ibid.
[203] Marie-Françoise Cachin, *La traduction*, Editions du cercle de la librairie, 2007.

communautaires et internationales, et seuls triment encore dans l'obscurité quelques tâcherons engagés à vil prix pour traduire des livres de circonstance, des produits de grande consommation ou des monuments de sottises ». Il renchérit treize ans plus tard à propos du changement de mentalité lié à la traduction : « Il ne s'agissait plus de vêtir un texte étranger de l'élégant manteau français, mais par un usage génératif des mots, des phrases, des équivalences, et avec une défiance continue à l'endroit d'un ethnocentrisme toujours à l'affût, de faire percevoir non seulement le sens et les tonalités du texte mais aussi sa part d'implicite sans laquelle la traduction n'aboutit qu'à un calque assez médiocre de l'original. On vit même pointer ici et là l'idée que la langue à traduire pouvait révéler au traducteur des moyens d'élargir le territoire de sa propre langue[204] ». Pour Françoise Cartano aussi (*Traduire l'Europe*, Payot, 1992), « la traduction semble [...] prendre une nouvelle conscience d'elle-même, qui s'accompagne d'une réflexion tant sur les conditions théoriques de son exercice que sur le statut du traducteur littéraire dans la cité » et les choses sont en train d'évoluer :

> *La part de la littérature traduite progresse régulièrement dans la plupart des pays européens, l'intérêt du public pour ces écrivains venus d'ailleurs n'a cessé de croître, la littérature étrangère est devenue un « marché » ; on prête sûrement une plus grande attention à la qualité des traductions [...], et le nom du traducteur sort progressivement de sous la couverture pour figurer* sur la couverture.

L'importance de la traduction est de plus en plus affirmée, que ce soit pour l'enrichissement du patrimoine français ou pour la reconnaissance internationale de la qualité des auteurs traduits. Judith Schlanger souligne ainsi le « Babel des langues dans lequel se débat l'indispensable traduction, une tâche aux mille têtes dont le rôle réel pour la mémoire littéraire dépasse de très loin son statut[205] ». Pascale Casanova pose enfin dans *La république mondiale des lettres* (Le Seuil, 1999) « la traduction des dominés littéraires comme un acte de consécration qui donne accès à la visibilité et à l'existence littéraire. [...] C'est la traduction dans une grande langue littéraire qui va faire entrer leur texte dans l'univers littéraire ».

Face à cette tâche importante de « passeur », la position intellectuelle du traducteur n'est pas toujours facile comme l'explique Paul Ricœur (*Sur la traduction*, 2004) :

---

[204] Hubert Nyssen, « Péripéties éditoriales », in *Internationale de l'imaginaire n°20 : Cultures du monde, matériaux et pratiques*, Babel/Maison des cultures du monde, 2005.
[205] Judith Schlanger, « Les scènes littéraires », in *Où est la littérature mondiale ?*, Christophe Pradeau et Tiphaine Samoyault (dir.), Presses Universitaires de Vincennes, 2005.

> *Deux partenaires sont mis en relation par l'acte de traduire, l'étranger – terme couvrant l'œuvre, l'auteur, sa langue – et le lecteur destinataire de l'ouvrage traduit. Et, entre les deux, le traducteur qui transmet, fait passer le message entier d'un idiome dans l'autre. C'est dans cette inconfortable situation de médiateur que réside l'épreuve en question. Franz Rosenzweig a donné à cette épreuve la forme d'un paradoxe. Traduire, dit-il, c'est servir deux maîtres : l'étranger dans son œuvre, le lecteur dans son désir d'appropriation.*

Le traducteur se retrouve aussi confronté à son propre ethnocentrisme, qu'il doit essayer de faire taire autant que possible. « La traduction comporte toujours une part d'ethnocentrisme. L'ethnocentrisme n'est pas à concevoir comme un refus de l'Etranger – auquel cas il n'y aurait aucune traduction – mais comme la prise en considération du filtre et repère sociolinguistique qu'est la langue d'arrivée dans la traduction. Toute traduction, aussi ouverte soit-elle, est nécessairement, parce que rapportée à un point de vue sociolinguistique particulier, ethnocentrique[206] ». Or il est important que la traduction ne gomme ni les différences culturelles ni l'imaginaire de l'œuvre étrangère, pour pouvoir au final enrichir la culture d'accueil. Pour cela, « le traducteur doit donc être formé à acquérir une éthique rigoureusement interculturelle et être conscient du fait que son travail contribue à établir une coopération interculturelle stable et à long terme. Le respect de l'autre, de sa littérature par une traduction juste – donc une diffusion vers l'ailleurs qui équivaut à une reconnaissance – limite les souffrances provoquées par des relations non égalitaires entre les hommes[207] ».

L'acte de traduire puise profondément dans les racines du langage, du propre même de l'humain. Chaque langage ayant sa logique propre, le traducteur doit tenter de trouver un équilibre entre langue de départ et langue d'arrivée, sans trahir la pensée et la culture de l'auteur. Comme nous le rappelle Georges Steiner dans *Après Babel* (Albin Michel, 1978), « les langues distinctes impriment au mécanisme de l'altérité un cycle dynamique, exportable. Elles matérialisent des besoins de descente en soi, de limites territoriales indispensables à l'identité. A un degré plus ou moins prononcé, chaque langue présente sa propre lecture de la vie. Se mouvoir entre les langues, traduire, même quand on le fait sans disposer totalement de sa liberté de mouvement, revient à découvrir le goût presque déroutant de l'esprit humain pour la liberté ». Traductrice, Maryla Laurent complète cette approche de l'acte de traduction :

---

[206] Jean Peeters, *La médiation de l'étranger. Une sociolinguistique de la traduction*, Artois Presse Université, 1999.
[207] Propos de la traductrice Maryla Laurent, rapportés par Jacques Legendre dans son *Rapport d'information.* Op.cit.

> *Essayer de comprendre une littérature étrangère revient à prendre une distance avec sa propre langue, avec ses propres pensées, donc à renforcer en même temps sa langue, sa culture et, au-delà, son identité. Vouloir saisir les idées, les sentiments, les émotions qu'une langue étrangère exprime ouvre l'aventure d'un nouvel imaginaire, parfois totalement inconnu, impensable dans la langue que nous parlons depuis toujours. Avoir à communiquer cet imaginaire à ceux qui ne connaissent pas la langue étrangère, le traduire dans notre langue, est, dès lors, une entreprise qui exige un savoir-faire d'autant plus élaboré que le texte est celui d'une grande œuvre littéraire. A cela, nos systèmes éducatifs ne préparent pas. Le code de déontologie des traducteurs littéraires prévoit que l'on ne traduise que vers sa langue maternelle. Or, la liste est longue des langues européennes qu'aucun Français, aucun Anglais, aucun Espagnol, etc. ne connaît suffisamment pour pouvoir en traduire la littérature. Combien de langues étrangères ne sont pas enseignées, pas même dans nos universités ? Pourtant, entre apprendre une langue étrangère et la traduire, un long travail est nécessaire, des techniques sont à acquérir, des prises de conscience sont à faire[208].*

Le métier de traducteur est d'autant plus délicat que « la résistance du lecteur ne doit pas être sous-estimée. La prétention à l'auto-suffisance, le refus de la médiation de l'étranger, ont nourri en secret maints ethnocentrismes linguistiques et, plus gravement, maintes prétentions à l'hégémonie culturelle[209] ». Tout en élargissant l'horizon de sa propre langue, le traducteur doit veiller à ne pas rebuter son lecteur, quitte à prendre quelques libertés avec le texte d'origine comme Paul Ricœur l'y encourage : « de même que dans l'acte de raconter, on peut traduire autrement, sans espoir de combler l'écart entre équivalence et adéquation totale. Hospitalité langagière donc, où le plaisir d'habiter la langue de l'autre est compensé par le plaisir de recevoir chez soi, dans sa propre demeure d'accueil, la parole de l'étranger[210] ». Yves Chevrel insiste aussi sur cet aspect dans *La littérature comparée* (PUF, 1997) : « un texte étranger est susceptible d'être manipulé sans vergogne. Tout traducteur doit se situer par rapport à deux pôles extrêmes, entre lesquels il peut apparemment refuser de choisir ou osciller à l'occasion : celui de la traduction *adéquate (*respectant au maximum le caractère étranger du texte-source, ce qui peut aller jusqu'à la transcription pure et simple de l'original), celui de la traduction *dynamique* (intégrant au maximum le texte traduit dans la tradition du système d'accueil) ».

---

[208] Ibid.
[209] Paul Ricœur, *Sur la traduction*, Bayard, 2004.
[210] Ibid.

Marc Chénetier, traducteur et professeur d'université, pointe de son côté les multiples difficultés inhérentes à la traduction :

> *Quelque intérêt que l'on porte aux théories de la traduction, nulle n'a jamais, me paraît-il, dans la solitude et le désarroi de l'acte, résolu beaucoup des petits problèmes locaux qui caractérisent la traduction au quotidien et qui en font le bonheur. [...] Le débat interne au geste de traduction ne cesse jamais, qui impose à la fois le mandat de conserver son étrangeté au texte et de le rendre aussi lisible que l'on peut de ce côté-ci de la trahison. [...] Il ne peut être question de gommer ce qui demeure irréductiblement autre dans la culture-source. [...] Chaque mot, en langue, convoque son cortège d'associations et d'affects inconnus de l'Autre. Le « dialogue » des cultures est une invention consolatrice fille de l'Idéal. En réalité intenable. Hélas. [...] Les textes les plus difficiles à traduire ne sont pas forcément les textes réputés les plus « difficiles ». Il est nombre de textes « faciles » qui sont très difficiles à traduire. Ne serait-ce que parce que le texte « facile » ne « tient » souvent que par des attaches extrêmement ténues qui sont les premières à lâcher. D'un texte touffu, luxuriant et difficile, il reste d'une certaine manière toujours « assez » pour que le résultat paraisse honorable. D'un texte « facile » auquel on a soustrait les petits miracles qui le font tenir, il ne reste plus rien*[211].

Par ailleurs, Marc Chénetier insiste dans le même entretien sur la tâche du traducteur, qui n'est certes pas écrivain au sens de créateur (« il n'invente rien des structures, des récits, des événements. Il ne fait pas œuvre de fiction »), mais qui doit s'adapter au plus près du texte qu'il traduit : « un lexique ardu ne requiert que de la patience et du travail de lecture et de recherche. Une syntaxe ardue nécessite l'invention d'une écriture adaptée. […] Des régimes de langue sont plus ou moins proches de la langue-cible et par conséquent plus ou moins difficiles à faire passer. Les rhétoriques sont culturelles. Les jeux de mots et autres acrobaties verbales peuvent presque toujours être rendus après réflexion, avec plus ou moins de bonheur. Les musiques sont autrement retorses. Alors, oui, bien sûr, certains textes sont plus difficiles à traduire que d'autres. Mais il n'y a pas de traduction facile. Les difficultés sont tout simplement d'ordres différents ». Et selon Denis Thouard, même une traduction considérée comme « réussie » peut poser problème, dans le sens où si elle est « trop » réussie, c'est-à-dire trop bien adaptée au contexte de la culture d'accueil, elle en vient à gommer le sentiment d'éloignement, d'étrangeté du texte lu :

---

[211] Marc Chénetier, Entretien pour la revue en ligne de Prétexte Editeur (propos recueillis par Lionel Destremau), disponible à l'adresse http://pretexte.club.fr

> *En nous permettant d'accéder directement au sens produit dans d'autres langues, la traduction paraît tout d'abord abolir la différence des langues. Si comprendre est comprendre dans la pensée et dans la langue, la traduction externalise l'étape de la compréhension dans la langue pour donner immédiatement accès au sens. Pour le dire en images : quand j'utilise une traduction, je prends l'ascenseur ; quand je traduis, je monte les marches à pied. Le statut de la traduction est ainsi ambigu, puisque la médiation qu'elle est s'efface dans son usage. Or en se faisant oublier, elle masque la différence des langues sur laquelle elle repose. On le comprend bien si l'on pense au cinéma : un film doublé me fait croire que le monde entier parle ma langue, alors qu'un film sous-titré rend sensible un autre monde acoustique et sert la conscience de la diversité des langues. Ce qui me conduit à penser que les traductions, loin de servir simplement le discours qu'elles restituent, gagnent à se faire voir comme telles. Une politique de la traduction ne consisterait pas à tout traduire, mais à montrer que l'on traduit quand on traduit*[212].

D'où l'importance de réfléchir à une véritable politique de traduction, notamment afin de sélectionner des textes considérés comme représentatifs d'un auteur dans sa propre culture, et non en se fondant d'abord et avant tout, comme c'est trop souvent le cas, sur le cadre de la culture d'accueil. « Le choix de traduire tel ou tel texte, et d'en laisser d'autres, de valeur égale ou supérieure, dans le domaine de l'intraduit, ne se fait pas nécessairement en fonction de la place dudit texte au sein de sa propre culture, mais plutôt selon le système de valeurs ou d'aspirations de la culture d'arrivée[213] ». Elżbieta Skibinska, Polonaise, regrette par exemple qu'une anthologie d'œuvres européennes publiée par Gallimard en 1993 ait présenté « un poème de Krasicki que l'histoire littéraire de la Pologne ne considère pas comme représentatif de son œuvre », rappelant en outre qu'« on trouve surtout en France l'œuvre en prose de Czeslaw Milosz ainsi qu'une petite anthologie de poèmes qui n'est absolument pas représentative de sa production poétique alors que c'est surtout cette dernière qui lui a valu le prix Nobel. On donne de la sorte une vision faussée des autres littératures[214] ».

Mais quelle que soit la difficulté de l'équilibre à trouver, le temps des « belles infidèles » est heureusement fini, même si le monde de la traduction souffre encore d'un certain manque de formation professionnelle. Pendant longtemps, et de pair avec le peu de considération accordée aux traducteurs, nous avons vu que le domaine de la traduction est resté peu

---

[212] Denis Thouard, « Points de passage: diversité des langues, traduction et compréhension », *Hermès* n°49, 2007.
[213] Propos de la traductologue polonaise Elżbieta Skibinska, rapportés par Jacques Legendre dans son *Rapport d'information*, Op.cit.
[214] Ibid.

professionnalisé. Comme le rappelle Marie-Françoise Cachin dans *La traduction* (Editions du cercle de la librairie, 2007), « pendant de longues années, on s'est plus ou moins improvisé traducteur. Il n'existait guère de formations à la traduction, sinon celles proposées par deux établissements dont l'objectif était de former interprètes et traducteurs techniques. Puis vint en 1990 le premier DESS de traduction littéraire professionnelle (aujourd'hui Master) créé à l'UFR d'études anglophones de l'université Paris VII ». Avec l'augmentation du volume des traductions et la nécessité de trouver des traducteurs plus nombreux et plus compétents, s'est en effet posé après guerre le problème de la qualification des traducteurs et de l'accès à la profession. En 1947, la Société française des traducteurs (SFT) voit le jour ; à partir de 1954, elle publie la revue trimestrielle *Traduire*. En 1957 est fondée l'Ecole supérieure d'interprètes et de traducteurs, qui dépend aujourd'hui de l'université Paris IV – Sorbonne nouvelle et qui propose des formations en allemand, anglais, arabe, chinois, espagnol, italien et russe. En 1973, avec le parrainage entre autres de Maurice-Edgar Coindreau, Pierre Leyris, Miguel Angel Asturias, René Etiemble, Claude Simon et Maurice Nadeau, les traducteurs littéraires se séparent de la SFT pour former l'Association des traducteurs littéraires de France (ATLF), qui compte en 2007 près de 900 adhérents représentant une cinquantaine de langues. Cette association a trois objectifs principaux : sauvegarder les intérêts spécifiques des traducteurs travaillant pour l'édition ; promouvoir la qualité littéraire des traductions littéraires publiées en français ; et plus généralement, contribuer aux échanges culturels entre les peuples.

De leur côté, les colloques, conférences et rencontres entre professionnels de la traduction se multiplient à partir des années 1960. En 1966, la traduction fait l'objet d'un cours radiophonique donné par René Etiemble, sur le thème « Théorie et pratique de la traduction littéraire comparée ». En 1978, le Centre Pompidou accueille un colloque portant sur « La Traduction littéraire », et la même année les Assises de la traduction littéraire sont instituées à Arles d'après le projet d'Hubert Nyssen. Dès 1983, ces Assises sont pérennisées par la création de l'association Assises de la traduction littéraire en Arles (ATLAS), qui organise chaque année des rencontres autour de la traduction et décerne un certain nombre de prix : prix « Atlas Junior » pour une traduction effectuée par des lycéens ; prix Amédée-Pichet pour la traduction d'une œuvre contemporaine ; prix Nelly-Sachs pour la traduction d'une œuvre poétique ; prix Gulbenkian (décerné tous les deux ans pour la traduction d'une œuvre de poésie portugaise) ; enfin deux prix Halpérine-Kaminski sont décernés par la SGDL à cette occasion. Les tables rondes, débats et conférences des Assises donnent lieu à publication, et ATLAS organise également chaque année en mai-juin une journée d'étude thématique. Par ailleurs, à la fin des années 1980 est créé le Conseil européen des associations de traducteurs littéraires (CEATL), dont le siège est à Bruxelles et qui comprend vingt-quatre associations en provenance de vingt pays en 2007. Le CEATL est membre du European Writers' Congress (EWC) depuis 1992. Enfin, des manifestations et rencontres autour de la traduction et des traducteurs sont régulièrement organisées en université et en bibliothèque.

Afin d'encourager la traduction, il existe également plusieurs résidences de traducteurs, principalement la Maison des écrivains étrangers et des traducteurs (MEET) à Saint-Nazaire, la Maison Antoine-Vitez à Montpellier (association qui accueille depuis 1991 des traducteurs de pièces de théâtre), le Collège international des traducteurs littéraires créé à Arles en 1988 et le réseau européen RECIT (association loi 1901). Ce dernier fédère au niveau européen les collèges et centres de traduction qui accueillent des traducteurs littéraires, organisent des animations diverses et participent à la vie régionale, nationale et internationale pour populariser et diffuser la traduction.

Au niveau de la formation, le Master créé en 1990 à Paris VII a permis de « faire prendre conscience aux étudiants que la traduction littéraire professionnelle n'avait guère à voir avec leur expérience antérieure de la version. Elle leur a aussi permis de découvrir les exigences des éditeurs par opposition […] aux exigences proprement littéraires. Quant aux formateurs, ils affirment qu'ils parviennent à faire passer un certain nombre de choses, un savoir-faire plutôt qu'un savoir[215] ». Il existe aussi à l'Institut catholique de Paris un Institut supérieur d'interprétariat et de traduction (ISIT), qui propose des formations axées sur la traduction pour le monde de l'entreprise. Mais ces efforts de formation semblent en-deçà des besoins réels : « Il y a des efforts, ici et là, pour créer des écoles de traducteurs, mais ils sont vraiment très insuffisants étant donné les besoins de la littérature et des éditeurs. [...] Il est important d'aider l'enseignement dans tous les pays européens de toutes les langues européennes. Il n'est pas imaginable que tout Européen connaisse toutes les langues parlées en Europe, mais il est indispensable que, dans chaque pays européen, certains individus connaissent les langues considérées comme les moins parlées pour être en mesure d'en devenir les hérauts dans leur culture originelle[216] ».

Malheureusement, la compétence d'un certain nombre de traducteurs laisse encore parfois à désirer. Philippe Shuwer dénonce dans son *Traité pratique de l'édition* (Electre/Cercle de la Librairie, 1994) un « inexcusable amateurisme » qui porte préjudice à la profession toute entière, d'autant plus qu'aucun tarif ne prévaut sinon celui de l'usage. Il existe bien un Code des usages pour la traduction d'une œuvre de littérature générale, passé en 1993 entre la SGDL l'ATLF et la SFT d'une part, et le Syndicat national de

---

[215] Marie-Françoise Cachin, *La traduction*, Editions du cercle de la librairie, 2007.
[216] Propos de la traductrice Maryla Laurent, rapportés par Jacques Legendre dans son *Rapport d'information*. Op.cit.

l'édition, d'autre part, code qui encadre les relations contractuelles entre éditeur et traducteur, et précise notamment les modalités de rémunération de ce dernier. Mais ce code est loin d'être systématiquement appliqué, et les règles de calcul de la rémunération sont souvent modifiées au désavantage du traducteur.

Trop d'éditeurs cherchent encore à faire des économies et se contentent de collaborateurs médiocres recrutés à la dernière minute. Certains ne font pas vérifier une traduction ou ignorent délibérément les carences et les insuffisances d'une traduction au nom de la rentabilité. D'autre part, on trouve encore peu de traducteurs pour certaines langues assez méconnues, notamment orientales ou nordiques. Paradoxalement, la situation des spécialistes d'une langue rare n'est pas forcément enviable ; ainsi, « si l'on est traducteur d'une langue très rare, comme Dominique Vitalyos, traductrice de malayalam, on est certes dans une situation de monopole, mais le revers de la médaille est que le marché d'ouvrages à traduire est restreint et la demande des éditeurs incertaine[217] ».

A noter que la situation est plus ou moins similaire chez nos voisins européens, puisqu'en Italie, une école spécialisée de traduction a vu le jour seulement en 1985, tandis qu'en Espagne, il a fallu attendre 1991 pour que soit créée une licence en traduction et interprétariat. La romancière italienne Ippolita Avalli explique qu'en Italie il existe « d'excellents traducteurs, mais ils sont rares parce que l'on encourage trop peu l'étude des langues, parce qu'on traite mal leur enseignement, parce qu'on paie mal les traducteurs qui sont en fait des médiateurs du sens, qui jouent en tant que tels un rôle fondamental, qui ont une responsabilité énorme et qui doivent être soutenus et mis en valeur […] Les traducteurs n'ont guère le temps de s'imprégner à fond d'un texte : leur travail est peu payé, ils ne peuvent se consacrer entièrement à un auteur, mais en servent plusieurs qui n'ont rien de commun ; il leur est pratiquement impossible de se familiariser à ce point avec la personnalité de l'auteur. Il faut les aider et il y a beaucoup à faire en ce domaine[218] ».

Le domaine de la traduction est néanmoins en train de s'améliorer progressivement. Mais comme nous l'avons dit, la situation des traducteurs n'est pas évidente. Ils doivent être à la fois polyvalents et spécialisés, ce qui les place parfois dans des situations délicates. Comme le souligne Marie-Françoise Cachin dans *La traduction* (Editions du cercle de la librairie, 2007), « les domaines dans lesquels travaillent ceux qui sont appelés ou qui s'appellent "traducteurs littéraires" ne se limitent nullement à ce que l'on entend d'habitude par le terme "littéraire". Ils peuvent se montrer compétents en sciences humaines ou sciences exactes, et même sur des sujets proches de

---

[217] Marie-Françoise Cachin, *La traduction*, Editions du cercle de la librairie, 2007.
[218] Propos de la romancière italienne Ipollita Avalli, rapportés par Jacques Legendre dans son *Rapport d'information*. Op.cit.

la technologie ». De plus en plus de traducteurs essayent d'être tout-terrain afin de répondre à un maximum de demandes, mais cela « demande une grande curiosité intellectuelle en plus d'une immense culture, sinon le travail de traduction s'alourdit d'une recherche documentaire qui peut se révéler longue et difficile[219] ». Bref, le métier de traducteur, c'est avant tout une passion, le fruit de hasards et de rencontres, un destin professionnel rarement programmé et cadré dans des rails précis. A noter qu'Yves Chevrel et Jean-Marie Masson ont entrepris depuis 2004 la réalisation d'une *Histoire des traductions en langue française*, à paraître aux Editions Verdier en plusieurs volumes, projet collectif interdisciplinaire de grande ampleur qui permettra d'approfondir nos connaissances de ce domaine particulier qu'est la traduction.

---

[219] Marie-Françoise Cachin, *La traduction*, Editions du cercle de la librairie, 2007.

Chapitre 6 : Les structures de l'action publique

L'une des nouvelles donnes depuis quelques décennies est l'intérêt (même relatif) de la puissance publique pour les littératures étrangères. Jusqu'au XXe siècle, ni le gouvernement ni les collectivités locales ne s'intéressent au livre ou aux cultures étrangères. Les priorités sont ailleurs. Après la Seconde guerre mondiale, une nouvelle forme de politique culturelle volontariste va progressivement se mettre en place. En 1959 est créé le premier Ministère des Affaires culturelles, et quelques années plus tard, avec la fin de la guerre d'Algérie, s'ouvre pour la France une période de paix et de prospérité comme elle n'en avait jamais connu. Dans cette atmosphère optimiste des « Trente glorieuses » se met en place un modèle d'Etat-providence qui considère désormais comme faisant partie de ses missions de s'occuper du bien-être, de l'éducation et de la culture des Français. Dans le domaine du livre, ainsi que des cultures étrangères, les débuts restent cependant timides : le nombre des bibliothèques est encore modeste jusque dans les années 1960, et la culture officiellement « promue » est avant tout française. Selon Chérif Khaznadar « la France devait s'ouvrir au monde et le faire de manière volontariste. Les initiatives de quelques institutions ou de quelques individus dans ce sens et dans cet esprit restaient jusqu'alors voilées dans un environnement officiel indifférent[220] ». Un tournant se produit avec l'arrivée de la gauche au pouvoir, donc de manière relativement récente. Comme le rappelle Jean-Luc Toula-Breysse dans *Cultures du monde en France : le guide* (Editions Plume, 1999), le sommet de Cancun en 1981 marque une véritable rupture dans le discours officiel sur les cultures étrangères, avec notamment l'annonce de la création de la Maison des cultures du monde à Paris par François Mitterrand. Depuis, les institutions publiques et parapubliques ont acquis une véritable légitimité à intervenir pour promouvoir les littératures étrangères en France, même si ce domaine souffre toujours de l'absence d'une politique globale cohérente et affirmée comme telle.

Le rôle croissant des bibliothèques et la politique de « lecture publique »

Au niveau des bibliothèques, la Bibliothèque nationale de France (BNF) est particulièrement importante dans le domaine des littératures étrangères par les animations et manifestations qu'elle organise sur de nombreux thèmes et écrivains. Dans son cycle de conférences intitulé

---

[220] Françoise Grund et Chérif Khaznadar, *Atlas de l'imaginaire*, Maison des cultures du monde, 1996.

« Grandes figures du XXe siècle littéraire » par exemple, la BNF a présenté des auteurs étrangers comme Virginia Woolf, Robert Musil, Stig Dagerman, Milan Kundera, Witold Gombrowicz, Mohammed Dib, Jorge Luis Borges ou encore Cesare Pavese. Ces conférences ont eu lieu en soirée, ce qui leur a permis de s'adresser à un public assez large (contrairement aux colloques qui durent souvent plusieurs jours en semaine et restent ainsi virtuellement réservés aux universitaires et professionnels concernés). Outre ses propres programmations et expositions littéraires, qui peuvent toucher aux littératures étrangères, la BNF participe aussi à différentes manifestations plus vastes, accueillant régulièrement des lectures et des tables rondes dans le cadre des « Belles Etrangères » ou « des saisons culturelles étrangères ». La BNF organise aussi diverses conférences et accueille chaque année des manifestations dans le cadre de la « Semaine des cultures étrangères à Paris » et des « Rencontres européennes de la littérature pour la jeunesse ». Au niveau de ses collections, la BNF est riche en littératures étrangères, particulièrement dans le domaine des littératures francophones. Marie-France Eymery souligne ainsi :

> *Jusqu'en 1960, la BN a reçu par dépôt légal la quasi-totalité de ce qui était imprimé et édité dans les colonies francophones. Après les indépendances, cela a continué, car les liens intellectuels et économiques étaient restés et parce que la Bibliothèque nationale se devait de prolonger l'enrichissement de ces fonds francophones et, pour continuer sa mission de bibliothèque phare de la francophonie, de poursuivre cette politique*[221].

Par ailleurs, la BNF a impulsé le projet de bibliothèque numérique européenne, dont un prototype intitulé « Europeana » a été ouvert en mars 2007 ; 400 000 documents numérisés seront disponibles dans ce cadre dès fin 2010, ce qui permettra à tous d'accéder à un nombre d'ouvrages extrêmement important, parmi lesquels, pour les Français, de nombreux ouvrages étrangers. Le portail « Gallica2 » disponible sur le site Internet de la BNF propose, en plus de la recherche plein texte, des recherches affinées par auteur, par langue, par pays d'origine et par bibliothèque propriétaire des œuvres, ce qui est aussi un moyen de simplifier et d'encourager l'accès aux littératures du monde entier.

De son côté, la Bibliothèque publique d'information (Bpi) du Centre Georges Pompidou joue un rôle non négligeable, en invitant des écrivains dans le cadre de débats et de rencontres avec le public (comme « L'effet Shakespeare » en 2003) et en participant aux saisons culturelles étrangères (colloque « Langue unique, langues plurielles » dans le cadre de l'Année de

---

[221] Marie-France Eymery, « Quelle place pour les littératures francophones dans une bibliothèque d'étude ? », in *Littérature contemporaine en bibliothèque*, Martine Poulain (dir.), Editions du Cercle de la Librairie, 2001.

l'Algérie en 2003, invitation de huit auteurs polonais pour des conférences, tables rondes et lectures dans le cadre de la Saison culturelle polonaise en 2004...). Par ailleurs, la Bpi accueille chaque année les « Rencontres internationales des écritures de l'exil », consacrées à l'Afrique en 2008 avec des écrivains tels que Wolé Soyinka, Nuruddin Farak, Alain Mabanckou ou Véronique Tadjo. Enfin, la Bpi propose une centaine d'expositions itinérantes à la location, certaines d'entre elles évoquant les littératures et écrivains étrangers, comme « Le Paris des écrivains maghrébins ».

Néanmoins, en particulier en ce qui concerne la visibilité des littératures francophones dans les fonds de collection de ces grandes bibliothèques d'étude, Marie-France Eymery se montre critique :

> *Ces littératures, qu'elles soient anciennes et classiques comme celles de Suisse ou de Belgique, qu'elles soient récentes, mais reconnues et bien représentées dans l'édition, comme la littérature québécoise, les littératures africaines ou celles des Caraïbes, sont le plus souvent mêlées aux textes littéraires français, donc peu mises en valeur. Tandis que les littératures émergentes, comme la littérature kanake, ne sont même pas représentées ni signalées. Pourtant, si dans certaines bibliothèques d'étude il est encore conseillé, dans de petits guides à usage interne, de les classer en langue française, dans d'autres, elles sont rassemblées et séparées ensuite par zones et pays sous la rubrique littératures francophones[222].*

Régine Friederici se montre elle aussi réservée, regrettant vivement « que les bibliothèques publiques, à Paris, Londres ou Berlin, offrent aussi peu de littérature européenne, dans la langue d'origine et même en traduction. Récemment, la bibliothèque du Goethe Institut a dû se débarrasser d'une partie de son stock d'ouvrages littéraires. J'ai désespérément cherché une bibliothèque publique à Paris qui puisse prendre une partie de ce fonds. En vain. Pourtant, je connais beaucoup de bibliothèques publiques à Paris et en Ile-de-France où, à part des méthodes de langue et des traductions d'un auteur de romans à succès, on n'offre pas de littérature allemande. Les bibliothèques devraient jouer un rôle plus important pour faire connaître la littérature européenne, celle des pays voisins[223] ».

---

[222] Marie-France Eymery, « Quelle place pour les littératures francophones dans une bibliothèque d'étude ? », in *Littérature contemporaine en bibliothèque*, Martine Poulain (dir.), Editions du Cercle de la Librairie, 2001.
[223] Propos de Régine Friederici (directrice du Goethe Institut de Paris), rapportés par Jacques Legendre dans son *Rapport d'information*, Op.cit.

D'autre part, sur les 1 581 bibliothèques municipales françaises (dont 692 situées dans des villes de plus de 10 000 habitants), beaucoup proposent rencontres et lectures, surtout dans les grandes villes ; à l'occasion de l'Année de la Chine par exemple, les 65 bibliothèques du réseau de la Ville de Paris se sont fortement mobilisées, organisant ateliers et cycles de conférences, et publiant un petit guide de 93 pages intitulé *Malices de singes, La Chine dans les bibliothèques de la Ville de Paris*, en partenariat avec les Editions Philippe Picquier.

En ce qui concerne les fonds d'ouvrages des bibliothèques municipales, il est intéressant de se pencher sur le cas des littératures issues de pays dont nombre d'immigrés français sont originaires. Hélène Bouquin-Keller remarque à ce sujet que « les bibliothèques municipales françaises, fidèles dans leur ensemble au "modèle" républicain d'intégration, ne proposent généralement pas de fonds dans les langues dites "d'immigration"[224] ». Quelques-unes ont pourtant constitué des collections dans ces langues et continuent à les enrichir, mais il reste à encourager et à généraliser ces initiatives isolées, qui permettent aux lecteurs d'origine étrangère de maintenir des liens avec leur culture d'origine, et qui contribuent à promouvoir ces cultures auprès des autres lecteurs. Pour les bibliothécaires, il s'agit d'un travail difficile nécessitant des méthodes adaptées. A Bobigny et à Grenoble par exemple, villes de forte immigration, les bibliothèques cherchent à toucher l'ensemble de la population. Leurs fonds en langues étrangères sont composés non seulement de fiction, mais aussi de documentaires, de livres pratiques et d'albums pour enfants. Mais « les difficultés sont grandes (trouver, acheter, cataloguer les livres) et la coopération impérieuse – avec les associations pour le choix des livres, entre bibliothèques pour le travail technique, notamment de traduction[225] ». La volonté affichée est de faire de ces bibliothèques des lieux d'accueil pour tous et de valoriser les populations qui habitent ces villes et les langues qui y sont parlées.

En outre, la ville de Grenoble s'est ouverte plus largement aux littératures étrangères avec la création d'une bibliothèque municipale internationale (BMI) en 2003, l'objectif étant de « favoriser l'apprentissage des langues étrangères et la découverte des cultures qui leur sont associées[226] ». Quinzième bibliothèque du réseau grenoblois, la BMI apparaît originale à double titre : d'une part, la plus grande partie de ses collections est en langue étrangère (allemand, anglais, arabe, espagnol, italien et

---

[224] Hélène Bouquin-Keller, « Les langues dites d'immigration dans les bibliothèques municipales françaises », *Bulletin des Bibliothèques de France*. Paris, 2003, tome 48, n°5.
[225] Anne-Marie Bertrand, « Minorités et multilinguisme », *Bulletin des Bibliothèques de France*. Paris, 2003, tome 48, n°5.
[226] Marion Lhuillier, « La Bibliothèque municipale internationale, Un nouvel équipement du réseau des bibliothèques de Grenoble », *Bulletin des Bibliothèques de France*. Paris, 2003, tome 48, n°5.

portugais) ; d'autre part, elle fonctionne en partenariat avec le CDI de la Cité scolaire internationale où elle est géographiquement implantée.

Mais cet objectif de rapprochement des collections et des populations qui peuvent y avoir accès est un sujet sensible. Anne-Marie Bertrand par exemple se montre sceptique, dénonçant « la doxa à l'œuvre aujourd'hui, celle du multiculturel » :

> *Sur ce point, les bons sentiments, la mauvaise conscience et le souci de démocratisation me semblent se cumuler chez les bibliothécaires pour expliquer l'amalgame entre diversité sociale et diversité culturelle – je veux dire que, par un raccourci peut-être inévitable, la diversité des collections est supposée garantir la diversité des publics et, donc, que la diversité culturelle des collections (pour autant que cette formule ait un sens et ne soit pas un pur pléonasme) est supposée garantir la diversité culturelle des publics [...] On pousse le raisonnement (même implicite) jusqu'à proposer des collections non pas adaptées à la population, mais calquées sur la population : pour faire vite et un peu provocant, des collections pour chacune des communautés appelées à fréquenter les bibliothèques, pour les Antillais, pour les beurs, pour les homosexuels, pour les malades du sida, pour les Juifs, etc.[227].*

Il semble pourtant qu'Anne-Marie Bertrand ne pose pas dans les bons termes la problématique qui se joue ici ; encourager et augmenter les fonds de collection d'ouvrages traduits et en langue originale n'a évidemment pas pour objectif d'enfermer les individus dans leur espace d'appartenance singulier, mais au contraire de favoriser (*d'essayer* de favoriser) les relations entre les différentes communautés culturelles.

Le but est de proposer à l'ensemble du public, français dits « de souche » ou personnes plus récemment immigrées, des collections représentatives des différentes communautés, afin d'offrir à tous l'accès au plus grand nombre de cultures possibles. D'où l'importance de proposer des livres traduits, les ouvrages en langue originale étant peu accessibles à l'ensemble de la population. Il est d'ailleurs du rôle premier d'une bibliothèque de donner à lire les meilleurs ouvrages produits par chacune des communautés linguistiques et culturelles du monde entier, et face à un manque de place parfois dramatique (chaque bibliothèque est condamnée à offrir un choix relativement restreint de livres par rapport à l'ensemble des imprimés existants), il n'est ni choquant ni inutile de privilégier des collections relatives aux cultures d'origine des communautés constituant aujourd'hui notre pays – sans s'y limiter bien sûr. Etant donné le nombre de personnes maghrébines ou originaires du Maghreb, il serait normal par

---

[227] Anne-Marie Bertrand, *Les bibliothèques municipales. Enjeux culturels, sociaux, politiques*, Editions du Cercle de la Librairie, 2002.

exemple que chaque bibliothèque – et pas seulement dans les banlieues ! – propose les livres des écrivains maghrébins parmi les plus renommés, de Kateb Yacine à Mohammed Dib, en passant par Assia Djebar, Latifa Ben Mansour, Maïssa Bey ou Mohammed Fellag pour citer également des écrivains contemporains. Et bien sûr, ne pas se contenter des ouvrages en provenance du Maghreb, mais aussi se rappeler que bien des Français contemporains ont des ancêtres polonais, italiens, espagnols, etc.

Pour Anne-Marie Bertrand, une telle démarche équivaut à une véritable ghettoïsation, un melting pot à l'américaine où les communautés vivraient côte à côte et non ensemble : « on est ici dans le domaine de la conviction, qui dépasse de très loin la question des bibliothèques : soit on admet comme légitime la conception d'une société faite de la juxtaposition plus ou moins pacifiée de communautés, groupes, clans ou tribus ; soit on considère que la volonté de vivre ensemble s'appuie sur un socle commun et des règles admises par tous, reléguant ainsi dans la sphère privée un certain nombre de particularismes[228] ». Mais la France n'est pas les Etats-Unis, et tous les enfants reçoivent déjà chez nous un enseignement au contenu centralisé et en langue française. Le « socle commun », en l'occurrence le « socle littéraire commun », d'une part est déjà enseigné par l'école, et d'autre part, sa définition même pose problème. Ce « socle littéraire commun », doit-il comprendre d'abord et en priorité des ouvrages « français », afin de faciliter l'acquisition d'une même base à partir des valeurs culturelles « françaises » qu'ils sont supposés véhiculer, ou bien se définit-il en termes de qualité et non de nationalité, et inclut-il les grandes œuvres du monde entier quelles que soient leur origine ? Il me semblerait aussi scandaleux qu'un enfant vivant en France, quelle que soit son origine, ne connaisse ni Molière ni Hugo certes, mais ni García Márquez ni Borges ni Kateb Yacine non plus. Peut-être serait-il intéressant de laisser des spécialistes de littérature étrangère (traducteurs, critiques, éditeurs, chercheurs universitaires) définir les contours, les grands noms de ce qu'on pourrait appeler un patrimoine littéraire universel qui devrait être – autant que les moyens financiers le permettent – représenté dans les bibliothèques françaises. Car si la littérature française est enseignée à l'école, ce sont surtout dans les bibliothèques que jeunes et adultes peuvent découvrir et avoir accès à la littérature étrangère.

Bien sûr, la constitution et le suivi d'une collection de bibliothèque ne sont pas faciles, étant donné la multiplication des supports écrits et le nombre de domaines existants, mais il est de la responsabilité des bibliothécaires de prendre en compte les littératures étrangères et de les intégrer autant que possible dans leurs collections. Comme le rappelle Anne-Marie Bertrand, « cette construction se fait par des choix, des arbitrages, une cohérence, des critères de sélection, la prise en compte d'un temps long et,

---

[228] Ibid.

bien entendu, le souci des attentes et besoins de la population. Il est légitime que les bibliothécaires décident d'acquérir ou de ne pas acquérir tel ou tel document : c'est là leur responsabilité intellectuelle[229] ». Mais, pour les aider dans cette tâche difficile, il semble exister peu d'ouvrages exclusivement consacrés à la question des acquisitions à usage des professionnels. Notons le guide de Bertrand Calenge publié en 1994 et intitulé *Les politiques d'acquisition*, mais il ne se penche pas sur la question du processus de constitution des fonds de littérature étrangère, les catégories d'ouvrages évoquées étant constituées par thématiques et non par origine géographique ou linguistique.

Proposer des livres en langue originale est un cas bien particulier. Gaëlle Bidard le rappelle, « objectifs de loisir et d'apprentissage se conjuguent pour les bibliothèques publiques qui acquièrent des livres en langue originale[230] ». L'offre de littérature anglophone en langue originale est abondante surtout à Paris, que ce soit par le biais du réseau municipal, de la BNF, de la Bpi, mais aussi des instituts culturels anglophones. Si ces derniers proposent une offre importante à travers leurs bibliothèques spécialisées, presque tous les centres culturels étrangers proposent eux aussi une bibliothèque comprenant une majorité d'ouvrages en langue originale. Mais on ne peut que déplorer leur centralisation : l'immense majorité de ces bibliothèques sont situées dans la capitale, ainsi que dans quelques grandes villes de province (Lyon, Marseille, Grenoble, Bordeaux, Toulouse et Lille principalement). Ces bibliothèques spécialisées sont bien pourvues en littératures étrangères mais sont peu accessibles au grand public. Orientées vers une lecture savante, elles n'ont pas pour vocation de faire découvrir leurs fonds à un public large et diversifié. Tandis que les spécialistes et les étrangers résidant en France forment le public des bibliothèques spécialisées, enseignants, étudiants et chercheurs fréquentent les bibliothèques universitaires, mais le grand public ignore souvent jusqu'à l'existence de ces bibliothèques, majoritairement concentrées à Paris comme nous l'avons vu et quasi-inaccessibles dans la pratique au public de province, soit 80 % de la population française.

Bien sûr, toutes les bibliothèques de France (y compris dans les villages les plus reculés) proposent des œuvres étrangères traduites. Mais l'offre est très inégale selon la taille des villes et des bibliothèques. Les auteurs étrangers classiques (Shakespeare, Dante, Jane Austen, Cervantès...) et les contemporains médiatisés (Umberto Eco, David Lodge, Paul Auster, Philippe Roth...) sont les mieux représentés au sein des bibliothèques. Par contre, les littératures dites « périphériques » – non européennes et non américaines – restent encore peu présentes dans la majorité des

---

[229] Ibid.
[230] Gaëlle Bidard, « Lire en anglais à Paris », *Bulletin des Bibliothèques de France*. Paris, 2003, tome 48, n°5.

établissements de petite taille, même en traduction. Les littératures africaines, asiatiques, sud-américaines en général, mais aussi de petits pays d'Europe de l'Est, sont quasiment invisibles. On retrouve là une tendance forte, qui perdure depuis l'arrivée des premières œuvres étrangères en France à la Renaissance, avec une focalisation sur les littératures européennes (principalement des pays limitrophes de la France), à laquelle s'est ajouté un engouement durable pour la littérature nord-américaine depuis la Seconde guerre mondiale. Une grande partie des bibliothèques manquent de moyens financiers, de place – et parfois de compétence, de formation et de critères de choix face à la multiplicité de l'offre – pour renouveler et faire vivre leurs stocks d'ouvrages étrangers.

Les littératures étrangères souffrent aussi du nombre élevé d'ouvrages français qui paraissent chaque année et qui les concurrencent directement, résultat de l'inflation éditoriale qui sévit depuis bon nombre d'années. Face à la prolifération des sources écrites et des publications, les bibliothèques sont souvent débordées et entreprennent régulièrement de grandes entreprises de « désherbage ». D'autre part, les littératures étrangères dites « difficiles » nécessitent effectivement une mise en valeur spécifique pour trouver leur public, aussi leur promotion demande-t-elle des efforts particuliers et un temps dont le personnel des bibliothèques ne dispose pas toujours.

Il reste qu'il est dommage de voir si peu d'œuvres en langues originales dans les bibliothèques ; la romancière italienne Ippolita Avalli rappelle en effet qu'il est important de « trouver dans les bibliothèques publiques des livres dans leur langue originale. Je l'ai dit, le goût et la saveur de la langue sont très importants. Lire un livre, c'est un peu comme effleurer le corps de celui qui l'a écrit. L'œuvre est vivante, elle a un visage, une odeur, un son, une musicalité. Ce qui est magnifique, lorsqu'on lit, c'est qu'on se retrouve dans des littératures complètement différentes des nôtres, tout simplement parce que c'est un autre être humain qui s'adresse à nous[231] ».

Aujourd'hui, la plupart des bibliothécaires estiment qu'ils jouent un rôle clé dans la politique du livre et de la lecture, dans la lutte contre l'analphabétisme. Mais ils ne doivent pas oublier qu'ils ne sont pas seuls, comme le rappelait déjà le rapport de Bernard Pingaud « 55 propositions pour le livre » (1982) qui stipulait que « l'action en faveur de la lecture doit se concevoir comme une politique d'ensemble, qui utilise par priorité les bibliothèques, mais ne se limite pas à elles et passe par un réseau, beaucoup plus large, beaucoup plus diffus, d'institutions dont la plupart relèvent du secteur associatif ». Par ailleurs, plusieurs enjeux d'importance se jouent aujourd'hui au niveau des bibliothèques, parmi lesquels la question des

---

[231] Propos de la romancière italienne Ippolita Avalli, rapportés par Jacques Legendre dans son *Rapport d'information.* Op.cit.

littératures étrangères et du multiculturalisme. Anne-Marie Bertrand pose ainsi une question intéressante : « entre redistribution et reconnaissance, de quels objectifs parle-t-on quand on évoque le multiculturalisme dans les bibliothèques françaises ? De renforcer l'estime de soi de groupes dont la culture est minoritaire ? De travailler à l'égalité d'accès au service public ? De contribuer à faciliter l'arrivée des nouveaux immigrants ?[232] ». Il s'agit peut-être de réfléchir aujourd'hui à une redéfinition des missions des bibliothèques en lien avec les évolutions de la société, et de les adapter de manière à ce que les bibliothèques publiques deviennent ces « lieux de vie ouverts à tous sept jours sur sept et vingt-quatre heures sur vingt-quatre afin de remplir des objectifs et d'organiser des manifestations culturelles qui ne soient pas limités à leur objet premier[233] », comme le souhaiterait Markku Laukkanen.

L'action directe de l'Etat et des collectivités locales

Du côté de l'Etat (ministère de la Culture) et des collectivités territoriales, l'effort de promotion dans le domaine du livre est aujourd'hui clairement centré sur les aspects de « lecture publique », aussi le livre étranger souffre-t-il d'un manque de visibilité par rapport à la littérature en général. En termes de promotion (et non de censure), l'Etat français ne s'est intéressé que tardivement à l'écrit. En effet, si un ministère de la Culture est mis en place dès 1959 avec les débuts de la Ve République, la lecture « n'était pas à l'ordre du jour d'André Malraux. Elle a fait tardivement son entrée dans la panoplie de ses héritiers en 1976, quand fut créée la Direction du Livre [...] qui partagea dès lors avec les Universités et les municipalités la responsabilité de la lecture savante et de la lecture publique en France[234] ». La Direction du livre œuvre ensuite à la promotion de la lecture, en particulier sous un angle festif afin d'attirer le public le plus large possible : « L'intérêt officiel pour la lecture, en principe activité de loisir privé, méditatif, solitaire, était une espèce de révolution dans la révolution culturelle [...] La tentation était grande, pour contourner la difficulté, de rêver à une "autre" lecture, conviviale, festive, renouant avec l'oralité, et libérée des idées fâcheuses de concentration, d'attention, de recueillement, de silence qui sont associées à la lecture studieuse[235] ».

---

[232] Anne-Marie Bertrand, *Les bibliothèques municipales. Enjeux culturels, sociaux, politiques*. Op.cit.
[233] Propos du Finlandais Markku Laukkanen, rapportés par Jacques Legendre dans son *Rapport d'information*, Op.cit.
[234] Marc Fumaroli, *L'Etat culturel, essai sur une religion moderne*, Editions de Fallois, 1992.
[235] Ibid.

Cette nouvelle politique publique du livre repose en quelque sorte sur l'idée que lire peut être un acte spontané, facile et agréable au quotidien pour tous – ce qui, bien évidemment, est loin d'être le cas – et la littérature étrangère n'a fait l'objet d'aucune attention particulière dans ce cadre. Les enquêtes régulièrement menées par le ministère de la Culture sur les pratiques culturelles des Français ne font aucune distinction, dans le domaine de la lecture, entre ouvrages français et étrangers : elles présentent des listes classées par genres, et de toutes les questions posées, aucune n'a trait à la lecture spécifique d'œuvres étrangères, que ce soit en version originale ou en traduction. Ce désintérêt des enquêteurs, et par là même de ceux qui mènent les politiques de la lecture en France, est révélateur. Il est le signe que les littératures étrangères ne constituent pas une thématique particulière et réfléchie ; l'attention publique se porte sur une politique du livre et de la lecture en général. En bref, l'important est de faire lire les gens, et non de les intéresser aux œuvres étrangères. En adoptant cette attitude, certes compréhensible et même légitime d'un certain point de vue, la puissance publique passe pourtant à côté d'une problématique à part entière. En effet, les livres étrangers ne sont pas anodins, dans le sens où ils peuvent aller « plus loin » que leur seule qualité littéraire, en ouvrant les lecteurs à d'autres mondes et en multipliant les points de vue et les sources de réflexion et de comparaison entre la France et l'ailleurs. Mais cette spécificité, si elle n'est pas niée, paraît négligée.

A cause de cette politique du livre indifférenciée, les ouvrages de littérature étrangère ne sont pas perçus comme tels par la majorité de la population. Cette situation n'est pas récente ; en 1955 par exemple, les journalistes de la revue *Réalités* reconstituaient une « bibliothèque idéale » d'après les goûts exprimés par les Français. Parmi la liste des cent livres constituant cette « bibliothèque idéale », ouvrages français et étrangers étaient mêlés sans distinction et simplement classés par thème (« les plus belles histoires d'amour », « chef-d'œuvres de psychologie », etc.)[236]. Les œuvres étrangères représentent *de facto* environ le tiers de cette liste mais n'étaient cependant pas identifiées comme telles.

Le développement de la « lecture publique » est soutenu aujourd'hui par des programmes grand public et des opérations spécialisées. Dans le cadre de « A vous de lire » (anciennement « Lire en fête ») par exemple, plus de mille opérations sont réalisées chaque année. Selon Jean-Marie Bouvaist, « il s'agit tout à la fois d'améliorer l'accès au livre, de développer les publics du livre et d'aider la diffusion de genres réputés difficiles (poésie, sciences, littératures étrangères)[237] ». Dans ce processus d'encouragement du livre et

---

[236] Voir Nicole Robine, *Lire des livres en France des années 1930 à 2000*, Editions du Cercle de la Librairie, 2000.
[237] Jean-Marie Bouvaist, *Pratiques et métiers de l'édition*, La Documentation française/SOFEDIS, 1989.

de la lecture, les littératures étrangères constituent ainsi un thème parmi d'autres.

L'Etat français participe pourtant à la promotion des littératures étrangères à travers les différentes politiques d'encadrement et de soutien des activités éditoriales et littéraires qu'il a développées depuis une trentaine d'années : « ni totalement spectateur, ni acteur indépendant, l'Etat semble intervenir ici selon des logiques multiples, qui tiennent autant à l'initiative propre des acteurs politico-administratifs qu'aux revendications plus ou moins formalisées des acteurs du livre[238] ». Au niveau le plus élevé, les ministères de la Culture et des Affaires étrangères (MAE) sont tous deux compétents dans ce domaine, ce qui complique d'ailleurs la donne. En effet, « les politiques du livre se partagent encore très largement entre une pluralité d'acteurs publics, essentiellement le ministère de la Culture, le ministère des Affaires Etrangères ou le ministère de la Justice, ce qui pose parfois des problèmes de cohérence ou de concurrence entre institutions[239] ».

Le ministère de la Culture intervient par différents biais, son Département des affaires internationales (DAI) ayant notamment pour rôle la promotion de l'accueil des cultures étrangères. Le DAI apporte son soutien à de nombreux projets : lieux de création, de diffusion et de formation ; festivals accordant une large place dans leur programmation aux cultures étrangères ; associations et opérateurs culturels qui œuvrent en faveur du rapprochement des cultures. Il participe aussi à l'organisation des saisons culturelles étrangères en France. En outre, comme les acteurs culturels en régions s'impliquent de plus en plus dans les relations culturelles internationales, le dialogue est étroit entre le DAI et les Directions régionales des affaires culturelles (DRAC). La priorité est donnée aux projets de coopération transfrontalière, aux projets structurants d'échanges artistiques et culturels et à la mobilisation des fonds et des programmes européens, notamment les programmes dédiés à la culture. Afin de renforcer la capacité d'intervention des DRAC en matière internationale, le DAI déconcentre environ 1,22 million d'euros chaque année. Le DAI est une structure souple et légère, bénéficiant d'environ 6 millions d'euros de crédits annuels, utilisés à titre d'incitations pour soutenir des projets en rapport avec ses missions. Cette politique d'échanges culturels, qui vise à favoriser la présence des cultures étrangères en France mais aussi à encourager la présence de la culture française à l'étranger, a pour objectif de contribuer au développement du pluralisme culturel et à la défense de la diversité culturelle. Cependant, avec les modifications profondes des DRAC depuis quelques années et la diminution de l'influence étatique en région, les Conseils régionaux ont désormais vocation à prendre de plus en plus d'importance, notamment au niveau culturel.

---

[238] Yves Surel, in *Où va le livre ?*, Jean-Yves Mollier et collectif, La Dispute/SNEDIT, 2002.
[239] Ibid.

Les saisons culturelles étrangères constituent des occasions privilégiées de mieux faire connaître la culture des pays concernés, grâce à une mobilisation des structures culturelles susceptibles de les accueillir. Les ministères de la Culture et des Affaires étrangères consacrent d'importants moyens à l'organisation de ces saisons, qui peuvent s'inscrire de manière non négligeable dans le domaine littéraire. L'Année de l'Algérie a par exemple été l'occasion d'aider à la publication de 460 ouvrages algériens[240], même si les retombées à moyen et long terme semblent insuffisantes. Ainsi, en mars 2004, soit deux mois après la fin de l'Année de l'Algérie, les Editions Barzakh constataient avoir vendu aussi peu d'ouvrages et cédé aussi peu de droits à des maisons d'édition françaises que d'habitude. Même les ouvrages des treize auteurs algériens officiellement invités dans le cadre des « Belles étrangères » n'ont connu qu'un succès relatif[241]. On ne peut non plus oublier la dimension extrêmement politisée des saisons étrangères ; un exemple flagrant en a été donné en 2004 à l'occasion du Salon du Livre de Paris (dont l'invité d'honneur est en général l'hôte de la saison étrangère du moment). Lors de la conférence de presse annonçant le Salon du livre consacré à la Chine, « il ne fut pas une seule fois question du Prix Nobel de littérature 2000 [Gao Xinjian]. Il fallut attendre les questions pour que le nom du seul écrivain de langue chinoise couronné par l'académie suédoise soit évoqué[242] ». La polémique en France concernant l'absence de Gao Xinjian au Salon du livre n'a finalement pas eu beaucoup d'impact, étant donné la ferme intention du gouvernement chinois d'ignorer l'écrivain dissident (dont le nom est interdit de publication en territoire chinois). Pour l'anecdote, Liliane et Noël Dutrait, traducteurs de Gao Xinjian en français, rapportent que « tout récemment est parue en Chine une brochure qui présente les Prix Nobel de littérature du monde entier, depuis l'origine. Aussi incroyable que cela puisse paraître, on passe directement de l'année 1999 à l'année 2001, afin de ne pas mentionner Gao Xinjian[243] ». De son côté, la France a tout fait pour ne pas froisser ses interlocuteurs et compromettre ses liens politiques et économiques avec la Chine, omettant volontairement de prononcer le nom de Gao Xinjian lors de la présentation des Années croisées France-Chine, alors qu'elle n'a pas hésité par contre à citer François Cheng ou d'autres écrivains chinois résidant en France. Cet exemple est emblématique du degré extrême de politisation des saisons étrangères ; même si c'est l'occasion de mettre en valeur une littérature étrangère, cela ne se fait qu'avec l'accord du gouvernement du pays en question. Le même type de situation délicate s'est déjà présenté à plusieurs

---

[240] Guy Dugas, « Du Maghreb au Proche Orient : l'édition en ébullition ». Colloque sur « L'édition francophone », BNF, Cycle « Les Ateliers du livre », 25 mars 2004.
[241] Entretien avec l'éditrice de la maison d'édition algérienne Barzakh réalisé le 21 mars 2004.
[242] Alain Salles, « L'ombre du Prix Nobel Gao Xinjian », *Le Monde*, 30 janvier 2004.
[243] Liliane et Noël Dutrait, « Gao Xinjian, écrivain seul et libre », *Le Monde*, 13 février 2004.

reprises, par exemple en 1994 à l'occasion des Belles Etrangères consacrées à Israël (deux écrivains arabes israéliens invités se sont désistés à cause de l'implication de l'ambassade d'Israël dans l'événement) ou en 2003 lors de l'Année de l'Algérie, et cela se reproduit régulièrement, surtout avec les pays où la liberté d'expression pose problème ou qui connaissent des situations conflictuelles avec certaines de leurs minorités.

Quant au ministère des Affaires Etrangères (MAE), son rôle dans la promotion des cultures et littératures étrangères reste modeste, surtout cantonné aux aides à la résidence et à la traduction. Le MAE est aussi le pilier principal, notamment par le biais de CulturesFrance (l'ancienne Association française d'action artistique), des saisons culturelles étrangères, et il peut aussi aider différentes manifestations s'il estime que c'est de son ressort.

D'autre part, certains établissements publics jouent un rôle de soutien important pour les littératures étrangères. Le Centre National du Livre, établissement public du ministère de la Culture, mène ainsi une politique d'aide à la traduction et organise des invitations d'écrivains étrangers, soit dans le cadre du Salon du Livre de Paris (pour des rencontres et des lectures organisées avec des écrivains du pays invité d'honneur du Salon), soit dans celui des « Belles Etrangères » (manifestation qui accueille en France une douzaine d'écrivains « représentatifs » de leur pays), soit pour A vous de Lire/Lire en fête (avec la présence d'écrivains étrangers dans diverses manifestations nationales). En outre, les différentes formes d'aides proposées par le CNL aux écrivains concernent aussi les écrivains étrangers résidant en France, francophones ou d'expression non française à la condition qu'une traduction d'au moins un de leurs ouvrages ait été éditée en France. Ces actions sont menées par le CNL grâce à trois types de ressources financières : une subvention de l'Etat (destinée à couvrir les salaires et charges du personnel), la perception d'une redevance de 0,20 % sur les ouvrages vendus en librairie et la perception d'une redevance de 3 % sur la vente des matériels de reprographie.

Cependant, le CNL ne considère pas les littératures étrangères comme l'une des thématiques importantes de sa réflexion générale, qu'il envisage à l'heure actuelle sous trois angles principaux : l'économie du livre, le patrimoine et le numérique, et les actions de promotion de la lecture publique. Cette dernière catégorie, qui englobe pourtant la promotion de la littérature étrangère, ne s'occupe de la promotion de la lecture publique qu'à travers trois biais très précis : les publics (éloignés du livre, jeunes, à l'hôpital, en prison, etc.), les lieux de diffusion (bibliothèques publiques, médiathèques de proximité, territoires) et les professionnels de la promotion (formation professionnelle, coopération publique/privée). Aussi étonnant que cela puisse paraître, les personnes mêmes qui fournissent par définition de quoi alimenter la politique de lecture publique – à savoir les écrivains, français et étrangers – ne sont pas vraiment inclus dans la réflexion concernant la promotion de leurs œuvres auprès des publics…

Cependant, on ne peut ignorer la dimension internationale du CNL, dont le conseil d'administration comporte par exemple plusieurs représentants du MAE. En règle générale, la personne en poste à la Direction générale de la coopération internationale et du développement (DGCID) en fait partie. Plusieurs bureaux du CNL concernent les littératures étrangères : le Bureau de la vie littéraire et des échanges internationaux (dont notamment le Commissariat des Belles étrangères), le Bureau de l'édition littéraire et le Bureau des auteurs (qui peut accorder des « aides exceptionnelles » aux écrivains étrangers). Mais l'action emblématique la plus visible du CNL pour promouvoir les littératures étrangères reste le dispositif ponctuel mis en place à partir de 1987 à l'initiative de Jean Gattégno sous le titre des « Belles Etrangères ». Cette manifestation « vise à financer et organiser des opérations de promotion des littératures étrangères, par le biais de réunions et manifestations diverses, au cours desquelles la direction du livre et de la lecture s'assure de la présence d'importants écrivains du pays concerné[244] ». Les « Belles Etrangères » ont pour objectif de développer la connaissance de la littérature étrangère au sein des acteurs du livre comme du grand public. Leur principe repose sur l'invitation d'un groupe d'écrivains d'un même pays ou d'une même aire géographique, qui participent à une tournée de tables rondes et de lectures publiques organisées avec des libraires, des bibliothèques, des établissements scolaires et des associations culturelles partenaires. Un livre et un film, disponibles sur les lieux de rencontres partenaires, accompagnent la manifestation et présentent les écrivains. Enfin, le CNL met en place à cette occasion une importante politique de traduction envers la littérature invitée.

Depuis 1988, trente-deux Etats ont été invités par les « Belles Etrangères », qui ont aussi été consacrées aux Pays Baltes en 1992, à la Palestine et à l'Amérique centrale en 1997. La manifestation a aujourd'hui adopté un rythme annuel. Consacrées à la Suisse en 2001, l'Inde en 2002, l'Algérie en 2003, les Belles Etrangères ont invité la Russie en 2004, la Roumanie en 2005, la Nouvelle-Zélande en 2006, le Liban en 2007, les Etats-Unis en 2009 et la Colombie en 2010.

Outre le CNL, différents établissements publics organisent des actions de promotion des littératures étrangères. Un bon exemple est l'exposition que le Centre Georges Pompidou a consacrée à la littérature autrichienne au printemps 1986 sous le titre « Vienne 1880-1938 ». Cette exposition a attiré 450 000 visiteurs, contribuant à donner de la visibilité aux auteurs autrichiens par rapport aux auteurs allemands et à faire connaître plusieurs auteurs peu connus jusque-là. Depuis cette exposition, on peut

---

[244] Yves Surel, *L'Etat et le livre, Les politiques publiques du livre en France*, L'Harmattan, 1997.

d'ailleurs constater une recrudescence des auteurs autrichiens publiés en France[245]. De la même manière, le Musée Dapper joue un rôle non négligeable de promotion des littératures africaines en proposant des ouvrages au sein de sa bibliothèque, en organisant des lectures de contes et de récits africains et en menant des activités d'édition.

Dans le cadre de la décentralisation, les collectivités locales sont enfin amenées à jouer un rôle important dans l'encouragement et la promotion des littératures étrangères. A cet égard, leur action peut être pérenne ou ponctuelle. Dans le cas des « Belles Etrangères » par exemple, les collectivités locales jouent un rôle de plus en plus important. En 2004, 34 villes (dont Paris) ont accueilli des écrivains algériens pour des manifestations diverses : rencontres, lectures, tables rondes, colloques, conférences et la centralisation parisienne semble avoir reculé. Les collectivités sont désormais partie prenantes de manifestations d'envergure internationale, et cette évolution tend bien sûr à accroître la connaissance des littératures étrangères par le public résidant en province. Cependant, l'intérêt des collectivités locales pour les littératures étrangères hors l'événementiel reste à relativiser et dépend beaucoup des lieux, des circonstances, des élus. Ainsi, parmi les 112 pistes proposées pour l'Ile-de-France par Yves Frémion dans son étude *Le livre au cœur d'un développement culturel durable*, une seule proposition, par ailleurs intéressante, concerne spécifiquement les écrivains étrangers, ce qui est peu :

> *Certaines résidences seront réservées ou ouvertes aux auteurs étrangers, en particulier là où résident des communautés parlant la même langue que ces auteurs et en difficulté d'intégration. Le soutien aux villes-refuges est à poursuivre en harmonie avec le réseau de résidences et le Parlement International des Ecrivains pourrait être incité à étendre le dispositif des villes-refuges aux graphistes et dessinateurs, plus menacés encore que les écrivains. Des séjours-échanges d'écrivains avec des régions partenaires ou d'écrivains de régions d'Europe seront développés*[246].

Les principaux festivals consacrés aux littératures étrangères sont fortement soutenus et financés par les collectivités locales, en général les villes aidées par les conseils généraux et régionaux ainsi que les DRAC. Lyon avec *Les Belles Latinas*, Vincennes avec le *Festival America*, Cognac avec *Littératures européennes Cognac*, Saint-Malo et Rennes avec *Etonnants voyageurs*, Bordeaux avec le *Carrefour des littératures et des cultures du monde*, Angoulême avec *Littératures métisses*, en sont des

---

[245] Voir Karl Zieger, « Une grande exposition culturelle et son rôle pour la réception d'une littérature étrangère » in la *Revue de littérature comparée*, n°250, avril-juin 1989.
[246] Yves Frémion, *Le livre au cœur d'un développement durable. 112 pistes pour une politique du livre et de la lecture en Ile de France*, Les Ateliers du Tayrac, 2005.

exemples emblématiques. Les collectivités n'hésitent plus à agir dans le domaine des relations culturelles internationales, et les villes, mais aussi les départements et les régions, tendent à financer de plus en plus de manifestations et d'actions liées aux littératures étrangères : résidences d'écrivains, systèmes de bourses, lectures et rencontres diverses. On note également aujourd'hui une tendance à investir une littérature particulière, nationale ou régionale ; chaque région du monde se voit ainsi dédier une ou plusieurs manifestations particulières. Cependant, toutes ces initiatives restent assez éparpillées, et sans doute peut-on regretter que les littératures étrangères ne fassent pas l'objet d'une politique publique et d'une communication commune, claire et cohérente, au niveau national, en lien avec les autres pratiques culturelles venues d'ailleurs. Mais avec la démission de l'Etat au plan culturel – très nette depuis plusieurs années – la définition d'une politique culturelle générale, telle que nous l'avons connue sous Malraux ou Jack Lang, semblent avoir pris fin. « On constate l'essoufflement, l'absence d'idées des grands acteurs publics. Le ministère de la Culture semble s'être transformé en ministère des moyens et il n'est plus porteur d'une véritable vision de la culture et de la création[247] ». La politique largement dénoncée par les professionnels de « saupoudrage » et de « sectorialisation » à outrance va de pair avec le report par l'Etat de la responsabilité de la culture (tant en création qu'en diffusion) sur les entreprises privées (mécénat culturel) et sur les collectivités territoriales, villes et régions.

L'absence d'une politique publique spécifique aux littératures étrangères

Si l'on considère qu'une politique publique doit être basée sur un programme précis et sous-tendre des objectifs clairs, alors il est évident qu'aucune politique publique n'est mise en œuvre pour soutenir les littératures étrangères en France. Reprenons la tentative de définition des « politiques publiques » avancée par Michel Deleau en 1986 :

> *Une première délimitation concerne l'objet même de l'évaluation, à savoir la politique. Il n'est pas toujours facile d'y procéder. L'évaluateur est rarement confronté au cas simple d'une mesure isolée et spécifique, les politiques à évaluer constituant le plus souvent des objets complexes mettant en œuvre des moyens à usages multiples. Une politique particulière peut ainsi être insérée dans un programme plus large, dont elle est un élément constitutif. Ou encore, elle se situe à la marge d'un système préexistant, et n'est qu'un dispositif parmi d'autres, gérés par la même organisation et de finalités similaires[248].*

---

[247] Thierry Fabre, « Entretien avec Alain Hayot », in *La pensée du midi* n°16, octobre 2005.
[248] Michel Deleau, *Evaluer les politiques publiques*, La Documentation française, 1986.

Dans le domaine des littératures étrangères, l'objet même des actions menées n'est pas clairement défini et annoncé. Les aides octroyées par le CNL aux éditeurs pour encourager la traduction d'œuvres de qualité peuvent s'apparenter à une politique particulière insérée dans un programme plus large, puisqu'il s'agit d'une mesure comprise dans la politique générale envers le livre et la lecture, tout en restant à la marge de cette politique globale, les aides étant accordées à des acteurs privés (les éditeurs) et donc non directement orientées vers les publics. Quant aux acteurs publics, ils agissent de manière peu coordonnée : bibliothèques, universités et établissements scolaires, administrations (centrales ou locales) agissent parfois de concert, mais cela ne relève pas d'une politique structurée au niveau national – rarement même à l'échelon régional, même si l'on a l'impression aujourd'hui que les régions réfléchissent à la mise en place de politique culturelles générales sur leur territoire.

Cette absence de politique globale est particulièrement flagrante au vu de l'absence d'objectifs poursuivis. Ainsi, et alors même que des actions sont menées pour promouvoir les littératures étrangères par des acteurs publics grâce à de l'argent public, aucune théorisation n'est faite à propos de ces actions. Elles semblent s'inscrire de manière générale dans le cadre d'une politique du livre et de la lecture, poursuivant les mêmes objectifs qualitatifs et généraux de soutien aux livres de qualité, à la lutte contre l'illettrisme, à la diversité, afin d'offrir un vaste choix littéraire au public. Aucune mention n'est faite d'un objectif pédagogique particulier qui concernerait les cultures étrangères ou l'apprentissage de la tolérance. L'imprécision du contenu de l'action menée, ainsi que l'absence d'objectifs clairement affichés, ne facilitent pas l'appréhension des actions menées. D'ailleurs, quels sont leurs effets ? Ces actions parviennent-elles réellement à ouvrir un public nouveau aux littératures étrangères, à aider à la diffusion et à la connaissance de ces littératures en France ? La seule réponse concrète que l'on puisse aujourd'hui apporter est le nombre d'ouvrages étrangers effectivement traduits chaque année grâce aux aides publiques. Mais les actions menées sont-elles pour quelque chose dans l'engouement actuel du public pour les cultures étrangères, dans les ventes conséquentes d'ouvrages étrangers en France ? Si l'évaluation est difficile, la comparaison avec d'autres pays est plus aisée. Prenons les cas de l'Angleterre et de l'Italie. On peut constater que les littératures étrangères sont beaucoup plus diffusées et appréciées en Italie – où une politique d'aide à la traduction similaire à celle de la France est menée – qu'en Angleterre, pays européen où le très faible taux d'intraduction va de pair avec l'absence presque totale d'action publique dans ce domaine.

Si l'on admet que l'aide publique aux littératures étrangères s'inscrit effectivement dans une politique plus vaste envers le livre et la lecture, il reste à déterminer sur quels instruments se fonde l'action menée, quels sont les objectifs, et savoir si ceux-ci sont atteints. Il faut également s'interroger sur la pertinence des objectifs, et éventuellement leur substituer – ou leur ajouter – différents autres objectifs, finaux ou intermédiaires. Dans le cadre de cette réflexion, il paraît évident que l'action en milieu scolaire devrait être accentuée, en encourageant dans le même temps les langues étrangères afin de faciliter à terme la lecture en langue originale comme cela se pratique couramment dans les pays nordiques par exemple. Très concrètement, l'un des obstacles majeurs à une meilleure connaissance des langues étrangères reste aujourd'hui le faible nombre d'heures d'enseignement, les différences de niveau entre les élèves d'une même classe et le trop grand nombre d'élèves par classe, dans une matière où la prise de parole est primordiale. Bien entendu, organiser des classes par niveau à travers tous les établissements et diminuer le nombre d'élèves par classe demanderait une réorganisation et des moyens financiers, alors que la tendance semble aujourd'hui de pratiquer des coupes budgétaires drastiques. Néanmoins, un redéploiement des moyens et des priorités devrait permettre de mieux favoriser l'apprentissage des langues et des cultures étrangères à l'école, sans forcément induire de hausse des coûts. Mais il faudrait pour cela que la promotion des littératures et langues étrangères fasse l'objet d'un volontarisme plus affirmé de la part de l'Education nationale. Nous y reviendrons.

Pour le moment, les multiples actions de promotion des littératures étrangères sont éparpillées et dépendent, comme nous l'avons vu, de différents types d'intervention publique. Si l'on s'inspire du découpage traditionnel inspiré de la théorie économique des finances publiques, plusieurs domaines d'intervention publique existent, que Michel Deleau répartit en cinq secteurs distincts dans *Evaluer les politiques publiques* (La Documentation française, 1986) : production de biens et services ; interventions économiques financières ; réglementation ; communication sociale ; régulation macroéconomique. Dans le domaine qui nous intéresse, un constat s'impose : seuls les deux premiers secteurs d'intervention sont utilisés. Dès lors, il est intéressant de classer les diverses formes d'action publique utilisées dans ces deux catégories, afin de mieux appréhender l'action menée dans sa globalité. Du côté du pôle de la « production de biens et services » se retrouvent principalement cinq types d'actions : l'organisation des « Belles Etrangères », l'action de promotion et de recherche menée au sein des universités, la mise à disposition et la promotion des ouvrages et écrivains étrangers par les bibliothèques, l'incitation à la lecture d'œuvres étrangères en milieu scolaire, et enfin les différentes actions de promotion menées par les établissements publics

(CNL, Centre Georges Pompidou, BNF...). Le pôle d'« intervention économique financière » est représenté d'autre part par trois domaines : les subventions accordées aux associations et structures travaillant à la promotion des littératures étrangères (organisation de festivals, gestion de résidences d'écrivain et de bourses accordées aux écrivains/traducteurs), les prix littéraires (et les sommes financières adjointes), et les aides à la traduction versées aux éditeurs.

Michel Deleau retient surtout de ce découpage en secteurs d'interventions qu'il est pertinent pour différencier la « mise en œuvre d'une organisation publique complexe (production de biens et services) ou pas (interventions économiques financières)[249] ». Au plan global des politiques publiques en France, le pôle « interventions économiques financières » – incluant les aides au secteur productif – l'emporte assez largement sur le pôle « production de biens et services ». Dans le domaine de l'encouragement des littératures étrangères, l'action menée est plutôt bien équilibrée entre les deux pôles. Les bourses accordées aux éditeurs (secteur productif) pour la traduction et les prix littéraires semblent assez équilibrés en comparaison des subventions accordées aux associations participant à la promotion des littératures étrangères en France. Quant au pôle « production de biens et services », il se répartit entre les actions menées dans le cadre scolaire et universitaire, par les établissements publics et par les bibliothèques. Mais les actions de « production de biens et services » ne sont que rarement dévolues uniquement à la littérature étrangère, et s'inscrivent plus largement, nous l'avons vu, dans une politique de promotion du livre et de l'écrit tournée vers différents publics. La seule manifestation spécifiquement consacrée aux littératures étrangères est les « Belles étrangères », mais elle s'inscrit aussi d'un autre côté dans le cadre plus vaste de la diplomatie culturelle (et rentre parfois, mais pas systématiquement, dans la programmation de la saison culturelle étrangère de l'année). Enfin, le cas des universités est un peu particulier, puisque la puissance publique finance des postes consacrés uniquement aux littératures étrangères, à travers les enseignements et les centres de recherche tournant autour des cursus de « langues et littératures étrangères » et de « littérature comparée », tout comme les colloques y afférant. Quelles leçons tirer de ces constats ?

Aujourd'hui, la partie « productions de biens et de services » dans le domaine de la promotion des littératures étrangères est surtout tournée vers une élite intellectuelle, les « Belles étrangères » et les travaux universitaires (cours, recherche, colloques) s'adressant majoritairement à un public déjà acquis aux littératures étrangères et à la réflexion intellectuelle. Cette approche de l'intervention de la puissance publique met donc bien en évidence le fait que les publics qui devraient être la cible prioritaire – notamment les scolaires et le grand public – restent peu concernés par

---
[249] Ibid.

l'action menée au niveau des biens et services. Seules les actions ponctuelles et/ou pérennes des établissements publics et des bibliothèques peuvent espérer toucher ces publics un peu « oubliés » par cette approche, mais là encore, les publics fréquentant ces établissements proviennent déjà en majorité de catégories socioculturelles plutôt favorisées.

Finalement, les interventions financières de la puissance publique ont peut-être plus d'impact en profondeur ; en effet, les actions menées par les associations allient souvent une action culturelle et une action sociale, ciblée sur les publics dits « sensibles » (même si cette tendance ne semble pas très accentuée dans le domaine des littératures étrangères pour différentes raisons, notamment les difficultés linguistiques et le coût pour organiser des rencontres entre auteurs étrangers et public français). De même, les aides accordées aux écrivains et aux éditeurs permettent une augmentation réelle de l'offre d'œuvres étrangères, traduites ou non, dans notre pays. Enfin, les prix littéraires sont une source considérable de consécration et de reconnaissance par le grand public, et permettent de mettre concrètement en valeur des œuvres étrangères, de favoriser leur vente et de les consacrer comme œuvres majeures de la littérature mondiale.

Même si les deux types d'action publique apparaissent aujourd'hui nécessaires et complémentaires, il faudrait s'interroger sur la pertinence de certaines actions menées dans le cadre de la « production de biens et services », actions qui manquent de visibilité et d'impact à long terme, notamment sur le public jeune. Ce défaut est dû en particulier à l'absence d'objectifs clairement affirmés, précis et quantifiés, ce qui nuit à l'identification et à l'évaluation de la politique menée. Et en raison de l'éparpillement des actions, toute communication envers le grand public s'avère difficile.

La plupart des manifestations et des actions naissent au gré des rencontres entre les différents acteurs, et comme souvent dans la culture, d'une envie de travailler ensemble. Mais si ces partenariats spontanés produisent des actions motivées qui connaissent parfois un grand succès, leur désavantage réside dans l'absence de continuité, les partenariats pouvant se rompre facilement suite à un changement des acteurs en place. Les personnalités et les réseaux d'amitié et de connaissance, particulièrement importants dans le domaine culturel, jouent également beaucoup pour les littératures étrangères. Les actions menées étant disséminées sur le territoire et très diverses par nature, les promoteurs publics et privés des littératures étrangères se connaissent parfois peu ou pas du tout entre eux. Pas de politique publique clairement affirmée signifie absence d'un réseau de coordination générale, et les différentes facettes de la promotion des littératures étrangères sont souvent éloignées les unes des autres. Les enseignants ou les bibliothécaires ignorent le travail des associations, travaillent peu avec les libraires et les éditeurs et ne s'appuient que très rarement sur les productions des médias. De même, les traducteurs sont souvent coupés de tous les maillons de la chaîne à l'exception des éditeurs, même s'il leur arrive de participer à des manifestations ponctuelles (festivals, rencontres...). Il est donc courant de voir plusieurs acteurs mener en parallèle des actions sur un sujet similaire alors qu'ils pourraient agir ensemble de manière peut-être plus efficace, en tout cas plus visible. Une approche globale de la question faciliterait les échanges et les collaborations entre les acteurs, en leur permettant d'être mieux informés des opportunités de partenariat et plus conscients des enjeux comme des obstacles à surmonter.

D'un autre côté, l'absence d'action globale concertée relève aussi d'une volonté de ne pas marginaliser les littératures étrangères, de ne pas centrer leur promotion sur la différence. Le danger serait en effet de mettre ces littératures à l'écart, ce qui pourrait effrayer le public potentiel au lieu de l'attirer. Colette Guillaumin rappelle en effet que le racisme « peut se faire discours élogieux » ; or, s'il est certes plus agréable d'être loué qu'agressé, cela n'empêche pas qu'« en étant loué, on n'est pas quitte d'être en même temps et du même mouvement considéré comme "particulier". Et comme particulier d'une certaine sorte : celle qui, calcifiée dans son étrangeté, murée en elle-même, constitue un état définitif, une essence[250] ». Afin d'éviter toute marginalisation, les littératures étrangères sont en général englobées de manière plus large dans « la » littérature, en particulier dans le système scolaire où les ouvrages étrangers sont inclus dans les listes d'ouvrages recommandés sans mention particulière. Cette crainte d'une possible stigmatisation des littératures étrangères peut prêter à sourire. Mais pour certains, le risque est réel. Alain Lombard explique ainsi dans *Politique culturelle internationale* (Babel, 2003) que les « modalités de diffusion des cultures étrangères trop spécifiques, [...] risquent de cantonner celles-ci dans des ghettos spécialisés ». Hubert Nyssen dénonce de son côté les effets pervers de l'usage généralisé de l'étiquette « littérature étrangère », qui conduit surtout, selon lui, à « souligner une différence et renforcer les barrières, comme si, d'avoir été conçus dans une *autre* langue, les textes étrangers ne pouvaient espérer d'intégration[251] ». Pour lui, l'utilisation abusive de ce terme relève d'une sorte d'intégrisme, d'une discrimination simpliste et d'une méfiance face à l'altérité.

Mais passons maintenant en revue les différents modes du soutien public apporté aux littératures étrangères dans notre pays.

---

[250] Colette Guillaumin, in *Racisme et modernité*, Michel Wieviorka (dir.), La Découverte, 1992.
[251] Hubert Nyssen, « La traduction et les traducteurs. Le point de vue d'un éditeur », in *Traduire l'Europe*, Françoise Barret-Ducrocq (dir.). Editions Payot, 1992.

Chapitre 7 : Les modes de soutien aux littératures étrangères

L'événementiel a le vent en poupe

De nombreuses associations mènent un travail d'organisation de festivals, salons, fêtes et foires du livre, avec le soutien de l'Etat et des collectivités locales. Très souvent, la puissance publique « délègue » en quelque sorte à ces associations loi 1901 le soin de mener des actions dans un cadre juridiquement plus souple. C'est le cas par exemple du Centre culturel lyonnais du monde arabe, qui, depuis 1991, organise chaque année le salon du livre franco-arabe se déroulant à la bibliothèque de la Part-Dieu. Ou encore l'association Festival America, qui organise le festival du même nom pour le compte de la mairie de Vincennes. Le festival Fest'Africa, organisé à Lille de manière associative, est un festival pluridisciplinaire mais basé sur la littérature, consacré à l'Afrique et à la diaspora noire. L'association La Plume noire organise quant à elle chaque année à Paris le Salon du livre de la plume noire, consacré aux littératures africaines et sud-américaines. En mars 2004, l'association Balkans-Transit a organisé un week-end littéraire grec en Basse-Normandie, en collaboration avec le CRL, plusieurs écoles et des bibliothèques, mais aussi des cafés et des cinémas qui ont accueilli lectures, rencontres, projections et discussions[252]. De la même manière, l'association grenobloise Amitié Pays Baltes a organisé en mai 2004, en collaboration avec la librairie Le Square, une soirée consacrée à la littérature estonienne. Les événements autour des littératures étrangères tendent ainsi à se multiplier pour toutes les régions du monde et aux quatre coins de la France.

En règle générale, le rôle des associations est très important dans le domaine culturel. Cela se vérifie pour la promotion des littératures étrangères car les associations constituent le relais de la puissance publique et agissent avec relativement peu de contraintes en partenariat avec toutes sortes d'acteurs, privés comme publics. Elles peuvent organiser des évènements littéraires aussi bien dans des bibliothèques que dans des librairies, et agir de concert avec une collectivité ou un éditeur. Globalement, les littératures étrangères sont assez présentes dans les milliers de festivals qui se déroulent en France chaque année. Parmi les festivals littéraires généralistes les plus prisés, ceux qui semblent assez ouverts sur les littératures étrangères sont le Salon du livre de jeunesse de Montreuil, « Le Livre sur la place » de Nancy, et bien entendu le Salon du livre de Paris. Ces trois festivals reçoivent en effet plus de 50 000 visiteurs chacun chaque année[253]. Mais ils sont loin d'être les seuls à s'intéresser aux littératures

---

[252] Voir « La génétique au secours du talent… », *Le Monde des Livres*, 12 mars 2004.
[253] Chiffres donnés par André Muriel dans *Safélivre : guide des salons et fêtes du livre*, CALCRE, 2002.

étrangères. Certains des 450 salons, festivals, fêtes et rencontres à vocation généraliste organisés chaque année autour du livre et des écrivains, offrent ainsi une place de choix aux littératures étrangères. Les principaux festivals dans ce cas sont au nombre de huit : Les ailes du livre (Longwy), la Foire du livre (Saint-Louis), la Comédie du Livre (Montpellier), Hep, un livre ! (Toulouse), les Tombées de la nuit (Rennes), le Salon du livre de Pau, le Salon du livre de Colmar et le Salon des Dames (Nevers).

Mais de nombreux événements festifs sont aussi organisés spécialement en l'honneur d'une ou plusieurs littératures étrangères. On recense une trentaine de festivals de ce type chaque année. Parmi ces derniers, le Festival International du livre « Etonnants voyageurs » reste le plus médiatisé et le plus couru du grand public. Organisé par une association basée à Rennes et se déroulant à Saint-Malo, le festival attire plus de 50 000 visiteurs. Les autres événements souffrent par contre d'une moindre affluence par rapport aux salons littéraires généralistes, mis à part quelques exceptions comme le Festival international de la science-fiction à Nantes (entre 15 000 et 30 000 visiteurs), la Salon euro-arabe du livre organisé par l'Institut du Monde arabe à Paris (entre 15 000 et 30 000 visiteurs), le Carrefour des littératures et des cultures du monde à Bordeaux (entre 10 000 et 15 000 visiteurs), ou encore le Festival America à Vincennes (entre 10 000 et 15 000 visiteurs)[254]. Viennent ensuite une vingtaine de festivals et salons de littérature internationale comme Littératures européennes Cognac ; Les Boréales de Normandie à Caen ; Les Belles latinas à Lyon ; « La Cita » à Biarritz ; Livres du sud à Villeneuve-sur-Lot ; Au sud du Sud à Marseille ; le Salon de la littérature anglo-saxonne à Avon ; Passeurs de mots à Beuvry ; la Biennale internationale des poètes à Ivry-sur-Seine ; les Rencontres internationales de Bretagne à Saint-Malo ; le Festival international du roman noir à Frontignan ; les Rencontres jeunes dans la Nièvre (littératures francophones) à Nevers ; Les Météores, festival international des langues françaises à Douai ; le Salon international du livre insulaire à Ouessant ; le Salon du livre franco-arabe à Lyon ; enfin à Paris le Festival Francophonie métissée, le Salon du livre de l'outre-mer (Afrique noire, Caraïbes, Océan indien et pacifique), Le Maghreb des livres et le Festival franco-anglais de poésie. L'une des preuves de l'intérêt du public pour ces manifestations est la longévité de la plupart d'entre elles.

Quant au Salon du Livre de Paris, il constitue un cas un peu particulier, et il est bien sûr l'un des événements les plus importants pour la visibilité des littératures étrangères en France même si son organisation et son fonctionnement ont largement été remis en cause ces dernières années. Chaque année, il met en valeur un ou plusieurs invité(s) d'honneur. Organisé par le Syndicat national des éditeurs (SNE), le Salon propose aussi l'espace « cosmopolivres », agora permanente qui accueille auteurs et éditeurs

---

[254] Ibid.

étrangers (parfois sur des stands organisés par les centres culturels étrangers à Paris) et qui s'apparente à une véritable vitrine de la littérature internationale. L'année 2004, consacrée à la Chine, a confirmé l'importance du salon pour les littératures étrangères ; les conférences, tables rondes, lectures, ont fait salle comble, et la grande librairie du pavillon d'honneur, tenue par Gibert Joseph, a affiché des ventes exceptionnelles (plus de 14 000 volumes dont 15 % en langue originale). L'espace « Cosmopolivres » quant à lui a accueilli cette année-là plus de 250 éditeurs venant de plus de vingt pays[255]. Certains stands de différents pays peuvent se révéler très actifs : organisation de rencontres, débats et signatures, présentation d'ouvrages inédits… Les littératures étrangères bénéficient aussi de la publicité mise en place pour l'évènement global. En plus des affiches et des publicités dans la presse, des opérations sont menées pour insérer des numéraux spéciaux sur la littérature étrangère invitée dans plusieurs journaux (*Courrier international*, *l'Humanité*, *Magazine littéraire*…). Mais le Salon du Livre a-t-il un effet sur le long terme ? Cela reste à prouver : « de l'avis des libraires, le Salon du Livre renforce la saisonnalité, engendrant une ruée des éditeurs sur la littérature du pays mis à l'honneur. Avec un fort impact sur les ventes. "Mais, nuance Nicolas Vives, c'est un soufflé qui retombe vite. J'en veux pour exemple la Russie l'année dernière. On constate un net fléchissement des ventes"[256] ».

Enfin, il est intéressant de relever que les festivals littéraires internationaux sont disséminés à travers le territoire français. En effet, si Paris accueille plusieurs manifestations d'envergure comme le Salon du Livre, il n'en reste pas moins que des festivals à vocation internationale comme celui de Die (Salon du livre d'Europe centrale et orientale) ou de Saint-Malo (Etonnants voyageurs) perdurent et reçoivent chaque année des milliers de visiteurs malgré leur éloignement de la capitale. L'importance des festivals ne doit donc pas être sous-estimée, car ils parviennent à diffuser la littérature étrangère auprès d'un public important dans un large rayon géographique.

Si ces manifestations d'ampleur demandent un financement important et une organisation complexe, d'autres évènements plus « légers », tels les rencontres et les lectures, sont organisés toute l'année à travers la France. Associations et bibliothèques sont particulièrement actives dans ce domaine. Le Centre international de Poésie de Marseille organise par exemple de nombreux rendez-vous, expositions, invitations de poètes, séminaires de traduction ; il possède également une bibliothèque de 30 000 volumes et publie des textes écrits par des auteurs suite aux résidences d'écriture qu'il offre par ailleurs. La Maison des écrivains, installée depuis

---

[255] Voir Syndicat national de l'édition. *Bilan du 24ᵉ Salon du Livre, 19-24 mars 2004*. Paris, mai 2004.
[256] Catherine Andreucci, « Globalisation en rayon », *Livres Hebdo* n°646, 19 mai 2006.

1986 dans l'Hôtel d'Avejan à Paris, se présente comme un lieu de rencontre pour les écrivains français et étrangers. Elle souhaite favoriser les échanges par ses colloques, ses débats, ses conférences et ses lectures, et fonctionne principalement grâce à un financement public (subventions du CNL et de différents ministères), mais aussi grâce au mécénat privé (fondation du Crédit Mutuel). La Maison des écrivains organise les Prix et Rencontres Européens Evelyne Encelot, le Prix étant décerné à une femme européenne par un jury européen de chercheurs et d'écrivains reconnus de toutes nationalités. Trois domaines en alternance sont concernés : science, lettres, arts. La Maison des écrivains propose enfin des dossiers en libre accès sur des écrivains étrangers, ainsi qu'un répertoire trilingue (allemand-anglais-français) intitulé « Au rendez-vous des écrivains européens » sur son site Internet.

Une autre initiative à relever est celle de la Villa Gillet à Lyon, association créée et subventionnée par la Région Rhône-Alpes, qui bénéficie en outre de l'aide du CNL, de la DRAC et de la ville de Lyon. La Villa organise chaque mois des « Rencontres de Littérature internationale », soirées de débats organisés sur un thème précis avec la participation d'écrivains étrangers (« Faits divers, littérature et violence » avec l'écrivain américain Dennis Cooper, « L'art du romancier : comment composer avec le réel », avec l'Israélienne Batya Gour et l'Espagnol Juan Manuel de Prada...). Les Rencontres sont parfois soutenues par les pays d'origine des écrivains invités (comme l'Espagne par le biais de l'Institut Cervantès de Lyon). Depuis quelques années, la Villa Gillet organise aussi les Assises internationales du roman où le public peut rencontrer écrivains étrangers et traducteurs et écouter des débats sur le roman contemporain.

Les exemples d'actions sont multiples. Le Club des lecteurs d'expression française, relais du MAE depuis 1963, crée et développe des liens culturels avec le monde des littératures du Sud francophones, organise des expositions itinérantes, des rencontres et des débats avec les auteurs, des ateliers d'écriture et des stages, et publie la revue *Notre librairie*. Son action s'intéresse à près de cinquante pays d'Afrique, des Caraïbes et de l'Océan indien. La Maison des écrivains étrangers et des traducteurs à Saint-Nazaire, association étroitement liée à la ville de Saint-Nazaire, organise régulièrement des colloques, des lectures publiques et des rencontres d'écrivains et de traducteurs ; c'est aussi une maison d'édition, qui publie chaque année plusieurs livres bilingues ainsi que la revue littéraire *Meet*. Enfin, elle fait office de résidence pour écrivains et traducteurs et organise deux prix littéraires. De son côté, la petite association « Dix mille Printemps » a pour objectif de promouvoir et de favoriser les échanges culturels entre l'Asie et l'Occident, notamment en publiant la revue *Cyclo*, consacrée à la littérature vietnamienne et européenne. Quant à la Ligue de l'enseignement de la Dordogne, elle a lancé le projet « Etranges lectures » pour « permettre aux détenus d'aller à la rencontre de littératures, de textes, d'auteurs, de pays, de cultures autres ou parfois retrouver son pays d'origine à travers la littérature ». Des lectures de six œuvres étrangères classiques, modernes ou contemporaines sont ainsi proposées chaque année en milieu carcéral, mais aussi dans des bibliothèques de milieu rural.

Si les initiatives de ce type se sont multipliées, c'est parce qu'elles connaissent dans l'ensemble un franc succès. Dans les librairies, les bibliothèques, les associations, le public manque rarement, car lecteurs et intellectuels n'hésitent pas à se déplacer pour des lectures et rencontres avec des écrivains. Mais ce constat optimiste doit être relativisé car le public de ces manifestations est souvent constitué des mêmes personnes, alors que la majeure partie de la population ne s'y intéresse pas. Cependant, l'affluence aux rencontres et lectures est un signe encourageant pour l'avenir. De plus en plus de personnes cherchent ainsi à redonner un sens au monde qui les entoure et à retrouver une certaine forme de convivialité et d'échange, notamment par le biais de la littérature et des manifestations qui lui sont dédiées un peu partout sur le territoire. La rencontre et l'échange avec l'écrivain deviennent incitation à la lecture, ou sont vécus comme une sorte de « récompense » après l'effort de la lecture, en particulier pour le public scolaire.

Soutien à la traduction, système des prix littéraires, résidences d'écrivain

La littérature étrangère est également soutenue par d'autres types d'initiatives, principalement au nombre de trois : l'aide à la traduction, les prix littéraires, les résidences d'écrivain. En ce qui concerne l'aide à la traduction, rappelons que le principal problème posé aux éditeurs par la publication d'ouvrages de littérature étrangère est sans conteste le coût élevé de la traduction. C'est pour cette raison que le soutien public à la traduction est si important pour la diffusion de livres étrangers de qualité. En effet, « pour un éditeur, un ouvrage traduit est d'abord et avant tout un livre plus cher. Les activités de traduction contribuent ainsi à élever le niveau des ventes correspondant au point mort, c'est-à-dire le niveau à partir duquel ses charges sont couvertes, et à accroître d'autant les risques encourus par les maisons[257] ». Par ailleurs, les publications étrangères prennent souvent plus de temps : « entre le choix, l'acquisition, la traduction et la publication de l'ouvrage étranger, s'écoule un laps de temps parfois très long. Il n'est pas rare de voir une programmation de publications trois ou quatre ans à l'avance[258] ». En outre, le directeur littéraire étranger est obligé de s'entourer

---

[257] Françoise Barret-Ducrocq (dir.), *Traduire l'Europe*, Payot, 1992.
[258] Jean-Marie Bouvaist, *Pratiques et métiers de l'édition*, Cercle de la Librairie, 1991.

de collaborateurs qualifiés plus nombreux qu'un directeur littéraire français, aussi l'investissement financier est-il nettement plus lourd. Ces différentes contraintes pénalisent toute erreur de prévision.

Une estimation moyenne, pour un ouvrage de 200 pages à 1 500 signes la page, donne un coût de traduction d'environ 2 500 €, auquel viennent s'ajouter les travaux de relecture et réécriture. Mais ce coût peut être beaucoup plus élevé s'il s'agit d'un traducteur connu ou d'un très gros ouvrage, pouvant atteindre jusqu'à 12 000 € pour un titre. Une somme qui vient en plus de tous les coûts traditionnels du livre, sans que les chiffres de vente, et donc la rentabilité, en soient garantis. Dans la pratique, la traduction n'est envisagée que pour les livres dont les tirages seront supérieurs à 4 000 exemplaires.

Un autre problème concerne la difficulté de promotion des œuvres étrangères par rapport aux œuvres françaises. En effet, « un livre se vend aujourd'hui grâce à son auteur, à sa médiatisation et à son aisance ». Or « les auteurs étrangers sont plus difficiles à contacter et à déplacer que les auteurs nationaux ; l'interprétariat constitue une distance supplémentaire entre le public et l'auteur[259] ». Dans ce contexte, les aides des pouvoirs publics sont déterminantes ; elles seules sont à même d'élever le taux de traduction, là où le seul jeu du marché ne permettrait que d'éditer des ouvrages nationaux.

Ce soutien passe par la politique du CNL d'aide à la traduction et à la publication d'ouvrages : « le soutien s'effectue dans une démarche de promotion de la qualité et de mise en valeur de l'excellence. Les critères de soutien sont, en effet, la qualité de l'ouvrage et le risque financier encouru par l'éditeur[260] ». L'enveloppe globale du CNL a augmenté au début des années 1990, passant de 4 millions de francs en 1989 à 5 millions en 1990 et 7 millions en 1991. Cette année-là, le CNL a contribué à l'édition de 271 traductions, dont 60 de l'anglais (sur un total de 4 406 traductions publiées)[261]. Depuis, la tendance est plutôt à la stagnation des ressources et à la baisse des titres publiés grâce aux aides : les ouvrages traduits représentent en 1998 le tiers seulement des ouvrages subventionnés par le CNL, contre la moitié en 1992. En termes de quantité, 245 ouvrages ont été traduits en 1998 pour un montant de 7,4 millions de francs.

Les modalités d'attribution des aides du CNL dépendent de deux cents professionnels (éditeurs, écrivains, critiques, traducteurs, libraires...), qui se réunissent trois fois par an au sein de treize commissions spécialisées couvrant la plupart des secteurs éditoriaux. La commission concernant les littératures étrangères a été créée en 1982. Ses subventions prennent en charge entre 40 et 60 % des frais de traduction supportés par l'éditeur. Un

---

[259] Françoise Barret-Ducrocq (dir.), *Traduire l'Europe*, Payot, 1992.
[260] François Rouet, *Le livre : mutations d'une industrie culturelle*, La Documentation française, 2000.
[261] Françoise Barret-Ducrocq (dir.), *Traduire l'Europe*, Payot, 1992.

équilibre est recherché d'une part entre les différentes maisons d'édition, d'autre part entre les différents types de publication. Les éditeurs aidés doivent ensuite rendre compte de l'utilisation de l'aide et faire la preuve qu'ils ont mené la publication à son terme.

D'autres gouvernements étrangers ont mis en place un système similaire, notamment en Allemagne où l'organisme *Internaciones* joue le même rôle que le CNL. Et dans certains pays dont la langue est peu parlée dans le monde, les pays d'Europe du Nord par exemple, des aides à la traduction sont fournies aux éditeurs étrangers par les pouvoirs publics afin de favoriser la diffusion internationale de leurs écrivains classiques et contemporains.

Qu'en est-il des résultats pratiques de la politique d'aide du CNL et de la DLL ? Pour Philippe Shuwer, si l'action menée « a tenté de dynamiser les mouvements de traduction [...] une ombre plane encore sur ce domaine : les œuvres d'écrivains des pays en voie de développement restent inaccessibles, à de rares exceptions près[262] ». La primauté des traductions de l'anglais et de l'américain est écrasante, même si certains phénomènes de mode peuvent se produire (littératures latino-américaine, japonaise, italienne...). D'autre part, en France comme dans les autres grands pays, les pouvoirs publics se montrent souvent plus soucieux d'aider l'extraduction que l'intraduction ; en 1991 par exemple, les aides de la DLL à l'extraduction se sont élevées à 9 millions de francs (plus 1 million de francs alloué sous forme de bourses à 40 traducteurs), tandis que le CNL n'a distribué « que » 7 millions de francs pour l'aide à l'intraduction.

Les prix littéraires constituent une autre manière d'encourager les littératures étrangères en mettant un auteur en valeur et en poussant à la traduction de ses autres œuvres. Si les prix attribués à des traductions récompensent autant le traducteur que le livre, d'autres prix couronnent un ouvrage étranger en tant que tel. Or « une œuvre récompensée par un grand prix littéraire sera plus volontiers traduite dans un autre pays, à condition que ce pays ne soit pas réfractaire aux traductions. La romancière britannique Antonia Byatt a acquis une célébrité mondiale après avoir reçu le Booker Prize, principal prix littéraire anglais[263] ».

Le prix Nobel de littérature joue aussi un rôle fondamental en apportant la consécration internationale à toute l'œuvre d'un écrivain et en facilitant sa circulation au niveau mondial. Le prix Nobel est un peu moins centré sur l'Occident depuis 1945, après avoir été décerné pour la première fois à un auteur non occidental (le poète indien Rabindranāth Tagore) en 1913. Néanmoins, sur cent-six écrivains récompensés entre 1901 et 2009, seuls dix-sept (soit 16 %) ne sont originaires ni d'Europe ni d'Amérique du

---

[262] Philippe Schuwer, *Traité pratique de l'édition*, Editions du Cercle de la Librairie, 1994.
[263] Marie-Françoise Cachin et Claire Bruyère, « La traduction au carrefour des cultures ». Op.cit.

Nord. Sept écrivains vivant en Amérique du Sud, aux Caraïbes et aux Antilles ont ainsi reçu le prix Nobel : la Chilienne Gabriela Mistral en 1945 ; le Guatémaltèque Miguel Ángel Asturias en 1967 ; le Chilien Pablo Neruda en 1971 ; le Colombien Gabriel García Márquez en 1982 ; le Saint-lucien Derek Walcott en 1992 ; le Mexicain Octavio Paz en 1990 et le Trinidadien Vidiadhar Surajprasad Naipaul en 2001. L'Asie n'a reçu que trois prix Nobel, à travers les Japonais Yasunari Kawabata en 1968 et Kenzaburo Oe en 1994, et le Chinois naturalisé français Gao Xingjian. De même, l'Afrique a reçu trois distinctions avec le Nigérian Wole Soyinka (1986) et les Africains du Sud Nadine Gordimer (1991) et John Maxwell Coetzee (2003). Enfin, quatre auteurs du Proche et Moyen-Orient ont été nobélisés : l'Israélien Shmuel Yosef Agnon en 1966, le Turc Elias Canetti en 1981, l'Egyptien Naguib Mahfouz en 1988 et le Turc Orhan Pamuk en 2006. Il semble donc difficile aux écrivains non occidentaux d'accéder à cette prestigieuse distinction. Or l'importance du prix Nobel pour faire connaître une œuvre et un auteur étranger ne peut être sous-estimée. Dans une enquête de 1970 portant sur les bibliothèques d'entreprise de la région bordelaise, Henri Marquier a par exemple montré que Cholokhov se trouvait parmi les auteurs lus à la fois par les ouvriers et les employés, et qu'il fallait sans doute voir là entre autres un effet du prix Nobel attribué à cet auteur en 1965[264].

En France, les prix littéraires les plus connus sont destinés à des œuvres d'imagination, le plus souvent des romans. Au cours du XXe siècle se sont instaurés des prix spécifiquement destinés à la littérature étrangère. Dès 1937 est institué le Prix Halpérine-Kaminsky en souvenir de ce littérateur russe surnommé le « prince des traducteurs ». Récompensant la meilleure traduction de l'année, le prix est notamment décerné en 1938 à Pierre-François Caillé, futur président de la Société Française des Traducteurs (SFT), pour *Autant en emporte le vent* de Margaret Mitchell. En 1945 est créé le Prix Denyse Clairouin, en mémoire d'une traductrice morte en déportation, qui couronne la meilleure traduction de l'anglais. Puis en 1980, la SFT honore la mémoire de son président-fondateur, décédé en 1979, en créant le Prix Pierre-François Caillé. Mais il ne s'agit là que de quelques exemples : plus de quatre-vingt prix littéraires se rapportent aujourd'hui de près ou de loin aux littératures étrangères. Les auteurs étrangers peuvent se porter candidats à de nombreuses récompenses et différents prix leur sont spécifiquement destinés. Parmi les plus prestigieux, citons le Prix du Meilleur livre étranger, le Médicis étranger (créé en 1970), le Fémina étranger (datant de 1985), le Grand Prix de l'Imaginaire, le prix Ecureuil de littérature étrangère, le prix des Hémisphères, le prix international de poésie Antonio Viccaro, le Prix France-Culture (fiction étrangère), le Prix du

---

[264] Voir Nicole Robine, *Lire des livres en France des années 1930 à 2000*, Cercle de la Librairie, 2000.

premier roman étranger, le Prix de traduction Pierre-François Caillé, le Prix Roger Caillois, le Grand Prix du roman noir de Cognac ou encore le Grand Prix de la Francophonie, pour n'en citer que quelques uns. A noter le nombre important de prix orientés vers la francophonie ou vers l'Europe. Alors que quelques deux mille prix et résultats de concours littéraires sont décernés chaque année dans notre pays, les littératures étrangères tiennent donc une place importante dans ce système.

Ce système de prix littéraires est très important car, comme le soulignait Jean Bessière en 1989, « primer est un acte de reconnaissance, de recommandation et de promotion[265] ». Les œuvres étrangères primées accèdent ensuite plus facilement à la visibilité auprès du grand public, et ce dernier les identifie d'autant plus que « la plupart des ouvrages étrangers primés présentent une forte identité culturelle[266] ». D'où viennent ces romans couronnés en France ? Jean Bessière, qui s'est penché sur les prix Médicis et Fémina, constate qu'entre 1970 et 1986, sur dix-neuf ouvrages primés, huit sont anglophones, quatre hispanophones, trois italiens, un soviétique, un israélien, un tchèque et un suédois. Les ouvrages anglophones viennent de Grande-Bretagne (2), des Etats-Unis (4) et d'Afrique du Sud (2), tandis que les hispanophones viennent de Cuba (2) et d'Argentine (2). Du côté des maisons d'édition publiant ces ouvrages, l'éventail est aussi serré : sept maisons seulement se sont partagées les dix-neuf ouvrages : Gallimard (6), Grasset (4), le Seuil (3), Albin Michel (2), Stock (1), L'Age d'Homme (1) et Actes Sud (1). Malgré le nombre relativement élevé de prix consacrés à la littérature étrangère, les plus prestigieux restent ainsi concentrés sur certaines zones géographiques et sur des auteurs confirmés, publiés par de grandes maisons d'édition.

Ces prix littéraires constituent-ils un gage de qualité ? La réponse semble plutôt positive. En tout cas, ils ont le mérite de mettre en avant des écrivains de réel talent. Le Prix du Meilleur Livre étranger a par exemple couronné de nombreux auteurs latino-américains aujourd'hui reconnus, tels le guatémaltèque Miguel Ángel Asturias (*Monsieur le Président*, 1950), le cubain Alejo Carpentier (*Le Partage des eaux*, 1956), le colombien Gabriel García Márquez (*Cent ans de solitude*, 1969) ou l'argentin Maurice Manly (*L'Ange des ténèbres*, 1975)[267]. De même pour les auteurs italiens (Leonardo Sciscia pour *Todo Modo* en 1975, Mario Pomilio pour *Le cinquième Evangile* en 1978) et russes (Alexandre Soljenitsyne pour *Le premier cercle* et *Le Pavillon des cancéreux* en 1968).

---

[265] Jean Bessière, « Les prix littéraires étrangers en France (1970-1986) » in la *Revue de littérature comparée*, n°250, avril-juin 1989.
[266] Ibid.
[267] Voir Henri van Hoof, *Histoire de la traduction en Occident*. Op.cit.

Par ailleurs, un grand nombre de prix littéraires sont ouverts aux écrivains français comme étrangers, tels le Goncourt, le Renaudot ou le Grand Prix littéraire des lectrices de *Elle*. Enfin, des prix sont prévus spécifiquement pour les traductions, comme le prix Halpérine-Kaminsky, le Grand prix de l'Imaginaire, le prix de traduction Gérard de Nerval, le prix de traduction Pierre-François Caillé ou le prix de traduction Tristan Tzara.

Outre les prix les plus connus, souvent parisiens, d'autres récompenses sont destinées à des œuvres étrangères. Citons notamment le Prix Laure-Bataillon de la meilleure œuvre de fiction publiée en traduction française dans l'année et le Prix de la Jeune Littérature Latino-américaine, récompenses organisées et remises toutes deux chaque année par la Maison des écrivains étrangers et des traducteurs de Saint-Nazaire (MEET). Parrainé par le Conseil Général de Charente, le Prix Jean Monnet de Littérature Européenne récompense de son côté un auteur européen pour un ouvrage publié dans l'année, écrit ou traduit en français, sélectionné par un jury composé d'écrivains, de critiques et de journalistes[268].

Aujourd'hui, les prix littéraires qui récompensent des œuvres étrangères ont un impact souvent plus fort que la majorité des prix récompensant les ouvrages français. En effet, les ouvrages étrangers sont par définition innombrables et les prix les récompensant peu nombreux en comparaison ; il en résulte que les œuvres étrangères primées, déjà passées au filtre de la traduction, sont souvent d'une grande qualité littéraire. Jean Bessière remarque ainsi que « depuis 1970, la Prix Médicis étranger ne retient que des écrivains très largement confirmés, quand il ne s'agit pas d'écrivains tenus pour majeurs : Kundera, Cortazar, Doris Lessing, Alejo Carpentier, David Shaar, Elsa Morante, Joseph Haller, John Hankes. En termes de notoriété et, éventuellement, de qualité intrinsèque, les romans étrangers désignent une place hiérarchiquement supérieure à celle des romans français[269] ». Cette qualité favorise les ventes. On a ainsi pu constater en 2004 le bon résultat du roman de la Hongroise Magda Szabo, *La Porte*, lauréat du Fémina étranger (43 800 exemplaires alors que les ouvrages provenant d'Europe de l'Est se vendent en général plutôt mal).

Les ventes liées aux prix littéraires semblent pourtant en baisse. Alain Salles note dès 2004 que « le lauréat du Goncourt des lycéens, Yann Apperry, pour *Diabolus in Musica* (Grasset), affiche 32 000 exemplaires, alors que *La Mort du roi Tsongor* de Laurent Gaudé (Actes Sud) et *La*

---

[268] Ce prix, remis lors du Salon de la littérature européenne de Cognac, a déjà récompensé des auteurs comme l'Italien Antonio Tabucchi (1995), le Belge Pierre Mertens (1996), l'Espagnol Arturo Perez Reverte (1997), le Norvégien Herbjorg Wassmo (1998), le Néerlandais Harry Mulisch (1999), la Portugaise Lídia Jorge (2000), l'Espagnol Jorge Semprun (2001).
[269] Jean Bessière, « Les prix littéraires étrangers en France (1970-1986) » in la *Revue de littérature comparée*, n°250, avril-juin 1989.

Joueuse de go de Shan Sa, précédents lauréats, dépassaient les 90 000[270] ». Comme quoi, si les prix littéraires bénéficient encore aux littératures étrangères, ce mode de promotion tend à s'atténuer, sans doute en raison de la multiplication des prix littéraires en tous genres et d'une surenchère de la médiatisation.

Enfin, le système des résidences d'écrivain constitue une aide importante à la création de littérature étrangère. D'initiative privée ou publique, une grande majorité des résidences en France sont ouvertes aux écrivains étrangers, et certaines leur sont spécialement dédiées de par leur vocation internationale. Les résidences d'écrivain sont en général initiées par une collectivité, puis gérées soit en régie directe, soit par une association loi 1901. Elles peuvent aussi être aidées par des professionnels du livre (éditeurs, libraires). Un exemple fameux et assez exceptionnel (tant au niveau de l'ampleur du projet, de son coût que du système de fonctionnement) est la Villa Mont Noir, centre départemental de résidence d'écrivains européens, initié et géré par le Conseil général du Nord. Cette résidence a pour vocation d'accueillir chaque année une quinzaine d'écrivains venus de l'Europe entière, afin de favoriser la création littéraire. Les écrivains, qui présentent leurs candidatures de toute l'Europe, sont sélectionnés par un jury sur leur valeur proprement littéraire. Dans d'autres cas, les résidences sont gérées par une association. C'est le cas par exemple du Centre international de Poésie de Marseille, qui accueille des auteurs en résidence puis publie les textes écrits durant leur séjour, ou de la fameuse MEET de Saint-Nazaire, qui accueille des écrivains et traducteurs du monde entier. Elle alloue à ses résidents une bourse et met un appartement à leur disposition dans un immeuble au-dessus des bassins du port de Saint-Nazaire, à l'embouchure de la Loire. Différents centres régionaux du livre, qui ont pour la plupart un statut associatif, ont aussi lancé des programmes d'invitation d'écrivains en résidence. Le Centre régional du livre de Bourgogne propose ainsi, en partenariat avec le Conseil général de l'Yonne, l'accueil d'un écrivain francophone en résidence pendant trois mois. Tout comme le CRL d'Aquitaine, qui propose une résidence ayant pour vocation l'accueil d'un écrivain ou d'un poète étranger.

D'autres résidences, plus rarement, sont d'initiative privée, comme la résidence d'écrivain Au Diable Vauvert, lancée en 2001 par l'éditrice Marion Mazauric en Camargue, à côté de sa maison d'édition. Le premier étage est aménagé en deux appartements mitoyens et indépendants. Là aussi, les écrivains invités peuvent être français ou étrangers, et les séjours durent de deux semaines à trois mois. La mairie de Vauvert, aidée par le conseil général du Gard, a financé la restauration et l'aménagement de la résidence ; les écrivains hébergés peuvent bénéficier de bourses, délivrées par le Centre

---

[270] Alain Salles, « Les prix littéraires se vendent moins », *Le Monde des Livres*, 30 janvier 2004.

Régional des Lettres ou le CNL. Certaines résidences sont aussi gérées par des fondations, comme la résidence de poètes de la Fondation Royaumont, centre de poésie et de traduction axé sur les écritures contemporaines, qui dispose également d'une bibliothèque de 18 000 ouvrages. Enfin, des initiatives ponctuelles peuvent être mises en place par des collectivités ou des associations. C'est le cas notamment en 2009-2010 du projet de « Résidence pérégrine de création littéraire », initié par l'association Lettres Européennes avec le soutien financier de l'Union Européenne. Dans le cadre de ce projet, une quinzaine d'écrivains venus des quatre coins de l'Europe effectuent chacun une ou plusieurs résidences dans quatre pays différents (Belgique, France, Lettonie, Pologne).

Les résidences d'écrivain sont aujourd'hui nombreuses et diversifiées, et leur ouverture vers l'étranger est réelle. Même si un nombre restreint de résidences est dédié seulement aux écrivains étrangers, ces derniers sont tout de même accueillis de manière privilégiée dans plusieurs lieux. Par contre, les traducteurs sont souvent les oubliés du système, les deux principales exceptions étant la MEET et le Collège international des traducteurs littéraires à Arles. Mais une véritable réflexion doit être menée sur ce système, qui a parfois tendance à considérer l'écrivain résidant comme à disposition du public – notamment scolaire –, empêchant le calme propice à la création. Ce système doit ainsi rester ouvert, et la résidence doit être suffisamment souple pour s'adapter aux personnalités, aux besoins et aux souhaits des écrivains résidents.

Enfin, le réseau des villes-refuges du Parlement international des écrivains (PIE) constitue un cas très particulier de soutien aux écrivains d'ailleurs. Fondé en 1994 par Salman Rushdie, le PIE a créé un réseau de villes, dites villes-refuges, destinées à accueillir des écrivains persécutés dans leur pays d'origine :

> *Face à l'archipel du terrorisme international et à l'internationalisation de la répression, nous n'avons pas d'autre choix que de reconquérir de nouveaux territoires libres, des zones franches où la création soit non seulement tolérée mais encouragée, et où les écrivains puissent continuer à écrire en dépit des assassins. Une arche ou un archipel de l'imaginaire*[271].

L'idée du PIE a émergé dans l'indignation soulevée par l'assassinat en Algérie du journaliste et romancier Tahar Djaout par des fondamentalistes en 1993. Des intellectuels venus à Strasbourg à l'occasion d'une manifestation littéraire, choqués par ce meurtre, ont alors signé un appel pour la création d'un réseau international d'accueil et de protection des écrivains et artistes menacés dans leurs pays : « Il est question d'affirmer,

---

[271] Voir le site Internet du Parlement international des écrivains.

proclamaient les signataires, ce que le présent a d'intolérable, et l'exigence intraitable de libérer l'invention démocratique, ses phrases, ses images, ses symboles. En ce sens, les écrivains du monde entier sont fondés à se constituer en parlement – en un lieu de parole – qui fasse droit à toutes les formes et à toutes les défenses de cette affirmation ».

Christian Salmon, secrétaire général du PIE, explique en 1993 qu'« au cours des six premiers mois de l'année 1993, le nombre d'écrivains persécutés, emprisonnés ou assassinés dépassait le millier. L'assassinat des écrivains est devenu un phénomène presque banal... Les fatwas se sont multipliées en Afghanistan, en Iran, au Bangladesh, en Algérie et les écrivains et les intellectuels sont devenus la cible privilégiée d'attentats aveugles et à haut rendement médiatique ». Soutenue et financée par l'Union européenne, l'association a donc mis en place un réseau international d'une trentaine de villes qui offrent l'asile aux artistes menacés.

Le PIE ayant connu des difficultés financières dès 1994, une association parallèle indépendante a alors été créée, l'International Cities of Refuge Network (ICORN), à laquelle adhèrent aujourd'hui une vingtaine de villes, dont neuf en Norvège. La France, partie prenante du PIE, est sortie du dispositif en 1994, même si plusieurs villes et régions continuent d'accueillir des écrivains persécutés. La Charte des Villes Refuges, adoptée par le Conseil de l'Europe le 31 mai 1995 et approuvée par le Parlement Européen dans sa résolution du 21 septembre 1995, constitue le cadre juridique et institutionnel qui définit les conditions d'accueil de ces écrivains. Conformément à la convention prévue par la Charte, les villes-refuges s'engagent à offrir pendant deux ans un logement et une bourse mensuelle à un auteur réfugié. Ces conditions doivent permettre aux écrivains de mener leurs activités artistiques dans des conditions normales, de participer à la vie culturelle de la ville d'accueil et d'envisager sereinement une solution durable à leur situation. Si le réseau des villes-refuges est mondial, la France est particulièrement accueillante ; la région Basse-Normandie, la région Franche-Comté, Ferney-Voltaire, Blois, Besançon, la région Ile-de-France avec Aubervilliers, le Centre Georges Pompidou, Suresnes, Rambouillet et Paris, sont ainsi devenus de véritables refuges pour des écrivains étrangers persécutés.

Le réseau a déjà accueilli plusieurs dizaines d'auteurs afghans, algériens, birmans, chinois, cubains, iraniens, nigérians, ouzbèques, ou encore vietnamiens. L'écrivain accueilli est considéré comme un ambassadeur de sa culture, symbole d'une citoyenneté ouverte et multiculturelle et témoin actif du dialogue entre les cultures. L'aide apportée va bien au-delà d'une aide matérielle et s'étend aussi à la possibilité de circulation de la parole créatrice. Christian Salmon explique ainsi que « les écrivains accueillis ne sont pas que des simples réfugiés, mais des ambassadeurs d'une parole autre à laquelle nos sociétés homogénéisées, standardisées n'ont plus accès. La présence du Congolais Maxime N'debeka à Blois ou de l'Albanais Bashkim Shehu à Barcelone sont des contre-feux par rapport à ce processus d'homogénéisation ». Par ailleurs, la revue de l'ICORN, *Autodafé*, offre une vitrine aux écrivains accueillis en résidence pour s'exprimer librement et faire entendre leurs revendications et leurs différences.

Chapitre 8 : Les centres culturels étrangers en France

Les centres culturels étrangers sont particulièrement nombreux en France ; l'Institut suédois par exemple ne possède qu'une seule représentation à l'étranger, et il a choisi de la placer à Paris. Ces centres culturels jouent un rôle non négligeable dans la promotion des littératures étrangères dans notre pays. Instruits de l'histoire littéraire de leur pays et au courant des dernières parutions de leurs compatriotes, ils ont un accès facile aux écrivains de chez eux, ce qui leur permet de leur offrir un espace de promotion privilégié.

La majorité des centres sont étroitement liés aux ambassades de leur pays : ce sont « des organismes très proches – soit juridiquement, soit dans les faits – des pouvoirs publics, surtout quand leurs financements, tels ceux [...] de l'Institut Goethe ou du Cervantès dépendent presque exclusivement de leurs ministères de tutelle[272] ». Les plus importants d'entre eux – les plus anciens également – sont ceux de l'Allemagne, de l'Angleterre, de l'Espagne, de l'Italie et du Portugal. L'Institut Goethe possède un réseau, à la fois culturel et linguistique, de 140 bibliothèques et centres d'informations, dont 6 en France. L'Espagne a créé l'Institut Cervantès en 1990 et le Portugal l'Institut Camões en 1992, comme un moyen de s'affirmer comme démocratie sur la scène culturelle internationale après la disparition des régimes franquiste et salazariste. Les Instituts de culture à l'étranger ont été créés par l'Italie dès 1926 pour s'occuper des problèmes de diffusion du livre. Quant au British Council, il a été créé en 1934, en pleine montée des totalitarismes en Europe. Tous les centres ont donc une histoire différente, même si les plus anciens ont en commun le fait que l'Etat ne les a pas créés de manière volontariste. En effet, « l'idée même que l'Etat monte en première ligne n'est pas si ancienne qu'on le croit souvent [...] L'Etat ne fut pour rien – au moins directement – dans la création de l'Alliance française. De même pour le British Council en 1934 et le Goethe Institut[273] ». Puis, au fur et à mesure que les enjeux sont devenus plus politiques, les Etats sont intervenus.

Les centres culturels étrangers diffèrent par leur statut, leurs ressources, leurs priorités et leurs méthodes. Fondés sur une même approche politique, selon laquelle les Etats doivent affirmer leur identité culturelle sur la scène internationale, ils « n'ont pas suivi la même voie pour mettre en œuvre les missions qui leur étaient assignées. Les uns restent très proches de l'Etat [...] Les autres, sans bénéficier d'une totale autonomie et se fondre dans la société civile au même titre que n'importe quelle association,

---

[272] François Roche, *La crise des institutions nationales d'échanges culturels en Europe*, L'Harmattan, 1998.
[273] Ibid.

relèvent plutôt de ces organisations mixtes qui fleurissent en Europe, à des degrés divers[274] ». La promotion de la littérature par ces centres passe autant par des actions directes que par une collaboration avec des structures françaises.

L'action littéraire des centres culturels étrangers

Vitrines du monde, les centres culturels étrangers de Paris sont situés principalement dans le Marais, les 7e, 8e arrondissements et les alentours de la place de l'Etoile. Comme les ambassades, ils résident le plus souvent dans d'anciens hôtels particuliers et immeubles de caractère. Une organisation les rassemble depuis 2002 : le Forum des instituts culturels étrangers à Paris (FICEP), qui comprend 34 centres et instituts. Le FICEP organise chaque année la « semaine des cultures étrangères », un événement qui permet de ressentir l'atmosphère des différents pays et de mettre en valeur notamment leur littérature. Citons en vrac pour l'année 2003 : le lancement de la traduction du livre *Chimères* par le Centre culturel irlandais ; rencontre « À la découverte de la littérature arménienne, classique et contemporaine » organisée par le Centre de recherches sur la diaspora arménienne ; lancement d'une anthologie de nouvelles serbes par le Centre culturel yougoslave ; exposition « Carte blanche donnée à Nancy Huston » organisée par le Centre culturel canadien ; exposition « Planches de BD de Golo » organisée par le Centre culturel d'Égypte ; exposition « Doubles d'écrivains » de l'Instituto de Mexico ; exposition « Les plus beaux livres néerlandais de 2003 » de l'Institut néerlandais ; exposition « Réalités poétiques » du Centre tchèque, etc. Cette « semaine des cultures étrangères », si elle n'est pas centrée sur la littérature, s'affirme tout de même comme une occasion pour chaque centre de promouvoir les écrits de son pays, même si leur engagement dans ce domaine est de degré très varié.

Les centres organisent aussi des manifestations littéraires de manière conjointe. Ce fut le cas en 2002 par exemple, avec l'organisation d'une semaine Portes Ouvertes en avril à l'occasion de la Journée Mondiale du Livre et du Droit d'auteur (instituée par l'Unesco le 23 avril). Durant une semaine, l'Association des centres culturels européens ECALIS (European Cultural Agencies Libraries and Information Services), créée en 1999, a invité les Français à célébrer le livre à travers un programme varié de manifestations culturelles (tables rondes, débats littéraires, rencontres, lectures de textes) dans différents centres culturels autour du roman policier européen. A cette initiative se sont associés le British Council, le Centre Culturel Suédois, le Goethe-Institut, l'Institut finlandais, l'Institut néerlandais, l'Instituto Cervantès, le Centre Culturel Calouste Gulbenkian, l'Ambassade royale de Norvège, l'Ambassade d'Irlande, mais aussi la

---

[274] Ibid.

Bibliothèque nordique, la Bibliothèque de littérature policière (Bilipo) de la Ville de Paris, la Mairie de Paris, le MAE (par le biais des Médiathèques-Centres d'Information) et l'Unesco. Il existe donc des possibilités de collaboration entre les centres au niveau culturel et littéraire, ce qui tranche avec des oppositions nationales politiques parfois très fortes.

Outre ces manifestations particulières, chaque centre et institut organise durant l'année des événements qui lui sont propres autour des livres et des écrivains. Même les centres les plus modestes font un effort dans ce sens, comme par exemple le Centre de recherches sur la diaspora arménienne, qui propose des références bibliographiques (roman, poésie, théâtre) à travers un fonds documentaire de livres et de documents sonores. La littérature demeure globalement l'un des domaines les plus soutenus par les centres culturels ; cette situation se reflète dans la quasi omniprésence d'une bibliothèque, parfois également d'une librairie, au sein des centres.

La plupart d'entre eux disposent en effet d'une bibliothèque afin de faire connaître leur littérature et de mettre des livres, traduits ou non, à la disposition du public. En règle générale, une double volonté est affichée : rendre la littérature du pays plus accessible au public français d'une part, proposer un centre de ressources en langue étrangère pour les immigrés résidant en France d'autre part. Mais les centres et instituts ne mènent pas tous une politique identique ; tandis que certains mettent particulièrement l'accent sur leur bibliothèque et possèdent des fonds relativement importants, d'autres n'ont que quelques ouvrages, parfois disponibles seulement dans leur langue. Là encore, quelques exemples.

Le Centre Wallonie-Bruxelles possède une équipe de promotion des Lettres, relevant de la Direction des Lettres du Ministère de la Communauté française à Bruxelles. Elle programme des événements littéraires, organise des rencontres et lectures à la Bpi, octroie des aides aux éditeurs et aux auteurs belges (résidence d'écrivain à la Maison de la Poésie de Saint-Quentin-en-Yvelines par exemple), propose des animations de rue autour du livre, et enfin promeut la littérature belge francophone auprès des universités et collèges de France. Le Centre Wallonie-Bruxelles organise également le Festival Francophonie métisse à Paris. Il offre parmi ses infrastructures une bibliothèque, un centre de documentation et une librairie généraliste, cette dernière étant complétée par un service de diffusion et de distribution sur la France. Il dispose aussi d'une structure de promotion des écrivains belges de langue française, qui organise des rencontres littéraires, au Centre et dans l'ensemble de la France, notamment à l'occasion des salons du livre.

Le Centre culturel suédois (CCS) est lui aussi très actif dans l'organisation d'événements littéraires : rencontres avec le public et avec les professionnels du livre, lectures de textes, etc. De plus, avec le soutien du CCS, l'association Arcadia organise chaque année des rencontres culturelles nordiques à Bordeaux et à Cognac, durant lesquelles la littérature, le cinéma et la musique sont à l'honneur. Le CCS de Paris possède une bibliothèque ouverte au public. La bibliothèque de l'Institut Tessin, qui fait partie de la bibliothèque du CCS, dispose de livres (à consulter sur place) concernant l'histoire de l'art en Suède, notamment des livres sur le design, l'architecture et la photographie. A l'origine, la bibliothèque était riche de 30 000 volumes, mais il n'en reste aujourd'hui qu'environ 10 000, les autres volumes étant conservés à l'université d'Umeå.

De son côté, l'Instituto de México organise des ateliers de création littéraire (roman, nouvelle, essai) en espagnol, des conférences avec des écrivains, des présentations d'œuvres littéraires en présence de nombreux écrivains...

La Maison de la culture du Japon à Paris organise des conférences et tables rondes (comme *Mishima : quelques jalons pour une redécouverte ?* en 2003), des soirées autour du livre. Ecrivains, poètes, éditeurs, universitaires et traducteurs sont invités à chacune des manifestations. La bibliothèque de la Maison de la culture du Japon, inaugurée en 1997, possède des collections qui occupent tout un étage du bâtiment ; elle a pour vocation de s'ouvrir « à tous ceux qui s'intéressent en France et en Europe à la culture japonaise et souhaitent approfondir leur connaissance du Japon[275] ». La bibliothèque propose en libre accès des livres, journaux et revues en français, anglais et japonais. Un espace audiovisuel complète cette documentation en offrant une sélection de CD, cassettes vidéo, DVD et CD-Rom. Le fonds de la bibliothèque compte environ 19 000 ouvrages (dont 8 500 en français et en anglais, et 10 500 en japonais) ; il est régulièrement actualisé et enrichi.

L'Institut culturel autrichien organise quant à lui colloques, lectures et rencontres diverses, qui ont pour but « d'intensifier à long terme les relations culturelles et présenter une image moderne de la culture autrichienne ». Disposant d'une grande liberté d'action, l'Institut accorde un appui conceptuel et administratif aux échanges culturels et scientifiques, et tente par ses activités d'information et de manifestations d'atteindre un public aussi nombreux que possible en évoquant des thèmes culturels ayant trait à l'Autriche.

Le Centre culturel tchèque a choisi de lancer des soirées littéraires hebdomadaires, intitulées « kaféidées » ; ce sont des soirées de réflexion thématiques à travers des lectures d'extraits de mémoires, d'anecdotes d'histoire littéraire, et de grands textes de la littérature tchèque du XXe siècle. Il propose aussi une bibliothèque de taille modeste, ouverte deux jours par semaine.

L'Institut Camões a une programmation régulière au niveau littéraire (conférences, soirées). De nombreux auteurs portugais sont invités en France pour présenter leurs œuvres et rencontrer le public, comme José Saramago, Agustina Bessa-Luís, António Lobo Antunes ou Lídia Jorge. Le site de

---

[275] Voir le site Internet de la Maison de la culture du Japon à Paris.

l'Institut Camões propose aussi, en portugais, une centaine d'articles référencés ayant trait à la littérature portugaise (parus au Portugal, mais aussi en Espagne et en France).

L'Institut kurde, qui ne dispose que de moyens modestes, a choisi de s'occuper tout particulièrement de littérature, procédant à des lectures et rencontres diverses. Il présente de nouvelles parutions (romans, recueils de poésie, essais), organise des lectures poétiques et des rencontres-débats. L'Institut dispose d'une bibliothèque, et organise parfois des événements ponctuels, comme une « semaine du livre kurde » en 2003, durant laquelle des réductions étaient pratiquées sur de nombreux livres en kurde, en turc, en français et en anglais, ainsi que sur des cassettes de musique et des films.

Le Centre culturel coréen, créé en 1980, a pour vocation de mieux faire connaître la culture coréenne au public français et de promouvoir et développer les échanges artistiques entre la Corée et la France. A travers ses activités multiformes, il se propose d'être un lieu de rencontre et de découverte en accueillant à la fois les visiteurs français qui s'intéressent à la culture coréenne et les membres de la communauté coréenne vivant en France. En ce qui concerne la littérature, le Centre Culturel Coréen organise de temps en temps des manifestations et édite la revue *Culture Coréenne*, dans laquelle sont publiés des articles abordant différents domaines culturels, dont la littérature. Sa bibliothèque offre près de 12 000 livres et publications en coréen, anglais et français.

L'activité du Bureau culturel d'Egypte en France consiste à insister sur la présence culturelle égyptienne à l'étranger, à travers des expositions, des conférences et des rencontres. L'objectif du Centre, fondé en 1965, est de promouvoir la culture et les arts égyptiens auprès du public parisien le plus large, mais aussi auprès des professionnels et des étudiants arabisants ou travaillant sur l'Égypte pharaonique. Au niveau littéraire, le Centre dispense des informations aux personnes souhaitant se documenter sur l'Égypte. Des conférences et des débats sont animés chaque mercredi par des écrivains, professeurs ou spécialistes du monde arabe, parfois à l'occasion de la parution d'un ouvrage. La bibliothèque du Centre possède de nombreux ouvrages en langues arabe et française en matière d'histoire, d'art, de politique ou de religion. Les principales époques sont représentées (l'Égypte pharaonique, copte, islamique et contemporaine), ainsi qu'une sélection d'écrits des auteurs égyptiens les plus prestigieux. Les œuvres sont répertoriées sur catalogue et seule la consultation sur place est autorisée. De plus, des cours d'arabe permettent l'apprentissage de la langue arabe littéraire, du dialecte égyptien et de la langue hiéroglyphe.

Le Centre culturel irlandais a vocation à « donner à voir un large éventail de formes artistiques, y compris les arts plastiques, le cinéma, la littérature, la musique et des combinaisons de toutes ces activités ». Des logements sont prévus par le Centre pour accueillir des artistes, notamment des écrivains. Le Centre est particulièrement actif dans l'organisation de soirées, de rencontres littéraires, d'ateliers, de conférences et de lectures. Edifiée entre 1772 et 1775, la bibliothèque ancienne du Collège irlandais – où est situé le Centre culturel – comprend un fonds d'environ 10 000 ouvrages dont près de la moitié datent du XVe au XVIIIe siècle.

Le Centre culturel canadien affiche quant à lui trois buts privilégiés : « promouvoir le livre et l'édition ainsi que l'audiovisuel (cinéma, télévision, vidéo) et faire connaître les artistes et professionnels œuvrant dans le secteur », « susciter des collaborations avec des organismes culturels français et étrangers, privés ou publics, comme les centres culturels étrangers, la Cinémathèque française, le Centre National du Livre, etc. » et « coordonner la participation canadienne lors de festivals de films ou de salons et foires littéraires ». On le voit, le domaine littéraire est considéré comme l'un des objectifs prioritaires du Centre, qui organise chaque année rencontres, lectures, conférences et débats autour de différents écrivains.

Le British Council, qui dispose de moyens financiers assez considérables, apparaît sans surprise comme l'un des centres culturels les plus actifs. Son site Internet est très fourni, proposant un *Reading room* « pour tout savoir sur le monde du livre au Royaume-Uni ». Cette rubrique offre des comptes-rendus des événements littéraires, des recommandations de livres, des listes d'adresses pour trouver des livres anglais en France, des profils d'auteurs populaires au Royaume-Uni, ainsi que des opportunités pour les rencontrer. Quant aux activités qu'il organise, elles sont multiples tout au long de l'année : débats littéraires, rencontres, lectures, etc. en présence d'écrivains, d'universitaires, d'éditeurs, de traducteurs.

L'autre « poids lourd » de la diplomatie culturelle est le Centre culturel allemand Goethe-Institut. Son programme d'« aide à la traduction d'ouvrages allemands dans une langue étrangère » a pour objectif de rendre accessibles aux lecteurs non germanophones des contributions scientifiques importantes, ainsi que des ouvrages marquants de la littérature pour adultes et enfants. Ce programme est un instrument important de la politique culturelle et éducative allemande à l'étranger. Depuis sa création il y a trente ans, il a aidé financièrement la traduction d'environ 4 000 livres en quarante-cinq langues, notamment en français. Sont particulièrement soutenues la littérature allemande classique et contemporaine, les pièces de théâtre contemporaines – particulièrement lorsqu'elles sont accompagnées d'une mise en scène de l'œuvre – et la littérature jeunesse de qualité. Le Goethe-Institut organise aussi de nombreux débats, soirées, rencontres, lectures et conférences sur la littérature, et diffuse un bulletin littéraire à 250 médiateurs de l'espace francophone. Il collabore à des festivals, des salons, des résidences d'artistes, afin que les auteurs allemands soient le plus présents possible. Sa bibliothèque la plus importante en France est le centre d'information du Goethe-Institut Paris, qui renseigne sur l'actualité allemande culturelle, sociale et politique. Elle propose un fonds de documents imprimés et audiovisuels, favorise les contacts et la collaboration avec les bibliothèques et centres d'information allemands et français, et organise de nombreux séminaires. Le fonds, constamment réactualisé, compte 25 000 documents imprimés et audiovisuels. L'accent y est mis sur la langue et la littérature allemandes, la philosophie, l'art contemporain, le cinéma, l'histoire allemande du XXe siècle, la politique et l'économie après 1945. Les cinq autres bibliothèques du Goethe-Institut en France (Lyon, Lille, Nancy, Bordeaux, Toulouse) ont un rôle sensiblement identique, même si leur fonds est moins important. Elles sont les relais du programme de soutien à la traduction du Goethe-Institut et réalisent des dossiers thématiques en français et en allemand sur des thèmes d'actualité ou des domaines pointus. Chaque bibliothèque s'intéresse de façon privilégiée à un ou plusieurs domaines, met ses ressources à la disposition de tout le réseau, et conçoit des newsletters spécialisées auxquelles il est possible de s'inscrire à partir du site Internet (accessible aussi en français). Comme l'explique Jutta Bechstein-Mainhagu, directrice du bureau de liaison littéraire du Goethe-Institut de Bordeaux :

> *Le Goethe-Institut est passé d'une politique de bibliothèques à une politique de promotion de la littérature de langue allemande dans tout l'espace francophone, en recourant aux nouvelles technologies de l'information, en favorisant la présence d'auteurs allemands, en jouant un rôle de médiateur [...]*
> *J'ai réalisé une enquête pour le Goethe-Institut auprès des éditeurs, traducteurs et journalistes, pour savoir comment était perçue la littérature allemande, comment était faite sa promotion et quelles étaient les possibilités. J'ai été frappée par le nombre de résidences d'écrivains qui séjournent en un lieu pour un ou deux mois, animent des ateliers de traduction, d'écriture, des rencontres avec des auteurs ou avec le public, les étudiants. [...]*
> *Ce que je constate, c'est que la France traduit beaucoup plus que le monde anglophone ne le fait, assurément ; que la littérature de langue allemande est très présente et qu'il y a une grande demande à son égard. Il y a quelques décennies, ce sont de grandes manifestations qui jouaient un rôle déterminant, par exemple de grandes expositions qui mettaient en valeur un courant artistique. Dans les années 1970, avec l'exposition Caspar David Friedrich, on découvrit le romantisme, le rêve, l'inconscient, dans une Europe où la psychanalyse jouait un rôle majeur ; ce fut un atout pour la littérature romantique allemande. Puis ce fut l'exposition* Paris-Berlin 1900-1933, *qui déplaça le projecteur sur la littérature des années 1920, le cinéma, la poésie, le théâtre expressionnistes. L'exposition sur* Vienne, l'apocalypse joueuse *mit sur le devant de la scène sa modernité et le grand roman austro-hongrois. Le public français a donc été familiarisé de façon assez*

approfondie avec la littérature allemande. Au milieu des années 1980, c'était l'une des plus prisées, et le cinéma apportait sa contribution avec des films comme Le Tambour *de Völker Schlöndorf*[276].

De son côté, l'Institut de traduction de la littérature hébraïque, qui n'est pas un « centre culturel » à proprement parler, joue un rôle important pour la diffusion en France de la littérature écrite en hébreu par des écrivains d'Israël. Fondé en 1962 et dirigé depuis 1976 par Nilli Cohen, l'Institut est une instance officielle qui dépend financièrement du ministère des Affaires étrangères et du ministère de la Culture israéliens. Fonctionnant en même temps comme une agence littéraire, l'Institut est chargé de représenter et de promouvoir la littérature hébraïque par des moyens divers : édition d'ouvrages et d'anthologies, publication d'un catalogue à destination des éditeurs étrangers, subventions de traductions, publication d'une revue, etc.[277].

Pro Helvetia est une fondation qui attache beaucoup d'importance à la compréhension entre les régions linguistiques de Suisse et met de ce fait un accent particulier sur l'encouragement à la traduction et au soutien à des manifestations ayant un caractère de rencontre. Chaque année, la fondation passe commande d'œuvres à des auteurs suisses ou vivant en Suisse et soutient les traducteurs, reconnaissant leur rôle essentiel de « passeurs » d'une langue à l'autre. Elle accorde des subsides d'impression à des publications concernant la Suisse culturelle, et assure un soutien continu à des revues de type littéraire ou culturel. En France, Pro Helvetia distribue des livres à des bibliothèques et des institutions culturelles ouvertes au public. Elle accorde aussi des subventions pour des manifestations littéraires ou pour les déplacements d'auteurs, ainsi que pour la participation à des congrès de littérature ou de sciences humaines mis sur pied en collaboration avec des organisateurs étrangers.

Enfin, l'Institut du Monde Arabe (IMA), fondation de droit français, est le fruit d'un partenariat entre la France et vingt-deux pays arabes (Algérie, Arabie Saoudite, Bahreïn, Comores, Djibouti, Égypte, Émirats Arabes Unis, Irak, Jordanie, Koweït, Liban, Libye, Maroc, Mauritanie, Oman, Palestine, Qatar, Somalie, Soudan, Syrie, Tunisie et Yémen). Conçu pour faire connaître et rayonner la culture arabe, l'IMA organise des « Cafés littéraires » de manière très régulière. Sa bibliothèque présente la culture et la civilisation du monde arabe. Si elle se tourne délibérément vers le monde arabe contemporain, elle veut aussi rassembler les sources de sa culture

---

[276] Propos de Jutta Bechstein-Mainhagu, rapportés par Jacques Legendre dans son *Rapport d'information*. Op.cit.
[277] Voir Gisèle Sapiro, « L'importation de la littérature hébraïque en France. Entre communautarisme et universalisme », *Actes de la recherche en sciences sociales* n°144, 2002.

classique et cherche à satisfaire les besoins des spécialistes comme ceux d'un public plus large. Elle met à disposition des lecteurs un catalogue informatisé (bases d'ouvrages, de périodiques et d'articles de revues), ainsi que 65 000 ouvrages et documents en français, arabe, anglais, allemand, espagnol et italien, dont le fonds Sayyid (1 880 titres en langue arabe) qui réunit les chefs-d'œuvre de la culture arabe classique et contemporaine dans les domaines de la religion, la philosophie, la littérature, l'histoire et les catalogues de manuscrits et le fonds Ninard (spécialisé sur le Maroc et rassemblant près de 2 500 titres qui couvrent principalement la période du protectorat). Elle offre aussi trois salles de lecture, un service de recherches bibliographiques et des publications (*Guide du monde arabe en France*, *Écrivains arabes d'hier et d'aujourd'hui*, bibliographies, dossiers documentaires...). En outre, la librairie-boutique offre de nombreux ouvrages à la vente, en langue originale et en traduction.

La centralisation parisienne et la collaboration avec les acteurs français

L'une des principales questions que soulève l'existence des centres culturels étrangers est celle de leur degré extrême de centralisation, l'immense majorité des ressources littéraires proposées n'étant disponibles qu'à Paris ; en effet, la très grande majorité des pays disposent d'un seul centre culturel en France, qui est « naturellement » implanté dans la capitale. Dans ces conditions, les actions de promotion de la littérature, tout comme les bibliothèques, restent quasi-inaccessibles au public de province. Seuls trois pays limitrophes de la France disposent d'antennes décentralisées dans le reste du territoire : l'Allemagne (6 Goethe Instituts), l'Espagne (3 Instituts Cervantès à Paris, Bordeaux et Toulouse) et l'Italie (6 Instituts italiens de culture à Paris, Grenoble, Lyon, Lille, Marseille et Strasbourg). La trentaine de centres restants, y compris le British Council, ne sont présents qu'à Paris, la plupart d'entre eux ne disposant pas de moyens financiers suffisants pour ouvrir des antennes en province ou n'estimant pas cette démarche nécessaire. Comme cette centralisation va de pair avec la grande centralisation des maisons d'édition et des librairies tournées vers les littératures étrangères, seuls les Parisiens ont un accès vraiment facile à un grand nombre d'ouvrages étrangers, en particulier de littératures dites « périphériques » ou minoritaires. Les centres culturels étrangers situés à Paris offrent en effet des fonds de littérature uniques et des manifestations littéraires nombreuses et variées, et leurs actions de promotion n'ont pas d'équivalent ailleurs. Même si cette concentration ne choque pas les Français, habitués depuis longtemps à un système centralisateur et à l'omnipotence de Paris, on peut toutefois se permettre de la regretter…

Ce manque est heureusement pallié en partie par les actions que les centres culturels étrangers mènent en partenariat avec les acteurs français des littératures étrangères : ils participent par ce biais aux grands événements de la vie littéraire française sur l'ensemble du territoire. Ces initiatives leur permettent de toucher un public plus vaste que leurs habituels visiteurs. Si le Salon du livre de Paris apparait incontournable, les centres se partagent aussi entre les manifestations nationales françaises (Printemps des poètes, Lire en Fête, Nuit blanche, Semaine de la Francophonie…) et les salons et festivals littéraires (« Paroles d'estuaires » en Gironde, rencontres littéraires « Jungles urbaines », Salon européen de la littérature à Cognac, Fête du Livre de Saint-Étienne, etc.). Les actions menées dans ce cadre peuvent ainsi être décentralisées. Certains centres ne se contentent d'ailleurs pas de participer à des manifestations littéraires pré-existantes et ont mis en place leurs propres manifestations, en partenariat avec des institutions publiques ou des professionnels du livre français. Le Festival d'art et de littérature nordique « Les Boréales » par exemple, est organisé chaque année conjointement par le Centre régional des lettres de Basse-Normandie et le Centre culturel suédois. Procédant par thèmes et par croisement, le festival traduit et publie un livre par pays nordique invité et remet un prix de littérature nordique. Le Centre culturel d'Egypte organise de son côté des conférences en collaboration avec l'association La Joie par les Livres, tandis que le festival « Frontières » (festival d'écrivains franco-britannique) est co-organisé par le British Council. Quant à la fondation portugaise Calouste-Gulbenkian, elle a pour objectif de promouvoir la culture portugaise et d'éditer de la littérature lusophone en partenariat avec des maisons d'édition françaises.

L'impact de l'action menée par les centres culturels étrangers n'est donc pas négligeable ; même si les Français ont peu conscience de l'existence de ces centres dans leur ensemble, les actions menées donnent de la visibilité aux livres et aux auteurs étrangers et favorisent aussi des traductions en français d'ouvrages issus de langues « minoritaires ».

Chapitre 9 : L'impact mitigé des médias

Presse, radio, télévision, Internet, tous les supports médias proposent des pages, articles, émissions et rubriques spécialisés, soit sur le livre et la littérature, soit sur les cultures du monde. Mais leur impact réel pour la promotion des littératures étrangères en France reste difficile à évaluer précisément.

La presse écrite : un public déjà conquis ?

Les revues et la presse écrite constituent le principal support pour les littératures étrangères, presse généraliste ou revues spécialisées. Ces dernières sont elles-mêmes dédiées soit à la littérature, soit à une aire culturelle distincte. Sans vouloir dresser une liste exhaustive de ces supports écrits, on peut réfléchir à leur efficacité à partir de quelques exemples.

La presse généraliste comporte en général une rubrique consacrée à la littérature, mêlant littérature française et étrangère sans distinction précise. Les grands quotidiens (*Le Monde*, *Libération*, *Le Figaro*) et hebdomadaires (*L'Express* ou *Le Point* par exemple) traitent donc tous plus ou moins de littérature étrangère, leurs articles restant liés à l'actualité et à la notoriété des auteurs et des œuvres. Les articles sur Umberto Eco ou Paul Auster y sont nettement plus fréquents que ceux présentant un jeune auteur prometteur d'Asie ou d'Europe centrale. Certains articles plus approfondis peuvent toutefois être publiés par ces journaux à l'occasion de salons, de festivals et de manifestations diverses consacrés aux littératures et aux écrivains étrangers. D'autre part, un supplément hebdomadaire comme *Le Monde des Livres* consacre plusieurs colonnes aux littératures étrangères ainsi qu'à l'actualité littéraire étrangère (attribution de prix littéraires étrangers, vie éditoriale internationale...).

Du côté des revues et journaux spécialisés, les publications concernant une aire géographique et culturelle sont plutôt rares. L'un des journaux évoquant l'international qui a le plus d'audience est l'hebdomadaire *Courrier International*, qui offre notamment chaque semaine le portrait d'un écrivain étranger à travers une nouvelle parution, et publie régulièrement des traductions d'articles rédigés par un certain nombre d'écrivains à travers la planète. La plupart des autres journaux spécialisés ont un tirage vraiment confidentiel, comme la revue *Espaces latinos* consacrée aux sociétés et cultures d'Amérique latine et publiée par l'association Espace culturel latino-américain de Lyon avec le concours du CNL. Cette revue propose une rubrique littéraire mais elle n'est pas diffusée en kiosque et ne fonctionne que par abonnement. Son public reste donc restreint, comme c'est le cas pour la plupart des revues spécialisées.

Les revues et magazines consacrés à la littérature, relativement nombreux, jouissent de leur côté d'un prestige et d'une audience plus élevés, même si leur public est très marqué socio-culturellement parlant. Beaucoup lus par les enseignants et les professionnels du livre (bibliothécaires, éditeurs…), ces revues et magazines s'intéressent tous à l'ensemble de la littérature, française et étrangère : *Le Magazine littéraire* (avec sa rubrique « Domaine étranger » en particulier), *Lire*, *Livres Hebdo*, *La Quinzaine littéraire*, etc. De son côté, le *Bulletin critique du livre en français* (dont l'usage reste principalement professionnel) présente chaque mois de nombreuses traductions d'ouvrages du monde entier, ainsi que les livres francophones d'Afrique et des Caraïbes nouvellement publiés. Cette revue comporte environ 150 pages de résumés et de comptes rendus critiques d'ouvrages publiés en France, arides à consulter, mais les traductions sont particulièrement mises en valeur (les ouvrages étant classés par origine géographique). Au final, ces revues littéraires attirent moins de 10 % de la population, et les abonnements ont tendance à se raréfier. Cette évolution est à mettre en relation avec l'explosion de l'offre de revues et de magazines en tous genres depuis un certain nombre d'années, ainsi que la concurrence d'Internet. Le lecteur potentiel est désormais tenté par de nombreux supports ; devenu plus exigeant et plus éclectique, plutôt que de s'abonner, il préfère acheter les revues au numéro, selon son humeur et les sujets traités.

D'autre part, tandis que les petites revues servent les littératures étrangères de qualité – mais dans l'ombre – les grands journaux et revues restent la plupart du temps peu à l'écoute des nouvelles voix étrangères et des littératures les plus « périphériques ». Le souci d'attirer le lectorat le plus large possible dessert la littérature dite « difficile », et comme la littérature y est le plus souvent considérée comme un ensemble, le livre étranger y souffre d'une absence de visibilité, à l'exception de certains auteurs spécifiques de best-sellers (Amélie Nothomb ou Stephen King par exemple).

Enfin, de rares revues se consacrent spécifiquement aux littératures étrangères. C'est le cas d'*Europe*, revue fondée en 1923. On a pu y relever des dossiers sur les poésies italienne et coréenne, le roman noir et le fantastique américains, la nouvelle littérature chinoise, littérature et Pérestroïka en URSS, les écrivains d'Israël, les nouvelles voix du Sud, les écrivains des Etats-Unis, les littératures d'Argentine, de Norvège, de Tunisie, d'Afrique du Sud, des Pays Baltes, de Grande-Bretagne, de Suède, de Suisse, du Danemark, ainsi que des études sur les écrivains Virginia Woolf, Gertrude Stein, H. G. Wells, Heinrich von Kleist, Jorge Amado, Lewis Carroll, Hermann Broch, Robert Musil, Herman Melville, Henry Miller, William Faulkner, Joseph Conrad, Virgile, Boris Pasternak, Samuel Beckett, Yannis Rítsos, Robert Louis Stevenson, les frères Grimm, Vladimir Nabokov, Francis Scott Fitzgerald, John Dos Passos, Italo Calvino, Rudyard Kipling, Kateb Yacine, Giacomo Leopardi, Aimé Césaire.

De son côté, la *Revue des Littératures de l'Union Européenne* a pour objectif de « contribuer à la formation de la conscience culturelle européenne », considérée comme un complément nécessaire à l'union monétaire, économique et politique. La revue aspire ainsi « au dépassement de la perspective comparative, pour se rapprocher, dans la mesure du possible, de la vision unitaire d'une civilisation commune, avec tous ses problèmes et ses conflits, mais également avec ses richesses et ses splendeurs[278] ». Ce projet a été conçu sur une idée de Ruggero Campagnoli et concrétisé par Anna Soncini à l'intérieur d'un groupe d'amis et de collègues qui se sont engagés à promouvoir des parcours d'européanisation académique et culturelle. Mais cette revue reste peu diffusée pour l'instant. Dans la même veine, citons *Creliana : revue des arts, littératures et cultures européennes*, qui ne connaît pas non plus une diffusion suffisante pour jouer un rôle déterminant. Finalement, l'un des magazines les plus actifs pour la littérature étrangère est aujourd'hui la revue bimestrielle *Transfuge*, lancée fin 2004 par Vincent Jauy. En une centaine de pages, cette revue propose des critiques, interviews et chroniques consacrées en majeure partie aux ouvrages et aux auteurs étrangers, à côté du cinéma.

Ce petit nombre de publications consacrées uniquement aux littératures étrangères est-il dû à un manque d'offre volontariste ? A une demande trop faible, voire inexistante ? Sans doute, même si c'est aujourd'hui assez difficile à déterminer avec précision. *Transfuge* est en tout cas venu pallier un certain manque dans ce domaine. Mais aucune revue de caractère international ne se consacre à la littérature : il n'existe donc pas de « revue littéraire internationale » au sens exigeant où l'entend Pascal Bruckner :

> *Une revue n'est pas internationale parce qu'elle rassemble dans une livraison un écrivain romain, un poète grec, un romancier pakistanais, un philosophe espagnol ; elle ne le devient qu'au moment où des liens se tissent entre eux, un dialogue s'esquisse, une urgence relie tous ces auteurs et justifie leur pluralité. Sinon, on se contente d'aligner des noms étrangers qui n'ont rien à se dire et cohabitent les uns à côté des autres[279].*

Si les littératures étrangères sont souvent évoquées à travers la presse et les revues françaises, elles souffrent de la médiatisation excessive de certains auteurs étrangers au détriment des autres, de la place prépondérante accordée à la littérature française, et enfin – mais cela n'est pas propre aux littératures étrangères – du manque relatif de dossiers sérieux et approfondis concernant les écrivains et leurs œuvres. Une autre tendance est la focalisation systématique et relativement généralisée sur les littératures

---

[278] Voir le site Internet de la *Revue des littératures de l'Union européenne*.
[279] Pascal Bruckner, « Faut-il être cosmopolite ? », *Esprit*, n°12, décembre 1992.

anglo-saxonnes, en particulier la littérature des Etats-Unis. Philip Roth, Richard Ford, Jim Harrison, Russel Banks, Thomas Pynchon, Ian McEwan et d'autres écrivains anglophones contemporains (sans parler des grands auteurs décédés comme Hemingway, Steinbeck, Updike, Salinger ou Kerouac) sont ainsi plus que régulièrement cités dans les revues et magazines littéraires, avec des dossiers spéciaux qui leur sont consacrés bien plus souvent qu'à la littérature kurde, indienne ou hongroise ! Cette tendance s'explique évidemment par la mondialisation et l'américanisation de notre société : l'édition française publie énormément de livres anglo-saxons, qui rencontrent un grand succès auprès du lectorat, et qui en outre, nous le verrons par la suite, sont plus étudiés en classe que les ouvrages en provenance d'autres aires géographiques. Conséquence : nous connaissons mieux la littérature anglo-saxonne que les autres littératures, nous la lisons plus, nous en parlons plus. Un exemple parmi bien d'autres : le magazine *Transfuge* a publié en juillet 2006 un Hors-série intitulé « 150 romans étrangers incontournables » ; ces 150 titres étaient donnés par 28 personnalités (critiques littéraires, écrivains, universitaires, etc.). Parmi ces 150 titres, 55 ont été traduits de l'anglais ou de l'américain, soit presque 37 % des références. De plus, chacune des personnes interrogées sur ses préférences a donné environ cinq titres, et seuls Michel Butor, Eric Chevillard et Eric Fottorino n'ont cité aucun titre anglo-saxon dans leur panel, tandis que cinq personnes n'ont cité quasiment que des titres anglo-saxons (Philippe Sollers ayant, sans doute à titre de provocation, cité quant à lui quatre ouvrages de Philip Roth sur cinq titres au total). Il est intéressant de constater que les best-sellers qui séduisent le grand public (de Stephen King à Dan Brown, en passant par Crichton, Follett, Rawlings ou Mary Higgins Clark) et les livres de référence cités par les écrivains, critiques et universitaires (de Steinbeck à Paul Auster, en passant par Hemingway, Salinger, Updike, Virginia Woolf, Philip Roth ou Thomas Pynchon) proviennent tous de la même aire culturelle anglo-saxonne, qui par ailleurs domine la planète sur bien d'autres plans. Et les écrivains en-dehors de la sphère anglo-saxonne, alors ?

Malgré ces réserves, les medias écrits restent indispensables pour assurer la diffusion des littératures étrangères. Comme le souligne en effet Zofia Bobowicz :

> *La littérature étrangère a un besoin vital de reconnaissance. Le silence des critiques peut réduire à néant sa présence sur le marché du livre. Certes, un accueil élogieux de la presse ne suffit pas, à lui seul, à assurer une bonne vente, mais, créant un climat favorable au livre, parfois renforcé par ce qu'on appelle le bouche-à-oreille, il peut assurer une présence meilleure et durable du livre sur le marché. Un bon dossier de presse aidera l'éditeur, sinon dans l'immédiat, du moins dans l'avenir, dans ses efforts de*

> *promotion. Il a aussi son importance sur le plan du prestige, non négligeable aux yeux d'un éditeur ambitieux. Cela dit, il y a critique et critique. Un papier enthousiaste dans, disons,* Le Nouvel Observateur *aura un impact infiniment plus grand que celui d'un universitaire dans* La Quinzaine littéraire[280].

Les médias écrits semblent enfin être plus favorables en général aux littératures étrangères que d'autres médias comme la télévision ou la radio, même si des enquêtes estiment que les émissions littéraires touchent environ 10 % de la population, ce qui correspond à peu près au lectorat des revues littéraires. L'avenir du livre à la télévision comme à la radio est au cœur de nombreux débats ; il fait notamment l'objet d'une réflexion du Syndicat National de l'Edition, qui a organisé une grande réunion sur le sujet en mai 2008 afin d'examiner la place accordée au livre dans des émissions dédiées à la littérature ou à la culture, sur les chaînes hertziennes, câblées et à la radio.

La télévision, ennemie ou alliée ?

Un constat quantitatif tout d'abord : entre 1999 et 2007, le nombre d'heures consacrées au livre à la télévision est passé de 262 heures par an à 338 heures, et on comptait huit émissions littéraires en 2000 pour quatorze à la rentrée 2008 (y compris les émissions sur les chaînes câblées). On estime qu'environ 500 ouvrages sont promus chaque année sur France Télévision. Ces chiffres sont le résultat de l'étude effectuée en 2007-2008 par le Syndicat national de l'édition (SNE) sur la place du livre à la télévision et à la radio.

Côté qualitatif, le constat est moins optimiste. Par rapport à notre sujet, il n'existe aucune émission spécialisée sur les littératures étrangères à la télévision, même s'il faut souligner qu'aucune des émissions littéraires ne s'occupe exclusivement de littérature française. Toutes les émissions littéraires participent donc à la promotion des littératures étrangères, mais cette promotion semble de faible portée tant le petit écran semble souvent mal accordé au support écrit. Depuis la mythique émission *Lecture pour tous* jusqu'à *Field dans ta chambre*, les émissions littéraires tentent d'accorder livre et télévision, avec un succès mitigé. Cependant, l'impact de la télévision et de ses prescriptions ne peut être sous-estimé alors que plus de 95 % des ménages sont équipés en téléviseur. On peut d'ailleurs relever qu'« en 1984, parmi les spectateurs assidus des émissions de télévision sur les livres, 34,7% ont acheté plusieurs livres présentés[281] ». Il y a vingt-cinq

---

[280] Zofia Bobowicz, « Traduction et marché du livre », *Hermès* n°49, 2007.
[281] Nicole Robine, *Lire des livres en France des années 1930 à 2000*, Editions du Cercle de la Librairie, 2000.

ans, l'impact des émissions littéraires sur les ouvrages lus par la population française était donc indéniable, mais ce phénomène semble aujourd'hui largement en baisse.

L'un des reproches les plus fréquemment faits aux émissions littéraires est celui du choix des ouvrages promus. De quels livres parle-t-on à la télévision ? Bernard Pivot avouait en 2000 : « Je m'aperçois qu'on entend bien davantage parler des ouvrages de Christine Deviers-Joncour ou du juge Eva Joly que de littérature. La place de la littérature est quant à elle plutôt réduite, ou du moins circonscrite à des heures bien tardives[282] ». Alec G. Hargreaves regrette de son côté qu'« à de rares exceptions près – Medhi Charef et Azouz Begag sont passés à l'émission "Apostrophes", sur la chaine *Antenne 2*, et Azouz Begag a été invité sur le plateau de "Bouillon de culture", sur *France 2* – [les auteurs issus de l'immigration] sont pratiquement ignorés par les grands médias[283] ».

Les horaires de diffusion constituent le problème pendant à celui du choix des livres, les deux étant bien sûr liés ; ainsi, « syndicats et lobbys d'édition le martèlent tant qu'ils le peuvent : les émissions littéraires sur le service public gagneraient à ne pas être reléguées en troisième ou quatrième partie de soirée[284] », comme c'est le cas par exemple pour l'émission de Philippe Lefait *Des mots de minuit*, qui enregistrent en 2003 des audiences estimées à 300 000 ou 400 000 téléspectateurs. Au niveau du service public, les émissions *Un livre* sur France 2 et *Un livre un jour* sur France 3, d'une durée d'une minute chacune, ont été mises en place quotidiennement en 1994 dans le cadre d'une politique de visibilité du livre à l'antenne. Environ 400 livres ont ainsi été traités chaque année par Olivier Barrot, dont de multiples ouvrages étrangers. Si l'émission a disparu sur France 2, elle se maintient sur France 3 dans un format de 2 mn 45 et réalise de très bons scores.

Répondant au reproche fait à la télévision de n'être qu'une petite vitrine qui ne reflète pas l'industrialisation du livre et néglige les secteurs les plus toniques de l'édition (livre de jeunesse, bande dessinée, polar, poche), des émissions comme *Ubik,* coproduite par Philippe Kieffer et animée par Elisabeth Tchoungui, ont tenté de mettre en avant des ouvrages plus nombreux et plus diversifiés sur France 5 ; Emmanuel Lemieux estimait en 2003 qu'*Ubik*, « ressemble à un joyeux bazar culturel », qui « a su s'imposer le dimanche matin[285] ». L'une des originalités de l'émission, à côté des

---

[282] Bernard Pivot, entretien avec Céline Boidin, auteur en 2001 du mémoire *La mise en scène du livre à la télévision*, propos rapportés par Emmanuel Lemieux in « Comment parler des livres à la télévision ? ». *Lire*, dossier spécial, mai 2003.
[283] Alec G. Hargreaves, « Cultures de France, artistes de toutes origines », in *Immigration et intégration: l'état des savoirs*, Philippe Dewitte (dir.), Editions la Découverte, 1999.
[284] Emmanuel Lemieux, « Comment parler des livres à la télévision ? ». *Lire*, dossier spécial, mai 2003.
[285] Ibid.

reportages sur les romanciers, était de confier à des réalisateurs une séquence intitulée « livre de poche ». Cependant, l'émission a changé de format en 2006 pour disparaître en 2007, et de telles expériences restent plutôt rares. Même Patrick Poivre d'Arvor, malgré sa bonne situation à TF1, a bataillé en 1999 pour obtenir son émission *Vol de Nuit* lorsque *Ex-Libris*, lancée en 1988, a disparu, puis *Vol de nuit* a été supprimé avec le départ de Poivre d'Arvor de la chaîne... Ce dernier anime désormais sur LCI l'émission *Place aux livres*. Pour sa part, Guillaume Durand a lancé, suite à la disparition de *Bouillon de culture*, l'émission *Campus*, mais celle-ci, de purement « littéraire » à ses débuts, deviendra une émission culturelle de plus en plus généraliste à partir de 2006 sous le titre *Esprits libres*, avant de disparaître également en 2008.

Citons encore l'émission de Frédéric Ferney sur France 5, *Droit d'auteurs*, devenue *Le bateau-livre*, l'une des émissions invitant le plus d'écrivains étrangers sur son plateau et dont la suppression après douze ans d'existence – toujours en 2008 ! – a fait couler beaucoup d'encre... Rappelant que son émission réunissait 180 000 spectateurs le dimanche matin à 8h45 sur France 5, Frédéric Ferney a en effet envoyé le 4 juin 2008 une lettre ouverte au Président de la République pour dénoncer la politique de France-Télévisions à l'égard des émissions littéraires. Il y rappelle notamment que « si l'audience est un résultat, ce n'est pas un objectif. Pas le seul en tout cas, pas à n'importe quel prix » et qu'« une émission littéraire ne doit pas être un numéro de cirque : il faut à la fois respecter les auteurs et plaire au public ; il faut informer et instruire, transmettre des plaisirs et des valeurs, sans exclure personne, notamment les plus jeunes ». Ferney a assuré à l'AFP que « l'actuelle équipe dirigeante de France Télévisions ne croit pas aux livres[286] », et pose clairement la question de l'avenir du livre sur le petit écran : « Y a-t-il encore une place pour la littérature à l'antenne ? Ou bien sommes-nous condamnés à ces émissions dites « culturelles » où le livre n'est qu'un prétexte et un alibi ? ».

Il est certain qu'en ce qui concerne les littératures étrangères, le remplacement du *Bateau-livre* par le magazine d'actualité culturelle de François Busnel, directeur du magazine *Lire*, n'a pas été très bénéfique, puisque l'on constate que parmi les premiers invités figurent les omniprésents Amélie Nothomb, Catherine Millet ou Olivier Rolin... Toujours les mêmes, toujours français (à moins de considérer Amélie Nothomb comme « étrangère car venant de Belgique »)...

L'impact de ces émissions littéraires, assez nombreuses sur les chaînes hertziennes comme sur le câble, reste le plus souvent confidentiel, que ce soit *Des mots de minuit* sur France 2 (diffusé de 1h20 à 2h55 du matin), *Dans quelle étagère* de Monique Atlan toujours sur France 2, *Texto*

---

[286] « TV publique : Nicolas Sarkozy interpellé sur les émissions littéraires », communiqué de l'AFP repris sur le site Internet de Radio France http://www.radiofrance.fr

de Philippe Bertrand sur France 3, *Field dans ta chambre* présentée par Michel Field sur Paris Première depuis 2002 (émission qui a succédé à *Des livres et moi* de Frédéric Beigbeder et qui se veut une transposition moderne de l'émission de radio *Le masque et la plume*), *Bibliothèque Médicis* présentée par Jean-Pierre Elkabbach sur Public Sénat, *Tropismes* de Daniel Picouly sur RFO, *Livre intime* présenté Georges-Mars Benamou sur Cap 24, *Dans le texte* de Judith Bernard, Frédéric Ferney et Eric Naulleau sur ArrêtsurImages.TV, *Les agités du bocal* sur France 4, *Chez F.O.G.* sur France 5, ou encore *Ce soir ou jamais* présentée par Frédéric Taddéi sur France 3 (mais qui est plus une émission culturelle généraliste qu'une émission littéraire).

En tout cas, depuis 2008, un vent de changement a soufflé avec la suppression des émissions de Patrick Poivre d'Arvor, Frédéric Ferney et Guillaume Durand, Daniel Picouly abandonnant son émission *Café Picouly* sur France 5 pour animer le magazine bimensuel *Café littéraire* sur France 2 suite à la disparition d'*Esprits libres*. *Les livres de la 8* sur la chaîne Direct 8 a aussi disparu, François Busnel étant passé sur France 5 pour *La Grande librairie*, et Michel Field est arrivé sur TF1 en remplacement de Patrick Poivre d'Arvor avec l'émission *Au Field de la Nuit* (diffusée à 23h50), émission qui aborde cinéma et littérature et à laquelle participent des lycéens ayant lu les livres sélectionnés. France 2 a aussi lancé l'émission *Vendredi si ça me dit*, présentée par Christophe Hondelatte avec comme première invitée…la très médiatique Amélie Nothomb, qui reste la principale « étrangère » invitée sur toutes les chaînes hertziennes ! Mais l'émission aura de toute façon été très éphémère, puisque supprimée dès novembre 2008 au bout de treize numéros. En 2009, France 5 a aussi été partenaire du Festival Etonnants Voyageurs et l'émission *La Grande librairie* a été présentée depuis Saint-Malo le 28 mai avec une dizaine d'écrivains invités. A noter cependant que parmi ces derniers se trouvaient… de nombreux Français et bien peu d'auteurs étrangers ! De la même manière, l'émission s'est intéressée aux artistes et auteurs francophones à l'occasion de la Semaine de la langue française (mars 2009), avec comme invité principal Jean-Christophe Rufin… Cependant, *La Grande Librairie* a reçu au cours de la saison 2009, presque à chaque fois, un ou deux écrivains étrangers – souvent des auteurs connus (Douglas Kennedy, Mario Vargas Llosa, Alaa El Aswany, Jim Harrison, Duong Thu Huong…).

Alors, les émissions littéraires à la télévision, est-ce que « c'était mieux avant » ? Qu'en est-il réellement ? Autres temps autres mœurs, les premières émissions littéraires étaient effectivement plus approfondies et plus respectueuses des écrivains invités. Pierre Dumayet (*Lecture pour tous*), Pivot (*Apostrophes*, *Bouillon de culture*) ou Polac (*Post-scriptum*, *Droit de réponse*) symbolisent les émissions littéraires à succès. *Lecture pour tous* ouvre son premier numéro le 27 mars 1953 et reste l'unique magazine consacré à la littérature jusqu'en 1964 avant de disparaître en 1968. A l'opposé des émissions actuelles, l'émission présentée par Pierre Desgraupes et Pierre Dumayet, ne faisait pas de « promotion » publicitaire et chaque sujet se voyait consacrer une durée aujourd'hui inimaginable[287]. Cependant, si *Lecture pour tous* pratiquait beaucoup l'interview et offrait les expériences et les œuvres littéraires les plus variées, l'émission fut beaucoup consacrée à des écrivains français (Duras, Céline, Montherlant, Aragon, Prévert, Mauriac...) plutôt qu'étrangers – notamment pour des raisons linguistiques évidentes. Après *Lecture pour tous*, Dumayet lancera *Le temps de lire*, puis *Des milliers de livres écrits à la main*.

Dans les années 1970, Bernard Pivot, alors critique au *Figaro littéraire*, anime l'émission *Ouvrez les guillemets* à partir de 1973 puis *Apostrophes* à partir de 1975 sur Antenne 2. *Apostrophes* attire à 21h30 jusqu'à 5 millions de téléspectateurs : « icône irremplaçable, Bernard Pivot a su faire rêver et incarner à la perfection le personnage du lecteur jouisseur des plaisirs lettrés et terrestres. [...] Les libraires peuvent témoigner de ces lames de fond qui, le lendemain, déferlaient dans leur échoppe, les clients réclamant les livres prescrits par le journaliste[288] ». Dans les années 1990, Pivot créera *Bouillon de culture*, qu'il présentera jusqu'en juin 2001.

Comme l'explique Patrick Tudoret dans son ouvrage *L'écrivain sacrifié. Vie et mort de l'émission littéraire* (Le Bord de l'Eau, 2009), tout commence dans les années 1950, époque « où la télévision se met à porter l'écrivain au pinacle et fait de lui le "représentant" de son livre. L'émission littéraire devient alors un passage obligé pour l'écrivain, icône cathodique dont les performances audiovisuelles comptent plus que la qualité littéraire de son œuvre ».

Mais des émissions comme *Lecture pour tous* ou *Bibliothèque de poche* (créée en 1966 par Michel Polac, disparue en 1970 et remplacée par *Post-scriptum*) seraient impossibles aujourd'hui tant elles demandaient des budgets de reportage importants. Michel Polac a réalisé par exemple des films de deux fois 60 minutes sur Henri Miller à Paris et sur Witold Gombrowicz. Par la suite, il a lancé *Droit de réponse* en 1981, une émission qui a popularisé de nombreux écrivains étrangers tels John Fante ou Nina Berberova. Rares sont les émissions littéraires qui ont aujourd'hui les moyens de s'aventurer loin des plateaux de télévision et de faire de l'image ; c'est ce qu'avait aussi tenté l'émission *Ah ! quels titres* de Philippe Tesson sur France 3 à partir de 1994, à laquelle avait succédé *Qu'est-ce qu'elle dit Zazie ?* de Jean-Michel Mariou, disparue en 1999. La promotion du livre à la

---

[287] « Il faut imaginer douze minutes de plan fixe de Gaston Bachelard monologuant après une brève question de Max-Pol Fouchet ». Propos de Sophie de Closets, cités par Emmanuel Lemieux, in « C'était au temps de l'innocence des écrivains ». *Lire*, dossier spécial, mai 2003.
[288] Emmanuel Lemieux, « Comment parler des livres à la télévision ? ». *Lire*, dossier spécial, mai 2003.

télévision semble donc avoir (mal) évolué, et l'on peut reprocher à la plupart des animateurs actuels leur brutalité – voire leur agressivité – envers les écrivains, souvent mal à l'aise sur un plateau télévisé. Certaines attitudes obséquieuses, parfois outrageusement flagorneuses, ne valent guère mieux. Emmanuel Lemieux remarquait ainsi en 2003 que « si PPDA pour *Vol de Nuit* et Frédéric Ferney pour *Droit d'auteurs* se montrent extrêmement courtois dans l'accueil des invités, il n'en va pas de même pour tous les journalistes[289] ». Frédéric Beigbeder regrette de son côté les émissions et le style de Bernard Pivot :

> Apostrophes *et* Bouillon de culture *sont des modèles de réussite dans le domaine de la pédagogie culturelle. Bernard Pivot avait une gourmandise, un appétit de littérature qu'aucun de ses successeurs ne possède. Il AIMAIT les écrivains, et son admiration les mettait en valeur. [...] Depuis le départ de Pivot, il y a deux sortes d'émissions littéraires à la télévision : celles où les auteurs ne sont pas aimés et celles où ils ne sont pas lus. Parfois, ils ne sont ni aimés ni lus*[290].

Selon Patrick Tudoret, « l'émission littéraire [...] connaît son apogée dans les années 80 et 90, avec un modèle jamais égalé – Apostrophes – puis amorce une lente déchéance. Elle est, aujourd'hui, reléguée à des horaires plus que tardifs ou avalée par la télé-réalité et le divertissement qui s'arrogent le quasi-monopole de la promotion du livre[291] ». En fin de compte, de nombreux amoureux du livre estiment que sa place – qu'il soit français ou étranger – n'est plus désormais à la télévision. L'écrivain Jean-Marie Laclavetine voit au contraire dans le petit écran un véritable ennemi du livre et de la lecture :

> *La littérature n'a rien à attendre de la télévision. On peut toujours dire que Bernard Pivot ou d'autres ont favorisé l'apparition de tel ou tel écrivain, fait lire tel ou tel écrivain. C'est tellement marginal que ça me paraît dérisoire dans la balance si on met sur l'autre côté du plateau, le fait qu'aujourd'hui chaque Français passe trois heures et demie par jour devant la télévision. Quand lisent-ils ? Je veux bien qu'on me dise que ça ne nuit pas à la lecture mais c'est incroyable d'affirmer cela [...] Il est clair qu'une littérature de qualité souffre de l'omniprésence de la télévision et de ses modèles*[292].

---

[289] Ibid.
[290] Frédéric Beigbeder, « Les émissions littéraires sans littérature ». *Lire*, mai 2004.
[291] Patrick Tudoret, *L'écrivain sacrifié. Vie et mort de l'émission littéraire*, Le Bord de l'Eau, 2009.
[292] Jacques Moran, « Parti pris. L'écrivain Jean-Marie Laclavetine défend le système équilibré de soutien au livre en France ». *L'Humanité*, 28 février 2002.

Annie François se montre elle aussi très dure dans *Bouquiner* (Seuil, 2000) :

> *Adolescente, je ne ratais pas une émission de* Lecture pour tous. *[...] J'en ai encore la gorge sèche de cette confession arrachée, de ces impossibles dialogues. [...] Déjà, à l'embarras des auteurs, à ma propre gêne de voyeur, j'avais compris que la place d'un écrivain n'est pas sur un plateau de télévision. S'il écrit, c'est souvent faute de vouloir, de pouvoir, de savoir parler. L'oral est sa voie secondaire. On m'objectera que jadis l'aède, le trouvère, le troubadour, se produisaient tels des bateleurs. Que les salons littéraires recueillaient les premières ébauches et les ultimes lectures. Certes. Mais madame du Deffand n'était pas Pivot et chez mademoiselle de Lespinasse ne se jouait pas à ce point le sort d'un auteur. [...]*
> *A quoi juge-t-on un auteur aujourd'hui ? A sa faconde, à ses silences, à son sang-froid, à son émotion, à sa belle gueule, à sa sale tronche, au résumé qu'en aura fait l'animateur, à l'extrait qu'il en aura lu ? A l'éloge compassée des autres invités, à leur mépris, à la complaisance du héros principal envers ses rivaux, à sa morgue ? Oui. A tout et à son contraire.*

Et Frédéric Beigbeder de conclure : « les émissions littéraires sont devenues des endroits où les auteurs ont peur de se faire écharper, insulter, ridiculiser, agresser. Pour quel crime ? Avoir osé écrire un livre ». Dénonçant la « dictature du débat d'actualité », facteur aggravant de l'évolution négative des émissions littéraires, Beigbeder explique qu' « on n'ECOUTE plus les auteurs, on les décortique, les analyse, les dissèque, les résume, les simplifie[293] ».

De par sa nature même, la télévision ne s'intéresse pas beaucoup au livre et à la littérature, ne serait-ce que pour des raisons d'audimat. La faveur est aux émissions culturelles généralistes plutôt qu'aux émissions strictement littéraires. Par ailleurs, ces dernières, devenues rares, privilégient le plus souvent des écrivains français connus du public, s'exprimant en français et faciles à contacter et à déplacer – d'autant plus que nombre d'entre eux résident à Paris ou en région parisienne. Comme l'explique Anne-Sophie Demonchy, « on invite Amélie Nothomb parce qu'elle porte des tenues exubérantes, Sollers parce qu'il va multiplier les provocations, Jean d'Ormesson pour son bagout... [...] Peu à peu, la société et le mode de consommation de la télévision ont évolué : on est passé de l'ère pédagogique à l'ère démagogique. A présent, les émissions doivent se plier au goût du plus grand nombre et flatter son ego[294] ».

---

[293] Frédéric Beigbeder, « Les émissions littéraires sans littérature ». *Lire*, mai 2004.
[294] Anne-Sophie Demonchy, « L'écrivain sacrifié – vie et mort de l'émission littéraire », 24 février 2009, disponible sur le site Internet htpp://www.lalettrine.com.

Dans ce contexte, les quelques auteurs étrangers qui passent à la télévision sont rares ; ce sont soit des auteurs de best-sellers, soit des écrivains plutôt connus et résidant à Paris ou y venant régulièrement – et si possible capables de s'exprimer en langue française –, soit des personnalités brusquement mises en lumière (attribution du prix Nobel, œuvre en lien avec un sujet d'actualité...). Si certains journalistes sont intéressés par les littératures étrangères, ils doivent se battre pour faire accepter une émission ou un documentaire aux chaînes. C'est ainsi qu'un journaliste de France 3 a travaillé plusieurs années sur l'idée d'un documentaire de longue durée sur la Villa Mont Noir, résidence d'écrivains européens, mais il n'a jamais obtenu le feu vert de sa chaîne pour réaliser le projet...

Face à ce tableau, il serait tentant de conclure avec Beigbeder, encore : « Est-ce VRAIMENT un hasard si la télévision fait tout pour que plus personne ne lise ? Et si l'ennemi principal des émissions littéraires, c'était tout simplement la LITTERATURE ?[295] ». Et il n'est qu'à lire certains blogs et articles sur Internet à propos des émissions littéraires pour constater que nombre d'internautes, amoureux de littérature, ne pleurent nullement la disparition de plusieurs émissions à la rentrée 2008, et se montrent au contraire très critiques face au « politiquement correct » des émissions littéraires, soumises « aux réseaux d'influence politico-médiatiques »[296]... En réponse à la situation de déclin régulier des émissions littéraires, le SNE proposait en 2008 de s'inspirer des talk shows américains car « à côté des émissions littéraires existantes, dont l'audience s'essouffle manifestement, il y a en France place pour une grande émission populaire en day time sur le livre[297] ». Affaire à suivre...

La littérature à la radio, une quasi-exclusivité de Radio France

Depuis plusieurs décennies, la radio joue un rôle important dans la vie des Français. Avec la libéralisation de l'ORTF en 1982, le nombre de stations de radios a explosé, sachant que celles qui rencontrent le plus de succès populaire diffusent d'abord et avant tout de la musique ou des émissions humoristiques. Cependant, les radios nationales (France Inter, France culture, RFI) conservent un rôle primordial dans une diffusion large de la culture, et consacrent différentes émissions à la littérature. Prenons quelques exemples récents.

---

[295] Ibid.
[296] Voir par exemple l'article « Les émissions littéraires ? Du bête renvoi d'ascenseur », *Le Frugivore Halluciné*, 22 juin 2008.
[297] Voir le site du Syndicat national de l'édition, www.sne.fr

RFI propose plusieurs émissions culturelles et/ou littéraires. Pascal Paradou anime ainsi chaque jour l'émission généraliste « Culture vive », qui invite écrivains et artistes à s'exprimer sur leurs œuvres. De son côté, l'émission « Dans des mots » d'Yvan Amar, réalisée en partenariat avec le Centre national de pédagogie, a pour objectif de lire le monde à travers les mots et de réfléchir à toutes les mises en scène contemporaines du langage, depuis l'usage des SMS jusqu'au vocabulaire utilisé par les écrivains étrangers. L'émission culturelle généraliste « Plein Sud » d'Amobé Mévégué évoque de temps à autre la littérature. Dans « Les grandes voix du sud », Théogène Karabayinga a proposé durant l'été 2008 de pénétrer dans l'intimité de la création de grands auteurs francophones issus des pays du Sud, mais l'émission s'est arrêtée à la fin des vacances. Quant à Catherine Fruchon-Toussaint, elle proposait tous les vendredi et les samedi l'émission « Entre les lignes », en partenariat avec le magazine *Transfuge*, où elle accueillait alternativement écrivains français ou francophones, éditeurs, traducteurs, libraires, organisateurs de festivals et essayistes. Son émission a malheureusement été supprimée des ondes en 2006-2007.

Sur France Culture, une dizaine d'émissions tournent aujourd'hui autour de la culture et de la littérature, dont cinq spécifiquement consacrées aux livres : « A plus d'un titre » (émission quotidienne qui invite des écrivains et traite de l'actualité de l'édition), « Jeux d'épreuves » (émission conçue comme un jeu d'épreuves et qui propose une critique littéraire), « Mauvais genres » (qui évoque l'actualité des genres littéraires « mineurs », tels le polar, le fantastique, la BD, la science-fiction, l'érotisme…), « Poésie sur parole » (actualité poétique et lectures avec des auteurs, des critiques et des comédiens) et les « Mardis littéraires » (table ronde sur un thème littéraire, un écrivain contemporain, un éditeur…).

Enfin, sur France Inter, la mythique émission « Le masque et la plume », créée en 1955 par Michel Polac et François-Régis Bastide, se consacre chaque dimanche de 20h10 à 21h à la critique de livres, de pièces de théâtre et de films de cinéma en alternance. Symbole de l'émission culturelle à destination du grand public (ce que certains contestent, la qualifiant au contraire d'élitiste et de parisianiste), l'émission a vu sa durée réduite de moitié au fil des années. Aujourd'hui, elle est enregistrée à la Maison de la Radio le jeudi soir dans les conditions du direct, sans coupures ni montage. Toutefois, même si l'émission promeut effectivement des écrivains étrangers, il s'agit plutôt de « valeurs sûres » telles Updike, Morrison, Ben Jelloun, Harrison, Kundera, Mabanckou, Auster ou Coe en 2009 par exemple.

Internet, complice de l'avenir ?

Enfin, l'essor d'Internet offre aujourd'hui un formidable outil de promotion pour les littératures étrangères. De nombreuses structures proposent en effet des sites reprenant informations, calendriers de manifestations, etc., concernant ces littératures. D'autres sites proposent directement des informations sur les auteurs étrangers et leurs œuvres, notamment les sites d'encyclopédie (yahoo, quid, encyclopedia universalis, wikipedia...). Il est donc possible d'accéder rapidement à des informations sur toutes les littératures du monde et sur l'actualité littéraire. Des sites comme « fabula » en sont de bons exemples. Citons aussi le site de l'Institut du monde arabe (IMA), qui offre le programme des festivals à travers la France, ainsi que des données sur les littératures des vingt-deux Etats arabes. Il permet aussi d'écouter de la poésie et de la littérature arabes. Le site des librairies de l'association Initiales propose de son côté une rubrique « nos lectures », avec de nombreuses sélections de littérature étrangère. Quant au Centre national du livre, son site propose différentes informations, notamment sur « Les Belles Etrangères ».

Aujourd'hui, l'immense majorité des structures publiques comme privées disposent d'un site Internet plus ou moins étoffé, et les sites et blogs de particuliers peuvent aussi offrir des ressources précieuses, par exemple sur les littératures africaines, asiatiques ou sud-américaines. Pratiquement tous les acteurs sont concernés : pouvoirs publics, ministères, associations, centres culturels étrangers, journaux et revues, éditeurs, libraires, résidences d'écrivains, universités, bibliothèques, individus passionnés, permettent aux internautes d'accéder à de multiples informations en ligne, ce qui offre une formidable occasion pour les nouveaux auteurs et les littératures « périphériques » de trouver un public à travers le monde.

Internet constitue donc un atout à développer, notamment en raison de ses deux atouts majeurs, son universalité et sa gratuité, même si reste posée la question de la « fracture numérique ». Certes, les internautes qui se connectent pour mieux connaître les littératures étrangères ne sont pas légion ! Mais la toile met les informations facilement à disposition pour le public intéressé, ce qui est loin d'être négligeable. Jean-Marc Leveratto et Mary Leontsini soulignent dans *Internet et la sociabilité littéraire* (Editions de la BPI, 2008) :

> *Appréhendé du point de vue du citoyen qui cherche à faire usage de sa rationalité critique, Internet est une ressource supplémentaire pour décider librement de son plaisir littéraire. En tant que tel, il propose une alternative à la critique portée par la presse écrite et les magazines littéraires, la télévision et ses sélections des nouveautés (dont le modèle français est devenu, après « Apostrophes » de Bernard Pivot, « Esprits*

libres », l'émission de Guillaume Durand) ou la radio et ses émissions de critique littéraire et dramatique (le fameux « masque et la plume »).

L'immensité du savoir offert, la facilité pour se connecter et se procurer des informations rapidement (au moins dans le monde occidental), font d'Internet un outil précieux. Des sites multiples proposent des renseignements sur les littératures étrangères, des références, mais aussi des informations pour accéder gratuitement aux ouvrages étrangers (bibliothèques...), pour les acheter (librairies, maisons d'édition...), pour rencontrer des auteurs (calendriers de festivals, rencontres, lectures, débats, colloques...), connaître les structures de promotion (prix littéraires, résidences d'écrivains) et les mécanismes de soutien (aides à la traduction, « Belles étrangères »...), ou encore obtenir des comptes-rendus et des critiques d'ouvrages (sur les sites des journaux et revues en particulier). Même si tout le monde n'utilise pas le web de manière courante, ce nouvel outil facilite la connaissance des littératures étrangères sous toutes leurs facettes, sans besoin de se déplacer : c'est donc un formidable moyen de diffusion et de promotion, au moins tant que sa gratuité ne sera pas remise en cause. Là encore, on peut regretter l'absence – peut-être seulement temporaire – d'un site qui servirait de plateforme à une littérature-monde pour une meilleure visibilité et une facilité d'utilisation, site qui pourrait s'atteler à proposer des liens avec les différents sites existants selon les littératures, les zones géographiques, les genres, etc.

En tout cas, Internet semble attirer plus d'adeptes de la littérature que la presse écrite, la radio et la télévision. Gratuité des informations, possibilité de passer d'un sujet à l'autre grâce aux liens, d'approfondir à sa guise tel ou tel sujet, rapidité des recherches, les avantages de l'Internet sont multiples. Même si la plupart des internautes restent prudents par rapport à ce qu'ils trouvent sur le net, estimant que la fiabilité scientifique n'est pas toujours au rendez-vous – ce qui est bien sûr le principal désavantage du système. Mais il est relativement facile de limiter les « risques » en consultant des sites officiels (associations reconnues, éditeurs, libraires, centres culturels, bibliothèques, journaux) et en ne prenant pas pour argent comptant les affirmations des blogs et autres sites de particuliers dont le contenu ne fait effectivement l'objet d'aucun contrôle. En tout cas, pour les littératures dites « périphériques », Internet demeure le seul média facilement accessible et ouvert à un public mondial.

Chapitre 10 : Le système éducatif et les littératures étrangères : « peut mieux faire »

Et l'Education nationale dans tout cela ? Malgré des résultats mitigés, le système éducatif français tente lui aussi d'encourager les littératures étrangères et de suivre les recommandations que donnait déjà René Etiemble en 1988 : « L'initiation, dès le lycée, aux études d'art et de littérature comparé(e)s, leur insertion systématique, intensive, dans l'enseignement supérieur sont aujourd'hui, *hic et nunc*, le seul remède, le seul vaccin contre tout chauvinisme langagier, tout fanatisme religieux, toute perversité raciste[298] ». Mais si les programmes de lettres sont plus ambitieux aujourd'hui que par le passé en matière de littérature étrangère, ils restent assez peu appliqués par les enseignants sur le terrain et ne conduisent pas à une approche multiculturelle réellement adaptée à la société contemporaine.

De l'intérêt d'une éduction multiculturelle

Depuis les années 1970, le monde a changé en profondeur. La mondialisation a changé notre rapport au monde et aux autres cultures, les sociétés sont devenues pluriculturelles et leurs membres ont désormais des expériences historiques très différentes les unes des autres. Grâce à Internet, aux moyens modernes de communication et de transport, les échanges sont de plus en plus fréquents à l'échelle planétaire et prennent des aspects multiformes. Dans le même temps, le nombre de livres traduits en France a considérablement augmenté, passant de 190 en 1945 à 1 288 en 1955, 2 867 en 1985, 8 512 (dont 3 173 romans) en 2005. Pourtant, cette ouverture réelle de l'édition aux littératures étrangères, et plus généralement de la société française aux cultures étrangères, semble s'être peu répercutée sur le système d'enseignement. Comme le dénonce François Lorcerie, « il n'y a plus de politique d'intégration à grande échelle dans l'école depuis 1986. Le mot "interculturel" a été exclu : il est devenu tabou[299] ». Cette situation est pourtant paradoxale sachant que l'école est le lieu par excellence qui permet de toucher tous les enfants résidant en France, et que l'enfance est le moment clé de la construction de soi et du regard sur les autres. D'autant plus, souligne Javier Pérez de Cuéllar, qu'« ayant, de par leur propre expérience, vécu la mondialisation, la révolution médiatique et l'augmentation des échanges, les jeunes sont de nos jours mieux à même que leurs parents d'apprécier la diversité des valeurs culturelles et des formes

---

[298] René Etiemble, *Ouverture sur un comparatisme planétaire*. Op.cit.
[299] *L'Ecole et la diversité culturelle : nouveaux enjeux, nouvelles dynamiques*, La documentation française, 2006.

d'expression. Dans les pays prospères, les jeunes sont à l'aise avec la technologie, plus tolérants envers les différentes formes d'expression, plus ouverts à la diversité culturelle. Ce processus devrait être encouragé[300] ».

Au Québec, société francophone officiellement multiculturelle, Michèle Vatz Laaroussi a mené différentes expériences d'éducation interculturelle dans les écoles, avec des résultats très positifs. Elle note que ces vingt dernières années, le Québec a modifié ses programmes scolaires afin de tenir compte des transformations d'une société devenue plus diversifiée :

> *La politique d'intégration et d'éducation interculturelle a eu un effet sur la transformation des manuels scolaires dès la fin des années 1990. Sont particulièrement touchés les manuels de français dans lesquels la littérature immigrante et les textes écrits par des francophones d'ailleurs sur des réalités qui dépassent les frontières du Québec, du Canada et de l'Amérique du Nord sont introduits et valorisés et ce, à l'encontre du protectionnisme de la littérature québécoise qui régnait auparavant. Les manuels d'art et d'histoire vivent aussi ces transformations mais à une moindre échelle, les programmes restant souvent très centrés sur l'Amérique du Nord*[301].

Voilà une évolution des mentalités difficile à imaginer en France, pays traditionnellement très attaché à la valorisation d'une « grande » littérature française unifiée. Mais n'est-ce pas là se voiler la face ? D'autant plus que cette monoculture peut à terme se révéler dangereuse par l'absence d'adéquation avec la réalité concrète vécue par les jeunes :

> *Dans un environnement rendu inévitablement pluriculturel pour des raisons d'ordre socio-politique et économique, le monoculturalisme, par son cloisonnement, menace la société d'implosion (par l'extension des bandes...). Afin de corriger cette situation, l'éducation à la diversité apparaît comme un remède miracle, comprenant simultanément l'institution d'un biculturalisme ouvert, une pédagogie centrée sur l'éduqué, en l'occurrence l'enfant, et enfin l'apprentissage de la relativité en matière culturelle. Cette dernière condition constitue peut-être un rempart contre le repli sur soi, sur le groupe ou la communauté d'appartenance, mais risque d'entraîner l'émergence d'une société de type multiculturaliste*[302].

---

[300] Javier Pérez de Cuéllar (dir.), *Notre diversité créatrice*, Editions Unesco, 1996.
[301] *L'Ecole et la diversité culturelle : nouveaux enjeux, nouvelles dynamiques*, La documentation française, 2006.
[302] Tariq Ragi, *Minorités culturelles, école républicaine et configurations de l'Etat-nation*, L'Harmattan, 1997.

Or l'école en France ne se pose pas vraiment la question de la différence culturelle, de l'apprentissage de l'autre et de sa culture, comme si son objectif ultime était au contraire de parvenir à gommer les différences culturelles entre les élèves tout simplement en faisant comme si elles n'existaient pas, comme si seule la culture française pouvait et devait servir de référence : « les processus ethniques ne sont pas l'objet d'un enseignement, ni d'une formation des professeurs d'ailleurs[303] ». Langues et littératures étrangères pourraient pourtant servir de socle à l'apprentissage d'une ouverture d'esprit qu'il est relativement aisé à l'enfant d'acquérir. En effet, « le pluralisme en matière d'éducation est aussi le reflet des dispositions naturelles de l'enfant, qui accepte facilement la diversité, mû par sa curiosité naturelle et son goût de l'exploration. Avides de comprendre et de profiter de leurs nouvelles découvertes, les enfants devraient voir leur attirance pour la diversité encouragée par l'école. Les frontières entre nations ne devraient pas disparaître de sitôt ; c'est donc à l'éducation de contribuer à abattre les barrières qui séparent et opposent les esprits. De plus, les enfants n'ont pas de problème avec le multilinguisme [...] Plus les enfants sont initiés tôt aux langues étrangères, mieux c'est[304] ». Utiliser les cours de langues étrangères pour aborder d'autres modes de vie, d'autres littératures, d'autres coutumes, une démarche encore trop peu encouragée par l'école, où la plupart des langues étrangères sont abordées d'abord sous un angle utilitaire. Ce que regrette la romancière italienne Ippolita Avalli, pour qui « les langues des littératures européennes passent par l'éducation : il faut enseigner les langues en milieu scolaire dès le plus jeune âge afin de rendre nos enfants bilingues pour qu'ils puissent non seulement utiliser les Playstation mais aussi lire les fables et les œuvres de la littérature européenne. Une seule strophe de poésie donne accès à des univers tout entiers. Créons chez les jeunes la curiosité ainsi que la proximité qui confère un sentiment d'appartenance[305] ».

Cependant, comme il est parfaitement irréaliste de penser que tous les enfants puissent parler dès leur plus jeune âge une, voire plusieurs, langues étrangères grâce à l'école, les tenants de la pédagogie interculturelle et de l'éducation antiraciste – toutes deux assez distinctes l'une de l'autre d'ailleurs – estiment que le plus important est la mise en contact des élèves avec d'autres pratiques culturelles, notamment les traductions ou le conte oral dans le domaine littéraire. Comme le précise Tariq Ragi, qui encourage les animations interculturelles en milieu scolaire, « l'enjeu majeur de la pédagogie interculturelle ne concerne en aucun cas l'acquisition d'une langue

---
[303] *L'Ecole et la diversité culturelle : nouveaux enjeux, nouvelles dynamiques*, La documentation française, 2006.
[304] J. Pérez de Cuéllar (dir.), *Notre diversité créatrice*, Editions Unesco, 1996.
[305] Propos de la romancière italienne Ippolita Avalli, rapportés par Jacques Legendre dans son *Rapport d'information. Op.cit.*

ou d'une culture autre, mais plus simplement l'ouverture à autrui. [...] Selon les animateurs culturels, il est malsain de séparer les enfants avec, d'un côté les étrangers invités à assister aux activités concernant leur pays (d'origine le plus souvent), de l'autre les autochtones exclus, rejetés. En fait, il apparaît que toute politique ou action de différenciation contribue peu ou prou au développement des processus de rejet, à la détérioration des relations entre enfants de cultures différentes, alors que l'objectif consiste justement à favoriser l'intégration par la communication et les échanges culturels. Aussi, les animations interculturelles concernent-elles tous les élèves[306] ».

De leur côté, les partisans de la pédagogie antiraciste rappellent que « le travail de mémoire, l'éducation civique, l'école sont les premiers vecteurs de la lutte contre le racisme. Elle passe par la reconstruction de certains repères moraux essentiels radicalement éloignés de l'air du temps actuel[307] ». Dans leur ouvrage *Pédagogie de l'antiracisme. Aspects théoriques et supports pratiques* (Editions de l'IES/LEP Loisirs et pédagogie, 2002), Monique Eckmann et Miryam Eser Davolio évoquent une expérience de grande ampleur menée dans des écoles suisses dans une optique de lutte contre le racisme. Cette expérience a été menée par rapport à trois thèmes, « trois expériences socio-historiques » considérées comme les plus importantes en Europe par rapport à la question du racisme : l'héritage de l'esclavagisme et du colonialisme ; l'intégration des migrants (victimes de xénophobie) ; Auschwitz, la Shoah et l'antisémitisme.

Pour notre sujet, il est intéressant de constater que tout au long de cette expérience, jamais le livre ou la littérature n'ont été utilisés comme vecteurs antiracistes. Les intervenants ont ainsi privilégié les rencontres personnelles et les expériences vécues (témoignages directs), les jeux de rôle, les discussions, sans utilisation de supports culturels permettant à la fois l'identification, la distanciation et la réflexion (conte, film, livre notamment). Or l'expérience ne s'est pas révélée un franc succès, les auteurs concluant que « même s'il est absolument indispensable d'établir les faits historiques et de montrer le fonctionnement des idéologies racistes, une telle démonstration s'avère ne pas être un instrument suffisant, ni toujours efficace, pour agir sur la réalité actuelle. Cela fonctionne pour certains publics, plus ou moins disposés à combattre le racisme, mais, pour ceux qui sont dans le désir ou tentés par une pensée de type raciste, ce type d'éducation peut être non seulement insuffisant, mais même contre-productif », renchérissant même : « de nombreuses recherches ont démontré

---

[306] Tariq Ragi, *Minorités culturelles, école républicaine et configurations de l'Etat-nation*, L'Harmattan, 1997.
[307] Jacques Tarnero, *Le racisme*, Milan, 2007.

combien les préjugés et les stéréotypes résistent à l'information, aussi scientifique soit-elle[308] ».

Or justement, la littérature a cela d'intéressant qu'elle permet une identification relativement facile, basée sur la force de l'imaginaire et des mots. Des œuvres étrangères, choisies et étudiées pour leur qualité littéraire intrinsèque, mettent en scène des héros de culture différente, se mouvant dans un monde dont les codes ne sont pas les nôtres. Au lieu de confronter directement au racisme dans ce qu'il peut avoir de violent, les littératures étrangères amènent à se mettre littéralement dans la peau du narrateur, aussi différent soit-il, et quels que soient son pays, sa couleur de peau, sa nationalité, sa langue, sa religion, son histoire, ses valeurs ou son mode de vie. Contrairement au cinéma, à la télévision, où les différences sautent aux yeux par l'utilisation des images, l'introspection narrative offerte par la lecture permet de passer outre la différence, de se mettre dans la peau du narrateur, de partager ses pensées, de s'identifier à lui, de ressentir de l'empathie plus facilement. Dès le XIXe siècle, un auteur comme Jules Verne avait bien compris l'intérêt pédagogique d'utiliser le roman d'aventure pour faire passer des connaissances historiques, géographiques, sociologiques, scientifiques de son temps auprès d'un public jeune. Aujourd'hui, la démarche ne serait certes pas tout à fait semblable, mais il ne faut pas oublier que la littérature, au-delà de sa dimension poétique et narrative, permet de faire passer des savoirs, des connaissances, qu'elle remplit aussi une fonction culturelle et pédagogique sur le monde. Le style à lui seul d'un roman étranger, parfois très marqué culturellement, peut faire prendre conscience d'une différence forte et interpeller le lecteur, le surprendre et, pourquoi pas, l'attirer.

Cependant, le système éducatif français ne semble pas très réceptif à une telle réflexion. Comme le souligne Tariq Ragi dans *Minorités culturelles, école républicaine et configurations de l'Etat-nation* (L'Harmattan, 1997), « à l'exception des cours d'histoire et de géographie, l'initiation aux différentes cultures demeure absente des programmes scolaires. Et pourtant, en son temps déjà, Durkheim avait appelé de ses vœux l'ouverture de l'école aux enseignements de littérature étrangère et d'histoire des peuples étrangers afin de compenser les excès de l'enseignement de base qui consiste dans la religion *stricto sensu* du politique, de la République ». Dix ans plus tard, c'est un signe d'espoir de changement que donne Pascal Charvet, Inspecteur général de l'éducation nationale, lorsqu'il déclare dans un groupe de réflexion sur l'enseignement des littératures étrangères : « une toute autre approche des œuvres littéraires en traduction est envisageable, approche qui restituerait [au texte] son assise anthropologique et sa valeur de

---

[308] Monique Eckmann et Miryam Eser Davolio, *Pédagogie de l'antiracisme. Aspects théoriques et supports pratiques*, Editions de l'Institut d'Etudes Sociales / LEP Loisirs et pédagogie, 2002.

questionnement philosophique et poétique. La confrontation avec des obstacles linguistiques mais aussi culturels, lors de la réception d'un texte étranger, qu'il soit proche ou éloigné dans le temps comme dans l'espace, ainsi que l'observation du processus de sédimentation du sens et celui des conflits d'interprétation sont un des moyens pertinents pour interroger les textes littéraires[309] ». Il ne reste qu'à espérer que la France se mette à réfléchir sérieusement à une approche pédagogique basée sur les cultures étrangères, dans une quadruple optique de meilleure intégration des immigrés, de lutte contre la racisme, d'ouverture sur le monde et d'apprentissage des chefs d'œuvre littéraires qui font partie du patrimoine de l'humanité.

L'annonce dans le *Bulletin officiel* n°32 du 28 août 2008 de « l'organisation de l'enseignement de l'histoire des arts » dans les écoles, collèges et lycées est peut-être déjà un signe d'évolution, même si le volume horaire pour cet enseignement reste très faible, particulièrement à l'école primaire (20 heures par an à partir du cycle III), à un âge où les enfants sont au contraire les plus perméables aux différences et les plus curieux du monde extérieur. Cet enseignement « continu, progressif et cohérent » de l'histoire des arts tout au long de la scolarité a pour objectif « de donner à chacun une conscience commune : celle d'appartenir à l'histoire des cultures et des civilisations, à l'histoire du monde. Cette histoire du monde s'inscrit dans des traces indiscutables : les œuvres d'art de l'humanité. L'enseignement de l'histoire des arts est là pour en donner les clés, en révéler le sens, la beauté, la diversité et l'universalité ». Il s'agit, par une « approche pluridisciplinaire et transversale des œuvres d'art », en abordant des « aires géographiques et culturelles variées », d'amener les élèves à « découvrir et apprécier la diversité des domaines artistiques, des cultures, des civilisations et des religions, à constater la pluralité des goûts et des esthétiques et à s'ouvrir à l'altérité et la tolérance ». Les objectifs affichés sont donc ambitieux, puisqu'il s'agit « d'offrir à tous les élèves, de tous âges, des situations de rencontres, sensibles et réfléchies, avec des œuvres relevant de différents domaines artistiques, de différentes époques et civilisations » et « de les amener à se construire une culture personnelle à valeur universelle fondée sur des œuvres de référence ». Parmi les acquis attendus figurent entre autres « des connaissances sur des repères historiques, artistiques, littéraires, scientifiques ponctuant l'histoire des civilisations », ainsi que « des attitudes impliquant curiosité et ouverture d'esprit ».

---

[309] Pascal Charvet (Inspecteur général de l'éducation nationale), « Conclusion des travaux », in *Enseigner les œuvres littéraires en traduction,* Pascal Cotentin (dir.), Eduscol, 2007.

Au niveau pratique, le *Bulletin officiel* explique que cet enseignement sera d'abord mis en œuvre dans les disciplines des « humanités », à savoir les cours d'enseignements artistiques (musique, dessin), français, histoire/géographie/éducation civique, langues et cultures de l'Antiquité, langues vivantes et philosophie. Si l'on se penche de près sur les programmes, quels changements la mise en place de cet enseignement va-t-elle apporter ? A vrai dire, pas beaucoup… à part justement en cours de français. En effet, toutes les autres disciplines concernées sont déjà orientées vers l'étranger ; il y a bien longtemps en effet que les cours de musique, de dessin, d'histoire/géographie, de langues anciennes, de langues vivantes, et de philosophie pour la classe de terminale, incluent les grands événements, courants, chefs d'œuvre, artistes et modes de vie venus de l'étranger. Au final, seul le cours de français est plutôt fermé sur lui-même et sur la littérature et l'histoire littéraire françaises. C'est donc dans ce cadre que cette réforme peut se montrer intéressante pour notre étude. Un bémol cependant : si les cours de français sont bien cités comme supports de l'enseignement des arts en primaire et au lycée, il se trouve qu'au collège, cet enseignement n'est prévu que pour les cours d'histoire, d'éducation musicale et d'arts plastiques. Pour quelle mystérieuse raison ?

Ce nouvel enseignement de l'histoire des arts doit couvrir six grands domaines artistiques, qui seront « explorés dans leurs manifestations patrimoniales et contemporaines, populaires et savantes, nationales et internationales, occidentales et non occidentales ». Une liste de références et/ou de thématiques est fournie aux enseignants, qui « puisent librement dans ces listes qu'ils complètent éventuellement. Le choix des œuvres est laissé à leur appréciation ». Parmi les six grands domaines définis, la littérature est comprise dans les « arts du langage », qui englobent « littérature écrite et orale (roman, nouvelle, fable, légende, conte, mythe, poésie, théâtre, essai, etc.) ; inscriptions épigraphiques, calligraphies, typographies, etc. ». Des exemples sont aussi fournis pour chacun des niveaux. En primaire, sont cités les extraits de roman de chevalerie pour le Moyen-âge, les poésies de la Renaissance, les contes ou fables de l'époque classique, les récits et poésies du XIXe siècle, les récits (notamment illustrés) et les poésies pour le XXe siècle. Au collège, six thématiques sont proposées, dont quatre intégrant la dimension de littérature écrite sous la forme de contes, légendes, récits et sagas, mythes, récits de fondation, autobiographies, témoignages... Enfin, au lycée, treize thématiques sont proposées, dont seulement deux peuvent éventuellement utiliser la littérature comme support : la thématique « arts et sacré » (arts et grands récits, religions, mythologies) et la thématique « arts, sociétés, cultures » (l'art et les autres : regards croisés (exotisme, ethnocentrisme, chauvinisme, etc. ; les échanges – dialogues, mixités, croisements ; les métissages). Mais le principal problème de cette réforme, plutôt intéressante, est de ne pas s'appuyer sur un volume horaire à la hauteur des ambitions affichées. Néanmoins, on peut y voir la volonté politique d'afficher un objectif transversal, porté sur la connaissance de l'autre et sur l'éveil de la tolérance chez les jeunes, première étape dans la prise de conscience d'une thématique pluriculturelle, qui demandera par la suite à être poursuivie et approfondie. Voyons maintenant quelle est la situation actuelle des littératures étrangères dans le système éducatif français.

Les œuvres étrangères en primaire

En primaire, deux questions principales se dessinent. Que se passe-t-il au niveau de l'apprentissage de la lecture et du plaisir de lire, qu'en est-il de la mise en contact avec les cultures étrangères ?

Depuis les années 1980, la grande problématique qui taraude instituteurs, enseignants de français et pédagogues en général peut se résumer à « comment faire lire ? », formule qui servit de base à la réflexion de Daniel Pennac pour la publication de son ouvrage *Comme un roman* (1992). En effet, on s'est officiellement aperçu il y a déjà un certain nombre d'années que l'école ne donnait pas « envie de lire ». L'Education nationale semble pourtant *a priori* pleine de bonne volonté. Ainsi, l'arrêté Chevènement du 15 mai 1985, intitulé « programmes et instructions de l'école élémentaire », précisait qu'« il appartient à l'école dès la maternelle, d'entourer l'enfant de livres et de textes, de lui donner le spectacle d'un maître lecteur. C'est pourquoi tous les moyens sont bons pour susciter, encourager et développer le désir de lire. Quelle que soit la méthode utilisée, l'objet est de conduire chacun, dès l'école et pour toute la vie, à vouloir lire, à savoir, à arriver à lire[310] ». Cette volonté, régulièrement réaffirmée sous diverses formes, fait l'objet à la rentrée 2003 d'un communiqué de presse du ministre de l'Education Luc Ferry, intitulé « La littérature de jeunesse en primaire » (communiqué du 18/11/2003). Ce communiqué rappelle qu'au cycle III, dix ouvrages doivent être lus en classe par an : poésie, contes, romans et récits illustrés, albums, bandes dessinées, théâtre. Une nouvelle liste d'ouvrages de référence, constituée à partir de ces six catégories et proposant 180 titres, est « régulièrement revue et renouvelée à hauteur d'un tiers des titres tous les trois ans ».

A noter malheureusement que non seulement les ouvrages étrangers ne constituent pas une catégorie particulière, mais qu'ils ne sont même pas mentionnés comme étant des traductions dans la liste en question… En effet, les titres proposés ne sont accompagnés d'aucun résumé présentant l'ouvrage ou l'auteur, et il est donc impossible à l'enseignant de savoir s'il

---

[310] Max Butlen, *Les politiques de lecture et leurs acteurs. 1980-2000*, Institut national de recherche pédagogique, 2008.

s'agit ou non d'un ouvrage traduit. Depuis la rentrée 2004, cette liste est élargie à 300 titres (avec toujours mentionnés seulement auteur, catégorie et éditeur), et a été partiellement renouvelée en 2007. Le communiqué de 2003 précise également que « la quasi-totalité des professeurs des écoles sont demandeurs de références » et que « même indicative, une telle liste est précisément constituée dans le but de poursuivre la mise en place d'une culture littéraire commune ». Pourtant, il est intéressant de voir qu'à ce niveau, la provenance étrangère ou non des ouvrages utilisés ne semble représenter aucune importance pour l'Education nationale. Par rapport à la réforme de l'enseignement des arts depuis la rentrée 2008, il est paradoxal que l'origine des ouvrages ne soit pas précisée sur la liste proposée aux enseignants, qui doivent se débrouiller seuls pour découvrir les ouvrages.

Pourtant, l'utilisation d'ouvrages étrangers dès le plus jeune âge est importante afin d'encourager ouverture d'esprit et tolérance chez les enfants. Un exemple en est donné à Orléans : « la tranquille et bourgeoise école primaire Guillaume-Apollinaire du centre-ville d'Orléans est en train de changer. Elle prend des couleurs, comme dit Marie-Aude [Murail] : des petits Africains y entrent au CP, et s'apprêtent à y grandir. Au début, ils en étaient presque à renier leur Afrique natale, pour se faire accepter. Et puis Christine [l'institutrice] a chanté des chants africains et conté des contes traditionnels, ils ont tous vu les albums *Rafara*, ou *L'Afrique, petit Chaka*. Alors ils ont relevé la tête ». Ce témoignage, c'est Marie-Aude Murail qui l'apporte dans le livre qui lui est consacré en 2007 par L'Ecole des loisirs, dans la collection « mon écrivain préféré ». Il nous montre à quel point le conte ou la littérature venus de (ou tournés vers) l'étranger peuvent effectivement favoriser l'intégration d'enfants immigrés à l'école, non pas en les enfermant dans leur culture d'origine, mais en ouvrant l'ensemble de la classe aux différentes cultures.

Au Québec, où la société multiculturelle pose question depuis longtemps, Monique Lebrun et Martin Gagnon ont mené il y a une dizaine d'années des expériences sur la compréhension de contes d'origines diverses en milieu scolaire pluriethnique[311]. A Montréal, plusieurs classes de primaire et de secondaire, dont environ 70 % d'élèves de souche québécoise et 30 % d'élèves d'origines culturelles diverses, se sont vus racontés trois récits par un conteur professionnel : « Le bon Samaritain » (Québec), « Mimoun, le bûcheron » (conte arabe) et « La couleur du Lac Tienn » (Chine). Les auteurs de l'expérience justifient l'approche orale plutôt qu'une lecture traditionnelle « afin de créer en classe une atmosphère de connivence et d'enlever le stress de l'acte de décodage (présent chez les plus jeunes et chez les plus malhabiles à lire pour des raisons tenant souvent, dans le cas de la

---

[311] Voir le récit complet de cette expérimentation et ses conclusions dans Martine Lebrun et Martin Gagnon, « A la rencontre de l'Autre à travers les récits », in *Education et diversité socio-culturelle*, Cristina Allemann-Ghionda (dir.), L'Harmattan, 1999.

clientèle pluriethnique, du peu de maîtrise de la langue française) ». Le but de l'expérimentation était d'étudier l'acte même de compréhension du texte tel qu'il s'exprime au niveau des valeurs perçues dans des contes provenant de cultures différentes, en tenant compte chez les élèves de leur niveau scolaire, de leur sexe et de leur origine ethnique : « les valeurs nous intéressent ici en tant qu'intégrées à une culture, ce qui leur confère un statut particulier : on peut alors parler de hiérarchie de valeurs comme facteur de cohésion culturelle. Il faut cependant relativiser cet énoncé, car notre société occidentale a appris, sous la poussée des cultures populaires et de l'afflux massif d'immigrants, à relativiser certaines valeurs ».

Cette expérience s'est basée sur un postulat fort concernant le rôle de l'école, à savoir que cette dernière « doit sensibiliser les élèves, tant par ses curricula que par ses stratégies pédagogiques, aux valeurs culturelles diverses, sous peine d'ouvrir la voie à l'ethnocentrisme ». Ce rôle est-il vraiment pris en compte aujourd'hui en France ? Nous aurions sans doute à gagner à nous inspirer du modèle éducatif québécois, plus ouvert et pluriethnique que le nôtre. Et adopter l'idée qu'au niveau de l'approche interculturelle, « la pédagogie a tout à gagner de l'utilisation des contes, qui intègrent l'élève à l'imaginaire d'une socio-culture (Clanet, 1990) et, parallèlement, lui font entreprendre le parcours initiatique de la commune humanité, celui des fantasmes et des rêves[312] ».

Constat mitigé au collège

Au collège, l'Education nationale encourage à travers ses programmes une meilleure connaissance des littératures étrangères, principalement à travers les cours de langue étrangère et les cours de français[313]. En ce qui concerne les cours de langue, si l'on prend l'exemple des cours d'anglais (langue très majoritairement étudiée), le programme officiel pour l'année de 3e (programme pour l'année 2003-2004) précise dès l'introduction : « quant au programme culturel, placé sous le triple signe du rebrassage, de l'élargissement et de l'approfondissement en ce qui concerne les thèmes déjà abordés dans les classes précédentes, il est enrichi de deux éléments : la lecture d'œuvres ou d'extraits d'œuvres, adaptées ou non, et celles d'articles de presse[314] ». Le programme explique ensuite que l'« on fera une place grandissante à des documents authentiques en veillant bien sûr à ce que leur contenu soit accessible aux élèves. Ces documents pourront être empruntés à

---

[312] Ibid.
[313] Il est intéressant de constater que l'étude de textes littéraires étrangers traduits se fait majoritairement à l'école dans le cadre d'un cours qui s'intitule toujours officiellement « cours de français ».
[314] Voir le programme officiel disponible sur le site de l'Education nationale pour l'année 2003-2004.

des œuvres de fiction, des pièces de théâtre ; ce pourra être aussi des poèmes ou des chansons ».

Le document d'accompagnement du programme pour les 5e-4e encourage lui aussi l'étude des littératures de langue anglaise, demandant aux enseignants de faire découvrir aux élèves « les auteurs et les héros qui nourrissent l'imaginaire anglo-saxon par la lecture de textes, adaptés lorsque cela est nécessaire ». Pour Geneviève Zarate, « alors que la démarche spontanée porte l'élève à croire que l'autre est toujours beaucoup moins complexe que lui-même, il importe de faire comprendre dans la classe de langue qu'il s'agit là surtout des effets de la méconnaissance, et que la réalité étrangère est un ensemble sophistiqué et subtil de valeurs, de comportements et de normes[315] ». Idéalement, la classe de langue devrait inviter à une prise de conscience des mécanismes de l'identité et à l'idée que c'est dans la confrontation avec l'autre que peut se construire une définition de soi. L'aboutissement véritable de cet enseignement serait d'« inviter l'élève à dépasser le simple contenu des informations données, l'induire à les considérer comme autant de points d'appui, pour que les traits culturels révélés se composent en ensembles, se coordonnent en réseaux et, peu à peu, fassent surgir de leur système naissant, un horizon existentiel nouveau[316] ».

Mais la volonté affichée, ambitieuse, est bien loin de refléter la réalité. Etant donné le faible niveau général en langues étrangères, régulièrement dénoncé en France, on peut douter que la découverte des textes étrangers en langue originale puisse être très approfondie durant les cours du secondaire. De plus, l'enseignement des langues étrangères, centré sur les textes littéraires jusque dans les années 1960, s'est ensuite orienté vers le tout oral dans les années 1970, et il a fallu attendre les années 1990 pour que « les derniers textes officiels (1994-1995) insistent à nouveau sur le rôle de l'écrit, et de la lecture de textes littéraires comme accès à la civilisation de l'autre, pour tenter d'éviter le repli identitaire[317] ». Après une période d'abandon, on a donc recommencé à affirmer l'importance des textes littéraires étrangers. Cependant, l'objectif louable d'« ouverture de l'individu à d'autres cultures » permettant « le dépassement définitif de cet ethnocentrisme en quoi nous englue et à quoi nous condamne notre appartenance première à une ethnie ou à un groupe[318] » est quand même bien loin d'être atteint aujourd'hui par les cours de langue et civilisation étrangères de nos collèges et lycées...

---

[315] Geneviève Zarate, *Enseigner une culture étrangère*, Hachette, 1986.
[316] André Thevenin, *Enseigner les différences : la pédagogie des cultures étrangères*, Etudes vivantes, 1980.
[317] Geneviève Zarate, *Enseigner une culture étrangère*, Hachette, 1986.
[318] André Thevenin, *Enseigner les différences : la pédagogie des cultures étrangères*. Op.cit.

D'un autre côté, l'Education nationale encourage les enseignants de français à travailler sur des textes étrangers traduits et conseille des titres étrangers dans des « listes d'œuvres » qui accompagnent les programmes officiels. Lorsqu'on étudie en détail le document de 1999 pour la classe de 3e, il ressort que sur 289 ouvrages présentés, 102 sont des traductions (soit 35 %). Ce qui est plutôt bien. Sur les 102 traductions, 66 proviennent du monde anglo-saxon, Etats-Unis et Grande Bretagne (soit 65 %). C'est déjà plus ennuyeux pour la diversité. Deux continents sont quasi-inexistants, l'Afrique et l'Amérique latine. Le Proche et le Moyen-Orient tirent un peu mieux leur épingle du jeu, avec 1 titre traduit du yiddish, 2 titres du turc, 2 titres de l'hébreu et 2 titres de l'arabe. Puis vient l'Europe, avec l'Allemagne (8 titres), l'Espagne, la Pologne et la Russie (2 titres chacun), la Grèce, la Suède, la Serbie/Croatie et l'Italie (1 titre chacun). Un certain nombre de pays manquent tout de même à l'appel, y compris des membres de l'Union européenne… Le programme invite pourtant les enseignants à choisir des textes incluant « au moins un titre pris dans les littératures européennes ». Le document précise :

> *Les élèves ont déjà eu accès, au cours des années précédentes, à des œuvres étrangères versées dans le patrimoine culturel général. Elles étaient lues et étudiées pour leur intérêt narratif et littéraire, indépendamment de leur origine linguistique et culturelle. La liste des œuvres en Annexe du présent document accorde une place particulière aux « classiques étrangers » et mentionne une vingtaine de titres, non limitatifs, parmi lesquels le professeur est invité à faire un choix. Ces titres privilégient les classiques européens, mais rien n'interdit au professeur de choisir une œuvre issue d'une autre culture, pourvu qu'elle réponde aux attentes, aux curiosités et aux compétences de ses élèves.*
> *La spécificité du travail proposé en 3e est de sensibiliser les élèves à des œuvres constitutives de références culturelles dans d'autres langues que le français, et participant de l'héritage culturel commun à diverses cultures. L'objectif est de susciter l'intérêt des élèves pour des formes culturelles autres que celles que l'école leur rend traditionnellement familières*[319].

L'étude détaillée de la liste des œuvres recommandées pour la classe de 3e est des plus instructives. Cette liste indicative, établie à partir d'une enquête lancée auprès des organismes pédagogiques et des revues spécialisées de littérature pour la jeunesse, comprend deux rubriques : « auteurs classiques » et « littérature de jeunesse ». Elle propose 164 auteurs,

---

[319] Document d'accompagnement joint au programme officiel concernant le cours de français en classe de 3e, disponible sur le site du ministère de l'Education nationale pour l'année 2003-2004.

dont 63 sont étrangers (soit 38,4 %). Les auteurs étrangers se répartissent de la manière suivante : 35 sont anglais et 9 américains (soit 69,8 % d'auteurs anglo-saxons) ; 5 russes (8 %) ; 4 espagnols (7 %) ; 3 italiens (4,7 %) ; 3 allemands (4,7 %) ; 2 néerlandais (3,2 %) ; 1 catalan (1,6 %) et 1 chinois (1,6 %). Cette liste comporte donc majoritairement des œuvres anglo-saxonnes[320]. De plus, alors qu'elle annonce vouloir se centrer sur les littératures européennes, neuf pays de l'Union européenne (à quinze membres) se sont pas représentés[321], alors que l'on y trouve neuf ouvrages d'origine américaine. Enfin, deux continents sont totalement oubliés – l'Afrique et l'Amérique latine[322] – tandis que l'Asie est représentée par un unique auteur chinois (Feng Ji Cai).

Dans le domaine de la « littérature de jeunesse », les auteurs étrangers sont majoritaires dans la catégorie « Autobiographies – Souvenirs » (10 auteurs, dont 8 étrangers, soit 80 %). Ils sont également très présents dans les catégories « Romans intimistes » et « Science-fiction et fantastique ». S'ils représentent environ le tiers des auteurs recommandés en tout – comme c'est également le cas pour les classes de 5e et 4e – il existe de fortes disparités géographiques et sectorielles.

Quant à la liste jointe pour les classes de 5e et de 4e, elle comprend un nombre d'auteurs plus élevé au total (266), mais les grandes tendances restent sensiblement les mêmes que dans la liste précédente : 97 auteurs sont étrangers, soit 36,5 %. Les Anglo-Saxons sont également sur-représentés[323], tandis que sont proposés un auteur asiatique (le Japonais Hatano, pour son roman *L'Enfant d'Hiroshima*), un auteur sud-américain (le Brésilien Vasconcelos pour *Mon bel oranger* et *Allons réveiller le soleil*) et aucun auteur africain. Huit pays de l'Europe des quinze ne sont pas représentés[324], et il s'agit sensiblement des mêmes que dans la liste de la classe de 3e. Enfin, les auteurs étrangers sont en nombre supérieur aux auteurs francophones

---

[320] Au total, 27 % des auteurs classiques recommandés sont anglo-saxons, pour 61,6 % de francophones et seulement 11,4 % d'auteurs originaires du reste du monde.
[321] Autriche, Belgique, Danemark, Finlande, Grèce, Irlande, Luxembourg, Portugal et Suède, situation encore aggravée avec les élargissements successifs de l'Union européenne jusqu'à vingt-sept membres puisque aucun des nouveaux pays entrants n'est représenté.
[322] Il faut cependant relativiser cette remarque, car les auteurs sont classés par langue et non par nationalité (ce qui en soi est déjà un choix intéressant comme critère de classement). Il arrive donc que des auteurs africains soient comptabilisés parmi les auteurs francophones ou anglophones, tandis que des auteurs sud-américains peuvent se retrouver comptés parmi les auteurs de langue espagnole. De la même manière, les auteurs belges, suisses ou québécois peuvent figurer parmi les « ouvrages en français », tandis que des auteurs irlandais, écossais, australiens ou africains sont compris dans les auteurs anglo-saxons, mais semblent à première vue très minoritaires face aux auteurs anglais et américains.
[323] Ils représentent 26,3 % des 266 auteurs recommandés au total, et 67 auteurs sur 97 étrangers (soit 70 % des auteurs étrangers recommandés).
[324] Autriche, Belgique, Danemark, Finlande, Irlande, Luxembourg, Pays-Bas, Portugal ; à noter par contre que la liste comporte 1 auteur polonais pour l'Europe à 27.

dans les catégories « Romans épistolaires » et « Romans fantastiques et science-fiction ». Cette dernière liste paraît tout de même sensiblement plus ouverte sur les littératures du monde que la précédente. Ainsi, même si elle ne propose pas d'auteur néerlandais comme pour la classe de 3e, elle propose par contre des auteurs russe, turc, serbo-croate, suédois, brésilien, grec et arabe. Même si les auteurs étrangers non anglo-saxons restent minoritaires, ils sont ici légèrement plus représentatifs de la diversité littéraire mondiale. D'autant que des auteurs de nationalité ou d'origine étrangère sont plus présents parmi les auteurs francophones, par exemple dans les domaines russe (Troyat avec *Viou* et *Aliocha*) et arabe (Chedid avec *Les Manèges de la vie* ; Mammeri avec *Contes berbères de Kabylie* ; Begag avec *Beni ou le paradis privé*).

Au vu de ces listes de l'Education nationale, il faut bien constater que les littératures étrangères officiellement proposées sont peu diversifiées au collège. Même si les enseignants ne sont pas tenus de choisir une œuvre uniquement dans les listes officielles, celles-ci reflètent bien la concentration de l'enseignement scolaire sur les littératures francophones – ce qui pourrait encore se justifier, en France, au vu de la richesse de notre héritage littéraire – mais aussi anglo-saxonne – ce qui se comprend beaucoup moins vu qu'il ne s'agit pas d'un héritage culturel de notre pays et que les littératures de nombreuses autres régions du monde seraient tout aussi intéressantes à étudier *a priori*.

Pourtant, estime Nicole Robine, depuis 1960 « les programmes scolaires de français se sont largement ouverts sur la littérature de jeunesse, sur la littérature et la paralittérature françaises et étrangères contemporaines[325] ». En 1985, de nouveaux programmes pour les collèges ouvrent encore la liste des ouvrages recommandés, entérinant des auteurs déjà étudiés *de facto* dans les établissements scolaires. A l'époque, rapporte Max Butlen dans *Les politiques de lecture et leurs acteurs* (2008), « la liste des ouvrages conseillés pour les classes de 6e et de 5e déçoit quelque peu les partisans de l'introduction de la littérature de jeunesse. Elle ne contient que quelques relatives nouveautés, d'ailleurs souvent déjà banalisées dans nombre d'établissements : Michel Tournier, Henri Bosco, Joseph Kessel, Jean-Marie Le Clézio et Defoe, Kipling, Stevenson, Swift pour les textes étrangers traduits, plus un choix qui surprend les littéraires brésiliens, celui de José Mauro de Vasconcelos (*Mon bel oranger*). […En 4e et en 3e], des textes destinés à la jeunesse, ou captés par elle, apparaissent parmi les auteurs prescrits (Vallès, Cendrars, Alain Fournier) ; en littérature étrangère, on note une audacieuse proposition, *Nedjma* de Kateb Yacine et la reconnaissance d'auteurs déjà très lus : Bradbury, Buzzati, Hemingway, Steinbeck ».

---

[325] Nicole Robine, *Lire des livres en France des années 1930 à 2000*, Editions du Cercle de la Librairie, 2000.

Comme le rappelle Geneviève Vermes, « confrontés à la multiplicité des "origines visibles" dans leurs classes, les enseignants souhaitent de plus en plus insister sur le caractère dynamique de ce qui a été appelé "la composition de la France", de tous les apports de populations et de cultures différentes qui ont fait et font la France. Ainsi, l'enseignement de l'histoire de France se transforme et naît une histoire européenne ; il en est de même de la littérature qui devient enseignement des littératures francophones incluant aussi la littérature produite dans les anciennes colonies. Les contenus des enseignements sont ainsi nettoyés le plus possible des nationalismes et ethnocentrismes[326] ». Cette approche optimiste me semble cependant devoir être nuancée, car les enseignants peuvent aussi se sentir perdus devant l'ampleur et la diversité des littératures du monde entier ; ils auraient ainsi besoin d'une liste étoffée, qui donne plusieurs titres de chacune des littératures existantes, accompagnés d'un résumé de l'œuvre et du niveau d'étude auquel il paraît possible de l'aborder. Les listes actuelles fournissent trop peu de références non américaines non européennes, et n'offrent pas non plus de résumé des œuvres, or les enseignants ne peuvent tout connaître ! Ils ont donc naturellement tendance à se tourner vers les titres qu'ils connaissent personnellement. L'établissement d'une liste plus longue et plus complète, suivi d'un travail de sensibilisation à la question, permettrait probablement d'améliorer la situation et de pousser les enseignants à s'attaquer plus volontiers à des œuvres étrangères, peut-être en lien avec les origines géographiques de leurs élèves. Les professeurs les plus motivés peuvent déjà cependant se référer à des ouvrages et des manuels, de qualité diverse, qui proposent des listes d'auteurs et de titres de référence, notamment étrangers.

Citons par exemple les deux ouvrages de Roger Aelion et Andrée Rave, *1001 Lectures pour les lycées* et *La bibliothèque idéale* (ouvrage publié en deux volumes en 2000). Ce dernier ouvrage, qui se targue de proposer la « base incontournable de tout fonds de CDI », fait une large place aux écrivains étrangers, avec notamment des rubriques telles que « maîtres étrangers de la poésie », « théâtre à l'étranger », « écrivains francophones » (avec 22 pays représentés, dont les trois pays du Maghreb, sept pays africains, quatre pays européens, les Antilles, ainsi que l'Argentine, Cuba, le Canada, les Etats-Unis et le Liban), « le polar à l'étranger » (avec l'Argentine, la Chine, Cuba, l'Espagne, l'Italie, le Japon, la Russie et la Suède), « classiques étrangers » (avant le XXe siècle) et « romanciers étrangers contemporains ». Les « classiques » couvrent onze aires géographiques différentes, mais omettent totalement les grandes épopées à l'exception de *l'Iliade* et de l'*Odyssée* ; ainsi, les épopées du Proche-Orient comme celle de Gilgamesh, les épopées scandinaves,

---

[326] Geneviève Vermes, « Le défi interculturel dans l'éducation en France », in *Education et diversité socio-culturelle*, Cristina Allemann-Ghionda (dir.), L'Harmattan, 1999.

indiennes, chinoises, japonaises en sont absentes. Quant aux romanciers étrangers contemporains, ils représentent 44 pays et deux « zones » (« arabe » avec 7 pays, et « anglophone » avec 9 pays, les deux zones ayant un pays « commun », le Soudan). Mais les littératures britannique, américaine, allemande, italienne et espagnole y sont largement les plus citées. A noter également l'importance générale accordée à la littérature anglo-saxonne, avec des rubriques spécifiques consacrées aux thèmes « le policier anglais », « le domaine américain (roman noir) » ou encore une « sélection de titres en V.O. » proposant 72 titres d'auteurs britanniques et américains (seule liste d'ouvrages en V.O. proposée).

En 1994 déjà, Henriette Zoughebi avait dirigé la publication d'un *Guide européen du livre de jeunesse*, qui offre des points de repère littéraires pour 26 pays autres que la France. Cependant, les notices sur les ouvrages et les auteurs restent succinctes, même si elles permettent déjà de rendre compte du foisonnement littéraire des différents pays et de donner des pistes à l'Education nationale pour recommander des ouvrages en provenance de « petits » pays. De son côté, le guide *Littérature jeunesse : 900 titres pour les collèges* d'Alain Journaud (CRDP de l'Académie de Grenoble, 2003) est beaucoup plus complet, mais présente l'inconvénient de mélanger sans distinction ouvrages français et étrangers, sans mention de langue, d'origine géographique ou de nationalité de l'auteur. Même remarque pour un autre manuel du CRDP de Grenoble, dirigé par Nicole Schneegans, *Lectures pour les collèges, Quels livres, pour quel usage ?* Quant à un ouvrage comme *Panorama de la littérature mondiale*, publié par Florence Braunstein en 1996, il exclut purement et simplement l'Amérique latine et l'Afrique… rendant par là même son titre fortement sujet à caution, malgré les justifications apportées par l'auteur dans sa préface !

Enfin, il faut bien souligner que les programmes officiels et les différents manuels ne font que donner des directives ou des suggestions. Alors comment évaluer l'enseignement des littératures étrangères par rapport à l'enseignement de la littérature en général ? Quelques enquêtes sociologiques, très intéressantes bien que trop peu nombreuses, donnent un éclairage sur la réalité des pratiques.

Entre 1990 et 1992, Danièle Manesse et Isabelle Grellet ont ainsi mené une enquête sur la littérature au collège pour l'Institut national de recherche pédagogique, auprès d'un échantillon représentatif de 353 professeurs de français issus de 150 collèges de France. Publiée en 1994 sous le titre *La littérature du collège*, cette étude nous éclaire sur les œuvres littéraires étudiées. Il s'agit, à ma connaissance, de la seule étude qui ait consacré une réflexion spécifique aux littératures étrangères, avec par exemple dans le questionnaire la question posée : « Si vous avez dans votre classe une proportion importante d'enfants d'origine étrangère, êtes-vous amené à modifier votre enseignement de la littérature ? ». Deux axes de cette étude nous concernent plus particulièrement. Le premier, c'est le cœur même de l'étude menée, à partir de la question objective : « quelles œuvres avez-vous fait étudier à vos élèves en 89-90 ? ». Les enseignants y ont répondu en citant 1 999 titres d'ouvrages étudiés en lecture suivie, issus de 246 auteurs. Sur les 86 auteurs cités plus de 5 fois (et représentant 91 % de l'ensemble des citations), 20 étrangers seulement (soit 23 %) : Steinbeck, Hemingway, Kipling, Grimm, Homère, Buzzati, Vasconcelos, Winterfeld, London, Dahl, Bradbury, Christie, Laye, Franck, Uhlman, Hawthorne, Remarque, Doyle, Lowery, Bach. Les auteurs de l'étude en concluent :

> *La clôture sur le fonds national est certainement l'un des traits par quoi la culture du collège se maintient en retrait des grands principes, tel celui qui concerne « la culture accordée à la société de notre temps ». Les frontières s'ouvrent, le collège reste replié sur la culture nationale. Une très forte tradition en ce sens l'y incite, et les convictions des professeurs sont certainement le reflet de l'enseignement qu'ils ont eux-mêmes reçu. L'enseignement de la littérature se confond avec l'enseignement de la littérature nationale, depuis que celle-ci s'est imposée comme valeur « consuelle », à la fin du XIXe siècle. Les programmes de la classe de français sont français depuis deux siècles. Il faudra du temps pour que des directives plus soucieuses d'ouverture parviennent à s'imposer.*

La pratique d'enseignement d'ouvrages étrangers par les professeurs de français reste ainsi très en deçà des suggestions faites par les programmes officiels. Moins d'un livre sur cinq étudié au collège est étranger, et l'Inspection académique estime qu'en moyenne, les ouvrages étrangers étudiés en lecture suivie représentent seulement 8 à 30 % du corpus littéraire étudié, les chiffres variant selon les enseignants, les classes et les académies. Outre cette sous-représentation des ouvrages étrangers en général, d'autres constatations s'imposent, en particulier le recul des ouvrages étrangers classiques et le fait que les auteurs étrangers proposés sont puisés dans un cercle très restreint de références.

Sur les 14 œuvres les plus étudiées en sixième, trois sont étrangères (*L'Odyssée* d'Homère, *Mon bel oranger* de Vasconcelos et *L'appel de la forêt* de London). Sur les 14 œuvres les plus étudiées en cinquième, une seule référence étrangère, *L'enfant noir* de Laye. Sur les 15 œuvres de quatrième, deux livres étrangers : *Le K* de Buzzati et *La Perle* de Steinbeck. Enfin, sur les 23 œuvres les plus étudiées en troisième, trois étrangères : *Des souris et des hommes* de Steinbeck, *A l'Ouest rien de nouveau* de Remarque et *Chroniques martiennes* de Bradbury. Soit neuf références étrangères seulement sur 66 (13,5 %) : quatre américaines, une grecque, une allemande, une italienne, une brésilienne et une camerounaise. L'Orient et l'Extrême-Orient sont les grands absents de ce palmarès, tout comme certains pays frontaliers (l'Espagne ou la Grande-Bretagne, même si l'univers anglo-saxon en général peut être considéré comme sur-représenté par quatre Américains). On peut également douter de la « représentativité » de *Mon bel oranger* pour l'Amérique latine (alors qu'on aurait pu choisir des titres de Borges, Paz, Neruda, García Márquez, Sepúlveda ou Fuentes par exemple).

> *Une chose est claire : la classe de français de cette fin de siècle n'est pas prête à prendre en charge la transmission culturelle des auteurs que le recul des études latines et grecques risquent de faire tomber dans l'oubli. [...] Faut-il y voir l'éloignement des professeurs eux-mêmes par rapport à une culture qui ne faisait pas partie de la formation de beaucoup d'entre eux, un signe des temps où les attraits de la culture classique s'estompent, ou un avatar d'un phénomène qu'on rencontre sous une autre forme : la résistance à étudier des textes traduits, qui s'applique, par extension, à des auteurs étrangers ? Ce dernier ensemble représente un tiers des auteurs, en nombre, de la liste proposée dans les programmes, tant pour les Sixième-Cinquième que pour les Quatrième-Troisième. On a vu que leur présence réelle est inférieure à 20 % dans les classes. Mais elle est significativement moindre encore, si l'on isole la contribution de la littérature de jeunesse, étudiée en Sixième et souvent traduite.*
> *Et surtout, le peu de choix d'étrangers se concentre sur un très petit nombre d'auteurs, chacun représenté par un titre : Steinbeck pour* La Perle*, Grimm pour ses* Contes*, Buzzati pour* Le K*, Vasconcelos pour* Mon bel oranger *et Bradbury pour les* Chroniques martiennes*... Aucun auteur traduit de l'espagnol n'apparaît, la littérature russe est représentée par trois citations (Tourgueniev, Tchékhov et Gogol), la culture arabe ne l'est par aucun, etc. Or, des suggestions bien plus ouvertes sont faites dans les programmes. Il en est de même pour la littérature étrangère de langue française dont un seul titre émerge :* L'Enfant noir *de Camara Laye, avec dix citations*[327].

Deuxième axe de cette étude, encore plus révélateur car il s'intéresse à la cause de cette situation objective : pourquoi si peu d'ouvrages et d'écrivains étrangers étudiés, alors que les directives et les programmes prônent l'ouverture ? Afin de répondre à cette question, Danièle Manesse et Isabelle Grellet ont demandé aux enseignants de « citer dix œuvres qui, selon eux, font partie du patrimoine littéraire ». Question subjective, ayant pour but de mesurer le degré d'adéquation entre les livres étudiés en classe et ce que les enseignants estiment être la « quintessence de la culture littéraire ». Les auteurs de l'étude ont répertorié les 3 530 citations fournies au total par les professeurs, sur un total de 231 écrivains. De cette liste, elles ont extrait

---

[327] Danièle Manesse et Isabelle Grellet, *La littérature du collège*, Nathan/Institut national de recherche pédagogique, 1994.

les 74 écrivains qui avaient été cités plus de cinq fois. Fait révélateur, les vingt auteurs qui arrivent en tête sont… français ! Les dix auteurs les plus cités (dans l'ordre Molière, Hugo, Flaubert, Racine, Balzac, Baudelaire, Corneille, Zola, Voltaire et Stendhal) représentent à eux seuls 1 286 citations (soit 36 % de l'ensemble des auteurs cités). Viennent ensuite, toujours dans l'ordre, La Fontaine, Camus, Montaigne, Rabelais, Proust, Maupassant, Pagnol, Rousseau, Fournier et Daudet, avant Homère, 21ème place, premier auteur étranger qui totalise seulement 37 citations sur 3 530 (soit 1 % de l'ensemble des citations !). Shakespeare occupe quant à lui la 42ème position du classement (14 citations), Cervantès la 51ème place (10 citations), Dostoïevski la 60ème place (7 citations), Steinbeck la 64ème place (7 citations), et Kafka la 73ème place (5 citations). Avec des cas un peu particuliers, comme la Bible en 48ème position, ou Ionesco en 72ème position (mais est-ce vraiment un auteur « étranger » puisqu'il a choisi d'abandonner le roumain pour écrire en français ?).

Dans leur réponse spontanée, les enseignants n'ont donc cité que 6 écrivains étrangers parmi les 74 auteurs les plus plébiscités, soit seulement 8 %, et encore ne sont-ils pas parmi les mieux placés… C'est ainsi que des auteurs comme Villon ou Daudet sont plus souvent cités que Shakespeare ou Cervantès ! La Fayette, Bazin, Renard, Rostand, Dumas, Marcel Aymé, Vallès arrivent avant Steinbeck ou Kafka ! Quant à des auteurs aussi fameux que Goethe, Pouchkine, Borges ou Tolstoï, ils n'ont pas réussi à obtenir chacun ne serait-ce que cinq citations sur 353 enseignants interrogés et 3 530 citations obtenues… Cela a de quoi faire réfléchir ! Comme le soulignent Danièle Manesse et Isabelle Grellet, « pour 94 % des citations, le patrimoine des professeurs est français. Cela ne veut évidemment pas dire qu'ils ne considèrent pas des œuvres étrangères comme faisant partie du patrimoine littéraire, mais la question, posée de manière neutre, a amené spontanément des réponses « nationales » en écrasante majorité. C'est par ce premier trait que le patrimoine des professeurs marque une homologie frappante avec les œuvres complètes enseignées en classe : le patrimoine littéraire est français, comme sont françaises pour les quatre cinquièmes d'entre elles les œuvres étudiées en classe ».

De son côté, l'étude menée entre 1993 et 1994 par Christian Baudelot et son équipe et publiée sous le titre *Et pourtant ils lisent* est révélatrice des pratiques de lecture de littérature étrangère chez les élèves de collège. L'enquête a porté sur un échantillon de 12 000 élèves suivis durant toute la durée de leur scolarité au collège. Interrogés sur les ouvrages étudiés en cours de français, élèves et enseignants ont désigné quatorze titres plébiscités par la majorité. Sur ces 14 ouvrages, les plus étudiés et les plus appréciés, un seul titre étranger (américain) : *Des souris et des hommes* de Steinbeck.

En réalité, le système éducatif centre aujourd'hui ses efforts sur l'apprentissage de la lecture et de l'expression, ne faisant que peu de cas des littératures étrangères et de leur apport culturel en termes de différence et d'ouverture sur le monde. Les enseignants des collèges s'intéressent parfois très peu personnellement aux littératures étrangères, et il faut noter que l'enseignement des œuvres étrangères leur demande un effort plus grand, car il est nécessaire de les replacer dans un contexte historique et littéraire parfois peu ou pas du tout connu tant de l'enseignant que des élèves, contrairement à l'environnement français. Si les œuvres françaises sont plus accessibles aux élèves, elles sont aussi mieux connues des enseignants, notamment de par leur formation universitaire. Cela explique entre autres pourquoi si peu d'œuvres étrangères sont proposées aux élèves dans le cadre du collège. Et il est certain que les enseignants sont confrontés à diverses difficultés lorsqu'ils souhaitent mieux les faire connaître à leurs élèves. Certaines œuvres sont en effet difficiles d'accès, en particulier dans le secondaire où les élèves rejettent facilement ce qui leur paraît trop étranger. Selon Geneviève Zarate (*Enseigner une culture étrangère*, Hachette, 1986), l'étude des littératures et des cultures étrangères se heurte à un fort ethnocentrisme chez des jeunes en pleine recherche d'identité et d'une place dans la société. Cela ne facilite pas leur apprentissage : « la rencontre avec d'autres systèmes culturels, d'autres visions du monde, constitue des points de friction, des lieux de dysfonctionnement, des occasions où peuvent se développer des significations aberrantes. Dans la confrontation avec l'altérité, les membres d'une communauté recherchent d'abord le plaisir des retrouvailles avec eux-mêmes, la permanence de leur vision du monde ». D'où l'intérêt de favoriser la rencontre avec des mondes étrangers dès le primaire, afin de jouer sur un effet de continuité au collège.

Au lycée, des littératures étrangères quasi absentes

Quant au lycée, en l'absence de toute étude précise sur le sujet et de toute liste fournie par l'Education nationale, il est plus difficile de savoir quelles œuvres étrangères y sont étudiées. La préparation des épreuves de français du baccalauréat privilégie très fortement les auteurs français (tels Racine, Corneille, Voltaire, Rousseau, Hugo, Balzac, Flaubert, Zola, Proust, Céline, Malraux, Sartre ou Camus pour les romans et pièces de théâtre ; Baudelaire, Verlaine, Rimbaud, Hugo, Lamartine pour la poésie). Peu de place est faite aux œuvres étrangères, même francophones (à part quelques auteurs comme Senghor, souvent étudié en section littéraire). Certes, la situation s'est améliorée, et « au lycée d'enseignement général, les élèves sont aussi confrontés aux œuvres littéraires en traduction. Pour le choix des auteurs, les programmes s'en remettent au choix des enseignants. Ainsi, l'abord des grandes problématiques littéraires permet de découvrir des auteurs étrangers, de l'Antiquité à nos jours, et par là de dévoiler et tisser les liens entre toutes les formes artistiques, de part et d'autre des frontières. En terminale littéraire, le programme repose sur une série d'œuvres renouvelées périodiquement. Ces dernières années, les bacheliers ont pu étudier une tragédie de Sophocle, une pièce de Shakespeare, *La vie est un songe* de Calderón, *Les Nouvelles de Petersbourg* de Gogol[328] ». Quelques classiques étrangers « phares » échappent ainsi à la tendance générale, comme Goethe, Cervantès, Dante, Hemingway, Steinbeck ou encore Buzzati, mais, au lycée comme au collège, les auteurs étrangers contemporains brillent plutôt par leur absence, tout comme les auteurs français contemporains à vrai dire. Cette situation a des antécédents historiques liés au conservatisme traditionnel de l'enseignement de la littérature dans notre pays jusqu'au tournant de 1977. Ainsi, jusqu'« en 1976, les auteurs recommandés pour les lectures suivies de la sixième à la troisième sont toujours plus ou moins vingt : Homère, Hérodote, Tite Live, Plutarque, Villon, Charles d'Orléans, Molière, La Fontaine, Corneille, Racine, Voltaire, Rousseau, Beaumarchais, Victor Hugo, Balzac, Sand, Flaubert, Mérimée[329] ». On voit que même en littérature française, les « contemporains » au sens très large (incluant Proust, Camus, Sartre, Malraux ou Céline) ne sont guère étudiés. Alors les étrangers ! C'est à partir de 1977 que les programmes s'ouvriront timidement à d'autres œuvres, d'autres auteurs. « Les textes et programmes à partir de 1977 reconnaissent l'intérêt de l'étude des textes "non littéraires". Le professeur de français est invité à faire travailler, "sans exclusivité mais par priorité les textes littéraires" et il est suggéré de "puiser" dans les œuvres de Jules Verne, Saint-Exupéry, Marcel Aymé, Marcel Pagnol (autant d'ouvrages qui sont généralement considérés comme appartenant à la littérature de jeunesse). En littérature étrangère, les frères Grimm, Andersen, Kipling, Hemingway sont recommandés. Le socle des références commence à bouger[330] ».

De son côté, dès 1983, la Société Française de Littérature Générale et Comparée se montre optimiste et estime que « beaucoup des enseignants actuellement en poste dans les collèges et lycées proposent à leurs jeunes élèves des textes étrangers traduits (Borges, Hemingway, Kafka...) » et qu'une « information réciproque et un échange fructueux pourraient s'instaurer à propos de l'usage pédagogique des littératures étrangères[331] ».

Remarquons tout de même qu'en Italie à la fin des années 1990, les sujets littéraires de la maturità (équivalent du baccalauréat) sont généraux et plus ouverts sur l'Europe qu'en France, alors que chez nous « un important

---

[328] Christian-Lucien Martin (Direction générale de l'Enseignement scolaire), in *Enseigner les œuvres littéraires en traduction,* Pascal Cotentin (dir.), Agence Eduscol, 2007.
[329] Max Butlen, *Les politiques de lecture et leurs acteurs*, INRP, 2008.
[330] Ibid.
[331] SFLGC, *La recherche en littérature générale et comparée en France*, 1983.

effort reste à faire dans le domaine de la littérature des pays voisins[332] ». Prenons un exemple édifiant : le manuel *Enseigner la lecture de l'œuvre littéraire au lycée*, publié en 1998 à destination des enseignants[333]. Tout au long des 277 pages de ce manuel, face à de multiples extraits de textes français, seuls sept écrivains étrangers sont explicitement cités et étudiés : Umberto Eco et Italo Calvino (Italie), Shakespeare (Grande-Bretagne), Cervantès (Espagne), Jorge Luis Borges (Argentine), Paul Auster et Stephen King (Etats-Unis). Ce dernier exemple est très intéressant, les auteurs du manuel consacrant une partie à Stephen King pour expliquer la façon de décrypter un auteur de best-seller de manière critique et distanciée avec les élèves. Mais à côté de cela, pas un seul auteur africain, pas un seul auteur asiatique cité… Et pourtant, personne n'irait dire que Wolynka, Senghor, François Cheng, Gao Xinjian ou Tagore soient inintéressants pour réfléchir à la littérature au lycée ! Sans que l'instauration d'une égalité quelque peu factice entre les continents ne tourne à l'obsession, on peut regretter que ne soient pas abordés dans des manuels à destination des enseignants au moins plusieurs grands écrivains par grande aire géographique et culturelle, ce qui serait un minimum afin d'ouvrir les élèves sur la diversité du monde. Max Butlen (*Les politiques de lecture et leurs acteurs*, 2008) note cependant qu'en 1999, « les lacunes « inexcusables », […] par exemple dans le domaine de l'ouverture de la France sur les littératures étrangères, sont assez largement comblées par de belles indications bibliographiques, qui s'efforcent de prendre en compte la constitution d'une culture de notre temps et reflète des processus de mondialisation ». Reste à retrouver cette ouverture dans les pratiques d'enseignement, pour ne pas finir par avoir des lycées sans littératures étrangères, à l'exemple de la Grande-Bretagne :

> *Il est frappant de constater qu'il n'existe pas chez nous de littérature comparée dans les écoles mais qu'elle est aussi pratiquement absente de l'université, si ce n'est pour ce que l'on appelle les langues modernes. Or, ceux qui s'intéressent à ces langues au niveau du baccalauréat sont rares : de moins en moins d'élèves choisissent d'étudier le russe, l'espagnol, l'allemand, l'italien. Quelques uns s'intéressent encore au français, mais le portugais, le suédois et bien d'autres langues n'ont pratiquement aucun adepte. L'enseignement des langues est ainsi en train de disparaître de nos écoles, tout comme ont pratiquement disparu le grec et le latin. On parle aujourd'hui de lycéens « monolingues »*[334].

---

[332] Voir Isabelle Masse, « L'Europe par le livre ? », *BBF*. Paris, 1997, tome 42, n°1.
[333] Isabelle Chelard-Mandroux et Anne-Marie Tauveron, *Enseigner la lecture de l'œuvre littéraire au lycée*, Armand Colin, 1998.
[334] Propos de l'historien et professeur anglais Valentine Cunningham, rapportés par Jacques Legendre dans son *Rapport d'information*. Op.cit.

A contrario, un pays comme la Pologne semble très ouvert à l'enseignement des littérature étrangères ; c'est ainsi que « les jeunes Polonais qui quittent l'école ont connu Homère, Sophocle, Pétrarque, Dante, Cervantès, Shakespeare, Molière, Goethe, Balzac, Stendhal, Verlaine, Camus, mais aussi Andersen, Tolkien, Lewis, Sempé et Goscinny, Astrid Lindgren, Tove Jansson... ». Alors que les jeunes Français, au sortir de leur scolarité, ne savent « rien de *Pan Tadeusz* ou *Ferdydurke*, des *Paysans* ou de *La vallée de l'Issa*, absents (même sous forme de résumé ou d'extrait) des listes d'œuvres lues dans les écoles françaises[335] ». L'exemple polonais montre combien un enseignement des littératures ouvert sur le monde est possible.

Enseigner les littératures étrangères pour redonner le plaisir de lire ?

Certes, ce titre se veut à dessein provocateur, puisqu'il semble sous-entendre que la lecture d'ouvrages français ennuierait les élèves et que la solution serait de se tourner vers les œuvres étrangères, ce qui ne correspond pas complètement à la réalité... Cependant, le constat est là : les jeunes aiment de moins en moins lire de livres, et se tournent plus volontiers vers des supports plus faciles d'accès, bandes dessinées, albums, mangas, revues, magazines. Certains, d'ailleurs, s'insurgent contre le pessimisme actuel qui prévaut dans le domaine du livre, estimant que les pratiques de lecture n'ont pas du tout disparu, au contraire, et que les jeunes lisent de plus en plus mais sur des supports différents. Et qu'ils se remettent à écrire aussi, grâce au courrier électronique et aux SMS. Certes, mais qu'écrivent-ils ? Et que lisent-ils ? A une question posée par un fictif professeur de français, effrayé du niveau des ouvrages lus par ses élèves, une documentaliste imaginée par Marie-Aude Murail remarque « Au moins, ils lisent quelque chose ». Ce à quoi son interlocuteur lui répond : « si votre fils ne mangeait plus que des hamburgers, est-ce que vous diriez tout aussi tranquillement : "Ah bah, au moins il mange quelque chose[336] ?" ». Je trouve cet exemple particulièrement éclairant dans la comparaison utilisée. En effet, depuis plusieurs années, l'Etat ne cesse de faire des campagnes valorisant une nourriture saine et équilibrée. Par contre, la « nourriture » intellectuelle serait une affaire strictement privée, et personne ne juge utile de mener une campagne sur le fait de lire au moins « 1 ou 2 bons romans par mois ». Pourtant, est-ce réellement moins important ? Dans une société en crise, en perte de valeurs,

---

[335] Propos de la traductologue polonaise Elżbieta Skibinska, rapportés par Jacques Legendre dans son *Rapport d'information*. Op.cit.
[336] Marie-Aude Murail, *Ma vie a changé* (chapitre 1), L'Ecole des Loisirs, 1997.

dans laquelle le loisir est devenu pour beaucoup de jeunes le but ultime et le travail une simple corvée alimentaire, la littérature devrait avoir un rôle important à jouer. Car « la littérature, plus que n'importe quelle autre science humaine, nous conduit vers les autres, nous révèle le monde autant qu'elle nous révèle à nous-mêmes, nous fait accéder à des expériences singulières et dans le même temps à l'universalité, nous libère des idées reçues et des pensées dominantes. La littérature enfin peut, au même titre que le politique et le social, éveiller la conscience d'une communauté de passé, de présent et de futur[337] ». Le professeur Tim Beasley-Murray estime pourtant qu'aujourd'hui, l'enseignement de la littérature est injustement dévalorisé : « l'étude de la littérature est aujourd'hui menacée de plusieurs parts, en particulier en raison de l'influence croissante des sciences sociales dans l'éducation et dans la vie en général, qui caractérise le capitalisme tardif. Face à cela, la littérature doit être promue et enseignée, non pas comme une doctrine fixe, mais plutôt comme un mode de pensée qui porte en lui-même des interrogations sur le sens du monde, avec plus de questions que de réponses, avec non pas des valeurs éternelles mais des transgressions et des valeurs nouvelles. Enseigner ainsi la littérature suppose de mettre en avant la relation à l'autre, qu'il soit ou non Européen. Cela est incompatible avec les canons et les manuels[338] ».

Mais on l'a vu littérature et école ont du mal à faire bon ménage. Certes, les élèves étudient des œuvres littéraires à l'école, mais la majorité d'entre eux n'associent pas lecture d'œuvres littéraires de qualité et plaisir. Comme le souligne Max Butlen, « en 1980, du côté du monde du livre, la tendance dominante est de considérer que l'Education nationale, hors l'apprentissage (mis en cause, lui aussi), fait peu ou mal pour la vraie lecture. Parmi les partenaires de la Culture, beaucoup déplorent "l'inertie relative" de l'institution et celle du monde des enseignants à l'égard de la lecture non scolaire et à l'égard des bibliothèques. Au début des années quatre-vingt, les critiques se font plus directes[339] ». C'est ainsi que la mission assignée à l'école a changé progressivement. Alors que sous la Troisième et la Quatrième Républiques, l'école devait principalement apporter des connaissances et apprendre à lire et à écrire, on attend aujourd'hui d'elle qu'elle (re)donne aux enfants le goût de la lecture, afin de tirer vers le haut des loisirs pour lesquelles une pléthore d'offres existe aujourd'hui, du sport à la télévision, en passant par l'écoute et la pratique de la musique, Internet, le cinéma et les relations sociales, si importantes à l'adolescence. Face à tant de concurrence, l'importance de la littérature est régulièrement réaffirmée, sans

---

[337] Avant-projet de recommandation sur l'enseignement de la littérature européenne pour le Conseil de l'Europe, adopté le 14 avril 2008.
[338] Propos du professeur Tim Beasley-Murray rapportés par Jacques Legendre dans son *Rapport d'information*. Op.cit.
[339] Max Butlen, *Les politiques de lecture et leurs acteurs*, INRP, 2008.

qu'on sache vraiment comment s'y prendre pour donner le goût de lire. « Des listes d'œuvres sont prescrites pour l'étude en classe ou à la maison mais comment faire pour qu'elles débouchent sur des lectures littéraires et informatives personnelles, autonomes, éventuellement utiles et heureuses, en tout cas choisies ? Comment transformer la prescription en offre ? Une telle question préoccupe l'ensemble des éducateurs sans que des réponses satisfaisantes soient apportées[340] ». Anne-Marie Chartier encourage de son côté l'utilisation du support écrit en classe sous toutes ses formes :

> *Il revient aux enseignants d'être de bons incitateurs et d'offrir, dans la vie quotidienne des classes, des occasions de lire pour lire et non pour faire ces exercices dans lesquels la lecture doit être, selon les cas, expressive, suivie, dirigée, expliquée, commentée ou méthodique. Alors que les efforts pour développer et former « le goût de lire » s'étaient toujours tenus à la périphérie des activités scolaires (soit dans les bibliothèques publiques fréquentées après la classe, soit dans les emprunts volontaires à la bibliothèque scolaire pour des lectures de loisir), il s'agit cette fois de renverser l'ordre des usages. La fréquentation des livres, des journaux des ressources documentaires doit faire partie de la pratique de la classe elle-même[341].*

Une approche pédagogique complémentaire consiste à passer par un contact direct avec les écrivains. En effet, recevoir un écrivain dans sa classe permet à un enseignant d'aborder les choses sous un angle nouveau, dépoussiéré, créatif : « on ne soulignera jamais assez les bienfaits d'une telle expérience tant sur le plan intellectuel que sur le plan humain. Tout d'abord, le professeur cesse d'être le seul intermédiaire entre le livre et les élèves. En contact direct avec l'écrivain, ils redécouvrent que la littérature cesse de revêtir un caractère abstrait, puisqu'ils ont devant eux un être vivant, en chair et en os, qui condescend de surcroît à les rencontrer. Cette expérience procure également un plaisir nouveau dans l'exploration d'un monde méconnu, le travail de l'écriture, ses contraintes parfois matérielles, mais aussi celui de la perception d'un regard différent sur la littérature[342] ». Un exemple de l'intérêt d'une telle approche est donné depuis plus de vingt ans par le Festival du premier roman de Chambéry-Savoie, sous la houlette duquel plus de mille élèves lisent chaque année des premiers romans en français et en italien, débattent et votent pour leurs auteurs favoris, qu'ils peuvent ensuite rencontrer durant le festival en fin d'année scolaire[343].

---

[340] Ibid.
[341] Anne-Marie Chartier, « La lecture scolaire entre pédagogie et sociologie », in *Lire en France aujourd'hui*, Martine Poulain (dir.), Editions du Cercle de la Librairie, 1993.
[342] Isabelle Chelard-Mandroux et Anne-Marie Tauveron. *Enseigner la lecture de l'œuvre littéraire au lycée*, Armand Colin, 1998.
[343] Voir le site Internet de la manifestation, www.festivalpremierroman.com

Par ailleurs, un certain nombre d'enseignants s'appuient aussi sur les maisons d'écrivain pour mener des projets pédagogiques autour d'une œuvre, incluant une visite de la maison de l'écrivain et des activités proposées par les équipes des lieux. En l'occurrence, les écrivains sont en général français, mais cela n'empêche pas une ouverture vers les mondes étrangers. La Maison de Jules Verne à Amiens par exemple permet aux élèves qui la visitent de découvrir le monde à travers les romans de Jules Verne, depuis *Le tour du monde en 80 jours* jusqu'aux Etats-Unis du roman *Nord contre sud*, à l'Inde de *La Maison à vapeur* ou au Brésil de *La Jangada*. Jules Verne avait déjà bien compris l'intérêt de faire découvrir l'ailleurs géographique et humain par le biais du romanesque...

Aujourd'hui, on pourrait faire des littératures étrangères une priorité dans l'enseignement de la littérature en France, par exemple en imposant un nombre d'ouvrages étrangers minimum à étudier en lecture suivie pour chaque niveau d'enseignement. En effet, la bonne volonté et les programmes officiels tels qu'ils existent aujourd'hui ne suffisent pas, comme le montrent les différentes études que nous avons évoquées. Certes, à l'occasion d'un séminaire national tenu en 2006 sur l'enseignement des œuvres littéraires en traduction, Philippe Le Guillou, Inspecteur général de l'Education nationale, prenait parti pour les littératures étrangères, en expliquant :

> *Ces dernières années, figuraient au programme de littérature, en terminale, des œuvres traduites, par exemple* La vie est un songe.
> *Il y en aura très certainement d'autres dans les années à venir.*
> *Nous étudions également des textes traduits au collège et au lycée.*
> *Ils présentent cette difficulté de ne pouvoir être le support de ce que nous appelons une « lecture analytique », une des épreuves anticipées de français au baccalauréat.*
> *Cependant, les professeurs sont invités à donner à lire aux élèves des textes traduits, parce que nous voulons – j'insiste sur ce point – montrer que notre enseignement littéraire ne se résume pas au seul domaine français. Le domaine gréco-latin, comme le domaine européen et d'autres littératures, sont également importants et dignes d'être lus et abordés en classe*[344].

De son côté, lors de l'ouverture de ce même séminaire, Christian-Lucien Martin, de la Direction générale de l'Enseignement scolaire, rappelait que « l'enseignement des œuvres anciennes ou d'origine étrangère est inscrit dans les programmes scolaires. Il se voit renforcé par la définition du socle commun de connaissances et de compétences inscrit dans le Code de l'éducation, tant dans sa partie législative (Loi d'orientation pour l'avenir de l'Ecole) que dans sa partie réglementaire (décret du 11 juillet 2006) ». Les

---

[344] Voir Pascal Cotentin (dir.), *Enseigner les œuvres littéraires en traduction*, Agence Eduscol, 2007.

textes officiels, dans ce « socle commun », définissent une culture humaniste à acquérir, dont l'un des piliers est la littérature, notamment étrangère. Reste maintenant à ce que la théorie s'inscrive dans la pratique ! Or du chemin reste à parcourir pour redonner à la littérature et aux écrivains le rôle prépondérant qu'ils ont pu jouer dans la société à partir des années 1830, comme l'expliquait Paul Benichou dans *Le sacre de l'écrivain*. Pour Michel Djian, « il faudra un véritable courage politique pour faire en sorte que l'éducation artistique retrouve les faveurs des priorités nationales. Deux conditions préalables doivent être réunies. La première, c'est de dégager des moyens au détriment d'autres objectifs, puisqu'il n'existe plus, déficit public oblige, de marges budgétaires spécifiques. Cela suppose de faire des arbitrages politiques au plus haut niveau de l'Etat. La seconde, c'est de se prémunir contre la capacité prodigieuse du système éducatif à "vampiriser" ce type d'actions et à les "conformer". La réalisation de cette condition est décisive car elle implique que des artistes, écrivains et pédagogues prennent, en quelque sorte, le pouvoir dans cette gigantesque mécanique de précision qu'est l'Education nationale. Le veulent-ils ? Le peuvent-ils ? A eux de le dire[345] ».

Ecrivains et artistes sont aujourd'hui dévalorisés, concurrencés à la fois par des pratiques de loisirs envahissantes (télévision, jeux vidéo, Internet, activités sportives…) et par un relativisme culturel mal compris (toutes les pratiques culturelles se valent effectivement, mais pas toutes les œuvres produites par chacune des pratiques !). Comme le souligne Alain Finkielkraut, « des goûts et des couleurs, il importe au plus haut point de discuter, contrairement à ce que martèlent ensemble la sagesse démocratique des nations et le relativisme des sciences sociales. De l'égale dignité des personnes ou des cultures, on ne peut conclure à l'égale dignité des œuvres et des discours sauf à déposer les armes devant les fictions sommaires proposées soit par l'idéologie, soit par l'industrie culturelle[346] ». Et Mona Ozouf et Pierre Manent de renchérir : « Nous nous interrogeons ici sur la difficulté du roman dans la démocratie de notre temps : peut-être est-ce là le fond du problème, car si toutes les lectures se valent comme on nous a appris à le considérer en pensant qu'il n'y a pas de "dehors" de la littérature et qu'il n'y a donc pas de hors-texte ni de références, alors la littérature n'a plus aucun intérêt ! […] L'existence même du roman et de la littérature repose sur l'idée que toutes les lectures ne se valent pas[347] ».

---

[345] Michel Djian, *Politique culturelle : la fin d'un mythe*, Gallimard, 2005.
[346] Alain Finkielkraut (dir.), *Ce que peut la littérature*, Stock/Panama, 2006.
[347] « Le pouvoir du roman. Entretien avec Mona Ozouf et Pierre Manent », in *Ce que peut la littérature*, Alain Finkielkraut (dir.), Stock/Panama, 2006.

Le problème du système éducatif français, c'est peut-être – sans doute – la manière dont la littérature y est abordée. Depuis des années, Tzvetan Todorov dénonce l'enseignement pratiqué :

> *Les études littéraires ont pour but premier de nous faire connaître les outils dont elles se servent. Lire des poèmes et des romans ne conduit pas à réfléchir sur la condition humaine, sur l'individu et la société, l'amour et la haine, la joie et le désespoir, mais sur des notions critiques, traditionnelles ou modernes. A l'école, on n'apprend pas de quoi parlent les œuvres mais de quoi parlent les critiques. [...] L'orientation actuelle de cet enseignement, telle qu'elle se reflète dans les programmes, tranche dans le sens « étude de la discipline » (comme en physique), alors qu'on pourrait préférer s'orienter vers l'« étude de l'objet » (comme en histoire)*[348].

Difficile d'imaginer que la littérature abordée sous cet angle puisse passionner les jeunes ! Or ce type d'enseignement se conjugue avec l'étude de textes français « classiques » qui paraissent parfois bien éloignés de notre quotidien. D'où le titre à dessein provocateur choisi pour cette partie. Et si les littératures étrangères pouvaient aider à redonner le goût de la lecture ? En 2005, Jean-Michel Djian regrettait encore que « l'école, matrice consensuelle de l'apprentissage des savoirs et de la connaissance, se garde bien, malgré de bonnes intentions, de faire en sorte que les cultures des autres viennent irriguer l'histoire de la "nôtre". C'est à cet endroit précis du paysage citoyen que se situe le centre de gravité de l'acquisition du sensible. Cette éducation artistique et culturelle qui fait qu'à l'adolescence, l'"Autre" soit des nôtres et non pas ailleurs (donc l'étranger). Il faudrait pour cela que nos enseignants en soient d'abord convaincus, car sans eux rien ne sera possible, et tout le travail réalisé par les institutions culturelles les plus ouvertes et les plus audacieuses n'aura, dans vingt ans, servi à rien[349] ».

Une enquête menée il y a une dizaine d'années par l'Institut national de recherche pédagogique dans les différents pays de l'Union européenne sur les rapports entre l'apprentissage de la littérature et l'apprentissage de la langue maternelle a distingué deux catégories : « dans les pays qui appartiennent pour l'essentiel à l'Europe du Sud, dont la France, on veut avant tout transmettre une culture nationale, et l'apprentissage de la langue maternelle ainsi que de la littérature en cette langue forme le socle de cette culture que l'école inculque au citoyen. Dans les pays de l'Europe du Nord en revanche, on met plus l'accent sur la polyglossie et la traduction, ainsi que

---

[348] Tzvetan Todorov, *La littérature en péril*, Flammarion, 2007.
[349] Jean-Michel Djian, « Les différences plutôt que l'indifférence », dans *Internationale de l'imaginaire n°20 : Cultures du monde, matériaux et pratiques*, Babel/Maison des cultures du monde, 2005.

sur l'apprentissage des cultures d'autrui, qui se fait par l'éveil à d'autres langues[350] ». Guy Fontaine, fervent partisan de l'enseignement des littératures européennes à l'école, s'indigne de son côté de la focalisation sur la littérature française dans notre pays : « Pourquoi refuser à la pédagogie de la littérature ce qui est non seulement admis mais considéré comme indispensable dans le domaine de la culture musicale ou picturale par exemple? [...] L'imprégnation musicale et l'imprégnation picturale en Europe ne sont pas ethnocentriques. Mais, me direz-vous, la consanguinité de la littérature et de la langue font que l'apprentissage de l'identité nationale doit passer par la familiarisation avec la littérature nationale. Soit. Mais c'est au nom d'un tel apprentissage que l'étudiant français de 18 ans ne connaît, à d'infimes exceptions près, ni Goethe, ni Gunther Grass, ni Saxo Grammaticus, ni Svend Age Madsen, ni Cicéron, ni Erri de Luca, ni les Doinos, ni Imants Ziedonis[351] ». Aujourd'hui, ces appels commencent à trouver un écho, et l'intérêt des littératures étrangères fait l'objet d'un début de réflexion au sein de l'Education nationale :

> *Travailler sur des œuvres antiques ou contemporaines en traduction, en s'efforçant de se représenter la culture et le savoir de l'étranger non sous une forme commune en laquelle nous pourrions le reconnaître, mais bien en ses traits distinctifs et son originalité, pourrait être l'une des formes multiples de l'apprentissage de la laïcité, une laïcité dynamique, qui ne s'exprimerait pas par une distance pseudo-objective vis-à-vis de l'étranger, mais par une ouverture lucide à sa présence dans notre langue. C'est en explorant le plus loin possible, et sans jugement préconçu, la singularité de l'étranger, c'est en éveillant cette curiosité chez nos élèves, que l'on peut cerner et appréhender cette proximité particulière qui nous unit à lui, rejoignant par là ce qu'écrivait Goethe : « Passer à l'universel, par le plus violemment ou par le plus pauvrement particulier ». Il est essentiel que nous élargissions, et c'est le rôle de l'enseignement, l'horizon de notre langue et de notre culture. S'il est certain qu'il importe absolument d'éviter que le métissage des valeurs n'aboutisse à un syncrétisme vague et confus, et que c'est à partir d'une culture vivante qui connait ses propres origines que l'on est à même de comprendre les valeurs des autres peuples, il est vrai aussi qu'un esprit enfermé dans une seule langue et une seule culture ne pense pas, mais finit par se répéter[352].*

---

[350] Propos de Guy Fontaine (expert consultant), rapportés par Jacques Legendre dans son *Rapport d'information*. Op.cit.
[351] Ibid.
[352] Pascal Charvet (Inspecteur général de l'éducation nationale), « Conclusion des travaux », in *Enseigner les œuvres littéraires en traduction*, Pascal Cotentin (dir.), Agence Eduscol, 2007.

Et Pascal Dethurens de renchérir : « N'apprend-on pas déjà au lycée que la philosophie ne commence pas à Descartes pour finir à Merleau-Ponty mais doit s'étendre à tout le domaine européen, Aristote et Kant compris? Pourquoi n'en sera-t-il jamais de même en littérature? Cela a-t-il du sens […aujourd'hui] de maintenir des enseignements entiers, certes passionnants, sur des auteurs secondaires de la littérature française, quand on néglige toujours d'en consacrer quelques-uns, pourtant indispensables, sur les plus grands auteurs que chacun reconnaît faire partie intégrante de notre culture européenne?[353] ». Un enseignement des littératures étrangères entendu comme tel doit se mettre en place en France. Avec quel objectif précis ? Yves Chevrel se pose la question : « le ferons-nous pour faire connaître une œuvre littéraire importante, ou pour initier, à travers elle, à une autre culture, ou encore pour étayer l'étude d'une œuvre française ? Ce sont autant de possibilités[354] ». Les trois objectifs proposés sont intéressants, et devraient pouvoir se combiner dans un enseignement proposant aux jeunes de découvrir les grandes œuvres du patrimoine littéraire mondial, de les mettre en vis-à-vis, et de découvrir ainsi, petit à petit, d'autres pays et d'autres cultures… en prenant goût à la lecture en général.

La problématique particulière de l'enseignement de la littérature européenne

« Je plaide fermement pour la défense de la littérature européenne, et je déplore l'absence de tout enseignement en cette matière. Il est regrettable que les élèves ne découvrent que leur littérature nationale. Il leur manque ainsi un instrument essentiel de compréhension de l'Europe : leur horizon culturel en est borné ». Ainsi s'exprimait la directrice des Editions Noir sur Blanc, Vera Michalski, à l'occasion du colloque organisé le 11 décembre 2007 sur l'enseignement des littératures européennes au Sénat à Paris. Il existe un groupe d'acteurs européens fermement engagés dans la promotion auprès de l'Education nationale de la mise en place d'un enseignement des littératures européennes, se basant sur l'idée qu'« une conception strictement nationale de l'enseignement de la littérature doit être dépassée, et une approche transversale du patrimoine européen devrait être proposée aux scolaires de tous niveaux, mettant en évidence le lien commun dans le respect de la diversité culturelle[355] ». L'objectif d'un tel enseignement, outre

---

[353] Pascal Dethurens, « Le concept de littérature européenne », in *La recherche en littérature générale et comparée en France en 2007,* Anne Tomiche et Karl Zieger (dir.), Presses universitaires de Valenciennes, 2007.
[354] Yves Chevrel, « Conclusion des travaux », in *Enseigner les œuvres littéraires en traduction,* Pascal Cotentin (dir.), Agence Eduscol, 2007.
[355] Avant-projet de recommandation sur l'enseignement de la littérature européenne pour le

de faire connaître aux jeunes français les chefs d'œuvres des littératures européennes, est bien de donner une véritable consistance à l'Europe, continent de huit cent millions d'habitants séparés par des frontières et une mosaïque de langues différentes. L'Union européenne est largement considérée aujourd'hui comme technocratique et éloignée des gens, et la citoyenneté européenne peine à devenir une réalité. Utiliser l'apprentissage des littératures d'Europe comme une « école de formation à la diversité culturelle européenne », voilà l'idée défendue par le réseau universitaire Les Lettres Européennes, créé en 1988 et regroupant des écrivains, traducteurs, critiques littéraires, enseignants, directeurs de musées littéraires, résidences d'écrivain et grands lecteurs. Son objectif est de veiller « à la reconnaissance d'une juste place pour la littérature dans nos sociétés » et de « promouvoir l'identité culturelle de l'Europe dans sa pluralité d'expressions littéraires ». L'association insiste sur l'égale importance de chacune des littératures européennes, et propose aux institutions politiques d'introduire la dimension européenne dans l'enseignement de la littérature, de façon à montrer « comment, à partir de la diversité culturelle, linguistique et historique, la littérature en Europe a réussi à proposer des réflexions qui dépassaient largement les frontières politiques et géographiques. C'est en tenant compte de la singularité de chacun que l'enseignement de la littérature européenne doit aborder de façon transversale et non dogmatique l'évidence du lien commun, mais en sachant que cet espace de rencontre, pour faire sens, doit rester en permanente transformation et ouvert en permanence au débat. Ainsi l'enseignement de la littérature européenne deviendra un instrument incontournable de la consolidation d'une conscience européenne[356] ».

Basée en France, l'association Les Lettres Européennes a été sollicitée par le Conseil de l'Europe pour organiser en décembre 2007 au Sénat à Paris un colloque sur la promotion de l'enseignement des littératures européennes. Ce colloque a ensuite servi de support à un rapport rédigé par le sénateur Jacques Legendre en février 2008, qui a lui-même permis le vote à l'unanimité en 2008 par le Conseil de l'Europe d'une Recommandation en faveur de l'enseignement de la littérature européenne dans les 47 pays de la « grande Europe ». Un manifeste en faveur de l'enseignement de la littérature européenne est également paru dans la presse pour appuyer cette revendication. Grâce à l'action des Lettres Européennes, il a été créé pour la première fois en 2008-2009, dans l'Académie de Lille, un poste académique européen profilé pour l'enseignement des littératures européennes au lycée – poste reconduit en 2009-2010. Par ailleurs, l'Université Catholique de Lille envisage de mettre en place un programme d'enseignement des littératures européennes en licence de lettres et de langues.

Conseil de l'Europe, adopté le 14 avril 2008.
[356] Propos du romancier et critique littéraire espagnol José Manuel Fajardo, rapportés par Jacques Legendre dans son *Rapport d'information.* Op.cit.

L'importance de l'enseignement des littératures européennes à l'école doit être fermement appuyée par une volonté politique venue d'en haut, notamment en termes de volume horaire dans les programmes. En effet, l'avant-projet de recommandation précise qu'il s'agit de « dispenser cet enseignement parallèlement à, et non à la place de, l'enseignement de la littérature en langue maternelle ou de l'apprentissage des langues étrangères » et « de favoriser non seulement la rédaction, la traduction et l'édition de manuels de références, mais aussi d'instaurer des chaires universitaires de littérature européenne quasi inexistantes à ce jour, et de créer des modules "lettres européennes" dans l'enseignement secondaire[357] ». L'objectif est d'œuvrer pour dé-nationaliser l'enseignement de la littérature. L'éditrice Laure Pecher regrette ainsi que « le classique conserve une dimension nationale. [...] En France, par exemple, est classique l'œuvre d'un auteur de nationalité française et non d'expression française ; celle d'un Suisse restera toujours inconnue des élèves. L'inverse n'est pas vrai. Un classique français sera un classique en Suisse et en Belgique[358] ».

Une première étape consiste donc, tâche délicate, à définir ce qu'on pourrait appeler le « patrimoine littéraire européen », des œuvres classiques « qu'un Européen devrait avoir lues pour être Européen, avoir une identité européenne[359] », dont l'enseignement serait conseillé dans tous les systèmes scolaires européens et dont la traduction serait entreprise lorsqu'elle n'existe pas déjà. Comme le remarque le romancier espagnol José Manuel Fajardo :

> *Il ne s'agit pas de créer la littérature européenne, mais de reconnaître l'existence d'un territoire culturel et littéraire déjà ancien. [...] Il faut prendre conscience qu'il existe un réservoir littéraire européen partagé, qui se nourrit de la diversité des littératures en Europe et en langues européennes dans d'autres territoires, au-delà du continent européen. [...] Chaque littérature a joué un rôle dans la construction d'un Etat-nation, mais elle a toujours exprimé l'esprit d'une époque de façon transnationale [...] La littérature européenne ne doit pas être un catalogue, avec des critères obligatoires pour différencier qui est européen et qui ne l'est pas. Son enseignement doit offrir un espace de rencontres pour aborder de grands sujets et de grandes œuvres. Il n'est pas question de définir un seul programme, il doit être adapté dans chaque pays, en fonction de son histoire et de ses évolutions littéraires[360].*

---

[357] Avant-projet de recommandation sur l'enseignement de la littérature européenne pour le Conseil de l'Europe, adopté le 14 avril 2008.
[358] Propos de l'éditrice et agent littéraire Laure Pecher, rapportés par Jacques Legendre dans son *Rapport d'information*. Op.cit.
[359] Propos de la traductologue polonaise Elżbieta Skibinska, rapportés par Jacques Legendre dans son *Rapport d'information*. Op.cit.
[360] Propos du romancier et critique littéraire espagnol José Manuel Fajardo, rapportés par Jacques Legendre dans son *Rapport d'information*. Op.cit.

Selon Tim Beasley-Murray, cet enseignement des littératures européennes devrait « être critique et moderne. Cependant, quel que soit le matériel littéraire étudié, qu'il soit en langue nationale européenne ou non, un tel enseignement de la littérature incarnera les valeurs européennes, ces valeurs qui refusent l'exclusion et qui mettent inlassablement en avant l'esprit critique des Lumières. C'est ce qui marquera l'européanisation de la culture[361] ».

Ce combat pour l'enseignement des littératures européennes est maintenant bien avancé, et l'on peut espérer qu'il porte ses fruits d'ici quelques années avec la mise en place d'un enseignement à part entière dans les établissements scolaires en France. Ce serait déjà une avancée considérable, symboliquement très importante, pour la promotion des littératures étrangères en général. Cependant, il s'agira ensuite d'aller plus loin, de repousser les frontières de l'Europe et de proclamer que Lin Yutang, Fuentes, Auster, Mahfouz ou Achebe méritent aussi d'être enseignés aux élèves français. En effet, il ne faudrait pas non plus s'enfermer dans les littératures européennes sous prétexte d'unité continentale. C'est la crainte qui anime Tim Beasley-Murray, enseignant en Grande-Bretagne :

> *Peut-on concevoir une européanité, donc une littérature européenne sans des procédés d'exclusion ? Je ne le pense pas. Même la conception la plus inclusive de la littérature est contrainte d'exclure. La « communauté imaginée » d'Anderson [Benedict Anderson, théoricien du nationalisme] doit être à la fois universelle et liée. Et l'exclusion de certaines catégories pose donc bien problème. Je vis dans l'est de Londres, dans un quartier où la moitié de la population est d'origine musulmane bangladeshi. Est-il possible de bâtir un canon de littérature européenne qui pourrait être enseigné dans le secondaire, là où 98 % des élèves sont des Bangladeshis nés Anglais? Ils ne sont pas moins Européens que les autres Londoniens ! Il est pourtant improbable qu'un tel canon puisse inclure l'étude de Rabindranath Tagore, ou de n'importe quel élément de la culture bangladeshi, en tant que contribution à l'identité britannique, donc européenne.*
> *Malgré l'importance théorique d'enseigner Cervantès ou Rilke, n'importe quel enseignement de la littérature européenne doit également être approprié pour ces Européens et leur expérience du monde. La construction d'un canon normatif de la littérature européenne rejetterait mes voisins anglo-bangladeshis et leur culture au-delà de ses limites. Ce dont on a besoin, c'est simplement d'une littérature ouverte et flexible, qui irait à la rencontre des enfants d'Europe quelle que soit leur situation[362].*

---

[361] Propos du professeur Tim Beasley-Murray rapportés par Jacques Legendre dans son *Rapport d'information.* Op.cit.
[362] Ibid.

En France, il est important que l'immense majorité des jeunes qui ne se destinent pas à des études de lettres, une fois le brevet ou le baccalauréat en poche, quittent les bancs de l'école républicaine en ayant acquis une connaissance minimale des littératures de toutes les grandes régions du monde. Certains enseignants font déjà de tels efforts dans leur coin, isolés. Très peu d'entre eux ne présentent à leurs élèves « que » des œuvres écrites par des Français, mais, qu'ils en aient conscience ou non, les ouvrages qu'ils étudient restent majoritairement français. Pour changer cette situation, les enseignants ont besoin de consignes claires et cohérentes, d'un programme qui définisse année après année un véritable « parcours » géographique à travers les littératures. On pourrait imaginer d'instaurer l'obligation d'étudier chaque année, avec chaque niveau, au moins quatre ou cinq œuvres traduites laissées au libre choix de l'enseignant (roman, conte, nouvelle, bande dessinée, album, etc.), à puiser dans une liste détaillant des ouvrages en provenance de chaque pays. Les enseignants pourraient choisir les œuvres par exemple en lien avec les contenus des programmes d'histoire et de géographie, afin de faciliter la mise en contexte par les élèves. Certains enseignants pratiquent déjà de tels rapprochements, mais ils devraient être encouragés et aidés dans leur démarche par une volonté affirmée au niveau national. La généralisation d'un tel objectif n'a rien d'irréalisable s'il est soutenu par un désir politique fort et cohérent, et que les outils pédagogiques nécessaires à sa réalisation sont mis en place par le ministère de l'Education nationale.

L'enseignement des langues et littératures étrangères au prisme du phénomène de l'immigration

Un autre axe de réflexion concerne l'enseignement des langues et littératures étrangères par rapport à la scolarisation d'enfants étrangers ou issus de l'immigration. Sur environ 12 millions d'élèves de la maternelle au baccalauréat, le système scolaire compte à peu près 6 % d'élèves de nationalité étrangère, sachant que les statistiques ne prennent pas en compte la présence des enfants français d'origine étrangère. Comme le rappelle Philippe Bernard dans *Immigration : le défi mondial* (Gallimard, 2002) :

> *La scolarisation des enfants de l'immigration remet en lumière la fonction historique fondamentale de l'école en France : intégrer dans la nation les différentes populations qui composent le pays. Depuis la fin du XIXe siècle, l'école publique a permis de fondre dans la République les provinces, au prix d'un écrasement des langues et cultures locales. Cette démarche autoritaire a été contestée après 1968 avec la renaissance des cultures régionales et la poussée régionaliste, voire autonomiste. A la même époque, l'afflux d'enfants immigrés a fait renaître le même genre de débat. Il s'agit cette fois d'intégrer non plus des provinciaux mais des*

personnes issues d'une culture souvent non européenne, musulmane pour beaucoup. La présence de ces élèves met en lumière les forces et les faiblesses traditionnelles du système éducatif français. Uniforme et centralisé, il accueille tous les enfants et est censé leur appliquer les mêmes méthodes avec des objectifs égalitaires. Rigide et fermé, il éprouve des difficultés à s'adapter aux publics minoritaires et aux expressions individuelles.

La politique traditionnelle assimilationniste de l'Etat et de l'école française s'est infléchie dans les années 1970, avec la mise sur l'agenda politique du problème social de l'immigration et le début d'une prise en compte du pluralisme C'est en effet « au début des années 1970 que, dans une configuration sociale, culturelle, économique et politique nouvelle, ont été instituées des politiques différencialistes[363] », passant outre au principe d'égalité. En 1976 par exemple ont été créés les Centres de formation et d'information pour la scolarisation des enfants de migrants (CEFISEM), destinés à former les maîtres au traitement des difficultés particulières des enfants de l'immigration. A l'époque et dans la même optique, la station Radio France International diffuse des émissions en langue étrangère tous les matins sur ondes moyennes, et le gouvernement lance en 1978 l'émission de télévision *Mosaïque*, diffusée le dimanche matin sur FR3 et reprenant des programmes proposés par les télévisions des Etats d'origine.

C'est également l'époque où l'on décide de mettre en place des actions spécifiques à destination des enfants de culture étrangère en introduisant des cours de langues d'« origine » à l'école publique, qui « s'ouvrent dès 1973 pour les enfants portugais, puis sont développés par des accords bilatéraux pour être dispensés aux enfants des ressortissants d'Algérie, d'Espagne, d'Italie, du Maroc, de Tunisie, de Turquie et de Yougoslavie. La demande des parents apparaît comme un élément peu déterminant de cette politique ; la convergence d'intérêts ou l'échange de bons procédés avec les Etats d'origine demeurent déterminants : ces pays veulent éviter que la présence des élèves dans le système scolaire français ne diminue leur relation d'allégeance à la société d'origine, et le gouvernement français veut maintenir l'hypothèse de leur retour […] Les cours sont assurés par des enseignants étrangers recrutés et rémunérés par les pays d'origine[364] ». Mais cette politique sera rapidement critiquée, car ces « cours » supplémentaires se révèlent souvent inutiles (la langue officielle des pays d'origine qui est enseignée n'étant pas forcément celle pratiquée par les élèves avec leurs parents) et même néfastes pour les enfants concernés, qui sont ainsi marginalisés et qui accumulent des retards scolaires à cause d'une superposition des horaires de cours.

---

[363] Stéphanie Morel, *Ecole, territoires et identités. Les politiques publiques françaises à l'épreuve de l'ethnicité,* L'Harmattan, 2002.
[364] Patrick Weil, *La France et ses étrangers*, Calmann-Lévy, 1991.

Ce genre de pratiques s'inscrivait en faux par rapport à ce que préconise aujourd'hui la pédagogie interculturelle, à savoir mener des activités en lien avec une culture étrangère avec l'ensemble des élèves d'une classe, pour faciliter les échanges et améliorer la tolérance. D'autre part, des enquêtes sociologiques menées sur la réussite scolaire des enfants ont montré que plus la culture scolaire est centrée sur elle-même et hermétique à l'influence sociale, plus elle favorise les enfants des familles défavorisées. Dénoncée par Jean-Pierre Chevènement, ministre de l'Education nationale à partir de 1984, la politique des cours de langues d'« origine » est donc rapidement abandonnée. Désormais, avec les Zones d'Education Prioritaires, où sont scolarisés nombre d'enfants étrangers et issus de l'immigration, « le recentrage sur les apprentissages fondamentaux est la réponse apportée à l'enjeu de la qualité du savoir et de la participation d'une culture commune dans un contexte de diversification des savoirs et de différenciation des modes pédagogiques[365] ». Cependant, et sans retomber dans des pratiques discriminatoires, il serait intéressant d'encourager dans l'ensemble des établissements l'enseignement d'œuvres littéraires en provenance des principales communautés étrangères qui font la France d'aujourd'hui, comme les Italiens, les Espagnols, les Portugais, les Maghrébins ou les Africains. Etudier en priorité, avec l'ensemble des élèves, des œuvres de Yacine, Dib, Achebe, Calvino, Gombrowicz ou Saramago ne paraît ni irréalisable pratiquement, ni dégradant pour la « grande littérature » (dont ces auteurs font pleinement partie), ni inutile pour les jeunes étrangers ou issus de l'immigration, souvent partagés entre leurs origines et la culture française, mais aussi pour les jeunes Français dits « de souche » qui ne connaissent tout simplement pas ces cultures différentes. Or n'oublions pas que l'ignorance, si elle ne les crée pas directement, encourage souvent rejet et mépris face à l'autre.

Former les enseignants à l'enseignement des littératures étrangères

Il se pose enfin la question cruciale de la formation et de l'accompagnement des enseignants dans leur tâche pour faire découvrir la littérature mondiale à leurs élèves. On l'a vu, nombre d'enseignants se tournent naturellement vers la littérature française lorsqu'ils choisissent les œuvres qu'ils étudieront en classe, et ce pour plusieurs raisons : leur propre formation a été axée sur la littérature française qu'ils sont habitués à fortement valoriser ; ils ne sont pas sensibilisés à la question de l'utilisation des littératures étrangères sous l'angle interculturel de promotion de la tolérance ; ils ont une méconnaissance assez grande d'une « géographie

---

[365] Stéphanie Morel, *Ecole, territoires et identités. Les politiques publiques françaises à l'épreuve de l'ethnicité,* L'Harmattan, 2002.

littéraire mondiale » qui leur permettrait de savoir comment et quelle œuvre précise ils pourraient étudier avec tel ou tel niveau scolaire ; et ils n'ont pas l'habitude de travailler différemment sur les œuvres écrites en français et les œuvres traduites. Pour résumer, il leur manque un objectif (inexistant à ce jour au sein de l'Education nationale), des moyens pratiques de mise en œuvre (listes et manuels prenant en compte ces besoins spécifiques) et une formation initiale explicitant les grands courants littéraires à travers le monde, la manière pédagogique de les aborder avec les élèves, et les œuvres et les écrivains à partir desquels les aborder.

Pour combler ces lacunes, différentes pistes sont proposées par les professionnels du domaine. Ainsi Yves Chevrel, professeur d'université spécialiste de littérature comparée, expliquait en 2006 envisager « la création de sites dédiés aux œuvres littéraires en traduction ; ils regrouperaient des dossiers sur ces œuvres, ainsi que les problèmes que leur étude soulève (par exemple : choix de telle ou telle traduction, suggestion de tel exercice, intérêt de la confrontation avec telle traduction dans une autre langue…). Ces sites devraient pouvoir se mettre en place assez vite, car nous disposons déjà de travaux dans ce domaine ; ils pourraient notamment servir de chambre d'écho pour les exercices à proposer aux élèves et aux étudiants, ainsi qu'aux candidats aux concours de recrutement[366] ». Pour Max Butlen (*Les politiques de lecture et leurs acteurs*, 2008), cet enjeu de la formation existe aussi pour les futurs maîtres de l'école primaire :

> *Deux questions majeures. La première concerne la formation indispensable des enseignants à un enseignement de la littérature à l'école primaire. Comment construire concrètement une culture littéraire ? Comment présenter des œuvres complètes ? Comment conduire des lectures en réseau, et déployer une pédagogie de la compréhension et de l'interprétation ? Quelle démarche et quelle posture le maître peut-il adopter dans les différents types de débats ? Beaucoup d'enseignants, voire de formateurs, sont désarmés face à ces nouvelles tâches. A l'audace de nouveaux programmes doit correspondre des actions de formation d'une ampleur inégalée. Voilà le véritable défi auquel est confronté l'ensemble des responsables politiques et administratifs du système éducatif. La seconde question préoccupante est celle des moyens financiers mis à la disposition des écoles pour acheter des livres en nombre suffisant. A ce jour bien peu d'écoles disposent ne serait-ce que d'un exemplaire de chacun des ouvrages recommandés. Comment dans ces conditions construire des parcours littéraires dans la multiplicité des œuvres proposées ?*

---

[366] Yves Chevrel, « Présentation du séminaire », in *Enseigner les œuvres littéraires en traduction,* Pascal Cotentin (dir.), Agence Eduscol, 2007.

Yves Chevrel renchérit : « il nous faut réfléchir aussi aux exercices que nous pouvons proposer aux élèves, et ne pas les limiter au simple commentaire cursif : lire une œuvre traduite n'implique pas moins d'exigence intellectuelle ou esthétique que lire une œuvre écrite dans la langue du lecteur. De même, il serait utile de se demander quelle formation il faut mettre en place pour les futurs maîtres et réfléchir aux types d'épreuve qu'on pourrait élaborer pour les concours du Capes et de l'agrégation[367] ». Pour Pascal Charvet également, il s'agit d'améliorer la formation et l'accompagnement des enseignants si nous voulons développer un enseignement efficace et enrichissant des littératures étrangères : « il est temps, non pas de borner le travail des professeurs par des prescriptions intempestives, mais de mettre à la disposition de ceux qui n'auraient pas eu de formation spécifique sur ce sujet les outils nécessaires à la pratique d'une authentique "lecture comparée". Si cette lecture comparée se révèle praticable et efficace, si elle favorise, dans les classes, de nouveaux modes d'investigation du texte littéraire, et si nous parvenons à l'ouvrir également aux langues vivantes et anciennes, nous pourrons imaginer d'inscrire dans les programmes davantage de textes en traduction. Mais ce ne sera qu'à cette condition et au prix de cette rigueur indispensable[368] ».

La diffusion des littératures étrangères grâce à l'école ne pourra donc se faire qu'avec des outils d'accompagnement solides (outils pédagogiques, appareils critiques), auxquels « il faudrait adjoindre des travaux tels que ceux de Guy Fontaine et Annick Benoît, *Lettres Européennes* par exemple, ainsi que l'anthologie en 12 volumes du *Patrimoine littéraire européen* de Jean-Claude Polet. On rêve naturellement d'un grand portail Internet qui y serait consacré. Mais il faut bien entendu un soutien des institutions, car ce serait un travail colossal[369] ». Enfin, n'oublions pas que les enseignants de littératures d'autres pays (notamment européens) pourraient collaborer à la mise en place des outils pédagogiques nécessaires et qu'il pourrait même être envisagé « d'explorer les savoirs de chaque pays en matière d'enseignement de la littérature : entendons par là qu'il serait enrichissant pour tout professeur européen d'ouvrir son enseignement non seulement aux littératures étrangères, mais aussi aux pratiques pédagogiques, sans chercher à établir un palmarès quant à l'efficacité des unes et des autres[370] ». En d'autres termes, œuvrer tous ensemble pour une meilleure diffusion du patrimoine littéraire mondial, en mettant en commun les connaissances et les

---

[367] Yves Chevrel, « Conclusion des travaux », in *Enseigner les œuvres littéraires en traduction,* Pascal Cotentin (dir.), Agence Eduscol, 2007.
[368] Pascal Charvet (Inspecteur général de l'éducation nationale), « Conclusion des travaux », in *Enseigner les œuvres littéraires en traduction.* Op.cit.
[369] Propos de l'éditrice Laure Pecher, rapportés par Jacques Legendre dans son *Rapport d'information.* Op.cit.
[370] Avant-projet de recommandation sur l'enseignement de la littérature européenne pour le Conseil de l'Europe, adopté le 14 avril 2008.

approches pédagogiques développées dans les différents pays.

Pour finir, citons justement un projet de formation des enseignants mené par le CRDP de Paris et la collection des « Classiques du Monde » (Editions Zoé). Laure Pecher explique que le CRDP de Paris a « mis en accès libre des "parcours littéraires francophones" afin de fournir aux enseignants des collèges et des lycées un outil pédagogique sur la façon d'enseigner les classiques non français, ce qui ne figure ni dans la formation des enseignants ni dans les manuels scolaires. Nous avons souhaité faire de même avec des parcours littéraires européens : chaque œuvre de la collection des Classiques du Monde fait ainsi l'objet d'un dossier pédagogique en ligne sur le site du CRDP de Paris, qui combine analyse littéraire, présentation du contexte, ressources iconographiques, interview du traducteur, etc.[371] ». Autant d'idées à creuser, de pistes à explorer, pour qu'un jour les littératures étrangères trouvent pleinement leur place dans les établissements scolaires français.

---

[371] Propos de l'éditrice Laure Pecher, rapportés par Jacques Legendre dans son *Rapport d'information.* Op.cit.

Chapitre 11 : Les littératures étrangères à l'Université

A l'université, les littératures étrangères sont de plus en plus présentes et les cursus universitaires spécialisés se sont multipliés depuis soixante ans. Cependant, malgré l'augmentation des cursus offrant des cours de littératures étrangères, les programmes sont-ils vraiment adéquats ? Sur ce point, René Etiemble se montrait très critique en 1988 : « Nous autres Français cependant, nous voulons bien créer une *agrégation de lettres modernes*, à seule condition qu'elle ignore la Chine, le monde arabe. [...] On continuera à parler de l'Arioste, de Don Quichotte, des Mille et Une Nuits, mais les "sujets trop éloignés des préoccupations habituelles des professeurs de français ou de littérature comparée" [restent exclus] de nos programmes[372] ». René Etiemble prônait un remaniement complet des programmes universitaires, notamment ceux de littérature comparée, afin qu'ils soient plus en phase avec les réalités du monde d'aujourd'hui, souhaitant que « dans tous les pays où l'on enseigne notre discipline, une association véritablement internationale de littérature comparée proposât un certain nombre de sujets d'intérêt général qui seraient traités *partout*, afin de montrer aux étudiants de la planète que chaque littérature doit quelque chose à toutes les littératures[373] ». Au-delà de ces critiques, penchons-nous maintenant sur la place des littératures étrangères à l'université.

L'enseignement des littératures et civilisations étrangères

Au niveau de l'enseignement des littératures et civilisations étrangères, les universités françaises ne semblent pas très novatrices. L'enseignement des lettres modernes reste largement dominé par les enseignements de langue et de littérature françaises, même s'il « contient obligatoirement des enseignements de littérature générale et comparée, sur textes traduits[374] ». Comme le rappelle Marie-France Eymery en 2001 à propos des littératures francophones, « en France, pendant longtemps, l'institution universitaire a manifesté un faible intérêt envers ces disciplines. Aujourd'hui, une évolution apparaît, liée à la création de modules d'enseignement portant sur ces domaines. Certaines universités en font même leur spécialité, telle l'université de Limoges[375] ». En 1971 déjà, Jean

---

[372] René Etiemble, *Ouverture sur un comparatisme planétaire*, C. Bourgois Editeur, 1988.
[373] Ibid.
[374] Jacqueline Ferreras, *L'enseignement de la littérature nationale et des langues, littératures et civilisations étrangères en Allemagne, Espagne, France, Italie, Royaume-Uni*, Université Paris X-Nanterre, 1998.
[375] Marie-France Eymery, « Quelle place pour les littératures francophones dans une bibliothèque d'étude ? », in *Littérature contemporaine en bibliothèque*, Martine Poulain (dir.), Editions du Cercle de la Librairie, 2001.

Alter s'écriait: « Mais pourquoi s'arrêter à la littérature française ? Dante, Kafka, Günter Grass valent Racine et Robbe-Grillet. Il est temps, me semble-t-il, de faire éclater les frontières linguistiques puisque l'héritage national ne joue plus un rôle essentiel, et une même crise se manifeste un peu partout. Dès lors, le choix des lectures devient une question de goût, c'est-à-dire de formation[376] ». Tzvetan Todorov estime de son côté qu'il faut refuser « l'hérésie spatiale », c'est-à-dire l'étude d'une littérature en négligeant toutes les autres, pour la bonne raison que « la littérature française d'aujourd'hui n'est pas compréhensible si l'on ne tient pas compte de Kafka, de Joyce ; dans un cours sur la littérature française, il faut donc parler d'eux ; ou, au XIXe siècle, d'Edgar Poe, d'Hoffmann, etc. [...] Il n'y a aucune raison de couper les étudiants des œuvres exceptionnelles qui existent dans d'autres traditions[377] ».

Malgré ces appels à plus d'ouverture, l'enseignement de la littérature dans les universités continue d'osciller entre une double finalité : d'une part, une tendance en faveur du pluralisme axiologique, d'autre part le postulat de la cohérence culturelle. Les tenants du pluralisme considèrent que la diversité des cultures implique pour l'enseignement de la littérature une typologie à la fois historique (littérature médiévale par exemple) et spatiale (hymnes védiques, mythologie amérindienne, chants polynésiens...). Mais à l'opposé, certains continuent de penser que la littérature doit se concentrer sur une homogénéité culturelle[378]. Les littératures étrangères occupent dans ce contexte une place ambiguë, et sont mises en avant de manière variée, selon les positions (parfois plus ou moins inconscientes) de l'enseignant dans ce débat idéologique. En tout cas, il est clair qu'un seul cours du cursus de lettres modernes est consacré complètement aujourd'hui aux littératures étrangères : celui de littérature comparée. Les autres enseignements restent avant tout centrés sur la littérature française.

Les littératures étrangères parviennent toutefois à s'infiltrer par d'autres canaux ; les cursus spécialisés sur l'étranger proposent par exemple une approche littéraire, même s'ils mêlent des approches civilisationnelle, sociologique, historique, etc. Dans ce domaine, le cursus le plus courant est celui de « Lettres et langues », mention « Langues, littératures et civilisations étrangères ». Parmi les enseignements fondamentaux, cette mention propose les cours de « compréhension, expression, traduction écrite et orale ; culture et civilisation étrangères ; linguistique et stylistique ;

---

[376] Jean Alter, « Pourquoi enseigner la littérature ? » in *L'enseignement de la littérature*, Serge Doubrovsky et Tzvetan Todorov (dir.), Plon, 1971.
[377] Conclusion de Tzvetan Todorov, in *L'enseignement de la littérature*, Serge Doubrovsky et Tzvetan Todorov (dir.), Plon, 1971.
[378] Voir Algirdes Julien Greimas, « Transmission et communication » in *L'enseignement de la littérature*, Serge Doubrovsky et Tzvetan Todorov (dir.), Plon, 1971.

littérature étrangère[379] ». Ce cursus peut être assorti de la mention « Littérature générale et comparée », ce qui implique l'étude de la littérature générale et comparée et d'une seconde langue vivante. Pour exemple, la filière « Langue, littérature et civilisation allemandes » de l'Université Paris X-Nanterre offre des cours tels que « Histoire de la littérature de langue allemande du XVIIIe siècle à nos jours », « Le classicisme de Lessing à Heine », « Le Romantisme » ou encore « La littérature autrichienne : Vienne au tournant du siècle »[380]. Elle propose aussi un cursus anglais divisé en quatre domaines : civilisation, linguistique, traduction et littérature. Quant au cursus espagnol, il comprend un module de littérature, défini comme un enseignement de la littérature péninsulaire et des pays d'Amérique latine. La place non centrale de la littérature au sein de ces cursus spécialisés se retrouve dans la plupart des universités, la littérature apparaissant comme l'un des éléments d'une approche pluridisciplinaire d'un pays ou d'une région du monde.

La littérature comparée est donc le seul cursus à placer les littératures étrangères au cœur même de son enseignement. Elle a commencé à émerger dans l'entre-deux-guerres, avec notamment la publication de la *Revue de littérature comparée* (fondée en 1921 et toujours publiée aujourd'hui). Néanmoins, son enseignement a connu un véritable développement après 1945. Trois institutions la représentent « officiellement » : la Société française de littérature générale et comparée (SFLGC), l'Association internationale de littérature comparée et le Collège de littérature comparée. Aujourd'hui, la « littérature comparée » se présente comme une spécialité à l'intérieur du cursus de lettres modernes jusqu'à la maîtrise, puis elle devient une discipline à part entière du master au doctorat. Cependant, elle n'existe en tant que matière ni au concours de l'École Normale Supérieure, ni au CAPES.

L'originalité de l'approche en littérature comparée réside dans la confrontation de deux cultures au moins. Comme l'explique Jean-Louis Haquette, comparer est « une activité essentielle du fonctionnement de l'esprit humain : la comparaison est non seulement à l'origine de mille décisions dans la vie pratique – comparer les prix, les plats d'un menu au restaurant, etc. – mais surtout gouverne la vie intellectuelle : elle est une des formes de la mise en rapport, c'est-à-dire de l'intelligence, qui est au sens étymologique du terme la capacité de relier des choses ou des idées entre

---

[379] Voir le programme officiel concernant « le diplôme d'études universitaires générales lettres et langues » disponible sur le site du ministère de l'Education nationale pour l'année 2003-2004.
[380] Voir Jacqueline Ferreras, *L'enseignement de la littérature nationale et des langues, littératures et civilisations étrangères en Allemagne, Espagne, France, Italie, Royaume-Uni.* Op.cit.

elles[381] ». René Etiemble estime que le concept de « littérature comparée », qui a d'abord été européocentrique, étriqué, limité aux contacts et aux influences des littératures entre elles, s'exerce enfin depuis les années 1970-1980 sur une véritable littérature mondiale, car nous disposons désormais de textes traduits de plus en plus nombreux et diversifiés : épopées arabes, africaines, tibétaines, turco-mongoles, etc.[382]. L'enseignement de littérature comparée s'accompagne d'une approche pluridisciplinaire, à la fois historique, sociologique, philosophique, ethnologique, linguistique, archéologique et philologique. Ces sciences humaines permettent en effet de recontextualiser les œuvres étrangères étudiées et d'éviter autant que possible l'ethnocentrisme littéraire. A la question souvent posée en France de la raison d'être de la littérature comparée, la SFLGC répond que cette matière se situe « dans le droit fil de la tradition humaniste » et qu'elle permet de développer à la fois un esprit critique (sur la littérature française par le biais de la comparaison) et une ouverture dynamique à l'étranger, « l'éloge de la différence [étant] toujours à recommencer[383] ». Dans son ouvrage *La littérature comparée* (PUF, 1997), Yves Chevrel rappelle que « si le comparatisme a une ambition, c'est d'essayer de contribuer à une forme moderne d'humanisme, qui accorde du prix à toute expression de l'esprit humain. Est-il absurde de rappeler que le nationalisme, l'intolérance, le racisme – pour citer trois maux toujours menaçants – ne reposent, le plus souvent, que sur un mépris d'autrui que seule l'ignorance explique ? L'humanisme, aujourd'hui, implique que chacun accepte de découvrir les valeurs de toute culture auxquelles la littérature, en particulier, permet d'accéder. Nous sommes peut-être à l'aube d'un humanisme (enfin) planétaire… ».

L'étude en littérature comparée se heurte pourtant à des contraintes particulièrement fortes. Une première alternative s'offre d'abord : travail sur version originale ou sur traduction. Aujourd'hui, l'étude sur traduction (qui est la règle à l'agrégation) est pratiquement la norme. Mais de nombreux comparatistes estiment que la traduction fait perdre l'originalité du texte littéraire. L'enseignement de la littérature comparée doit aussi prendre en compte la disponibilité des traductions, celles qui peuvent être annotées ou commentées, ou les éditions bilingues. L'objectif prioritaire est aujourd'hui « d'essayer de faciliter un contact direct avec les littératures étrangères et de traiter celles-ci à parité avec la littérature française[384] ». Paradoxalement, peu d'étudiants suivant ce cursus ont auparavant étudié assidûment les langues

---

[381] Jean-Louis Haquette, *Lectures européennes. Introduction à la pratique de la littérature comparée*, Bréal, 2005.
[382] Gérard Leclerc, *La mondialisation culturelle. Les civilisations à l'épreuve*, PUF, 2000.
[383] Société Française de Littérature Générale et Comparée, *La recherche en littérature générale et comparée en France*, 1983.
[384] Ibid.

étrangères, et leur intérêt pour les littératures d'ailleurs ne s'accompagne pas nécessairement d'une curiosité linguistique affirmée. La SFLGC estime pourtant que l'éventail linguistique devrait être aussi ouvert que possible. Il faut donc « se montrer plus exigeant sur le niveau de connaissance linguistique, en adoptant une position ferme sur ce point au niveau de la maîtrise [...] La connaissance active d'une langue, l'aptitude à en lire une (ou deux) autres paraît un objectif raisonnable pour le niveau de la maîtrise, voire celui de la licence[385] ». Les comparatistes doivent donc être d'un bon niveau en langues. Mais comment choisit-on de devenir comparatiste ? Pour Sylvie Ballesta-Puech et Jean-Marc Mourat, « les raisons pour lesquelles on devient comparatiste sont fort diverses, enracinées dans l'expérience singulière de chacun, mais sans doute y trouve-t-on toujours un certain goût de la liberté, un refus du cloisonnement et du morcellement qu'il entraîne inexorablement, un souci d'accueillir l'autre sous toutes ses formes, comme Etiemble n'a cessé de le rappeler, et la conviction, qui en découle, que la littérature nous donne surtout à entendre une "symphonie d'altérités"[386] ». Certains passionnés assignent même un rôle primordial à la littérature comparée dans l'ouverture aux autres cultures :

> *L'intérêt pratique et actuel, le voici. Les tentatives se multiplient, dans l'ordre intellectuel, pour rapprocher les peuples en les invitant à se mieux connaître pour se mieux comprendre. En ce sens, un cosmopolitisme apparent est trompeur : il recouvre des différences inconciliables, qui peuvent devenir des antagonismes. L'avenir d'une meilleure entente entre les nations n'est pas dans une identité superficielle de mœurs et de vie pratique, ni dans de fréquents échanges de denrées matérielles ou même de productions intellectuelles. Tout cela laisse subsister l'incompréhension réciproque, le parti pris, parfois l'aversion. Mais il appartient aux dirigeants d'apprendre aux peuples à comprendre, à respecter les différences invincibles que la nature a mise entre eux ; "que ces petites différences", comme dit Voltaire, "ne soient pas des signaux de haine et de persécution". Or, de toutes les manifestations de l'activité humaine, la littérature est sans conteste celle où s'expriment le plus complètement et le plus clairement les caractères propres d'un peuple. La littérature générale peut donc contribuer puissamment à guider ceux qui doivent se donner pour mission de rapprocher les peuples, non par l'impossible et d'ailleurs indésirable destruction des caractères nationaux qui font leur essence et leur vie, mais par l'intelligence de ces caractères mêmes et par une sympathie éclairée pour ce que chaque écrivain a apporté, à son tour ou de son côté, de sentiments, d'idées, d'expressions, au patrimoine commun de l'humanité pensante[387].*

---

[385] Ibid.
[386] Sylvie Ballesta-Puech et Jean-Marc Mourat (dir.), *Le comparatisme aujourd'hui*, Université Charles-de-Gaulle (Lille), 1999.
[387] Paul van Tieghem, *La littérature comparée*, 1951. Op.cit.

Par ailleurs, pour les Européanistes convaincus, la littérature comparée a un rôle important à jouer dans la mise en place d'une nouvelle manière d'envisager la littérature européenne et d'étudier les relations entre les grands écrivains européens :

> *La tâche [du chercheur en littérature comparée] s'ouvre à perte de vue : non plus uniquement pour écrire une nouvelle histoire littéraire comparée de l'Europe, ce qui s'est fait maintes fois dans les années 80 et 90, mais surtout pour penser la littérature dans sa dimension européenne. Joyce le Dublinois a plus à offrir à l'étude à être lu au côté de Kafka le Praguois et Svevo le Triestin, que le premier en relation avec Synge, le deuxième avec Hasek, le dernier avec d'Annunzio respectivement. Tout, a priori, devrait les tenir éloignés les uns des autres – les faire dialoguer ensemble leur confère une force accrue et une ampleur insoupçonnée*[388].

Pascal Dethurens dénonce en particulier ceux qui continuent à écrire des histoires littéraires nationales, ce qui est pour lui une pratique aussi dépassée que d'écrire une histoire de l'art ou une histoire des idées « nationale ». Alors que l'Union Européenne peine à trouver une unité culturelle et citoyenne, alors que le Conseil de l'Europe ne dispose d'aucun pouvoir contraignant, Pascal Dethurens estime que l'université ne peut faire fi des réalités quotidiennes et doit encourager, à travers la littérature comparée, la mise en perspective d'écrivains européens : « L'Europe est là, sous nos yeux, sa réalité est devenue quotidienne pour tous, tous nos étudiants depuis la première année de licence jusqu'au master et à l'agrégation ont à préparer des examens et des concours avec des trios qui ont pour noms Shakespeare-Pétrarque-Goethe, Baudelaire-Leopardi-Pessoa, ou encore Cervantès-Rabelais-Sterne, nous-mêmes participons à des colloques qui nous mènent de Cambridge à Athènes et de Lisbonne à Prague... et avec tout cela, nous voudrions encore hésiter !"[389] ». Et à ses détracteurs qui évoquent la richesse et la diversité des littératures extra-européennes, il n'hésite pas à répondre :

> *Si le comparatisme des années 2000 a tout à gagner, par exemple, à connaître l'influence des* Mille et une nuits *et à étudier des œuvres non-européennes (de Borges à Xingjian, de Melville à Coetzee, de Hafiz à Pound, ou de Sabato à Mishima), cela ne diminue en rien l'importance de ce qu'on pourrait appeler l'enjeu européen de la littérature [...] Que nous le voulions ou non, comparatistes français à*

---

[388] Pascal Dethurens, « Le concept de littérature européenne », in *La recherche en littérature générale et comparée en France en 2007*, Anne Tomiche et Karl Zieger (dir.), Presses universitaires de Valenciennes, 2007.
[389] Ibid.

l'orée du XXIe siècle, nous sommes tous des « enfants d'Europe », pour reprendre le titre de l'un des poèmes les plus beaux (et les plus durs) de Czeslaw Milosz. Et ce titre ne doit être pour nous ni un sésame commode pour un eurocentrisme arrogant, ni un sauf-conduit pour une attitude de repli frileux, mais un rappel à l'ordre. Notre devoir est là, maintenant[390].

La recherche, les colloques et les publications

Les universités fournissent enfin un cadre privilégié pour la recherche sur les littératures étrangères. Dans ce domaine également, René Etiemble prônait le changement en 1988, en souhaitant pour la littérature comparée « un programme de recherches, élaboré par les comparatistes du monde entier, et qui tâcherait d'abord de calfater les lacunes de notre discipline », programme qui inviterait « à constituer des équipes de chercheurs, formés à traiter les sujets sur lesquels nous manquons de lumière[391] ». Les recherches menées en littérature comparée sont parfois assez décriées, et la SFLGC regrettait en 1983 « une terminologie sommaire et parfois vague, de très nombreuses études approfondies de cas [...], très peu de théorie[392] ». L'un des domaines de recherche aujourd'hui privilégié est la réception d'une œuvre dans un pays donné. Trois domaines linguistiques sont privilégiés : l'allemand, l'anglais, le français. Peu de pays sont donc concernés par ces études, qui ne s'appliquent en réalité qu'à une petite partie de l'Europe ainsi qu'aux régions francophones et anglophones du globe. Pour des raisons de facilité linguistique et matérielle, la France est le plus souvent étudiée comme pays récepteur. Aussi, bien que beaucoup d'écrivains étrangers soient de nos jours diffusés et critiqués, « l'interprétation de la réception des littératures étrangères dans les cadres des différentes cultures littéraires [...] semble être un champ de recherche jusqu'à présent peu défriché et en même temps un champ immense[393] ». Guy Fontaine va dans le même sens lorsqu'il déclare : « du point de vue français, à ma connaissance, rien ou pratiquement rien n'est fait pour favoriser l'apprentissage des littératures européennes, ni dans les universités ni dans les instituts universitaires de formation des maîtres[394] ». Dans les instituts de formation de maître, nous l'avons déjà évoqué, l'absence de toute formation concernant l'enseignement des littératures étrangères est criante. Au niveau universitaire par contre, vingt-

---

[390] Ibid.
[391] René Etiemble, *Ouverture sur un comparatisme planétaire*. Op.cit.
[392] SFLGC, *La recherche en littérature générale et comparée en France*, 1983.
[393] Stanislaw Frybes, « Les littératures slaves et la littérature comparée », in *Littératures sans frontières, Mélanges offerts à Jean Pérus*, Jacques Gaucheron et Philippe Ozouf (dir.), Op.cit.
[394] Propos de Guy Fontaine (expert consultant), rapportés par Jacques Legendre dans son *Rapport d'information*. Op.cit.

trois universités françaises disposent aujourd'hui d'écoles doctorales, de centres de recherche ou de masters ayant trait aux littératures étrangères. A Paris, Lyon, Lille, Bordeaux, Rennes, Strasbourg, Grenoble et Montpellier, ainsi qu'à l'Université des Antilles-Guyane, l'offre est particulièrement riche concernant des littératures de pays ou d'aires géographiques différents. Sans grande surprise, les spécialités les plus répandues sont en corrélation avec les langues les plus étudiées dans notre pays, et concernent les aires anglo-saxonne, italienne, germanophone et hispanophone (Amérique latine comprise).

Quelques cursus plus originaux sont proposés par des universités en rapport avec leur environnement immédiat, dans la lignée de ce qui se pratiquait déjà au XIXe siècle : « Littératures et Civilisations de la Caraïbe et des Amériques noires » et « Espace Créolophone et Francophone » à l'Université des Antilles-Guyane ; « Langues et littératures romanes », « Etudes basques » et « Espace caraïbe » à Pau ; « Etudes Corses et Méditerranéennes » à l'Université Pascal Paoli de Corse. Deux villes seulement offrent des cursus spécialisées sur des littératures étrangères moins étudiées : il s'agit de Bordeaux (« civilisations slaves » ; « monde arabe et musulman » ; « Extrême-Orient ») et Grenoble (« langues slaves contemporaines » ; « lettres lusophones et intertropicales »). Enfin, il existe bien sûr des centres de recherche « généralistes », comme le Centre d'études sur les littératures étrangères à l'Université de Saint-Étienne, le Laboratoire Littérature et Histoire des Pays de Langues Européennes à l'Université de Franche-Comté, ou encore le Centre de recherche en littérature comparée (CRLC) de Paris IV- Sorbonne.

La recherche universitaire, même si elle pourrait être renforcée et diversifiée, a tout de même permis de donner plus de visibilité aux littératures étrangères, notamment par le biais des colloques et des publications. Par exemple le Centre de Recherches Latino-Américaines « Archivos » à Poitiers, qui possède cinq fonds documentaires, a déjà organisé une trentaine de colloques internationaux consacrés à la littérature latino-américaine et publié trente-et-un volumes d'actes de colloques et de séminaires. La collection Archivos édite aussi les écrivains latino-américains du XXe siècle (une soixantaine de volumes représentant quinze pays). Le CRLA-Archivos possède deux sites Internet interactifs, et participe à diverses manifestations littéraires, comme le festival « Les Belles Latinas » à Lyon. Dans la même optique, le Centre de Recherche sur l'Europe Littéraire (CREL) se donne pour objet l'étude, par approches diverses, fragmentaires et pluridisciplinaires, de ce qu'on pourrait définir comme « l'identité littéraire de l'Europe ». Deux grandes dynamiques parcourent l'ensemble de ses travaux : d'une part la prise de conscience de la réalité d'une Europe culturelle, d'autre part le rôle joué dans la constitution de cette entité par les régions, les nations frontalières, les communautés ou les ensembles transnationaux. Le Centre regroupe une trentaine de chercheurs et accueille une vingtaine d'étudiants, ses activités se traduisant par des publications et par l'organisation de colloques et de séminaires.

Les recherches universitaires aboutissent en effet souvent à des colloques, parfois en collaboration avec des chercheurs étrangers. Ainsi, à l'occasion de la Saison culturelle polonaise en 2004, plusieurs colloques ont été organisés sur Witold Gombrowicz avec le soutien de l'Ambassade de Pologne, de l'AFAA et de l'Institut Adam Mickiewicz. De la même manière, à l'occasion de l'Année de l'Algérie s'est tenu à Rennes en 2003, le colloque « L'Algérie : langues, littératures et société entre tradition et modernité ».

Les chercheurs contribuent enfin à faire connaître les littératures étrangères grâce à leurs publications. Citons pour exemple le *Dictionnaire mondial des littératures* (Larousse, 2002) de Karen Haddad-Wotting et Pascal Mougin, qui a pour ambition, comme l'expose son avant-propos, de couvrir l'ensemble des domaines anciens et modernes, francophones et étrangers : « Tout en accordant une place importante à la littérature française et, pour tous les pays, à la période contemporaine, il traite aussi bien de l'épopée sumérienne que des avant-gardes du XXe siècle, des littératures caucasiennes que des grandes figures de la littérature américaine, des anciennes traditions théâtrales asiatiques que de la poésie symboliste, de la chanson de geste que des jeunes romanciers d'aujourd'hui ». De son côté, *Lettres européennes, Manuel d'histoire de la littérature européenne* (Editions De Boek Université, 2007) annonce dans sa préface que « l'histoire de la littérature nous offre une grande aventure, un grand voyage de découverte, qui dévoilera à l'étudiant un panorama littéraire donnant la véritable échelle de notre continent et qui, loin de se limiter aux sentiers battus, saura l'entraîner sur des pistes fascinantes jusque-là inconnues de lui ». L'ouvrage rappelle par la suite :

> *Prenons-y garde le passage d'une culture à l'autre est semé d'embûches. Il convient de mettre de côté toute perspective européocentriste, fruit de l'ignorance ou, pire, d'un complexe de supériorité sans autre fondement qu'un colonialisme désuet, et qui risque de fausser nos jugements. Certes, l'Europe est depuis près de trois millénaires un foyer littéraire de première importance, mais ce n'est pas le seul. La Chine, l'Inde, Israël et l'Egypte peuvent revendiquer à cet égard des lettres de noblesse infiniment plus anciennes que la France ou la Russie.*

Les dictionnaires en tous genres se sont multipliés depuis une trentaine d'années, même s'il existait déjà depuis le XIXe siècle des ouvrages universitaires consacrés aux littératures étrangères. En outre, de nombreuses publications sont consacrées à des auteurs étrangers, à l'ensemble d'une œuvre étrangère ou à une littérature nationale bien précise.

Même si ces ouvrages restent principalement achetés et consultés au sein des universités et des bibliothèques, ils sont à la disposition du grand public que ce domaine intéresse et constituent des outils précieux pour la recherche.

Par ailleurs, à la différence de l'approche universitaire qui a prévalu depuis la création des premières chaires de littérature étrangère à l'université jusqu'à l'après guerre mondiale, les esprits se sont ouverts et les ouvrages tentent aujourd'hui de donner une vision globale des littératures à travers le monde. Des études sérieuses sont désormais menées pour tâcher de déterminer les influences des littératures et des cultures les unes sur les autres à travers l'histoire, loin de l'intolérance et d'une idée de « supériorité » de la littérature française. C'est ainsi que *Lettres européennes, Manuel d'histoire de la littérature européenne* (Editions De Boeck Université, 2007) conclut en ce qui concerne l'héritage littéraire extra-européen :

> *Géographiquement, ce sont l'Asie et l'Afrique méditerranéenne, berceau de notre culture à bien des égards, qui remportent la palme : d'Israël et de l'Egypte ancienne à la Chine et au Japon de Hans Bethge, de Malraux et d'Ezra Pound, en passant par l'Inde des fables et de Kipling, et sans oublier* Floire et Blanchefleur *ni les poètes arabes (d'Espagne !) qui auraient pu inspirer les troubadours provençaux. C'est surtout par le biais du lyrisme, du théâtre et du conte que se manifeste l'influence asiatique. Quant à l'Afrique subsaharienne, l'Europe n'a pu s'en faire qu'une idée assez superficielle avant de s'y implanter au XIXe siècle, encore que l'esclavage ait intéressé les philosophes. Plus tard, l'« art nègre » a puissamment aidé les avant-gardes littéraires et artistiques à se libérer de la « mimesis » et à se former une vision neuve de la réalité. Plus récemment encore, le roman africain a connu chez nous une vogue enviable, comme c'est encore le cas du « réel merveilleux » de l'Amérique latine ou de la poésie de Neruda et de Paz. La réception réservée aux Etats-Unis mériterait à elle seule tout un chapitre, car l'impact qu'ils ont eu s'est échelonné sur un siècle et demi : de Poe et Melville à Baldwin et Roth. L'archipel malais et océanien, enfin, est présent dans l'œuvre de Diderot, de Conrad et de nombreux anglophones.*

Cependant, l'idée d'influence, d'interculturalisme, de culture d'origine de l'écrivain comme englobant et déterminant ses écrits, est aujourd'hui fortement critiquée, en particulier par Xavier Garnier :

> *Les approches interculturelles circonscrivent la littérature par la culture. D'un point de vue interculturel, si un auteur ou un texte échappent aux déterminations d'une aire culturelle, c'est pour choisir une autre terre d'accueil, un autre horizon culturel. Alors commence le travail comparatiste interculturel proprement dit : la*

littérature est considérée comme le médiateur par excellence pour le contact des cultures. La notion d'influence, si importante depuis l'origine de la littérature comparée, mériterait à cet égard une analyse approfondie. Selon l'approche culturaliste, une œuvre littéraire porte nécessairement avec elle un monde culturel, de façon explicite ou implicite ; si cette œuvre est lue par un écrivain d'une autre aire culturelle, alors, nécessairement, naît un foyer de contamination. [...] Le travail singulier de tel ou tel écrivain se limiterait à un travail de profilage des données culturelles liées à sa personnalité, à son style, à la nature singulière de sa créativité. Ce type d'approche critique ne se donne pas les moyens d'imaginer l'activité littéraire autrement qu'à l'intérieur de la sphère culturelle. [...] Le risque du commentaire interculturel, qui est aussi celui de toute une tradition philologique, est de se consacrer à l'identification de traits culturels et de ne pas voir le dynamisme qui les met en mouvement et les entraîne hors de tout territoire culturel. S'il est indéniable qu'une œuvre littéraire enveloppe nécessairement un ou plusieurs univers culturels, le travail critique ne consiste pas nécessairement à s'attacher à cet aspect. Le risque est de ne plus faire de claire différence entre l'œuvre littéraire et le produit culturel[395].

Les faiblesses de l'université

En ce qui concerne les littératures étrangère, l'université semble souffrir principalement de deux manques : d'une part, le faible niveau en langues étrangères des étudiants qui se spécialisent dans la traduction et/ou dans des recherches en littérature comparée ; d'autre part, l'absence d'un enseignement des littératures étrangères plus approfondi dans le cursus de lettres formant la majorité des futurs enseignants de français des écoles primaires et secondaires, sachant que l'IUFM de son côté néglige complètement ce domaine. Le professeur tchèque Josef Jařab rappelle que Milan Kundera dénonçait le « nationalisme de l'université », « l'enseignement de la littérature comme discipline philologique étroitement liée à une langue particulière, sans référence aux littératures étrangères. A l'université, c'est ce qu'il nous faut dépasser. Kundera recommandait d'enseigner la littérature comme le développement de genres littéraires dans toute l'Europe, dans le monde occidental et même au-delà[396] ». Par ailleurs, il n'y a pas que les littératures étrangères traduites qui souffrent de cet ostracisme. Les littératures contemporaines en général peinent à trouver une

---

[395] Xavier Garnier, « Condition d'une critique mondiale », in *Où est la littérature mondiale ?*, Christophe Pradeau et Tiphaine Samoyault (dir.), Presses Universitaires de Vincennes, 2005.
[396] Propos du professeur tchèque Josef Jařab, rapportés par Jacques Legendre dans son *Rapport d'information*. Op.cit.

place à l'université. Quant aux littératures francophones, et même aux littératures françaises issues de l'immigration, elles sont pratiquement ignorées par l'université. Alec G. Hargreaves explique ainsi que « les premières études sur la littérature issue de l'immigration maghrébine n'ont été réalisées ni en France ni au Maghreb, mais en Grande-Bretagne et aux Etats-Unis. [...] En France, un certain snobisme intellectuel règne encore dans bien des facultés de lettres, qui exclut l'étude de toute forme culturelle qui ne serait pas lettrée, au sens littéral du terme. En puisant dans le vivier argotique de la banlieue et dans les modèles anglophones véhiculés par les médias audiovisuels, les écrivains "d'origine immigrée" se placent au carrefour de pratiques culturelles qui occupent une place toujours grandissante dans la société contemporaine. Les institutions universitaires qui récusent les nouvelles formes culturelles, sous le prétexte qu'elles n'ont pas encore reçu leurs lettres de noblesse, risquent de se trouver marginalisées à long terme par cette transformation du concept même de culture[397] ».

De la même manière que l'enseignement des lettres doit s'ouvrir davantage aux littératures étrangères, anciennes ou contemporaines, traduites, francophones ou issues de l'immigration, un effort important doit être entrepris au niveau linguistique. Pour le professeur Tim Beasley-Murray, il faut ainsi « éduquer une génération d'étudiants qui auront une connaissance accomplie d'une langue et d'une littérature et en imprégneront l'université. C'est difficile, certes, car les langues sont de moins en moins étudiées. Mais si l'on veut créer une culture européenne commune, il faut que des jeunes polonais apprennent le français, des jeunes danois le hongrois, etc.[398] ». De son côté, Pascal Charvet dénonçait en 2007 une approche française de la traduction qui privilégie l'exercice de style utilitaire plutôt que l'étude du contenu traduit :

> *La traduction, à travers son historicité, manifeste des enjeux littéraires essentiels et nourrit, de manière spécifique, la perception de l'altérité. Que le dépaysement suscité par la visite du monde dans une langue étrangère soit le meilleur antidote à la pensée unique est aujourd'hui un fait admis par tous. Un esprit enfermé dans un seul langage répète davantage qu'il ne pense. Il se développe plus rapidement s'il ajoute à son langage maternel une autre langue. Les langues vivantes, au même titre que les langues anciennes, font partie des humanités. Mais la traduction et l'étude des œuvres littéraires en traduction, véhicules idéaux de ces contenus culturels, ne jouent plus assez ce rôle moteur qui devrait être le leur dans l'enseignement. Même si ces pratiques se*

---

[397] Alec G. Hargreaves, « Cultures de France, artistes de toutes origines », in *Immigration et intégration : l'état des savoirs*, Philippe Dewitte (dir.), Editions la Découverte, 1999.
[398] Propos du professeur Tim Beasley-Murray rapportés par Jacques Legendre dans son *Rapport d'information*. Op.cit.

généralisent aux examens et concours par la présence d'œuvres littéraires en traduction et d'exercices de version, elles se réduisent bien trop souvent au seul rôle d'épreuve de contrôle des acquis linguistiques. En effet, la traduction, dans notre enseignement, s'est avec le temps trop souvent repliée sur des exercices parfois stériles, parce qu'ils figent le sens au lieu d'ouvrir sur l'interprétation des textes et l'écriture[399].

Devant ce bilan, il est clair que l'université devra entreprendre des réformes de certains cursus pour mieux promouvoir les littératures étrangères. Notons tout de même que la situation n'a pas l'air tellement plus enviable dans d'autres pays. Valentine Cunningham dresse ainsi un tableau peu réjouissant de la situation des littératures étrangères en Angleterre :

A part quelques vieilles universités anglaises et écossaises, l'enseignement de la littérature est en régression. Dans les établissements les plus récents, on peine à donner une idée d'une certaine continuité littéraire. En fait, la littérature américaine envahit tout ce qu'on appelle les english courses*. C'est l'effet de la mondialisation, mais on devrait plutôt appeler celle-ci la « nord-américanisation » [...] On n'étudie pratiquement pas d'auteurs non anglophones dans notre pays et très peu d'œuvres européennes sont traduites. On étudie parfois en traduction le vieux gaëlique irlandais, mais c'est très rare. Il y a aussi très peu de cours d'interprétation critique. Seules les universités de premier plan incitent à la lecture d'ouvrages pertinents dans un contexte de littérature comparée*[400].

---

[399] Pascal Charvet (Inspecteur général de l'Education nationale), « Conclusion des travaux », in *Enseigner les œuvres littéraires en traduction,* Pascal Cotentin (dir.), Agence Eduscol, 2007.
[400] Propos de l'historien Valentine Cunningham, rapportés par Jacques Legendre dans son *Rapport d'information*. Op.cit.

Chapitre 12 : Une réception encore difficile

L'engouement actuel pour les « cultures du monde »

Le public français connaît aujourd'hui un engouement sans précédent pour ce qu'on a coutume d'appeler les « cultures du monde ». Les opinions sur ce mouvement sont diverses et contradictoires. Certains y voient un progrès vers une plus grande tolérance et un plus grand respect d'autrui, tandis que d'autres au contraire relativisent cette approche optimiste, estimant que l'attrait pour les autres cultures ne doit pas être porté aux nues. Pascal Bruckner dépeint de manière provocante cette dichotomie :

> *Notre époque valorise plus qu'une autre comme un trait hautement progressiste les brassages et l'ouverture. A en croire la rumeur en effet, un combat titanesque opposerait actuellement deux camps, aussi allergiques l'un à l'autre que la capitalisme au communisme : le camp nationaliste et xénophobe attaché à son patrimoine comme Harpagon à sa cassette et le camp cosmopolite affamé d'autrui, curieux de tout, pressé d'échanger l'étroitesse nationale pour un vêtement plus ample. Les uns barricadés dans leur francité (ou leur germanité) sentiraient la rancœur, la province et l'hospice, les autres porteraient sur eux l'auréole des grands espaces, de la jeunesse et de l'espoir. [...] Sommes-nous vraiment condamnés à rester emmurés dans notre lieu de naissance ou à nous immerger dans la multitude bigarrée des cultures ?*[401]

Les « cultures du monde » font aujourd'hui l'objet d'un fort enthousiasme de la part du grand public, ce dont bénéficie également la littérature. Mais commençons par replacer historiquement le développement de ce concept. Issue d'abord du milieu du théâtre, l'idée de confronter entre elles les différentes cultures a donné naissance à la Société universelle du théâtre en 1926, puis au Théâtre des Nations dans l'après-guerre, et enfin plus récemment à la Maison des cultures du monde en 1982. Par ces structures, le public français – en particulier parisien – a pu accéder pour la première fois de manière massive à des spectacles étrangers de qualité. Comme en témoigne Patrick Olivier, la Maison des cultures du monde offre « une scène à vocation purement internationale, destinée à présenter les identités culturelles des peuples du monde, dans leurs formes d'expression originales. L'important travail de prospection mené par Chérif Khaznadar et Françoise Gründ a débouché sur la présentation de centaines de spectacles, rediffusés en France et en Europe, ainsi que d'ouvrages et d'enregistrements,

---

[401] Pascal Bruckner, « Faut-il être cosmopolite ? », *Esprit*, n°12, décembre 1992.

en témoignages durables[402] ». En ce qui concerne la littérature, la situation est plus complexe car le livre souffre d'un manque de visibilité dû à la multitude des pratiques culturelles étrangères valorisées et des engouements qui s'apparentent à des modes, mais dont les effets réels restent à relativiser.

Selon Alain Lombard, en termes de cessions de droits, les achats de droits en 2000 et 2001 ont concerné 2 000 titres par an, dont 700 titres en provenance des Etats-Unis, 500 à 600 du Royaume-Uni, et une centaine de l'Allemagne et de l'Italie. En 2001, les statistiques douanières indiquent que les importations d'ouvrages se montent à 580 millions d'euros (toutes publications confondues)[403]. Ce n'est donc pas rien. Cependant, la littérature fait l'objet d'une vive concurrence de la part des autres pratiques culturelles venues de l'étranger. Si le public s'enthousiasme facilement pour les cultures étrangères, cela comprend d'abord et avant tout le cinéma et la musique, et, dans une moindre mesure, le spectacle vivant et la littérature. Alors que 30 % seulement des films diffusés en France proviennent de l'Hexagone, les livres les plus vendus sont encore majoritairement français (la seule exception concernant les ouvrages anglo-saxons). D'autre part, les manifestations culturelles ouvertes sur l'étranger ne sont que rarement consacrées de manière exclusive à la littérature. A Lille par exemple, le festival Fest'Africa s'intéresse à la littérature, mais aussi au théâtre, à la danse ou à la photographie. L'approche géographique est souvent privilégiée, et l'on s'intéresse avant tout à une civilisation étrangère dans son ensemble. L'avantage de cette démarche est bien sûr la valorisation d'une littérature dans son contexte culturel et civilisationnel. Les autres pratiques culturelles produisent en retour un effet d'appel au profit de la littérature, même si, d'un autre côté, cette dernière souffre de la proximité de pratiques culturelles plus faciles d'accès (cinéma, musique...).

La littérature éprouve ainsi des difficultés à trouver sa place dans le cadre d'un développement des « cultures du monde » qui a tendance à mettre en avant des pratiques folkloriques et traditionnelles. Certains stéréotypes continuent d'être véhiculés par les manifestations centrées sur les « cultures du monde » : danses traditionnelles, coutumes, traditions orales, sont mises en avant au détriment du support écrit, considéré comme trop récent dans certaines sociétés, trop élitiste, trop éloigné du peuple, pas assez révélateur d'un mode de vie et de pensée « authentique » qui se doit d'être le plus éloigné possible de l'héritage colonialiste et de l'impérialisme du modèle culturel occidental. Le mode de vie considéré comme « différent » a plutôt tendance à être véhiculé par la musique, la danse, le cinéma, et prime ainsi sur l'écrit et la pensée. Les littératures arabes, africaines, amérindiennes,

---

[402] Patrick Olivier, « L'ouverture aux autres : du dialogue des cultures à la diversité culturelle », in *Internationale de l'imaginaire n°20 : Cultures du monde, matériaux et pratiques*, Babel/Maison des cultures du monde, 2005.
[403] Voir Alain Lombard, *Politique culturelle internationale,* Babel, 2003.

certes récentes dans leur forme écrite, mais héritières d'une tradition orale plus que millénaire et aujourd'hui riches de culture et d'idées, restent peu connues du grand public, alors que les musiques, danses, représentations théâtrales de ces régions connaissent un vif succès, dû à leur caractère (affirmé comme tel) d'« authenticité ». La place des littératures étrangères dans la promotion des « cultures du monde » reste donc ambiguë, et pour beaucoup, elles n'en font pas vraiment partie… Il faut dire que la diffusion de la littérature, « à la différence d'autres biens symboliques comme la peinture ou la musique, se heurte non seulement aux frontières nationales mais aussi aux barrières linguistiques, qui souvent ne se recoupent pas[404] ». Les littératures étrangères bénéficient malgré tout de la politique de promotion des cultures du monde menée par la puissance publique, politique qui semble avoir trouvé aujourd'hui une vraie légitimité :

> *Que l'Etat doive faciliter l'expression des cultures étrangères sur son territoire, non seulement en en permettant l'accès mais aussi en prévoyant des mesures de soutien, n'est* a priori *pas évident. [...] Alors que la promotion de la culture française à l'étranger apparaît comme une tâche évidente des pouvoirs publics français, la promotion des cultures étrangères en France pourrait apparaître au contraire comme inutile voire néfaste, servant des « intérêts étrangers ». Cette vision des choses est cependant de moins en moins partagée, et on s'accorde aujourd'hui à penser que la promotion des cultures étrangères en France répond à une double nécessité. La promotion des cultures étrangères en France s'impose d'abord au titre de la recherche de la diversité culturelle. La connaissance des cultures étrangères enrichit notre vision du monde, elle nous fait accéder à d'autres imaginaires et doit donc être encouragée en elle-même. [...] La promotion des cultures étrangères s'impose ensuite pour faciliter la promotion de la culture française à l'étranger, au titre de la réciprocité[405].*

Deux méthodes sont employées pour valoriser les cultures du monde : l'ouverture aux cultures étrangères des dispositifs généraux de soutien d'une part, et la mise en place d'institutions et de procédures spécifiques (comme l'organisation de saisons culturelles étrangères) d'autre part. Les dispositifs de soutien généraux, mis en place afin de favoriser la création et la diffusion culturelles, profitent de plus en plus aux cultures étrangères grâce à une grande ouverture. La plupart des festivals accordent ainsi aujourd'hui une place substantielle aux cultures étrangères, certains leur étant même dédiés. Un certain nombre d'institutions ont enfin été conçues

---

[404] Gisèle Sapiro, « Traduction et globalisation des échanges : le cas du français », in *Où va le livre ? – Edition 2007-2008*, Jean-Yves Mollier et collectif, La Dispute/SNEDIT, 2007.
[405] Voir Alain Lombard, *Politique culturelle internationale,* Babel, 2003.

spécialement pour assurer la promotion des cultures étrangères en France. Si elles ont l'inconvénient d'isoler, voire de marginaliser, les cultures étrangères, elles jouent un rôle essentiel de promotion.

Dans le domaine du livre, nous l'avons vu, le ministère de la Culture a principalement mis en place un dispositif d'aide à la traduction géré par le CNL et lancé « Les Belles Etrangères », « l'une des manifestations les plus prisées des saisons culturelles étrangères en France et les plus demandées par les gouvernements étrangers[406] ». Mais les littératures étrangères sont souvent en décalage par rapport à d'autres pratiques plus appréciées par le grand public (cinéma) ou ne posant pas de problème de « traduction » (photographie, danse, musique traditionnelle...). Et si les manifestations tournées vers la littérature étrangère attirent parfois beaucoup de visiteurs, ces engouements correspondent souvent à des modes temporaires et n'ont que peu d'effets à long terme. Ils s'apparentent à la recherche d'un exotisme facile, encouragée par des phénomènes de médiatisation et de focalisation sur quelques « stars » au détriment de la multitude des écrivains étrangers. Ces engouements ont cependant des aspects positifs : « la présence des cultures étrangères en France entre les années 70 et aujourd'hui a profondément changé [...] Au fil des saisons, la France a accru sa diversité d'accueil. Car il y a une demande. Pas par goût de l'exotisme, mais bien par une nécessité intérieure[407] ». C'est à cette conclusion qu'aboutit aussi Jean-Luc Toula-Breysse : « nous avons, et c'est heureux, enfin découvert les vertus de l'altérité, enfin compris que ce sont, en littérature ou en philosophie ou en dramaturgie comme ailleurs, les différences qui sont précieuses et nous enrichissent[408] ».

Nuançons tout de même cette vision idéale. Les connaissances de la majorité des Français dans le domaine des littératures étrangères sont loin d'être étendues, et elles passent bien souvent par le biais des médias et de la publicité. Les œuvres littéraires, en particulier les ouvrages anglo-saxons contemporains, sont diffusées surtout grâce à la télévision, à la publicité et au bouche-à-oreille. En effet, le système scolaire proposant très peu de références concernant les ouvrages étrangers, les lecteurs potentiels ont plutôt tendance à se tourner vers les œuvres médiatisées ou recommandées par un proche. Mais de toute façon, les principaux best-sellers en France restent des ouvrages écrits en langue française... Les engouements pour les littératures étrangères doivent donc être relativisés, comme le suggère Alain Lombard :

---

[406] Ibid.
[407] Alain Crombecque, in *Cultures du monde en France*, Jean-Luc Toula-Breysse (dir.), Editions Plume, 1999.
[408] Jean-Luc Toula-Breysse, *Cultures du monde en France*, Plume, 1999.

> *La France se montre largement ouverte aux cultures et aux artistes étrangers [et] la vie culturelle de la capitale comme de nombreuses villes de province leur laisse une large place, [...] l'ouverture de la France [...] est cependant loin d'être aussi exemplaire qu'on le pense quelquefois. Elle reste très inégale en fonction des disciplines, des périodes et des nationalités concernées. La connaissance des langues étrangères par la population française est encore très peu développée, malgré les discours en faveur du plurilinguisme[409].*

Les pratiques culturelles des Français restent très largement tournées vers la culture nationale, et la « part de marché » des cultures non nationales non américaines est infime, même en ce qui concerne les cultures des pays de l'Union européenne. Les aspects contemporains des cultures étrangères sont souvent méconnus, et les cultures des petits pays (qui ne bénéficient pas d'aide de la part de leurs gouvernements) sont moins facilement accueillies que celles des pays qui occupent une position dominante ou qui mobilisent une diplomatie culturelle active (notamment les pays disposant d'un centre culturel en France). C'est pourquoi les engouements pour des littératures particulières ne sont souvent qu'éphémères et varient au gré des médiatisations successives. Toute la question est de savoir quelle action mener pour transformer ces engouements passagers en intérêt profond et durable pour les littératures d'ailleurs.

Il faut donc relativiser les effets positifs de l'engouement français pour les « cultures du monde », notamment pour ce qui est de son éventuelle influence sur la tolérance et l'intérêt pour la culture d'autrui. Car bien sûr « aucun livre, aucune peinture ou morceau de musique ne sont en eux-mêmes porteurs d'un quelconque commandement moral[410] ». Loin de tout idéalisme, le fait d'aimer, d'apprécier, de mieux connaître une autre culture, ne signifie pas forcément un changement profond de perception ou une véritable réflexion sur les différences culturelles. Pascal Bruckner, provocateur, a un avis tranché sur cette question :

> *Même si le roman, comme l'a bien vu Milan Kundera, est le genre démocratique par excellence, celui qui suppose tolérance et conflit des points de vue, il n'y a jamais passage obligé de l'œuvre à la vie. Je puis tout en lisant oublier mes préjugés, communier avec l'univers d'un écrivain chinois ou sud-américain, me sentir de plain-pied avec une autre époque, d'autres mœurs, cela ne change en rien mon ouverture d'esprit dès lors que j'abandonne l'espace littéraire. Sceptique, ironique le temps d'une lecture, provisoirement libéré des mille*

---

[409] Alain Lombard, *Politique culturelle internationale*. Op.cit.
[410] Pascal Bruckner, « Faut-il être cosmopolite ? », *Esprit*, n°12, décembre 1992.

> *liens qui me rattachent à ma communauté, je redeviens sectaire, partial, emporté dès que je retourne dans mon siècle pour me confronter à mes semblables. A elle seule, l'œuvre d'art n'est pas apte à éradiquer le fond barbare de l'humanité.*[...]
> *Ce qu'on apprécie chez García Márquez ou Tanizaki, ce n'est pas la Colombie ou le Japon, c'est la particularité d'un destin ou d'un village capable de s'élever à l'universel. Qu'est-ce qu'un grand roman ? Une querelle de clocher, une aventure intime qui passionne la terre entière*[411].

Un engouement passager pour les littératures étrangères ne correspond donc pas à un véritable cosmopolitisme, qui doit être enraciné dans la profondeur de plusieurs mémoires et de multiples particularités. Le lecteur d'un ouvrage étranger peut s'offrir le plaisir d'un dépaysement instantané, mais cela n'a rien à voir avec l'étude patiente d'une civilisation étrangère, « l'apprentissage modeste, ingrat d'une culture étrangère dont on reconnaît le caractère formidablement opaque[412] ». Les livres étrangers qui connaissent un grand succès ne changent pas obligatoirement la perception des gens et ne leur donnent pas automatiquement envie d'approfondir leur connaissance d'une culture particulière. Ce peut être le cas, bien sûr, mais cette réaction est loin d'être automatique. En d'autres termes, apprécier *Le nom de la rose* ne pousse pas forcément à lire les autres livres d'Umberto Eco, à apprendre l'italien ou à s'intéresser à la culture italienne contemporaine.

Et pourtant, la tolérance ne commence-t-elle pas avec la découverte des cultures différentes ? Même si la lecture ne pousse pas d'office à une ouverture, une compréhension et une communication véritables, mieux vaut connaître l'autre que l'ignorer ou en avoir peur. Si le cosmopolitisme reste réservé au petit nombre qui fait l'effort de transiter d'une civilisation à l'autre, une meilleure connaissance des littératures étrangères peut déjà inviter chacun et chacune à une réflexion sur la différence.

---

[411] Ibid.
[412] Ibid.

La difficulté de confrontation aux littératures étrangères

Malgré les limites déjà évoquées, les Français possèdent aujourd'hui une connaissance accrue des cultures et littératures étrangères, dans un contexte postcolonial qui semble favoriser, au-delà des flambées identitaires, la réémergence de civilisations « oubliées » durant la colonisation ainsi qu'un décentrement de la culture européenne[413]. Les personnes intéressées par les littératures étrangères bénéficient d'une offre sans précédent dans ce domaine. L'un des symptômes de cette augmentation de l'offre est notamment la multiplication, outre des œuvres étrangères traduites, des ouvrages portant *sur* les littératures étrangères et disponibles pour le grand public à travers les réseaux de vente traditionnels. De nombreux ouvrages s'intéressent ainsi à une littérature nationale particulière (russe, chinoise, japonaise...), à l'œuvre d'un écrivain étranger, ou encore à un genre précis (roman noir américain, conte chinois zen, haïku japonais...). Même si la vente de ces ouvrages spécialisés reste assez modeste, ces ouvrages ont le mérite d'exister en langue française et de pouvoir répondre à des interrogations et des intérêts concernant les littératures étrangères. De la même manière, les ouvrages qui se fixent pour tâche de répertorier les romans et les écrivains, de guider les lecteurs, font la part belle aux ouvrages et aux auteurs étrangers[414]. Véronique Anglard et François Stirn écrivent ainsi dans leur introduction : « Cette exploration des littératures du monde entier a été pour nous une aventure passionnante. Nous souhaiterions que, nous lisant, notre lecteur participe un peu de cet emballement[415] ». Depuis 2007, un manuel extrêmement complet concernant les littératures européennes est aussi disponible, fruit de la collaboration de plus de 200 universitaires de toute l'Europe. Ce travail déjà évoqué, entrepris depuis 1987 par le réseau Lettres Européennes, offre un tour d'horizon de la littérature européenne en citant 1 850 auteurs avec un focus sur 46 auteurs européens contemporains, son objectif étant de servir de base à un apprentissage des littératures européennes. Cet ouvrage a été dirigé par Annick Benoît et Guy Fontaine, et ce dernier expliquait en décembre 2007 :

---

[413] Voir Olivier Mongin, « Création et culture à l'âge postcolonial, Eloge du décentrement », *Esprit*, n°3-4, mars-avril 2002.
[414] Citons entre autres *Les grands romans du monde entier* de Dominique Szenes (Bordas, 1992), *50 grands romans contemporains du monde entier* de Véronique Anglard et François Stirn (Marabout, 1995), *L'histoire des plus grands succès littéraires du XXe siècle* sous la direction de Raphaële Vidaling (Tama Editions, 2002), *Les grands livres de notre temps, les 80 œuvres qui ont marqué les dix dernières années* sous la direction d'Emmanuel Maury (Editions STH, 1993), le *Dictionnaire des écrivains européens et Lettres européennes* sous la direction d'Annick Benoît et de Guy Fontaine, ou encore le *Dictionnaire mondial des littératures* sous le direction de Karen Haddad-Wotting et de Pascal Mougin (Larousse, 2002).
[415] Véronique Anglard et François Stirn, *Cinquante grands romans contemporains du monde entier*, Marabout, 1995.

> *Quand nous avons, Annick Benoît et moi-même, voilà un peu plus de vingt ans, commencé à esquisser ce projet, nous avons été stupéfaits de constater qu'il n'existait depuis des décennies aucun ouvrage de référence présentant la littérature européenne comme une entité. [...] Certains pays d'Europe étaient plus ouverts que d'autres à la littérature universelle : je pense à la Pologne, par exemple. D'autres systèmes pédagogiques européens soucieux de développer l'agilité linguistique de leurs élèves et étudiants, n'hésitaient pas à combiner apprentissage d'une langue étrangère et approche de la littérature dans cette langue ; je pense aux pays Scandinaves, au Pays-Bas, par exemple. [...] Notre manuel consacre quatre ou cinq pages à Swift avant les trois ou quatre pages consacrées à Voltaire. On tirera profit à les lire à la suite. Autre idée: en 1922, année où Joyce écrit* Ulysse, *Proust meurt, Pirandello écrit son* Henri IV, *Germaine Acremant vient de publier* Ces dames aux chapeaux verts. *Les mettre en perspective est une autre façon d'aborder les œuvres littéraires*[416].

C'est dans ce contexte que s'est développé en France l'intérêt pour l'ensemble des cultures dans toute leur diversité. Aujourd'hui, les mentalités ont évolué, les voyages et les échanges se sont multipliés, les gens sont plus curieux et moins effrayés par les autres, l'inconnu, la différence.

Pour donner une idée des connaissances françaises en matière de littérature étrangère, on peut s'appuyer notamment sur un sondage réalisé en janvier 2004, selon lequel 52 % des Français déclarent avoir lu un livre de Shakespeare, 25 % un livre de Cervantès, 19 % un livre d'Umberto Eco, 11 % un livre de Milan Kundera. Ils sont également 8 % à avoir lu un ouvrage de Patrick Süskind et 6 % un roman de David Lodge[417]. Ces chiffres démontrent un réel intérêt du grand public pour les écrivains européens les plus connus, classiques ou contemporains. A noter cependant que le sondage proposait les noms des auteurs aux personnes interrogées, ce qui ne laisse que peu de marge pour comparer les résultats obtenus avec d'autres auteurs de moindre « qualité littéraire » (Rowlings, Stephen King, Mary Higgins Clark par exemple).

Dans *Traduire l'Europe* (Payot, 1992), Françoise Barret-Ducrocq estime de manière optimiste qu'à terme « il est évident que l'amélioration de la mobilité géographique des Européens et l'approfondissement des échanges culturels qui l'accompagnera devrait nécessairement se traduire par

---

[416] Propos de Guy Fontaine (expert consultant), rapportés par Jacques Legendre dans son *Rapport d'information*. Op.cit.
[417] Sondage réalisé les 13 et 14 janvier 2004 par téléphone par Louis Harris pour *L'Express*, *Libération*, *Arte* et AOL, sur un échantillon représentatif de 1 000 personnes. Voir « Europe : la conscience citoyenne », *L'Express*, n°2742, semaine du 19 au 25 janvier 2004.

un décloisonnement des marchés culturels sur le continent, ou, en tout cas, par un intérêt accru pour [...] les œuvres d'origine étrangère ».

Cet intérêt provient en partie de la différence existant entre les sujets traités dans la littérature française contemporaine et ceux privilégiés par les écrivains étrangers. En France « le romancier se doit d'être libéré de contraintes sociales par essences conformistes pour être capable de mettre en branle tout pouvoir critique, comme si parler depuis le centre n'était plus possible[418] ». A l'étranger au contraire, la plupart des écrivains tentent de trouver de l'extraordinaire ou du signifiant dans l'ordinaire, grâce à un travail de décentrement du regard, un déplacement du point de vue. C'est le cas notamment de nombreux auteurs américains et latino-américains appréciés en France[419]. Les auteurs étrangers offrent au public des héros à la recherche de normalité, et doivent leur succès en partie à cette démarche peu suivie par les écrivains français. Comme l'explique Eric Naulleau, « à un moment ici, à l'Ouest, on a décrété la fin de l'histoire, et la fin de l'histoire si vous y croyez, a eu pour conséquence un repli narcissique. Parce que, s'il n'y a plus de grands élans historiques, vous commencez à parler de vos petits problèmes de cœur, de vos petits problèmes de sexe. Et il y a en France une sorte de passivité[420] ». Pour pallier cette situation, certains lecteurs se tournent avec bonheur vers les littératures étrangères, même si leur accès est *a priori* moins évident.

S'approprier une œuvre étrangère par la lecture nécessite en effet un effort de la part du lecteur, notamment à cause de problèmes de terminologie lorsque le rapport passé/présent n'est pas perçu de la même manière ou lorsque la rhétorique et les schémas d'argumentation diffèrent. Malgré la compétence accrue des traducteurs, il est difficile de faire passer des concepts d'un pays à un autre, surtout s'il n'existe pas de termes appropriés, que les termes sont connotés de manière différente, ou que les références civilisationnelles ne sont pas les mêmes. D'autant plus que l'adaptation de l'œuvre étrangère ne doit pas conduire à neutraliser la différence (c'est-à-dire à nier l'œuvre en tant qu'étrangère), ni mener à l'ethnocentrisme ou à l'annexion. Or il s'agit d'une dérive courante, comme l'explique Christian Godin dans *Le racisme* (Editions du Temps, 2008) : « L'ethnocentrisme est un phénomène global, à la fois cognitif et affectif, descriptif et normatif. Chaque peuple se voit spontanément au centre d'un cercle dont les autres peuples forment la circonférence. L'ethnocentrisme est une particularisation de l'anthropocentrisme : une tendance à réduire la totalité du réel à ce qui peut être compris à partir de ce centre particulier. Cette tendance est à la fois

---

[418] Paul Garapon, « « Décentrer le regard : le travail du roman. Emmanuel Carrère et Jean Rolin », *Esprit*, n°6, juin 2003.
[419] Ibid.
[420] Dessislava Yougova, « La littérature est-européenne, cette belle étrangère si peu connue. Entretien avec Eric Naulleau ». Article paru sur le site « manuscrit.com », janvier 2002.

très ancienne et universelle ». De même, pour Monique Lebrun et Martin Gagnon, « la compréhension de récits constitue une expérience esthétique et culturelle plus complexe qu'il n'y paraît de prime abord. Elle met en branle un système de valeurs qui viennent de la structure psychique de l'individu de même que de son appartenance et de son adaptation sociales[421] ».

Mais c'est cette difficulté même, liée aux œuvres étrangères, qui doit pousser à encourager leur lecture. La délicate confrontation à l'étranger offre en effet le décentrement nécessaire à chacun pour relativiser sa vision du monde. Faisons un parallèle entre le lecteur d'un ouvrage étranger et l'enfant qui découvre le monde et se socialise. Jean Piaget, philosophe, épistémologue et biologiste genevois a démontré que dans leurs rapports sociaux et dans leur relation au monde, les enfants construisent une connaissance qui les mène d'une centration absolue (c'est-à-dire de l'absence de différenciation entre son propre point de vue et les autres possibles) à l'aptitude à manier une pensée relativement décentrée, abstraite et conceptuelle. Au cours de son développement, l'enfant, puis l'adulte, apprend ainsi à relativiser son point de vue et ses notions, et comprend la nécessité de coopérer avec les autres[422].

Mais ce processus de remise en cause du sociocentrisme inné s'arrête bien souvent chez l'enfant au stade de l'altérité avec autrui au sein de la même société. C'est là que la confrontation avec les cultures étrangères est importante ; en effet, la démarche hétéro-réflexive, consistant à faire un détour par l'autre pour aborder la différence puis à revenir sur soi pour changer sa perspective sur la société, est également valable avec les cultures étrangères. Se plonger dans une œuvre étrangère revient à décentrer le regard en adoptant le point de vue étranger, puis à changer son propre regard sur sa société d'origine. Au terme de ce mouvement, la relation entre les deux univers culturels différents apparaît sous un jour nouveau. Mais cette démarche est loin d'être évidente, justement en raison de la difficulté qu'il y a pour tout être humain – forcément sociocentré – à adopter le point de vue d'autrui, en l'occurrence celui d'un auteur et de personnages étrangers au système culturel français. Les littératures étrangères sont d'autant plus difficiles à aborder qu'elles relèvent de systèmes culturels radicalement étrangers du nôtre. Raison de plus pour les aborder le plus tôt possible, avant que le processus de remise en cause du sociocentrisme ne soit achevé et que l'enfant ait complètement construit ses repères dans un système de valeurs uniquement français.

---

[421] Martine Lebrun et Martin Gagnon, « A la rencontre de l'Autre à travers les récits », in *Education et diversité socio-culturelle*, Cristina Allemann-Ghionda (dir.), L'Harmattan, 1999.
[422] Voir Marie-Dominique Perrot, « La mondialisation culturelle ou le bavardage planétaire », in *Le retour de l'ethnocentrisme, Purification ethnique* versus *universalisme cannibale*, Revue semestrielle du MAUSS n°13, 1er semestre 1999, La Découverte, 1998.

Pierre Józsa et Jacques Leenherdt ont mené dans les années 1970 une enquête très intéressante de ce point de vue, à ma connaissance la seule enquête à ce jour sur un tel sujet et d'une telle ampleur[423]. Cette étude a porté sur la comparaison des lectures effectuées par un groupe de Hongrois et un groupe de Français de deux romans, *Les choses* de Georges Perec et *Le cimetière des rouilles* d'Endre Fejes. De cette enquête, les auteurs ont tiré deux conclusions importantes pour notre réflexion. Premièrement, les lecteurs se sentent plus autorisés à avoir une opinion critique sur un ouvrage issu de leur langue et de leur culture que sur un ouvrage étranger. Ainsi, « le roman national provoque presque deux fois plus de désaccords que le roman étranger. Il semble que le savoir plus immédiat que les lecteurs ont sur les questions abordées […] joue ici un rôle différenciateur à l'égard des opinions […] A l'inverse, l'absence de savoir sur la réalité référentielle […] ouvre la voie à un placage idéologique plus uniforme ». Cette réaction serait due à la faculté d'identification des lecteurs aux personnages et aux situations issus de leur propre culture : « pour autant que les lecteurs sont susceptibles de s'imaginer dans les situations vécues par [les héros du roman], ils seront tentés de leur appliquer, sous forme de jugements et d'exigences, les critères mêmes qui règlent leur propre existence ».

Deuxième constatation, la différence d'interprétation selon le niveau d'étude des lecteurs. D'après les résultats obtenus, les auteurs concluent que « si le roman national […] contraint le lecteur à scolarité courte à l'identification, le roman lointain libère d'autres potentialités de lecture ». Pour le public plutôt non-lecteur, ayant fait peu d'études, lire un roman étranger permettrait ainsi de se détacher plus facilement du monde réel quotidien, d'adhérer à un imaginaire différent, hors des contraintes liées à son appartenance culturelle. Ainsi, le lecteur d'un roman étranger, ignorant de la culture et des traditions du pays dans lequel se déroule le roman, se laisse plus facilement emporter par l'histoire et ne se sent pas tenu de prendre parti, de porter un jugement, de « choisir son camp », étant donné qu'il ne se reconnaît pas vraiment dans les personnages. Une telle constatation encourage à développer la lecture d'œuvres étrangères qui, même si elles sont dépaysantes et par là même difficiles d'accès dans un premier temps, permettent dans un second temps d'accéder à un espace de liberté et d'imagination moins contraint que les œuvres issues de la culture française. Or l'une des principales missions de la littérature n'est-elle pas de permettre l'évasion et le rêve, de donner à voir l'altérité ?

---

[423] Voir Pierre Józsa et Jacques Leenhardt, *Lire la lecture. Essai de sociologie de la lecture*, L'Harmattan, 1999.

Dans son ouvrage consacré à la *Littérature en péril* (Flammarion, 2007), Tzvetan Todorov définit l'apport de la littérature de la manière suivante :

> *Si je me demande aujourd'hui pourquoi j'aime la littérature, la réponse qui me vient spontanément à l'esprit est : parce qu'elle m'aide à vivre. Je ne lui demande plus tant, comme dans l'adolescence, de m'épargner les blessures que je pourrais subir lors des rencontres avec des personnes réelles ; plutôt que d'évincer les expériences vécues, elle me fait découvrir des mondes qui se placent en continuité avec elles et me permet de mieux les comprendre. Je ne crois pas être le seul à la voir ainsi. Plus dense, plus éloquente que la vie quotidienne mais non radicalement différente, la littérature élargit notre univers, nous incite à imaginer d'autres manières de le concevoir et de l'organiser. Nous sommes tous faits de ce que nous donnent les autres êtres humains : nos parents d'abord, ceux qui nous entourent ensuite ; la littérature ouvre à l'infini cette possibilité d'interaction avec les autres et nous enrichit donc infiniment. Elle nous procure des sensations irremplaçables qui font que le monde réel devient plus chargé de sens et plus beau. Loin d'être un simple agrément, une distraction réservée aux personnes éduquées, elle permet à chacun de mieux répondre à sa vocation d'être humain.*

Mais, on l'a dit, les littératures étrangères sont plus difficiles d'accès que les ouvrages français. Les difficultés conceptuelles sont rejointes par des difficultés linguistiques. La lecture d'œuvres étrangères en langue originale – moyen le plus direct pour se les approprier – implique en effet des difficultés de compréhension supplémentaires et paraît inaccessible à la majorité des Français, quelle que soit la langue concernée (même l'anglais). Le prestige de la langue française n'a jamais encouragé la pratique des langues étrangères, et le faible niveau en langues rend impossible toute lecture en version originale. Une situation largement regrettée par les amoureux des cultures et littératures étrangères, comme Michèle Gendreau-Massaloux : « pour aborder une culture dans toutes ses dimensions, il faut écouter sa langue, passer par cette "épreuve de l'étranger", en capter sinon le sens du moins la musique, le rythme, la relation au geste.

Cette situation se retrouve même chez les étudiants spécialisés en littérature étrangère, situation que René Etiemble dénonçait vigoureusement il y a déjà plus de vingt ans dans *Ouverture sur un comparatisme planétaire* (Christian Bourgois, 1988) :

> *Quand un enseignant de littérature comparée constate qu'en 1985 ou 1986 ceux qui l'écoutent ne connaissent pas une seule langue, pas une littérature étrangère dans le texte, force est bien de reconnaître que notre discipline, dans la plupart des cas, hélas, ne peut s'enseigner qu'en traductions. Or quand on lit Kafka selon Vialatte, quel désastre ! quand on aborde Mishima Yukio dans ces maudites versions au carré de Dominique Aury, quelle catastrophe !*

Malgré les bons résultats de la France au niveau de l'intraduction, le nombre d'œuvres étrangères traduites, surtout de littératures dites « périphériques », reste infime comparé au nombre d'ouvrages publiés dans le monde. Les traductions peuvent aussi se révéler dangereuses, en faisant « connaître l'étranger dans la langue où il est reçu et pour elle. Cet esprit d'assimilation risque de jouer comme obstacle naturel à l'apprentissage des langues, moyen essentiel dont aucune traduction ne peut se passer[424] ». Mais les langues étrangères sont envisagées aujourd'hui principalement d'un point de vue utilitaire, tant par les établissements scolaires que par les élèves et leurs parents. L'idée est trop peu répandue qu'« une langue qui s'apprend est une nouvelle liberté, une langue nouvelle, un cosmos et un monde à elle seule, enfin une chance de survie inestimable[425] » ! Quant à l'objectif affiché de maîtriser deux langues étrangères au sortir du lycée, il est bien loin d'être atteint…

D'un autre côté, le phénomène de la montée en puissance de la langue anglaise partout dans le monde est aujourd'hui incontournable. La littérature étrangère la plus représentée en version originale en France est la littérature anglophone. En 2003, l'ouvrage de jeunesse le plus vendu a été le cinquième tome d'Harry Potter dans sa version française, tandis que le second ouvrage de jeunesse le plus vendu était… la version originale anglaise de ce même ouvrage (154 300 exemplaires). Il existe donc en France un public relativement nombreux capable de lire en anglais (dont un certain nombre qui a l'anglais pour langue maternelle), mais on peut douter que cela soit le cas pour toute autre langue. A l'exception peut-être des populations immigrées de langue arabe, mais cela reste relatif car dès la seconde génération, la maîtrise du français est en général largement supérieure à celle de la langue d'origine des parents… D'autre part, même quand ils parlent arabe, de nombreux enfants d'immigrés ne maîtrisent pas l'arabe littéraire utilisé pour l'écrit, et les différents dialectes arabes peuvent différer parfois considérablement de cette langue littéraire.

---

[424] Françoise Barret-Ducrocq, (dir.). *Traduire l'Europe*, Editions Payot, 1992.
[425] Propos de Georges Steiner, cités par Pascal Bruckner, in « Faut-il être cosmopolite ? ». Op.cit.

Dans les autres pays européens, le problème est similaire : on y trouve assez facilement de la littérature anglophone en version originale, tandis que les autres littératures sont le plus souvent traduites. Une situation qu'Amin Maalouf regrette : « Que dans une bibliothèque de Madrid, de nombreux lecteurs puissent apprécier Faulkner ou Steinbeck dans la langue d'origine, c'est une excellente chose ; mais il serait regrettable qu'un jour plus personne ne puisse y lire Flaubert, ou Musil, ou Pouchkine, ou Strindberg dans le texte[426] ». Toutes ces difficultés expliquent que la réception des littératures étrangères oscille aujourd'hui encore entre fascination et méfiance.

...et si les choses n'avaient pas tellement changé depuis Quo Vadis *?*

Comme le rappelle Pascal Bruckner dans son article « Faut-il être cosmopolite ? » (*Esprit,* décembre 1992), « la relation avec l'étranger s'engage dans l'équivoque, dans le partage indiscernable de l'antipathie et de l'attirance ». Contrairement à l'audiovisuel (musique, cinéma, télévision), la littérature reste un domaine imprégné d'ethnocentrisme, et la lecture d'œuvres nationales demeure majoritaire, une grande partie des lecteurs ayant tendance à rejeter les œuvres étrangères comme trop éloignées de leur quotidien et de leur vécu. Emmanuel Maury, pour qui « la tentation ethnocentrique, qui consiste à se fermer à un certain nombre de grandes publications étrangères, conduit en outre à altérer la perception de l'opinion[427] », déplore ainsi que certains écrivains comme Octavio Paz ou Ismaïl Kadaré restent encore trop méconnus du grand public.

De son côté, l'éditrice Zofia Bobowicz regrette « la persistance d'une étrange méconnaissance de l' "autre Europe" en France » :

> *C'est un monde qui demeure toujours assez éloigné du lecteur français. La France reste une forteresse imprenable pour les auteurs de l'Europe centrale. Autant on peut escompter un succès en Allemagne, en Hollande, en Espagne ou en Italie, autant en France les ventes restent insatisfaisantes et l'écho des publications est relativement faible. C'est un curieux problème, lié sans doute à l'excellence française dans le domaine des belles lettres. La France reste un pays très exigeant quant à la qualité de la production littéraire. Comparée à d'autres pays – à de rares exceptions près – la maîtrise de l'écriture y est supérieure. Voilà pourquoi le choix des œuvres à introduire est une affaire délicate qui demande beaucoup de doigté [...] Dans le cas des littératures de*

---

[426] Amin Maalouf, *Les Identités meurtrières*, Editions Grasset & Fasquelle, 1998.
[427] Emmanuel Maury (dir.), *Les grands livres de notre temps*, Editions STH, 1993.

> *l'Europe médiane, en ce qui concerne le marché du livre en France, on ne peut pas parler de best-sellers. On n'a pas encore vu d'auteur dont les ventes dépasseraient 50 000 exemplaires (sauf le cas de Kundera, qui est une exception confirmant la règle). Dans les années 1980, qui étaient les années fastes pour notre secteur d'édition qui manifestait un grand intérêt pour les auteurs de l' "autre Europe", les tirages ont rarement dépassé 5 000 exemplaires, et la moyenne des ventes se situait autour de 2 500 exemplaires. A partir des années 1990, les ventes ont diminué de moitié. Actuellement elles dépassent rarement 500 exemplaires*[428].

Pour Françoise Barret-Ducrocq (*Traduire l'Europe*, Payot, 1992), « l'édition est, de tous les secteurs culturels, le plus "cloisonné". La mondialisation des produits et la globalisation des stratégies y restent encore exceptionnelles ». Près de 80 % des best-sellers en France sont des livres d'expression originale française et cette situation n'est pas exceptionnelle. En Grande-Bretagne par exemple, entre 1989 et 1991, seules deux œuvres non anglo-saxonnes ont figuré parmi les 300 livres de poche les plus vendus (*Le Pendule de Foucault* d'Umberto Eco et *L'amour au temps du choléra* de Gabriel García Márquez). Parmi les « grands » pays d'Europe, deux seulement pratiquent peu l'autarcie littéraire : l'Italie et l'Espagne, qui comptent tous deux près de 50 % de livres étrangers parmi les ouvrages qui sont les plus vendus[429].

D'autre part, les lecteurs français ont changé dans leur rapport aux littératures étrangères, comme le relève l'éditrice Anne-Marie Métailié, spécialiste de littérature latino-américaine : « le public français s'intéresse à un auteur et non plus à une aire géographique et cela est très, très important. Cela ne veut pas dire que parce qu'on va vendre beaucoup de livres d'un auteur latino-américain, d'Isabel Allende par exemple, que le public va forcément regarder ce qui se passe chez les jeunes auteurs. [...] Il faut beaucoup de patience et surtout une politique de publication systématique des œuvres d'un auteur[430] ». René Etiemble dénonçait également en 1988 l'ethnocentrisme qui, selon lui, perdurait encore :

> *Dans la plupart des « grands » ou soi-disant « grands » pays qui acceptent qu'on étudie et enseigne la littérature générale et comparée, le chauvinisme exige presque toujours qu'on exalte « l'influence » qu'exerça la littérature nationale sur telle ou telle littérature étrangère, alors qu'on réduit à néant, ou du moins à peu de chose, le rôle des « influences » étrangères sur la*

---

[428] Zofia Bobowicz, « Traduction et marché du livre », *Hermès* n°49, 2007.
[429] Françoise Barret-Ducrocq (dir.), *Traduire l'Europe*, Editions Payot, 1992.
[430] Jacqueline Cortes et Mercedes Mercier-Balaz, « Rencontre avec Anne-Marie Métailié », *Espaces latinos*, Supplément « Programme des Belles Latinas », septembre 2002.

> *« grande » littérature en question. C'est particulièrement vrai des puissances coloniales qui s'asservirent des siècles durant d'immenses continents : Amérique, Afrique, Asie des moussons, Asie centrale, Sibérie[431].*

La France a du mal à se défaire d'une vision ethnocentrée. Même quand elle célèbre une œuvre littéraire étrangère, Pascale Casanova estime qu'« il s'agit inséparablement d'une célébration et d'une annexion, donc d'une sorte de "parisianisation", c'est-à-dire d'une universalisation par déni de différence. [...] Les grandes nations littéraires font ainsi payer l'octroi d'un permis de circulation universelle[432] ». Voilà pourquoi les célébrations d'œuvres étrangères en France ont aussi souvent été des suites de malentendus et de méconnaissances. Et plus préoccupants que l'ethnocentrisme simple, racisme et xénophobie jouent aussi parfois contre l'introduction et la diffusion des littératures étrangères.

Comme l'explique Jacques Tarnero dans *Le racisme* (Milan, 2007), « le racisme met en jeu des dynamiques psychologiques fondamentales : troubles de la personnalité narcissique, rôle de l'autre en miroir de soi, besoin de vivre comme homme imaginaire, désignation de l'étranger comme cause imaginaire des frustrations, etc. ». Le discours raciste, tenu entre autres par des formations politiques comme le Front national, joue contre les échanges culturels et les littératures étrangères, et n'est pas sans rappeler les discours tenus en 1900 contre *Quo Vadis ?* Face au pluralisme culturel et à la différence, l'une des réactions a toujours été le refus du mélange, pouvant aller jusqu'au racisme défini comme « le sentiment que le supérieur est menacé par l'inférieur, la qualité par la quantité, la richesse par la pauvreté[433] ». Ce type de discours, fruit d'une réaction de peur et de crispation, est produit notamment par les milieux d'extrême droite associant différence et infériorité. En effet, « la dénonciation des dangers des échanges culturels internationaux est un thème traditionnel de l'extrême droite nationaliste. Sont ainsi dénoncés le cosmopolitisme, l'envahissement par les cultures étrangères, la perte des identités nationales[434] ».

Le pluralisme culturel tend à produire du racisme lorsque les autres cultures paraissent menaçantes, envahissantes. Le Front national « prend bien soin, par exemple, de distinguer, la "nation", concept trop républicain, de la "patrie", plus chargée de l'imaginaire nationaliste. Les mots désignant l'adversaire, l'anti-France, dénoncent "l'universalisme", le "cosmopolitisme", le "métissage", "l'internationalisme", le "mondialisme" et

---

[431] René Etiemble, *Ouverture sur un comparatisme planétaire*. Op.cit.
[432] Pascale Casanova, *La république mondiale des lettres*, Le Seuil, 1999.
[433] Alain Touraine, in *Racisme et modernité*, Michel Wieviorka (dir.), Op.cit.
[434] Alain Lombard, *Politique culturelle internationale : le modèle français face à la mondialisation*, Babel, 2003.

tout ce qui ne relève pas d'une puissance définie par des frontières[435] ». Ce discours raciste met l'autre au ban, à l'écart, et condamne la différence comme un défaut. « Parce qu'il parle une autre langue, s'habille différemment, suit d'autres coutumes, l'étranger ne peut qu'apparaître comme étrange. Pire : il *incarne* quelque chose d'inacceptable – qui peut aller jusqu'au monstrueux. Ce rejet est en deçà de tout discours, *a fortiori* de toute argumentation : ce qui est violemment reproché à l'étranger, c'est foncièrement d'être ce qu'il est. L'étranger est une négation vivante de ce que l'on croit vrai, de ce que l'on pense juste, de ce que l'on estime beau. Son existence est comme la mort de la nôtre[436] ». S'intéresser à l'étranger, c'est se mettre soi-même en danger, se remettre en cause : « lire, écouter, voir représenter une œuvre étrangère, c'est prendre le risque de se confronter à une parole qui ne m'est pas adressée d'emblée, de devoir envisager de répondre, peut-être, à des questions que je ne m'étais pas posées jusqu'alors et qui, d'ailleurs, ne me concernaient peut-être pas[437] ».

Dans ce contexte – qui n'est évidemment pas propre à la France – les littératures étrangères ont des difficultés à trouver une résonance chez une partie du public, même si elles peuvent justement servir à combattre le racisme. C'est en tout cas le point de vue qui a été âprement défendu par René Etiemble, pour qui « au Moyen Âge comme aujourd'hui, le comparatisme peut, doit, former des hommes ouverts à leur monde, immunisés contre toutes les pestes brunes, capables de mieux comprendre, et par conséquent de mieux apprécier, pour leur délectation, toutes les littératures ». Afin de lutter en profondeur contre le racisme, « ce fléau qui menace aujourd'hui l'espèce entière », « la littérature comparée – à condition expresse qu'on n'en exclue ni les littératures de l'Asie, ni celles de l'Afrique noire, ni celle du monde arabe [...] – est sans doute l'une des dernières chances de l'humanité de survivre, pourvu qu'on la complète, dès l'école primaire, par une pédagogie fondée sur l'hématologie[438] ». Etiemble dénonce pêle-mêle racisme et « inculture générale », concluant que « la littérature générale et comparée, elle seule, peut prouver aux hommes que la littérature des berbères, ce n'est pas rien, ni les épopées africaines[439] ». Le point de vue passionné d'Etiemble donne sans doute aux littératures étrangères plus d'importance et de poids qu'elle n'en ont dans la vie des Français – dont une majorité ne lit pas ou très peu d'œuvres littéraires quelles qu'elles soient. Malgré tout, le degré d'ouverture/de repli sur soi d'une société se ressent de manière particulièrement nette à travers l'accueil

---

[435] Jacques Tarnero, *Le racisme*, Milan, 2007.
[436] Christian Godin, *Le racisme*, Editions du Temps, 2008.
[437] Yves Chevrel, *La littérature comparée*, PUF, 1997.
[438] René Etiemble, *Ouverture sur un comparatisme planétaire*. Op.cit.
[439] René Etiemble, in *La recherche en littérature générale et comparée en France*, SFLGC. Op.cit.

qui y est fait aux cultures étrangères ; la bonne situation relative des littératures étrangères en France donne donc espoir…

Mais les difficultés qui persistent ne correspondraient-elles pas aussi à un repli identitaire face à la mondialisation ? On ne peut en effet négliger l'impact de ce phénomène sur la réception des littératures étrangères. La mondialisation implique qu'« une marée d'images, de sons, d'idées et de produits divers submerge la planète entière, transformant chaque jour un peu plus nos goûts, nos aspirations, nos comportements, notre mode de vie. De cet extraordinaire foisonnement se dégagent souvent des réalités contradictoires[440] ». En effet, si la mondialisation va de pair avec la multiplication des échanges, elle peut avoir un effet négatif et encourager le repli identitaire. L'éditeur Sébastien Brancq remarque à ce sujet :

> *On est heureux d'entrer en contact, ne serait-ce qu'à travers la lecture d'un livre, avec des individus qui vivent à l'autre bout de la terre. [...] Mais si la mondialisation nous fascine, elle nous dépasse parfois. On est habitant du monde, très bien, mais on est avant tout citoyen dans son pays, son quartier ou son village. Au moment où les frontières disparaissent, on reforme, dans un souci compréhensible d'équilibre et de sécurité, des cercles de plus en plus restreints. Les nationalismes s'affirment, les régions s'autonomisent, les villages sont réhabilités. La traduction éditoriale en est claire : à côté des œuvres planétaires des Coelho, Eco, Steel ou Crichton, l'Histoire nationale ne baisse pas*[441].

Gilles Verbunt décrit fort bien cette réalité dans *La société interculturelle. Vivre la diversité humaine* (Seuil, 2001) : « La connaissance d'une autre culture n'est pas identique à la véritable *reconnaissance* de cette culture. L'exotisme, le goût des voyages ou des langues, la curiosité ethnologique, ne produisent pas automatiquement des attitudes d'ouverture à l'autre. En revanche, il sera difficile de s'ouvrir à une autre culture sans ce *déplacement* culturel qu'est le changement de cadre de référence ». En effet, « la rencontre avec une personne se référant à un autre système culturel est d'abord une source d'obstacles. La communication n'est pas aisée. La reconnaissance de l'autre ne s'impose pas d'emblée, surtout lorsqu'on a grandi dans une ambiance d'"ethnosatisfaction". Le franchissement de cet obstacle est source d'enrichissement, mais aussi d'insécurité. L'insécurité résulte de la prise de conscience de la relativité de sa propre vision du monde et sa façon d'agir. L'enrichissement vient du fait qu'en acceptant de reconnaître l'autre, l'horizon habituel s'élargit et que d'autres façons d'agir, plus efficaces dans certaines situations, deviennent familières ».

---

[440] Amin Maalouf, *Les Identités meurtrières*, Editions Grasset & Fasquelle, 1998.
[441] Sébastien Brancq, *Les coulisses de l'édition et les libertés éditoriales*, Ed. des Ecrivains, 1999.

Pour Olivier Mongin également, si la mondialisation culturelle se manifeste par un intérêt accru pour les cultures étrangères, il existe un risque de « repli ethnique comme réponse aux flux de la communication[442] ». La mondialisation culturelle s'accompagne d'expériences multiples de décentrement, le voyage dans l'ailleurs étant d'ailleurs moins une manière de sortir de son propre monde que de l'apprécier autrement. Alain Lombard rappelle que cette « ouverture aux autres est indispensable. Le débat, la remise en cause, la confrontation, et même la compétition sont nécessaires pour éviter la sclérose et la décadence qui menacent les sociétés fermées, comme l'ont montré de nombreux exemples historiques. Le décentrement favorise une autre perception de soi[443] ».

Cependant, l'aspect positif de la mondialisation des échanges est souvent ignoré ou refusé car « nous traversons une époque fort déconcertante, au cours de laquelle la mondialisation apparaît aux yeux d'un grand nombre de nos semblables non comme un formidable brassage enrichissant pour tous, mais comme une uniformisation appauvrissante, et une menace contre laquelle il faut se battre pour préserver sa propre culture, son identité, ses valeurs[444] ». Alain Hayot estime que face à cette situation, il s'agit désormais d'envisager la culture d'un point de vue mondial :

> *Le monde actuel est traversé par des intégrismes divers, que ce soit celui du marché ou le fondamentalisme religieux. On assiste par conséquent au développement de toutes les peurs, qui conduisent elles-mêmes au repli sur soi. Ce repli semble d'abord rassurant, mais, finalement, il n'est que la préparation de futures guerres. Face à cette dialectique infernale entre les intégrismes de la marchandisation et ceux du fondamentalisme religieux, la culture permet de sortir par le haut. Cela signifie définir un projet de civilisation à l'échelle du monde, et non pas à l'échelle d'une nation[445].*

Amin Maalouf prône de son côté « un combat pour la défense de certaines pratiques, de certaines traditions culturelles, mais un combat perspicace, exigeant, sélectif, sans frilosité, sans frayeurs excessives, et constamment ouvert sur l'avenir[446]. Combat légitimement fondé car « le bouillonnement actuel [...] conduit paradoxalement à l'appauvrissement, [...] au point que tout le monde, bientôt, à l'exception d'une poignée d'originaux, finira par lire – s'il lit ! – les mêmes romans stéréotypés[447] ».

---

[442] Olivier Mongin, « Création et culture à l'âge postcolonial, Eloge du décentrement », *Esprit*, mars-avril 2002.
[443] Alain Lombard, *Politique culturelle internationale*. Op.cit.
[444] Amin Maalouf, *Les Identités meurtrières*, Editions Grasset & Fasquelle, 1998.
[445] Alain Hayot, « Entretien avec Alain Hayot », in *La pensée du midi* n°16, octobre 2005.
[446] Amin Maalouf, *Les Identités meurtrières*, Op.cit.
[447] Ibid.

Alain Touraine explique quant à lui que le pluralisme culturel se transforme en racisme « parce que la séparation des cultures dans l'espace, la ségrégation naturelle sont détruites par l'unification du monde[448] ». Comme ce fut le cas à plusieurs reprises dans le passé, les cultures véhiculées par la mondialisation des échanges apparaissent d'abord aux yeux de certains comme une menace pour la culture française. Le racisme comme refus d'une société pluraliste, ouverte et mondialisée, comme rejet des valeurs universalistes et égalitaristes, est un phénomène profond, qui « traduit simplement en des termes accessibles au plus grand nombre la grande révolte contre la modernité qui gronde depuis plus d'un siècle, contre l'héritage des Lumières, la théorie des droits naturels[449] ». En conséquence, « la planète est en train de se hérisser de nationalismes, qui transgressent quelques frontières, mais en font surgir beaucoup d'autres, au moment même où l'on croyait les frontières dépassées[450] ». La dénonciation des dangers des échanges culturels internationaux trouve dans ce contexte des adeptes au-delà de cercles extrémistes. Alain Lombard remarque ainsi que « les critiques de l'impérialisme culturel américain, ou même simplement de la domination culturelle américaine, peuvent quelquefois ne pas être très éloignées de cette rhétorique de crispation et de fermeture[451] ». Gérard Leclerc en conclut que « le passage de la séparation au contact n'est pas nécessairement équivalent à l'unité : il peut être producteur de confrontation autant que de tolérance[452] ». Dans ces conditions, il lui semble qu' « entre l'historicisme ou le relativisme absolus et l'ethnocentrisme dogmatique, il faut que l'homme de l'an 2000 fraie la voie d'un universalisme pluraliste[453] ». Plus optimiste, Jean-Luc Toula-Breysse considère que nous sommes déjà sur la bonne voie :

> *Si le grand bouleversement économique et politique engendre peurs et nationalismes, les exemples se multiplient et confirment l'attention toujours croissante des Français pour toutes les cultures. Quelle que soit la discipline, des grandes traditions arabes, chinoises ou indiennes aux créations contemporaines occidentales, des œuvres classiques aux pièces rares, des lieux, de plus en plus nombreux au fil des ans, accueillent dans un large panorama les expressions les plus diverses [...] L'exotisme des décennies passées s'est transformé, grâce au travail d'hommes et de femmes passionnés, en un désir de rencontre. Et en un désir des autres[454].*

---

[448] Alain Touraine, in *Racisme et modernité*, Michel Wieviorka (dir.), Op.cit.
[449] Zeev Sternhell, in *Racisme et modernité*, Michel Wieviorka (dir.), Op.cit.
[450] Olivier Abel, « Quatorze thèses sur l'humanité universelle et le respect des différences » *Esprit*, n°6, juin 1999.
[451] Ibid.
[452] Gérard Leclerc, *La mondialisation culturelle, Les civilisations à l'épreuve*. Op.cit.
[453] Ibid.
[454] Jean-Luc Toula-Breysse, *Cultures du monde en France : le guide*, Editions Plume, 1999.

Carlos Fuentes partage cette vision, estimant que « l'ancien eurocentrisme a fait place à un polycentrisme [...] La "littérature mondiale" chère à Goethe trouve enfin son sens correct : c'est la littérature de la différence, la narration de la diversité convergeant – mais seulement de cette façon – en un monde unique, la superpuissance monde. [...] Un seul monde, de nombreuses voix. Les nouvelles constellations qui composent la géographie du roman sont variées et mutantes[455] ».

Cependant, la mondialisation conduit à la standardisation de notre mode de vie. Certes, la mondialisation « touche plus fortement le cinéma que la musique et la littérature, et il subsiste des pôles de production en dehors des Etats-Unis qui peuvent exercer un rayonnement régional[456] ». Néanmoins, le risque d'uniformisation inquiète les intellectuels de nombreux pays. Mounir Bouchenaki, alors sous-directeur général pour la Culture à l'Unesco, estimait par exemple en 2005 : « nous sommes face à un paradoxe. Certes, le développement des outils de communication a favorisé les échanges culturels de même qu'une pratique élargie de la culture, mais, en même temps, le caractère instantané de la communication planétaire appelé, en théorie, à réduire les préjugés et les incompréhensions entraîne, hélas, un risque d'érosion des différences, de multiplication des stéréotypes et donc l'émergence d'une monoculture réduite à quelques biens de consommation et de comportements standardisés[457] ». Ce phénomène avait été dénoncé il y a des années par Lévi-Strauss, comme le rappelle Christian Godin :

> *Le monde de la mondialisation est celui de l'abolition des différences. C'est précisément parce que les cultures ont disparu qu'on les prend comme une marque permanente d'identité. Freud a parlé de "narcissisme des petites différences" pour désigner cet effet paradoxal : la haine de l'autre est d'autant plus intense que l'autre est semblable à soi. La petite différence (celle du semblable) est bien plus détestée que la grande différence (celle du dissemblable). Claude Lévi-Strauss a dégagé quelque chose de décisif lorsqu'il a écrit que "la tolérance réciproque suppose réalisées deux conditions que les sociétés contemporaines sont plus éloignées que jamais de connaître : d'une part une égalité relative, de l'autre une distance physique suffisante". Or il se trouve que la mondialisation rapproche les hommes et creuse les inégalités, c'est-à-dire supprime les deux conditions pointées par Lévi-Strauss[458].*

---

[455] Carlos Fuentes, *Géographie du roman*, Gallimard, 1997.
[456] Alain Lombard, *Politique culturelle internationale : le modèle français face à la mondialisation*, Op.cit.
[457] Mounir Bouchenaki, « La culture, socle pour un avenir partagé », in *Internationale de l'imaginaire n°20 : Cultures du monde, matériaux et pratiques*, Babel/Maison des cultures du monde, 2005.
[458] Christian Godin, *Le racisme*, Editions du Temps, 2008.

Face à une telle situation, il s'agit donc d'œuvrer plus que jamais pour faire connaître les littératures (et les cultures) étrangères en France, si nous ne voulons pas que des phénomènes de peur et de rejet ne se développent dans notre société au fur et à mesure de la progression de la mondialisation.

Dans cette optique, le rôle du politique apparaît primordial car il est le seul à pouvoir tenter d'améliorer l'égalité entre les hommes. Dès 1952, Erich Auerbach avait d'ailleurs revu le concept goethéen de « littérature mondiale » en insistant sur l'importance du pouvoir politique :

> *Cette conception de la littérature mondiale et de sa philologie semble moins active, moins pratique et moins politique que celle de jadis. Il n'est plus question d'échange intellectuel, d'élévation des mœurs ni de bonne entente entre les peuples. Ces buts, pour une part, n'ont pas pu être atteints, pour l'autre part ont déjà été dépassés par l'évolution des choses. D'éminentes individualités, ainsi que de petits groupes très cultivés, ont goûté l'échange de biens culturels qui était organisé sous le signe de ces buts ; plus tard, il a été et reste encore pratiqué à grande échelle. Mais sur la moralité et l'entente en général, ce genre de rapprochements a peu d'incidence ; la tempête des conflits d'intérêts et de la propagande qui s'y rattache réduit instantanément en poussière leurs résultats. L'échange est efficace une fois que l'évolution politique a déjà opéré rapprochement et regroupement : alors il agit à l'intérieur du groupe, accélère l'harmonisation ou l'accord, servant ainsi le dessein commun.[...] La conception de la littérature mondiale que nous défendons, arrière-plan divers d'un destin commun, n'espère plus pouvoir mettre en œuvre une chose qui certes se réalise, mais autrement qu'on l'espérait ; elle considère comme inéluctable la standardisation en cours de la civilisation planétaire*[459].

---

[459] Erich Auerbach, « Philologie de la littérature mondiale » (1952), in *Où est la littérature mondiale ?*, Christophe Pradeau et Tiphaine Samoyault (dir.). Op.cit.

Chapitre 13 : Portraits de « passeurs »

Nous avons tenté de montrer au long de cet ouvrage combien les engagements personnels, les initiatives individuelles, ont permis et permettent encore une promotion efficace des littératures étrangères. Même si ces « passeurs » ne sont souvent pas reconnus à la hauteur de leur engagement et à l'ampleur de leur action, Alain Lombard ne manque pas de souligner l'importance de ces personnalités pour la diffusion des cultures étrangères, estimant que « quelques spécialistes [...] peuvent jouer un rôle déterminant pour faire connaître en France la culture ou tel aspect de la culture d'un pays déterminé. Ces spécialistes échappent souvent aux institutions, leur passion s'accompagne souvent d'une certaine originalité, mais c'est en réussissant à la faire partager qu'ils sont amenés à ouvrir des voies dont l'importance peut s'avérer déterminante[460] ».

Je voudrais finir ce cheminement à travers les littératures étrangères en France en dressant le portrait de quelques-uns de ces « passeurs », « esprits ouverts et cosmopolites qui, par leurs connaissances linguistiques, leurs relations personnelles, leur souci de présenter l'"étranger", sont des repères incontournables[461] ».

L'une des figures importantes dans ce domaine est Hubert Nyssen, fondateur – d'origine belge, naturalisé français en 1976 – des Editions Actes Sud à Arles. Jean-Yves Mollier s'est intéressé à son parcours, estimant qu'« au moment où commence son aventure, [c'est] un personnage aux expériences protéiformes et un excellent connaisseur de la littérature étrangère. C'est d'ailleurs en misant sur la popularité des littératures du monde et sur leur accueil en France par le biais de la traduction qu'il imposera sa maison comme le lieu par excellence de la médiation entre les cultures[462] ». Dans *L'éditeur et son double* (Actes Sud, 1988), Hubert Nyssen explique lui-même :

> *J'ai longtemps ressenti l'Europe – inquiétante chimère sur ma carte du monde, avec sa tête espagnole, ses pattes méridionales et sa queue scandinave – comme le lieu d'une frustration. Après tout, se fût-elle faite, cette Europe, les miens seraient peut-être morts un peu plus vieux, un peu moins tristes. Alors j'ai décidé, un beau matin, de me la faire, cette Europe qu'on ne me faisait pas. Et, dans cette maison décentralisée (comme on dit avec si peu d'élégance), je me suis mis à accueillir des textes allemands, scandinaves, italiens, espagnols, russes, grecs, autrichiens, belges, d'autres encore.*

---
[460] Alain Lombard, *Politique culturelle internationale*. Op.cit.
[461] Société Française de Littérature Générale et Comparée. *La recherche en littérature générale et comparée en France*, SFLGC, 1983.
[462] Jean-Yves Mollier et collectif. *Où va le livre ?*, La Dispute/SNEDIT, 2002.

> *Et aujourd'hui elle est là, sensible, vivante et vraie, mon Europe communautaire : dans ces livres publiés, dans ces textes, dans ces pages qui m'emmènent aux quatre vents...*

Ecrivain, grand voyageur, docteur ès lettres, Hubert Nyssen est sans conteste, avec la création d'Actes Sud, des Assises de la traduction littéraire et de l'association du Méjan (qui organise des manifestations littéraires) l'une des figures incontournables des littératures étrangères en France.

De la même manière, Roger Caillois (1913-1978) a joué un rôle important dans ce domaine. Agrégé de grammaire, écrivain, sociologue, grand voyageur, critique littéraire, directeur de la collection « Croix du Sud » chez Gallimard, Caillois a contribué à faire rayonner les littératures sud-américaines au sein de l'Unesco, où à partir de 1948, d'abord au Bureau des Idées puis à la Division de la Diffusion culturelle, il s'est occupé du programme de traductions des œuvres représentatives et contemporaines. Roger Caillois traduit les nouvelles de Jorge Luis Borges et chez Gallimard, c'est lui qui choisit d'éditer Neruda, Asturias, ou encore le *Manuscrit trouvé à Saragosse* du Polonais Jan Potocki, ouvrage qui connaît un « double succès, succès de lecture et promotion dans l'histoire de la littérature », devenu en partie grâce à lui un best-seller mondial qui a donné lieu à de multiples travaux universitaires de comparatistes polonais, français, russes, tchèques et belges[463]. Dans sa collection la « Croix du Sud » paraissent, entre 1951 et 1970, 52 ouvrages, écrits par 32 auteurs sud-américains, en particulier argentins, brésiliens, mexicains et cubains. Comme l'évoque Odile Felgine :

> *Son œuvre en faveur de la littérature sud-américaine, notamment, ne saurait être oubliée. Certes, Roger Caillois ne fut pas le premier médiateur de cette littérature en France. Valéry Larbaud, son prestigieux aîné, avait ouvert puissamment la voie, entouré de quelques autres, Georges Pillement, Francis de Miomandre, Mathilde Pomès. L'œuvre de diffusion de la Revue de l'Amérique latine ne fut pas négligeable non plus. Mais le passage de Roger Caillois ne fut pas silencieux : amorcé dans le bruit et la fureur de la Seconde Guerre Mondiale, il se nourrit et tira son éclat d'une passion et d'une nostalgie, celle de l'Espace américain liée à l'amour d'une femme, Victoria Ocampo, la fondatrice et directrice de SUR, la NRF argentine[464].*

---

[463] Voir Jacques Gaucheron et Philippe Ozouf, *Littératures sans frontières, Mélanges offerts à Jean Pérus*, Editions Adosa, 1991.
[464] Odile Felgine, « De Lettres Françaises à la collection "La Croix du Sud" : Roger Caillois passeur », in Jean-Patrice Courtois et Isabelle Krzywkowski (dir.), *Diagonales sur Roger Caillois. Syntaxe du monde, paradoxe de la poésie*, Editions L'Improviste, 2002.

De son côté, Michel Le Bris, écrivain, directeur de collection dans plusieurs maisons d'édition (Flammarion, Phébus, Hoebeke), philosophe, journaliste, a créé en 1990 la revue *Gulliver* et le désormais fameux festival « Etonnants voyageurs » à Saint-Malo, car il en avait « assez de la littérature des anorexiques, des claustrophobes français qui, les trois quarts du temps, se regardaient le nombril… Ou de ceux qui considéraient la littérature comme pur jeu de langage… C'était l'agonie du nouveau roman, du supposé roman expérimental, etc. Alors que la littérature du monde entier était en pleine explosion[465] ». Spécialiste de Robert Louis Stevenson, auteur de l'ouvrage *L'homme aux semelles de vent* dédié à Rimbaud, Le Bris est aussi à l'origine du mouvement dit des « écrivains voyageurs », qui promeut la littérature de voyage dans la lignée de Nerval, Lamartine, Hugo, Cendrars ou Kessel : « il y a quelque chose de fabuleux dans l'aventure littéraire. C'est cette capacité à sauter de culture en culture, à montrer que dans ce foisonnement extraordinaire des différences il y a aussi la démonstration de l'unité du genre humain, de l'universalité des plaisirs, des douleurs[466]… ». En 2007, Le Bris est à l'initiative d'un manifeste paru dans *Le Monde* et intitulé *Pour une littérature-monde*, signé par 44 écrivains francophones. Avec Jean Rouaud, il dirige ensuite une publication de même nom chez Gallimard dans laquelle, de manière provocante, il évoque l'édition 1993 du festival *Etonnants voyageurs* :

> *Nous avions décidé de placer au cœur du festival une quarantaine de jeunes auteurs du monde entier, parmi les plus talentueux, pour mieux distinguer les lignes de force, les différences et les similitudes, les thèmes récurrents, s'il y en avait, de cette littérature mondiale. L'évidence s'imposa très vite, avec une force qui nous surprit, et qui me fit conclure, au grand dam de quelques intégristes, et altermondialistes, que l'occidentalisation du monde était faite. Tous ces jeunes écrivains se revendiquaient en effet du monde entier, avaient lu toute la littérature mondiale, et particulièrement les littératures européenne ou américaine, ne citaient que très rarement, comme influence majeure, des auteurs nationaux, mais bien plutôt le rock, parfois la science-fiction comme langage commun planétaire, ou, sinon, Faulkner, Dostoïevski, Conrad, les grands de la littérature universelle sans considération de pays.*

L'ouvrage réunit également vingt-cinq textes de divers auteurs prenant position sur la liberté d'une littérature ignorante des frontières.

---

[465] Serge Sanchez, « Entretien avec Michel Le Bris et Alaa El Aswany : les écrivains voyageurs sont-ils au bout du chemin ? », *Le Magazine littéraire* n°475, mai 2008.
[466] Ibid.

L'Association culturelle franco-australienne est née pour sa part de la volonté d'un écrivain, cinéaste, traducteur et passionné de littérature anglo-saxonne : Jean-Paul Delamotte, lauréat du Prix de la traduction décerné par l'Australian Council. Après trois années passées en Australie en tant que chargé de cours sur la littérature et le cinéma français, Delamotte fonde et anime à Paris l'Association culturelle franco-australienne de 1980 à 2000, ainsi que l'Atelier littéraire franco-australien qui édite depuis 1995 des auteurs australiens méconnus sous le label « Petite Maison » et des auteurs français résidant en Australie comme Paul Wenz. L'association accueille des auteurs australiens de passage à Paris, et en 1990, elle a initié l'édition des « Belles Etrangères » consacrée à l'Australie.

D'autres hommes, tels Claude Durand – d'abord au Seuil, puis PDG chez Arthème-Fayard à partir de 1980 – ou Christian Bourgois, ont également joué un rôle de « découvreurs » de grands textes de littératures étrangères. Claude Durand a d'abord créé au Seuil la collection « Combats », réunissant des textes contestataires de tous les pays. Directeur littéraire de 1965 à 1978, traducteur du roman *Cent ans de solitude* de Gabriel Garcia Marquez, Durand a aussi été l'agent mondial d'Alexandre Soljenitsyne à partir de 1974, avant de développer un secteur de littérature étrangère chez Arthème-Fayard. Quant à Christian Bourgois (1933-2007), qui démissionne de l'ENA en 1959 pour rejoindre les éditions Julliard, il a beaucoup fait pour traduire et diffuser les littératures étrangères en France. A travers sa propre maison d'édition fondée en 1996 ou la collection de poche 10/18 qu'il a dirigée chez Julliard de 1968 à 1992, il a œuvré à la reconnaissance de nombreux auteurs étrangers avec un catalogue comprenant notamment Jorge Luis Borges, Gabriel García Márquez, Jim Harrison, Ernst Jünger, Antonio Lobo Antunes, Toni Morrison, Alexandre Soljenitsyne, William S. Burroughs, Witold Gombrowicz, Fernando Pessoa, Antonio Tabucchi, Richard Brautignan, Martin Amis, Allen Ginsberg, Virginia Woolf, John Fante, Jack Kerouac, Manuel Vasquez, Montalban, Susan Sontag, Hanif Kureishi, Ezra Pound, Arrabal, Handke, J.R.R. Tolkien et Salman Rushdie, dont il publie en 1989 les *Versets sataniques* qui lui vaudront des menaces de mort. Profondément engagé dans une politique d'auteur, Christian Bourgois a permis de découvrir des écrivains étrangers en profondeur, à travers la diversité de leurs textes.

En ce qui concerne les littératures asiatiques, Josyane Savigneau rend hommage au travail de Geneviève Imbot-Bichet, « spécialiste de chinois, traductrice [qui] a créé, en 1994, une petite structure, Bleu de Chine, entièrement consacrée à la littérature chinoise. Avec un désir de découverte jamais démenti[467] ». Avec l'Année de la Chine en 2004, cette éditrice, qui

---

[467] Josyane Savigneau, « Passeurs d'Orient », *Le Monde des livres*, Spécial Salon du livre, 19 mars 2004.

part en Chine chaque année depuis trente ans, a multiplié les manifestations (conférences, rencontres avec le public en bibliothèque). Avec l'aide de ses collaborateurs, notamment Roger Darrobers et Françoise Naour, Geneviève Imbot-Bichet publie chaque année environ huit ouvrages grand format, ainsi que des textes inédits en format poche, dans la collection « Chine en poche ». Heureusement, son initiative n'est aujourd'hui plus isolée : alors que « pendant des décennies, le domaine asiatique était exclusivement traité dans le cercle érudit et réduit du monde universitaire et de la recherche, [...] depuis, par passion et par curiosité, un certain nombre d'éditeurs ont multiplié les initiatives afin d'offrir aux lecteurs de langue française le meilleur et l'inattendu des littératures asiatiques[468] ». Notons aussi l'initiative de Philippe Picquier, qui a créé en 1986 une collection de poche comptant aujourd'hui plus de 250 titres consacrés aux littératures asiatiques (Japon, Chine, Inde, Vietnam, Corée). Son catalogue propose des romans classiques et contemporains, des essais, des livres d'art, des reportage, des livres de jeunesse, des mangas, ainsi que des ouvrages français portant sur la culture et la civilisation chinoises et asiatiques et qui permettent au lecteur de mieux comprendre les textes traduits du chinois. Georges Gotlieb estime pour sa part qu'au XXe siècle, au moins 47 éditeurs français ont publié un texte (roman, nouvelle, anthologie) provenant du Japon[469].

De son côté, Eric Naulleau, l'un des initiateurs des « Belles étrangères », a lancé *Esprit des péninsules*, maison d'édition spécialisée en littérature est-européenne. Il justifie cette orientation par la relative absence de cette littérature à l'université et sa méconnaissance par le public français :

> *Je suis très frappé par la sorte d'anémie du roman français en ce moment, qui est extrêmement étriqué, extrêmement nombriliste, et par la vitalité du roman est-européen. Je suis presque devenu raciste. Dans les librairies je ne vais presque jamais voir les français, je me concentre uniquement sur les étrangers. Mais la méconnaissance de l'Est... Il faut entendre l'Est au sens plus large parce que, par exemple, la littérature allemande en France ne marche pas non plus. Elle n'est pas si bien connue que ça. Les éditeurs français hésitent de plus en plus à sortir même des allemands. Ne parlons pas des bulgares. Ma maison d'édition existe professionnellement depuis 1997, je suis le premier éditeur français de littérature bulgare et le seul qui sort régulièrement des auteurs bulgares. J'édite dans tous les genres : des romans, des récits, des essais, de la poésie[470].*

---

[468] Jean-Luc Toula-Breysse, *Désir d'Asie*, Association française d'action artistique, 1998.
[469] Voir Georges Gotlieb. « Jalons pour une histoire des traductions françaises du roman japonais moderne en France au XXe siècle », in *France-Asie : un siècle d'échanges littéraires*, Muriel Detrie (dir.), Editions You Feng, 2001.
[470] Dessislava Yougova, « La littérature est-européenne, cette belle étrangère si peu connue. Entretien avec Eric Naulleau ». Article paru sur le site « manuscrit.com », janvier 2002.

Eric Naulleau se montre aussi très sévère vis-à-vis de la critique littéraire, dont le travail lui semble insuffisant par rapport aux littératures étrangères. Il remarque ainsi qu'« il devient de plus en plus difficile d'exister. Il suffirait pourtant d'un tout petit effort de la part de la critique qui n'est pas très attentive. [...] La plupart des critiques sont aussi écrivains et éditeurs à la fois. On privilégie le plus souvent les livres spectaculaires[471] ».

Professeur de littérature américaine à l'université Paris VII, membre de l'Institut universitaire de France, critique littéraire, traducteur de Russel Banks et de Jérôme Charyn entre autres, Marc Chénetier est quant à lui directeur aux Editions Belin de la collection « Voix américaines » et cherche à faire connaître en France une littérature américaine contemporaine dont on oublie facilement la diversité au profit de quelques auteurs phares :

> *Outre que je souhaite vivement aux Éditions Belin et aux libraires que les livres qui la composent se vendent bien, je rêve parfois que cette collection participe à l'œuvre de diffusion de la littérature américaine dont j'ai fait ma vie, que ce soit par l'enseignement, la critique, mes travaux universitaires, en tant que traducteur, conférencier ou « promoteur d'écrivains »... Si, grâce à cette collection, des lecteurs lisaient autrement Morrison, Mailer, Melville, Poe ou Caldwell, s'ils découvraient Gaddis, Hawkes, Coover, Barthelme ou Millhauser, j'en serais bien heureux. Toute une partie immergée de la littérature américaine est mal connue dans ce pays qui aime « ses » auteurs américains bien bagarreurs, bien ivrognes, bien marginaux et bien morts. J'ai à cœur d'enrichir l'image qu'en ont les Français. En mettant à la disposition de chacun des livres brefs, denses et clairs, qu'il n'est pas nécessaire d'être spécialiste pour lire, je crois encourager ainsi la diffusion des œuvres elles-mêmes. Chaque volume vendu devrait avoir pour effet de faire revenir le lecteur chez son libraire pour y trouver les textes[472].*

Les « passeurs » de ce genre semblent encore incontournables aujourd'hui pour mieux faire connaître les littératures étrangères aux Français. En effet, « si fluides, si extraverties soient-elles, nos sociétés auront toujours besoin de ces "grandes âmes cosmopolites" (Rousseau), de ces hommes passerelles qui ouvrent des zones d'écoute et d'amour entre les mondes, récusent les égoïsmes, attisent les échanges[473] ». Parmi ces « hommes-passerelles », citons pour finir une figure particulièrement emblématique : René Etiemble (1909-2002). S'il est connu, à juste titre,

---
[471] Ibid.
[472] Lettre de Belin n°6. « Entretien avec Marc Chénetier ». Paris : été/automne 2000.
[473] Pascal Bruckner, « Faut-il être cosmopolite ? », *Esprit*, n°12, décembre 1992.

comme l'un des piliers de l'enseignement de la littérature comparée en France, il a également promu la diversité des littératures à travers l'Unesco. Ecrivain, linguiste, universitaire, sinologue éminent, traducteur de poésie, Etiemble était un agrégé de grammaire passionné par la Chine et la philosophie. Politiquement engagé contre le fascisme, il est nommé fin 1943 chef de la section de français de l'Université d'Alexandrie. Il y fonde la revue littéraire *Valeurs* avec l'appui du recteur Taha Hussein, qu'il retrouvera par la suite à l'Unesco.

Tout comme Roger Caillois, Etiemble a multiplié les initiatives afin de favoriser le dialogue des cultures. Caillois et Etiemble ont notamment lancé ensemble le programme de traductions d'œuvres littéraires classiques et contemporaines connu sous le nom de « collection d'œuvres représentatives » à l'Unesco. Cette collection a pour objectif d'encourager la traduction, la publication et la diffusion dans les grandes langues vernaculaires – dont le français – de textes significatifs du point de vue littéraire ou culturel. Le siège de l'Unesco étant situé à Paris, la collection d'œuvres représentatives, qui est réalisée en relation avec des maisons d'édition de différents pays, a conduit à la traduction et à la diffusion sur le territoire français de nombreux ouvrages étrangers, même si des problèmes budgétaires ont aujourd'hui stoppé de fait son développement.

En parallèle de son action dans le cadre de l'Unesco, Etiemble a créé chez Gallimard la collection « Connaissance de l'Orient », qui a révélé au grand public français les joyaux littéraires de cultures lointaines (indienne, chinoise et japonaise essentiellement). Il fallait, selon Etiemble, « révéler au public occidental les plus beaux textes du Japon, de la Chine, de l'Inde, et de l'Asie extrême[474] ». Etiemble a lui-même expliqué à propos de cette initiative : « Dès 1956, grâce à l'amitié fraternelle de Michel Gallimard, je réussis à fonder la collection "Connaissance de l'Orient", certes pris au sens large ; littérature pharaonique (deux volumes), littérature des Philippines (Rizal, deux volumes), mais aussi l'indienne (les indiennes plutôt), la japonaise et la chinoise[475] ». En 1988, cette collection avait publié soixante-quatre titres. Lié à l'Unesco et au monde de l'édition, « Etiemble n'appelle pas seulement à modifier la vision du patrimoine littéraire en élargissant le champ, en intégrant des zones lointaines, anciennes ou nouvelles, qui jusqu'ici n'ont pas été prises en considération ; il appelle aussi à reconfigurer la carte en relativisant l'importance des littératures des grandes langues indo-européennes. Son exhortation est double : ouvrir et augmenter le corpus, mais aussi rendre visibles et valoriser les productions littéraires marginalisées par le discours – politique, et donc aussi littéraire – de l'Occident. […] En incluant de plein droit dans le tableau littéraire les productions de tous les continents, on relativisera le familier, on décentrera

---

[474] René Etiemble, *Ouverture sur un comparatisme planétaire*, C. Bourgois Editeur, 1988.
[475] René Etiemble, *Nouveaux essais de littérature universelle*, Gallimard, 1992.

ce qui est spatialement et culturellement proche au profit du lointain, de l'étrange, de l'autre, ce qui donnera enfin la parole aux points de vue des littératures non européennes[476] ».

René Etiemble apparaît enfin de toute importance dans le milieu universitaire, en particulier par sa contribution au développement de l'enseignement de la littérature comparée. Il a lui-même publié de monumentales contributions à cette discipline, notamment *Le Mythe de Rimbaud*, *L'Europe chinoise* et les *Essais de littérature universelle*. La Société Française de Littérature Générale et Comparée lui rendait hommage en 1983, souhaitant encourager les études de réception d'œuvres arabes, orientales et extrême-orientales afin qu'elles servent de base « à de futurs chapitres de ces *Quelques essais de littérature universelle* que R. Etiemble a eu la hardiesse d'entreprendre et le mérite de réaliser, traçant une voie essentielle pour notre discipline[477] ». L'action personnelle et l'enthousiasme de René Etiemble ont considérablement servi la promotion des littératures étrangères en France. Toute son action était fondée sur l'idée de littérature universelle inspirée de la « Weltliteratur » de Goethe. Considérant que malgré les apparences, les littératures et les cultures circulent sans cesse depuis toujours et qu'elles sont étroitement liées les unes aux autres, persuadé que même les erreurs d'interprétation des cultures les unes par rapport aux autres sont au final créatrices, Etiemble a promu toute sa vie une approche aussi universelle que possible de la littérature. Si son action n'est pas unique – et nous n'avons cité ici que quelques-uns de ces passeurs – elle demeure néanmoins exemplaire par sa relative précocité, son ampleur, sa constance et ses retombées. René Etiemble a fait partie au premier titre de ces hommes et de ces femmes, dévoués à la cause des littératures étrangères, qui œuvrent chaque jour pour favoriser la rencontre entre les Français et les littératures venues d'ailleurs.

---

[476] Judith Schlanger, « Les scènes littéraires », in *Où est la littérature mondiale ?*, Christophe Pradeau et Tiphaine Samoyault (dir.), PUV, 2005.
[477] Société Française de Littérature Générale et Comparée. *La recherche en littérature générale et comparée en France*, SFLGC, 1983.

Les littératures étrangères : pour s'épanouir dans une société multiculturelle ?

On l'a vu, les œuvres étrangères, introduites en France depuis la Renaissance, sont devenues plus nombreuses et plus facilement accessibles au XIXe siècle, et surtout dans la seconde moitié du XXe siècle. Le discours officiel, en ce début de XXIe siècle, est à la tolérance et à l'ouverture sur l'étranger, dans le domaine littéraire comme dans les autres domaines culturels.

Si la promotion des littératures étrangères est le fruit d'acteurs multiples, cette action souffre d'une absence de politique publique poursuivant des objectifs clairement définis et de véritables partenariats entre les acteurs. Face aux obstacles qui s'opposent à une plus grande connaissance et diffusion des littératures étrangères, parmi lesquels nous avons dénombré en particulier la difficulté de lecture en langue originale, le manque de connaissances et de curiosité, l'ethnocentrisme, la xénophobie, les crispations identitaires dues à la mondialisation, le pouvoir politique devrait agir de manière concertée, en adoptant des objectifs clairs et précis, en utilisant les différents moyens de promotion de manière conjointe et complémentaire.

On peut ainsi se montrer réservé quant à la situation actuelle en France. Par exemple, Carlos Fuentes estime que nous ne nous rendons pas assez compte de la richesse de la culture et de la littérature européennes :

> *Je veux simplement et au passage souligner le contraste entre, d'une part, la facilité, l'abondance de l'information et la misère de la vie, et, d'autre part, l'abondante ignorance qui, entre les pays pourtant liés de la prospère Communauté européenne, sépare les cultures : les Anglais dédaignent ce qui se fait en France dans le domaine culturel, les Français ignorent la culture espagnole, les Espagnols ne connaissent rien à la culture scandinave et les Scandinaves ne savent pas grand-chose de l'évolution de la civilisation italienne [...] Il y a de l'information, des faits, des sujets, des images associées à la violence ou au plaisir, au terrorisme ou aux vacances, et même du terrorisme des vacances ou des vacances du terrorisme. En revanche, il y a peu d'imagination*[478].

Michel Djian regrette de son côté : « rien n'est fait [en France] pour que les jeunes adultes soient, dans leur grande majorité, le public exigeant des salles de spectacle de demain. Or la démocratie culturelle commence là,

---

[478] Carlos Fuentes, *Géographie du roman*, Gallimard, 1997.

dans les musées, les théâtres, les bibliothèques, les galeries d'art, les cinémas d'art et essai à la rencontre des œuvres, quand des populations de toutes origines et de toutes classes sociales viennent fièrement dire leur joie de partager des émotions fortes et rares. Mais aussi dans le fait de pouvoir trouver un langage pour l'exprimer, de telle manière que l'exigence artistique ou littéraire soit en elle-même un prétexte à développer l'esprit critique et la distanciation[479] ».

Le cosmopolitisme littéraire s'apparente aujourd'hui encore à un mythe. Toutefois, Alexis Tadié rappelle que « c'est dans l'ouverture, le mélange et la fusion que cultures et langues se renouvellent et s'enrichissent. [...] L'accueil de l'autre au sein de sa propre culture, le chemin vers la culture de l'autre, par la littérature, la photographie ou la danse, seuls, justifient que chaque jour on interroge la pertinence d'une manifestation, la justesse d'une traduction, la nécessité d'un dialogue[480] ». Les promoteurs des littératures étrangères doivent réussir à faire passer l'idée que « le détour par l'autre n'est pas un exotisme, c'est l'occasion d'une métamorphose de soi[481] », que « quelqu'un qui refuse le rapport à l'autre, qui n'envisage pas qu'il puisse être enrichissant, meurt[482] », et que les littératures étrangères ne menacent en rien la littérature et la culture françaises, bien au contraire.

Par ailleurs, l'intérêt pour les littératures étrangères doit s'accompagner d'un intérêt pour l'héritage littéraire et culturel français, car « éveiller l'intérêt pour les cultures étrangères ne peut se faire que dans le prolongement de l'intérêt que l'on porte à son propre héritage[483] ».

Une grande partie des actions mises en place restent encore trop souvent des manifestations ponctuelles, alors que la promotion des littératures étrangères, particulièrement auprès des jeunes, doit être le fruit d'une volonté politique inscrite sur le long terme, passant notamment par l'école. Nous voyons à quel point le système éducatif est la clé de voûte pour une meilleure diffusion et une connaissance significative des littératures étrangères en France. Si les jeunes continuent à ne pas aimer lire lorsqu'ils terminent leur scolarité, s'ils n'ont jamais étudié, parfois sans grand enthousiasme, que des œuvres classiques tirées de notre patrimoine national, si les futurs enseignants ne sont pas eux-mêmes formés aux littératures étrangères et sensibilisés à l'intérêt de leur utilisation, et si les « humanités » en général continuent à être systématiquement dévalorisées par rapport aux matières scientifiques – considérées comme un investissement plus utile sur

---

[479] Michel Djian, *Politique culturelle : la fin d'un mythe*, Gallimard, 2005.
[480] Alexis Tadié, « Quelle action culturelle extérieure ? », *Esprit*, n°7, juillet 2000.
[481] Olivier Mongin, « Création et culture à l'âge postcolonial, Eloge du décentrement », Op.cit.
[482] Propos de Michel Le Bris, « Entretien avec Michel Le Bris et Alaa El Aswany : les écrivains voyageurs sont-ils au bout du chemin ? » par Serge Sanchez, *Le Magazine littéraire* n°475, mai 2008.
[483] Pascal Bruckner, « Faut-il être cosmopolite ? », *Esprit*, n°12, décembre 1992.

le marché du travail à moyen et long terme – il sera difficile d'améliorer la situation et de donner une place de choix aux littératures d'ailleurs, et difficile de construire une culture humaniste respectueuse et curieuse des différences. Dans un monde où la mondialisation fait peur et dans lequel les Français se sentent dominés par des « superpuissances » extérieures – puissance militaire et économique des Etats-Unis, puissance législative de l'Union européenne, puissance économique des nations émergentes comme la Chine et l'Inde – il serait grand temps de favoriser une meilleure connaissance de l'autre sinon d'accepter un repli de la France sur elle-même, aggravé par une « américanisation » à outrance de nos modes de vie.

Malgré ces constats mitigés, n'oublions pas que nous avons de bonnes bases, la France restant actuellement un pays ouvert aux littératures étrangères, avec des traductions nombreuses, et Paris demeurant un lieu de premier plan dans la consécration des écrivains étrangers au niveau mondial :

> *La reconnaissance récente d'écrivains importants comme Danilo Kiš (yougoslave), Milan Kundera (tchèque), Thomas Bernhard (autrichien), Arno Schmidt (allemand), Carlos Fuentes (mexicain), Mario Vargas Llosa (péruvien), Gabriel García Márquez (colombien), Julio Cortázar (argentin), Octavio Paz (mexicain), Antonio Tabucchi (italien), Paul Auster (américain), António Lobo Antunes (portugais), Elfriede Jelinek (autrichienne), etc., témoigne d'une persistance de la puissance de consécration des instances parisiennes. [...] Paris demeure la capitale des « démunis » ou des marginaux spécifiques – des Catalans, des Portugais, des Scandinaves, des Japonais – et continue à donner une existence littéraire aux écrivains des pays les plus éloignés des centres littéraires*[484].

Dans un contexte général prônant la tolérance – le cadre juridique interdit les propos racistes, antisémites ou xénophobes – les littératures étrangères sont de mieux en mieux acceptées, diffusées et appréciées, malgré un ethnocentrisme littéraire puissant. « Les éditeurs français [...] traduisent énormément de littérature étrangère. Dans le monde, nous sommes parmi les pays qui nous intéressons le plus aux cultures étrangères, non françaises et non francophones. Si on compare avec les États-Unis, c'est exemplaire[485] », d'autant plus que les écrivains étrangers bénéficient fréquemment des mécanismes d'aide aux écrivains mis en place par les acteurs publics.

---

[484] Pascale Casanova, *La république mondiale des lettres*, Le Seuil, 1999.
[485] Jacques Moran, « Parti pris. L'écrivain Jean-Marie Laclavetine défend le système équilibré de soutien au livre en France », *L'Humanité*, 28 février 2002.

Certes, la mondialisation n'épargne pas le domaine littéraire, le livre faisant partie des industries culturelles au même titre que le cinéma et la musique. Pascale Casanova souligne ainsi que « *L'Internationale intellectuelle* dont Valéry Larbaud, dans les années 20, souhaitait l'avènement sous la forme d'une petite société cosmopolite, éclairée, nécessairement autonome et qui ferait taire les préjugés nationaux en favorisant la libre circulation et la reconnaissance des grands textes de l'avant-garde littéraire du monde entier, court le risque d'être balayée par les impératifs de la diffusion commerciale. [...] On est passé de l'internationalisme à l'import-export commercial[486] ». Mais si la marchandisation apparaît hélas inévitable, la mondialisation doit être mise à profit avec exigence pour multiplier les traductions du monde entier. Pascal Bruckner estime ainsi : « puisque l'état du monde ne permet à aucune société de se rétracter durablement sur elle-même, soyons poreux, trouvons le bon intervalle entre l'enfermement et la curiosité qui permette les chocs créateurs, les dissonances savoureuses[487] ». Il s'agit là d'un vrai défi à relever, notamment pour les acteurs de la promotion des littératures étrangères en France, qui devront montrer la voie à un lectorat français parfois frileux ou simplement inconscient des richesses potentielles des œuvres étrangères. Etant donné la place stratégique de la France, véritable carrefour de nombreuses littératures depuis plus de deux siècles, c'est à notre pays plus qu'à tout autre d'adopter une position et une politique publique exemplaires dans ce domaine, en laissant de côté notre légendaire autosatisfaction littéraire.

N'oublions pas non plus qu'aujourd'hui, un Français sur quatre est d'origine étrangère. Que serait notre pays sans ces apports multiples de cultures qui ont construit notre civilisation ? Annabelle Albany rappelle que « la France est une addition de diversités : elle est hétérogène depuis toujours, elle est historiquement pluriculturelle. Cet état de fait a pris une nouvelle ampleur avec la "mondialisation". La reconnaissance des cultures du monde est un des grands apports du monde décolonisé. La différence sans la hiérarchisation est un des côtés les plus positifs de ce que l'on a appelé l'expansion du champ culturel. La curiosité pour ce qui se produit ailleurs touche d'abord les musiques du monde (la *world music*), le cinéma, la mode, la gastronomie, la décoration – mais aussi la littérature, le cirque ou les spiritualités. La culture au sens large, anthropologique[488] ».

---

[486] Pascale Casanova, *La république mondiale des lettres*, Le Seuil, 1999.
[487] Pascal Bruckner, « Faut-il être cosmopolite ? », *Esprit*, n°12, décembre 1992.
[488] Annabelle Albany, *La France et le multiculturalisme : vers la reconnaissance publique de la diversité culturelle française ?*, Institut d'Etudes Politiques de Grenoble, 2004.

Depuis des siècles, la France est une terre d'accueil pour des dizaines de peuples différents, et depuis des siècles, il existe une obsession de l'unité française, qui s'est appuyé successivement sur différents mythes des origines, les Francs, les Gallo-Romains, les Celtes Gaulois. C'est oublier un peu rapidement les autres peuples qui ont constitué la France, comme le rappelle Philippe Bernard dans *Immigration : le défi mondial* (Gallimard, 2002) :

> *Depuis la nuit des temps, des hommes d'origines très diverses se superposent et se mêlent dans cet espace-carrefour qu'est l'Hexagone. Dès la préhistoire, ce territoire se distingue par l'accumulation et le mélange de populations. La conquête romaine de la Gaule (58 à 52 av. J-C), puis les nombreuses vagues d'invasions laissent de nouvelles strates de peuplement : des Francs aux Vandales, en passant par les Alamans, les Wisigoths, les Burgondes, les Normands, les Bretons, les Magyars et les Huns. [...] Venant du Rhin (Francs, Burgondes, Alamans), ou du Danube (Vandales, Wisigoths), de l'actuelle Russie (Ostrogoths), voire d'Asie (Huns), aux IVe et Ve siècles, ces intrusions se poursuivent après l'éclatement de l'Empire franc au IXe siècle, avec l'arrivée des Sarrasins, originaires d'Afrique du Nord et d'Espagne, et surtout des Hongrois, venus d'Asie, et des Vikings, débarquant de Scandinavie.*

Dans son *Atlas de l'immigration en France* (Autrement, 2002), Gérard Noiriel dresse lui aussi l'image d'une France mosaïque, qui accueillit à partir du milieu du XIXe siècle des immigrés de nombreux pays lors de trois grandes vagues principales. Les flux les plus récents sont principalement composés de Belges, d'Italiens, de Polonais, d'Espagnols, de Portugais et d'Algériens, les quatre dernières nationalités ayant fourni plus de 70 % de la population étrangère recensée en France durant le XXe siècle. Notre pays a intégré des personnes venues des quatre coins de l'Europe (Allemands, Autrichiens, Russes, Grecs, Arméniens, Suisses, Luxembourgeois, Tchécoslovaques, Yougoslaves, Roumains, Hollandais, Anglais, Irlandais, Ukrainiens, Kurdes, Tsiganes), mais aussi des immigrés en provenance des autres continents : Latino-américains, Asiatiques (Chinois, Vietnamiens, Cambodgiens, Sri Lankais, Indiens, Pakistanais), Africains (Marocains, Tunisiens, Egyptiens, Maliens, Sénégalais, Mauritaniens, Congolais, Angolais), personnes du Proche-Orient (Turquie, Iran, Liban). Sans parler des habitants des DOM TOM comme des nombreux Antillais et Réunionnais qui vivent en métropole.

Grâce à ce fabuleux brassage de population, on estime aujourd'hui qu'au moins 25 % du total des enfants nés en France (soit plus de quinze millions d'habitants) ont au moins un grand-parent arrivé comme immigrant. Il est certain que l'expression « Français de souche » ne veut pas dire grand-chose aujourd'hui – si tant est qu'elle ait jamais signifié quelque chose. A notre époque de mondialisation et de forte mobilité, le nombre de Français qui se situent au carrefour de plusieurs cultures s'accroît inexorablement. Comme l'explique François Lorcerie, on a tendance à se référer au principe de « diversité culturelle » comme principe de légitimité de cultures nationales, uniques et strictement différentes les unes des autres, mais « il est assez gênant de considérer les gens avec lesquels vous travaillez (sans compter vous-mêmes) comme des représentants de cultures englobantes, c'est méconnaître que les individus vivent dans des espaces dans lesquels il y a plusieurs cultures acceptables, avec lesquelles ils se sentent bien et par rapport auxquelles ils peuvent éventuellement revendiquer des liens[489] ».

Aujourd'hui, nous avons tous des identités plurielles, dans une France devenue multiraciale et multiculturelle. Cela est encore plus vrai pour les jeunes de nos villes, en particulier lorsqu'ils sont issus de l'immigration. Alors pourquoi refuser la richesse de l'héritage culturel légué par les différentes nationalités qui composent notre pays ? L'obsession d'une culture française une et indivisible semble aujourd'hui très en retard sur la réalité. Selon Annabelle Albany :

> *Les enjeux de ce qu'il est convenu d'appeler « intégration » reflètent en réalité de profondes questions identitaires. Ils s'inscrivent dans un contexte général de bouleversements politiques et sociaux : chute du « socialisme » et fin du monde bipolaire, triomphe de la « mondialisation » capitaliste, explosion des moyens de communication, construction de l'Europe. Entre l'uniformisation des modes de vie et le besoin de racines et d'identité, la tension est vive. En plein vacillement des repères, l'immigration ajoute sa part à l'inquiétude générale, et fait redouter l'avènement, déjà perceptible, d'une société multiculturelle. L'« autre » paraît décidément trop différent, porteur d'une culture trop éloignée, pour être accepté, d'autant qu'il provient désormais, non pas des pays limitrophes, mais d'autres continents. Mais d'un autre côté, on ne peut ignorer que les Etats nations ne sont désormais plus monoculturels, ils doivent faire face à cette multiculturalité, source et de conflits et de richesse, et ce en faisant évoluer leurs systèmes de gestion de la cité[490].*

Or une France plurielle, ouverte sur le monde, maîtrisant une culture et des valeurs humanistes sans rejeter les différences, n'a rien à craindre des cultures et littératures étrangères. Quelle que soit leur origine, celle de leurs parents ou de leurs grands-parents, les jeunes de notre pays sont français, mais si le pouvoir politique ne sait pas leur proposer une culture française

---

[489] *L'Ecole et la diversité culturelle : nouveaux enjeux, nouvelles dynamiques*, La documentation française, 2006.
[490] Annabelle Albany, *La France et le multiculturalisme : vers la reconnaissance publique de la diversité culturelle française ?*, Institut d'Etudes Politiques de Grenoble, 2004.

autre que celle figée sur son passé littéraire et culturel glorieux, la société risque fort de voir passer directement ceux qui liront encore de la lecture scolaire obligatoire des classiques français et des livres pour la jeunesse, à une lecture-divertissement à base de romans policiers, de science-fiction, de bandes dessinées et de best-sellers anglo-saxons, le plus souvent des ouvrages de consommation standardisés.

Les littératures étrangères, notamment contemporaines, peuvent – et doivent – jouer un rôle de médiation entre les Français et « les autres », et aider à la fois à l'intégration des populations immigrées – en leur donnant sujet d'intérêt et de fierté à l'école – et à redonner aux jeunes l'envie de lire de la littérature. Etudier une œuvre de Pamuk, de Kadaré, de Saramago, de Kateb Yacine quand on est d'origine turque, albanaise, portugaise ou algérienne, voir ces œuvres reconnues et étudiées par l'ensemble des élèves en France, c'est aussi mettre en valeur les différentes nationalités, les richesses de chacun des peuples composant l'humanité, et, en l'occurrence, la population française. Si nous n'apprenons pas à l'ensemble des jeunes qu'il existe d'autres cultures que la française et l'américaine, nous continuerons à entretenir cette forme de racisme larvé qui mine la société. Comme Philippe Bernard le prédit, si nous rejetons les Français qui viennent d'ailleurs « vers une différence indépassable, les victimes du racisme répliquent en revendiquant et en amplifiant cette altérité que l'on cherche à leur imposer. Attitude qui nourrit à son tour le racisme et le repli. La difficulté qu'éprouve la société française à traiter la question des différences culturelles est bien au centre de toute analyse du racisme[491] ».

Or l'école française n'a jamais été pensée dans une telle optique. Comme le souligne Annabelle Albany, « l'école publique est à la fois le principal instrument et l'expression de l'universalisme républicain [...] L'école républicaine a réussi à faire des enfants français, des citoyens qui partagent la même langue et les mêmes références historiques et culturelles[492] », et ce en assimilant à tout prix les particularismes et en exaltant la culture et la langue françaises. Ce qui fut revendiqué comme une nécessité au XIXe siècle pour construire l'Etat-nation a pour conséquence, selon Michel Djian, d'avoir surtout fait oublier l'art et la culture dans notre système scolaire : « une évidence saute aux yeux. Pour pratiquer l'art, tenter de frayer dans l'univers du spectacle, communier avec les œuvres majeures de notre époque ou celles de notre patrimoine, il faut, très jeune, posséder les clés d'accès à cet imaginaire. Puis celles de ces lieux où les artistes, amateurs comme professionnels, viennent partager des émotions avec un public. Si ce public, à l'âge de sa majorité civile, ne progresse pas en nombre et en brassage social, c'est bien qu'en amont de ce cheminement rien

---

[491] Philippe Bernard, *Immigration : le défi mondial*, Gallimard, 2002.
[492] Annabelle Albany, *La France et le multiculturalisme : vers la reconnaissance publique de la diversité culturelle française ?*, Institut d'Etudes Politiques de Grenoble, 2004.

d'ambitieux n'a été construit, inventé pour le "distraire" de la mécanique cartésienne qui caractérise un système éducatif entièrement focalisé sur l'acquisition d'un savoir "diplômant"[493] ».

Une telle politique n'est plus de mise au XXIe siècle. Il n'est plus possible aujourd'hui d'enseigner seulement notre littérature, en particulier dans le contexte de l'Union Européenne. Le romancier tchèque Milan Kundera écrivait en 2005 : « l'Europe n'a pas réussi à penser sa littérature comme une unité historique et je ne cesserai de répéter que c'est là son irréparable échec intellectuel ». Il est temps de restituer aux Européens leurs racines littéraires communes, comme l'espère Tim Beasley-Murray :

> *Par le développement des histoires littéraires nationales, par la création des canons nationaux et par la constitution d'un corpus universitaire, la littérature a joué un rôle considérable. On pensait qu'elle contrebalancerait l'égoïsme et le matérialisme encouragés par la nouvelle économie capitaliste ; qu'elle offrirait aux classes moyennes et à l'aristocratie des valeurs nouvelles et éclairées ; qu'elle ouvrirait aux travailleurs un accès à la culture dans une société où ils étaient matériellement exploités ; qu'elle permettrait à tous de se sentir membres d'une même communauté et qu'elle remplacerait ainsi la religion dans son rôle de ciment de la société. [...] L'Union européenne en tant qu'entité politique a autant besoin d'un ciment spirituel, si ce n'est plus, que l'Angleterre, l'Allemagne et la France du XIXe siècle. [...] Certains mettent en avant la littérature européenne ; la création de canons littéraires qui sauveraient et qui guériraient. Là où la religion et la politique ont échoué, la littérature pourrait donner un vrai contenu à la devise de l'Union :* in varietate concordia, *"unité dans la diversité". [...] Le projet de littérature européenne fait toutefois face à des difficultés presque insurmontables. Le processus de création d'une littérature nationale est à la fois un processus d'inclusion et d'exclusion. [...] Dans le cas de la littérature européenne, la création et l'enseignement d'un nouveau canon européen pourraient avoir une fonction d'intégration. [...] Un Polonais devrait être capable de parler avec conviction de Mickiewicz et de Gombrowicz, un Tchèque de Mácha et de Nezval, aussi bien qu'un Anglais parle de Byron et de Auden. Il faut modifier les relations entre la périphérie et le centre culturels de l'Europe*[494].

---

[493] Michel Djian, *Politique culturelle : la fin d'un mythe*, Gallimard, 2005.
[494] Propos de l'universitaire Tim Beasley-Murray, rapportés par Jacques Legendre dans son *Rapport d'information*. Op.cit.

C'est à ce prix que nous assurerons l'unité politique et sociale de notre continent, en passant résolument par la culture comme l'explique Maryla Laurent :

> *La stabilité de l'Europe que nous espérons au XXIe siècle passe par cette reconnaissance des valeurs et de l'imaginaire véhiculés par le patrimoine littéraire de chaque langue. Sortir des mauvais héritages politiques, humiliants pour un certain nombre de nations européennes, exige toute la vigilance du monde intellectuel et politique. [...] Grâce aux moyens modernes de communication des enseignants ont noué des liens à l'autre bout de l'Europe et leurs élèves voient ainsi qu'il y a des auteurs importants dans chaque langue et dans chaque littérature[495].*

Jacques Legendre déclare de son côté avec ferveur :

> *Dans l'immense trésor des poèmes, des comédies, des tragédies, des romans, des nouvelles et même des chansons exprimées dans les diverses langues des Etats du Conseil de l'Europe, chacun de nos 800 millions de concitoyens peut trouver les correspondances secrètes avec ses propres rêves, ses aspirations, ses désirs d'échanger aussi avec d'autres hommes sur d'autres continents, et peut-être enrichir à son tour le trésor commun de nouvelles créations[496].*

Christian Poncelet le croit aussi, « mieux connues et donc mieux partagées, les grandes œuvres de la littérature européenne apporteront leur pierre à la mémoire commune. Elles renforceront les affinités et les connivences qui rapprochent les citoyens de toute l'Europe, soucieux de conserver une identité dans un monde globalisé[497] ». Mais attention, précise Jean-François Hersent, « il ne suffit pas de proclamer que "l'humanité (ou le monde occidental, ou l'Europe, ou l'Islam, etc.) est forte de ses diversités". C'est que le défi à relever est bien celui de "la réalisation d'un consensus qui ne repose pas sur un vague concept d'essence humaine prédéterminée, mais qui soit le résultat actif du dialogue et de la lutte. C'est aussi le pari de la culture elle-même, qui ne doit pas craindre de s'ouvrir pour mettre au jour (et remettre en question) son caractère universel" (Robbins, 2002)[498] ».

---

[495] Propos de la traductrice Maryla Laurent, rapportés par Jacques Legendre dans son *Rapport d'information.* Op.cit.
[496] Ouverture des travaux par Jacques Legendre, *Rapport d'information.* Op.cit.
[497] Message de Christian Poncelet (Président du Sénat de la République française), rapporté par Jacques Legendre dans son *Rapport d'information.* Op.cit.
[498] Jean-François Hersent, « Traduire : rencontre ou affrontement entre cultures ? », *Hermès* n°49, 2007.

Mieux faire connaître les littératures étrangères permettrait sans doute aux gens de différents horizons de mieux s'apprécier, pour vivre ensemble de manière un peu plus solidaire. N'oublions pas que la culture « est une source d'enrichissement personnel et collectif considérable, une source de repères, de définition de nos goûts, valeurs, envies. Elle aide notamment au développement du sens critique, à la définition de références. Connaître équivaut à s'être informé, à avoir comparé, relativisé et permet de s'ouvrir aux autres et à leurs cultures, sans trop de stéréotypes ou d'idées préconçues. La culture permet donc une approche positive de l'altérité[499] ». Et parmi les diverses formes culturelles, la littérature a un rôle important à jouer, car elle « crée un monde imaginaire capable d'interagir avec le monde réel. Elle nous permet de connaître la culture particulière dont elle est l'expression ainsi que des existences inconnues, différentes de la nôtre. Flaubert disait que si un écrivain a dans l'idée de réaliser une œuvre universelle, il n'arrivera nulle part. Au contraire, un écrivain doit partir de lui-même. Plus il parvient à donner vie à ses propres spécificités humaines et culturelles, plus il est à même de se rapprocher de l'autre comme de se rapprocher de l'universalité[500] ».

Or nous n'avons jamais été aussi proches d'une littérature mondiale, comme le rappelle Denis Thouard : « la multiplication des traductions contribue à réaliser un projet caressé par Goethe et les romantiques allemands : réunir la littérature du monde, la Weltliteratur. Si les caractéristiques souvent impondérables d'une culture spécifique ne se laissent nulle part mieux exprimer que dans une œuvre littéraire, la progressive constitution d'une littérature mondiale [...] est un phénomène d'une portée considérable, encore que trop peu fêté, si l'on excepte la semaine où l'on remet le prix Nobel de littérature. Ce qui passait autrefois pour une lecture exotique fait dorénavant partie de la culture générale. Nous lisons des auteurs caraïbes, chinois ou africains avec la même évidence que les "classiques" de nos littératures[501] ». Ainsi, nous nous rapprochons de plus en plus de « la bibliothèque de l'homme du XXIe siècle [qui] sera – pourra être – non plus nécessairement celle d'une civilisation, mais la bibliothèque de Babel, où se mêlent toutes les langues, toutes les croyances, tous les livres, tous les textes...[502] ». Car, souligne Michel Le Bris, « le XXIe siècle sera celui de l'imagination parce que chacun est appelé à vivre des superpositions d'identités, parfois contradictoires, parfois même douloureuses. Il faudra que chacun fabrique son histoire personnelle pour

---

[499] Annabelle Albany, *La France et le multiculturalisme : vers la reconnaissance publique de la diversité culturelle française ?*, Institut d'Etudes Politiques de Grenoble, 2004.
[500] Propos de la romancière Ippolita Avalli, rapportés par Jacques Legendre dans son *Rapport d'information*. Op.cit.
[501] Denis Thouard, « Points de passage : diversité des langues, traduction et compréhension », *Hermès*, 2007.
[502] Gérard Leclerc, *La mondialisation culturelle, Les civilisations à l'épreuve*. Op.cit.

articuler cela. Et il y a de fortes chances pour que le roman soit plus à même de rendre compte de cette polyphonie que les essais théoriques[503] ». En effet, « quelle meilleure introduction à la compréhension des conduites et des passions humaines qu'une immersion dans l'œuvre des grands écrivains qui s'emploient à cette tâche depuis des millénaires?[504] ». Il s'agit certes d'un vœu utopique, mais aujourd'hui physiquement envisageable, contrairement aux siècles passés. Grâce à la traduction, il est désormais concevable de se familiariser avec des ouvrages provenant de tous les pays, de tous les continents, de toutes les époques, à un coût abordable. Christophe Pradeau relève cependant :

> *Si les perceurs d'isthmes du XIXe siècle, dont Borges est un lecteur assidu, nous ont légué un monde décloisonné, nous restons impuissants à en prendre la mesure, faute de temps, faute d'une mémoire suffisamment vaste pour l'accueillir. La connaissance que nous en avons est irrémédiablement partielle. Nous sommes frôlés de toutes parts par des mondes que nous n'avons ni la curiosité ni la force de crocheter. Les littératures malaise ou hongroise demeureront à Borges aussi étrangères qu'à Averroès la tragédie grecque. Seulement, désormais, précisément, ces mondes nous sont offerts, ils sont disponibles : certains de plain-pied, quand ils ont bénéficié d'un travail de translation, d'autres au prix d'un apprentissage plus ou moins long ou pénible. Nous avons l'habitude de composer avec une pluralité d'univers, avec une pluralité d'horizons, de temporalités, de passés, d'héritages, pluralité qui nous constitue, nous traverse [...] Si l'on peut parler aujourd'hui d'un régime mondial de la littérature, c'est dans le sens où toute œuvre est virtuellement susceptible de trouver un public hors du cercle culturel dans lequel elle a été conçue (avec les inégalités statistiques que l'on sait, selon que cette œuvre appartient à une « grande » ou à une « petite » littérature, à une région « centrale » ou « périphérique »)[505].*

---

[503] Serge Sanchez, « Entretien avec Michel Le Bris et Alaa El Aswany : les écrivains voyageurs sont-ils au bout du chemin ? », *Le Magazine littéraire* n°475, mai 2008.
[504] Allocution de Tzvetan Todorov rapportée par Jacques Legendre dans son *Rapport d'information.* Op.cit.
[505] Christophe Pradeau, « Un drakkar sur le lac Léman », in *Où est la littérature mondiale*, Presses Universitaires de Vincennes, 2005.

Ainsi, l'aspiration à l'universalité qui sous-tend la littérature est-elle aujourd'hui potentiellement réalisable. « Dans la littérature c'est essentiellement la lecture qui veut pouvoir disposer de l'ensemble de la planète littéraire et y circuler librement. C'est la lecture qui a vocation à être internationale, à franchir les frontières, les barrières, les obstacles régionaux comme les horizons d'époque[506] ».

Mais pour conclure, rappelons que les littératures étrangères sont accessibles principalement à une catégorie de public socio-culturellement privilégiée, et que les écrivains sont aujourd'hui sollicités de tous côtés plutôt pour des interventions et des ateliers d'écriture ou d'alphabétisation, que pour des rencontres autour de leur œuvre à proprement parler. Les écrivains reprennent ainsi un rôle citoyen, en permettant à des enfants et adultes très éloignés du monde de l'écrit de se réapproprier le processus d'affirmation de soi grâce à l'écriture. On est donc souvent bien loin d'un débat intellectuel pour savoir s'il faut plutôt lire des ouvrages français ou plutôt étrangers, le problème principal étant plutôt de permettre aux futures générations de prendre goût à l'acte de lecture et d'écriture et de pouvoir s'exprimer de manière correcte. Mais nous l'avons vu tout au long de cet ouvrage, un objectif n'exclut pas l'autre. Encourager la lecture d'œuvres étrangères, c'est à la fois promouvoir l'écrit et inciter à l'ouverture et à la tolérance. Et comme le rappelle Jean-Yves Mollier, « lire demeure une gageure dans un monde où l'analphabétisme n'est toujours pas éradiqué, où l'illettrisme, cet analphabétisme de retour, gagne le cœur des cités les plus modernes. La dette qui écrase les pays les plus pauvres, la violence faite aux plus démunis, le fanatisme qui remet la question religieuse à l'ordre du jour sont autant de facteurs qui détournent de la lecture[507] ». Aux professionnels et aux amoureux du livre, soutenus par l'Etat et les collectivités locales, de continuer à œuvrer pour donner aux jeunes – et aux moins jeunes – l'envie de lire et de découvrir les littératures venues d'ailleurs.

---

[506] Judith Schlanger, « Les scènes littéraires », dans *Où est la littérature mondiale,* Presses universitaires de Vincennes, 2005.
[507] Jean-Yves Mollier, « Lire, une perpétuelle gageure », in MOLLIER, Jean-Yves et collectif. *Où va le livre ? – Edition 2007-2008*, La Dispute/SNEDIT, 2007.

Bibliographie

OUVRAGES

- ADIREL. *Travaux de littérature, tome XX : les grandes peurs, 2. L'autre. Colloque de Nancy, 30 septembre – 3 octobre 2003.* Paris : ADIREL, 2004, 558 p.
- AELION, Roger, RAVE, André. *La bibliothèque idéale* (deux tomes). Grenoble : CRDP de l'Académie de Grenoble/Delagrave, 2000, 259 p.
- ALBANY, Annabelle. *La France et le multiculturalisme : vers la reconnaissance publique de la diversité culturelle française ?* Grenoble : mémoire de l'Institut d'Etudes Politiques, 2004, 135 p.
- ALLEMANN-GHIONDA, Cristina (dir.). *Education et diversité socio-culturelle.* Paris : L'Harmattan, collection « Espaces interculturels », 1999, 315 p.
- ALLIOT, David et alii. *Le répertoire des librairies spécialisées de Paris (et banlieue).* Paris : Le Serpent de Mer, 1999, 177 p.
- ALTER, Jean. « Pourquoi enseigner la littérature ? » in DOUBROVSKY, Serge et TODOROV, Tzvetan (dir.). *L'enseignement de la littérature.* Paris : Librairie Plon, 1971, pp 137-147.
- AMSELLE, Jean-Loup. *Vers un multiculturalisme français. L'empire de la coutume.* Paris: Aubier, 1996, 179 p.
- ANGLARD, Véronique et STIRN, François. *Cinquante grands romans contemporains du monde entier.* Alleur : Marabout, série « Résumés et analyses », 1995, 426 p.
- ASSOULINE, Pierre. *Gaston Gallimard, un demi-siècle d'édition française.* Paris : Balland, 1984, 534 p.
- BALDRAN, Jacqueline. « Un aspect du cosmopolitisme dans le Paris des années 20 : la librairie d'Adrienne Monnier », in *Paris et le phénomène des capitales littéraires, carrefour ou dialogue des cultures (Actes 3 du premier Congrès international du CRLC, 22-26 mai 1984), volume II.* Paris : Presses de l'Université de Paris-Sorbonne, 1984, 1 009 p, pp 711-719.
- BALIBAR, Etienne. « Racisme et nationalisme : une logique de l'excès », in WIEVIORKA, Michel (dir.). *Racisme et modernité.* Paris : Editions La Découverte, série « Histoire contemporaine », 1992, 436 p., pp 78-81.
- BALLESTA-PUECH, Sylvie, MOURAT, Jean-Marc (dir.). *Le comparatisme aujourd'hui.* Lille : Université Charles-de-Gaulle, collection « UL3 – travaux et recherches », 1999, 267 p.
- BARBEY D'AUREVILLY, Jules. *L'Europe des écrivains, De Cervantès à Tourgueniev (articles réunis et présentés par Michel Lécureur).* Paris : Les Belles Lettres, 2000, 204 p.
- BARRET-DUCROCQ, Françoise (dir.). *Traduire l'Europe.* Paris : Editions Payot, 1992, 267 p.

- BENOIT, Annick et FONTAINE, Guy. *Dictionnaire des auteurs européens*. Paris : Hachette Livre, 1995, 588 p.
- BENOIT, Annick et FONTAINE, Guy. *Lettres européennes, Histoire de la littérature européenne*. Paris : Hachette, 1992, 1 023 p.
- BENOIT, Annick et FONTAINE, Guy (dir.). *Lettres européennes, Manuel d'histoire de la littérature européenne*. Bruxelles : Editions De Boeck Université, 2007, 860 p.
- BERNARD, Philippe. *Immigration: le défi mondial*. Paris: Gallimard, série « Le Monde Actuel », 2002, 346 p.
- BERTRAND, Anne-Marie. *Les bibliothèques municipales, Enjeux culturels, sociaux, politiques*. Paris : Editions du cercle de la librairie, collection « Bibliothèques », 2002, 147 p.
- BESSIERE, Jean. « Paris, capitale littéraire transculturelle », in *Paris et le phénomène des capitales littéraires, carrefour ou dialogue des cultures (Actes 3 du premier Congrès international du CRLC, 22-26 mai 1984), volume I*. Paris : Presses de l'Université de Paris-Sorbonne, 1984, 493 p., pp 185-194.
- BOUGEAULT, Alfred. *Histoire des littératures étrangères*. Paris : Plon, 1876.
- BOUVAIST, Jean-Marie. *Pratiques et métiers de l'édition*. Paris : Editions du Cercle de la Librairie, 1991, 384 p.
- BOUVAIST, Jean-Marie et NOIN, Jean-Guy. *Du printemps des éditeurs à l'âge de raison, les nouveaux éditeurs en France (1974-1988)*. Paris : La Documentation française/SOFEDIS, 1989, 222 p.
- BRANCQ, Sébastien. *Les coulisses de l'édition et les libertés éditoriales*. Paris : Editions des Ecrivains, 1999, 107 p.
- BRUNEL, Pierre, PICHOIS, Claude et ROUSSEAU, André-Michel. *Qu'est-ce que la littérature comparée ?* Paris : Armand Colin, 1983, 172 p.
- BUTLEN, Max. *Les politiques de lecture et leurs acteurs, 1980-2000*. Lyon : Institut national de recherche pédagogique, 2008, 614 p.
- CACHIN, Marie-Françoise. *La traduction*. Paris : Editions du cercle de la librairie, 2007, 144 p.
- CASANOVA, Pascale. *La république mondiale des lettres*. Paris : Editions du Seuil, 1999, 493 p.
- Centre national du livre. *Les Belles étrangères, 13 écrivains algériens*. Paris : Editions de L'Aube/Barzakh, 2003, 185 p.
- CHARPENTIER et GUILOINEAU. *Guide des aides aux écrivains*. Paris : La Maison des écrivains/Séquier, 1996, 151 p.
- CHARTIER, Roger et MARTIN, Henri-Jean. *Histoire de l'édition française, Tome III : Le temps des éditeurs, Du romantisme à la Belle Epoque*. Paris : Fayard/Promodis, 1990, 669 p.
- CHARTIER, Roger et MARTIN, Henri-Jean. *Histoire de l'édition française, Tome IV : Le livre concurrencé, 1900-1950*. Paris :

Fayard/Promodis, 1991, 724 p.
- CHELARD-MANDROUX, Isabelle, TAUVERON, Anne Marie. *Enseigner la lecture de l'œuvre littéraire au lycée*. Paris : Armand Colin, collection « Formation des enseignants », 1998, 277 p.
- CHERER, Sophie. *Marie-Aude Murail*. Paris : Ecole des Loisirs, collection « mon écrivain préféré », 2007, 63 p.
- CHEVREL, Yves. *La littérature comparée*. Paris : Presses universitaires de France, collection « Que sais-je ? », 1997 (4ème édition), 127 p.
- COGNEAU, Denis et DONNAT, Olivier. *Les pratiques culturelles des Français, 1973-1989*. Paris : Editions La Découverte et la Documentation française, 1990, 285 p.
- COLIN, Jean-Pierre et VANNEREAU, Norbert. *Librairies en mutation ou en péril ?* Paris : Publisud, 1990, 200 p.
- COTENTIN, Pascal (dir.). *Enseigner les œuvres littéraires en traduction. Actes du séminaire national des 23 et 24 octobre 2006*. Paris : Agence Eduscol (ministère de l'éducation nationale), 2007, 189 p.
- COURTOIS, Jean-Patrice, KRZYWKOWSKI, Isabelle (dir.). *Diagonales sur Roger Caillois. Syntaxe du monde, paradoxe de la poésie*. Reims : Editions L'Improviste/Centre de recherches sur la lecture littéraire de l'Université de Reims, 2002, 196 p.
- DELEAU, Michel (président du groupe de travail). *Evaluer les politiques publiques, Méthodes, Déontologie, Organisation*. Paris : La Documentation française, 1986, 181 p.
- DEMOGEOT, J. *Histoire des littératures étrangères, considérées dans leurs rapports avec le développement de la littérature française*. Paris : Librairie Hachette et Cie, 1884, 411 p.
- DETHURENS, Pascal. « Le concept de littérature européenne », in TOMICHE, Anne et ZIEGER, Karl, *La recherche en littérature générale et comparée en France en 2007, Bilan et perspectives. Etudes réunies par la SFLGC*, Presses universitaires de Valenciennes, 2007.
- DETRIE, Muriel. *France-Asie : un siècle d'échanges littéraires*. Editions You Feng, 2001.
 DEWITTE, Philippe (dir.). *Immigration et intégration: l'état des savoirs*. Paris: Editions la Découverte, 1999, 442 p.
- DJIAN, Michel. *Politique culturelle : la fin d'un mythe*. Paris : Gallimard, série « le Monde actuel », 2005, 196 p.
- DOCUMENTATION FRANCAISE. *L'école et la diversité culturelle : nouveaux enjeux, nouvelles dynamiques. Actes du colloque national des 5 et 6 avril 2006*. Paris : la documentation française, 2006, 187 p.
- DOUBROVSKY, Serge. « Introduction : le point de vue du professeur » in DOUBROVSKY, Serge et TODOROV, Tzvetan (dir.). *L'enseignement de la littérature*. Paris : Librairie Plon, 1971, 640 p.

- DREYER, Emmanuel, LE FLOCH, Patrick (dir.). *Le lecteur. Approche sociologique, économique et juridique.* Paris : L'Harmattan, collection « logiques sociales », 2004, 268 p.
- ECKMANN, Monique, ESER DAVOLIO, Myriam. *Pédagogie de l'antiracisme. Aspects théoriques et supports pratiques.* Genève : Editions de l'Institut d'Etudes Sociales / LEP Loisirs et Pédagogie, 2002, 178 p.
- ESPAGNE, Michel. *Le paradigme de l'étranger : les chaires de littérature étrangère au XIXe siècle.* Paris : Editions du Cerf, collection « Bibliothèque franco-allemande », 1993, 379 p.
- ESPAGNE, Michel et WERNER, Michael (dir.). *Philologiques III : Qu'est-ce qu'une littérature nationale ? Approches pour une théorie interculturelle du champ littéraire.* Paris : Editions de la Maison des sciences de l'Homme, 1994, 505 p.
- ESPEROU, Maud. *Répertoire des bibliothèques spécialisées françaises (2e édition).* Paris : Association des bibliothécaires français, 1999, 598 p.
- ETIEMBLE, René. *Ouverture sur un comparatisme planétaire.* Paris : Christian Bourgois Editeur, 1988, 283 p.
- ETIEMBLE, René. *Nouveaux essais de littérature universelle.* Paris : Gallimard, 1992, 337 p.
- FERRERAS, Jacqueline. *L'enseignement de la littérature nationale et des langues, littératures et civilisations étrangères en Allemagne, Espagne, France, Italie, Royaume-Uni.* Paris : Université Paris X- Nanterre, 1998, 120 p.
- FINKIELKRAUT, Alain (dir.). *Ce que peut la littérature.* Paris : Stock/Panama, collection « Les essais », 2006, 295 p.
- FRANCOIS, Annie. *Bouquiner.* Paris : Le Seuil, 2000, 199 p.
- FREMION, Yves. *Le livre au cœur d'un développement culturel durable. 112 pistes pour une politique du livre et de la lecture en Ile de France.* Le Ateliers du Tayrac, 2005, 33 p.
- FUENTES, Carlos. *Géographie du roman.* Paris : Gallimard, collection « Arcades », 1997, 233 p.
- FUMAROLI, Marc. *L'Etat culturel, essai sur une religion moderne.* Paris : Editions de Fallois, 1992, 411 p.
- GAUCHERON, Jacques et OZOUF, Philippe. *Littératures sans frontières, Mélanges offerts à Jean Pérus.* Clermont-Ferrand : Editions Adosa, 1991, 197 p.
- GODIN, Christian. *Le racisme.* Nantes : Editions du Temps, collection « questions de philosophie », 2008, 159 p.
- GOTLIEB, Georges. « Jalons pour une histoire des traductions françaises du roman japonais moderne en France au XXe siècle », in DETRIE, Muriel, *France-Asie : un siècle d'échanges littéraires,* Editions You Feng, 2001.
- GREIMAS, Algirdes Julien. « Transmission et communication » in

DOUBROVSKY, Serge et TODOROV, Tzvetan (dir.). *L'enseignement de la littérature*. Paris : Librairie Plon, 1971, 640 p.
- GRELLET, Isabelle, MANESSE, Danièle. *La littérature du collège*. Paris : Nathan/Institut national de recherche pédagogique, collection « Perspectives didactiques », 1994, 127 p.
- GRUND, Françoise et KHAZNADAR, Chérif. *Atlas de l'imaginaire*. Paris : Maison des cultures du monde, 1996, 206 p.
- GUILLAUMIN, Colette. « La "différence culturelle" », in WIEVIORKA, Michel (dir.). *Racisme et modernité*. Paris : Editions La Découverte, série « Histoire contemporaine », 1992, 436 p., pp 149-151.
- GURY, Jacques. « L'anglomanie au XVIIIe siècle : refus de Paris comme capitale littéraire », in *Paris et le phénomène des capitales littéraires, carrefour ou dialogue des cultures (Actes 3 du premier Congrès international du CRLC, 22-26 mai 1984), volume II*. Paris : Presses de l'Université de Paris-Sorbonne, 1984, 1009 p., pp 959-965.
- HADDAD-WOTTING, Karen et MOUGIN, Pascal (dir.). *Dictionnaire mondial des littératures*. Paris : Larousse, 2002, 1017 p.
- HAQUETTE, Jean-Louis. *Lectures européennes. Introduction à la pratique de la littérature comparée*. Rosny-sous-Bois : Editions Bréal, collection « Littérature & Co », 2005, 254 p.
- HEILBRON, Johan, SAPIRO, Gisèle (dir.). *Actes de la recherche en sciences sociales n°144*, « Traduction : les échanges littéraires internationaux », septembre 2002, 105 p.
- HERMANS, Theo. « Literary Translation : The Birth of a Concept », in *La traduction dans le développement des littératures, Actes du XIe Congrès de l'Association Internationale de Littérature Comparée*. Bern : Peter Lang/Leuven University Press, 1993, 247 p.
- HOOF, Henri van. *Histoire de la traduction en Occident : France, Grande-Bretagne, Allemagne, Russie, Pays-Bas*. Paris/Louvain-la-Neuve : Editions Duculot, collection « Bibliothèque de linguistique », 1991, 367 p.
- *Internationale de l'imaginaire n°20 : Cultures du monde, matériaux et pratiques*, Babel/Maison des cultures du monde, 2005, 240 p.
- JÓZSA, Pierre, LEENHARDT, Jacques. *Lire la lecture. Essai de sociologie de la lecture*. Paris : L'Harmattan, collection « logiques sociales », 1999, 422 p.
- KOSKO, Maria. *Un « best-seller » 1900, Quo Vadis ?* Paris : Librairie José Corti, 1960, 185 p.
- LABES, Bertrand. *Guide des prix et concours littéraires*. Paris : Le Cherche-midi, 1999, 425 p.
- LASERRA, Annamaria (dir.). *Roger Caillois, fragments, fractures, réfractions d'une œuvre*. Padoue : Biblioteca Francese Unipress, 2002, 292 p.
- *La traduction dans le développement des littératures, Actes du XIe Congrès*

de l'Association Internationale de Littérature Comparée. Berne : Peter Lang/Leuven University Press, 1993, 247 p.
- LE BRIS, Michel, ROUAUD, Jean (dir.). *Pour une littérature-monde*. Paris : Gallimard, NRF, 2007, 342 p.
- LECLERC, Gérard. *La mondialisation culturelle, Les civilisations à l'épreuve*. Paris : Presses Universitaires de France, 2000, 486 p.
- LEGENDRE, Jacques. *Rapport d'information n°221 fait au nom des délégués élus par le Sénat à l'Assemblée parlementaire du Conseil de l'Europe sur le colloque organisé le 11 décembre 2007 sur l'enseignement des littératures européennes*, rattaché pour ordre au procès-verbal de la séance du 8 février 2008, enregistré à la Présidence du Sénat le 27 février 2008, 89 p.
- *Le livre : que faire ?* Paris : La Fabrique éditions, 2008, 95 p.
- LEVERATTO, Jean-Marc, LEONTSINI, Mary. *Internet et la sociabilité littéraire*. Paris : Editions de la BPI, Collection « Etudes et recherches », 2008, 252 p.
- LOMBARD, Alain. *Politique culturelle internationale : le modèle français face à la mondialisation*. Paris : Babel, Maison des cultures du monde, collection « Internationale de l'imaginaire » n°16, 2003, 359 p.
- *L'univers de Roger Caillois*. Vichy : Bibliothèque municipale, 1975, 100 p.
- MAALOUF, Amin. *Les Identités meurtrières*. Paris : Editions Grasset & Fasquelle, 1998, 189 p.
- MAURY, Emmanuel (dir.). *Les grands livres de notre temps, Les 80 œuvres qui ont marqué les dix dernières années*. Paris : Editions STH, collection « Les grands rythmes de la littérature et de la pensée », 1993, 436 p.
- MERNISSI, Fatima. *Rêves de femmes, une enfance au harem*. Paris : Editions Albin Michel, 1996, 252 p.
- MICHON, Jacques et MOLLIER, Jean-Yves (dir.). *Les mutations du livre et de l'édition dans le monde du XVIIIe siècle à l'an 2000*. Paris : L'Harmattan, 2001, 597 p.
- Ministère de la Culture (service des études et recherches). *Les jeunes éditeurs, esquisse pour un portrait*. Paris : La Documentation française, 1986, 183 p.
- MOLLIER, Jean-Yves et collectif. *Où va le livre ?* Paris : La Dispute/SNEDIT, collection « Etats des lieux », 2002, 347 p.
- MOLLIER, Jean-Yves et collectif. *Où va le livre ? – Edition 2007-2008*. Paris : La Dispute/SNEDIT, collection « Etats des lieux », 2007, 392 p.
- MOLLIER, Jean-Yves. *Le commerce de la librairie en France au XIXe siècle, 1798-1914*. Paris : IMEC Editions/Editions de la Maison des sciences de l'homme, 1997, 450 p.
- MOLLIER, Jean-Yves. *Louis Hachette (1800-1864), le fondateur d'un empire*. Paris : Librairie Arthème Fayard, 1999, 554 p.

- MOLLIER, Jean-Yves. « Paris capitale éditoriale des mondes étrangers », in MARES, Antoine et MILZA, Pierre (dir.). *Le Paris des étrangers depuis 1945*. Paris : Publications de la Sorbonne, 1994, 470 p, pp 373-394.
- MOLLOY, Sylvia. *La diffusion de la littérature hispano-américaine en France au XXe siècle*. Paris: Presses Universitaires de France, 1972, 355 p.
- MOREAU, Pierre. *La critique littéraire en France*. Paris : Librairie Armand Colin, 1960, 205 p.
- MOREL, Stéphanie. *Ecole, territoires et identités. Les politiques publiques françaises à l'épreuve de l'ethnicité*. Paris: L'Harmattan, collection « Logiques politiques », 2002, 354 p.
- MORO, Adriana. « Paris, lieu de naissance de la négritude, L'image du nègre à Paris », in *Paris et le phénomène des capitales littéraires, carrefour ou dialogue des cultures (Actes 3 du premier Congrès international du CRLC, 22-26 mai 1984), volume I*. Paris : Presses de l'Université de Paris-Sorbonne, 1984, 493 p., pp 307-315.
- MOUNIN, Georges. *Les belles infidèles*. Lille : Presses universitaires de Lille, 1994, 108 p.
- MURAT, Laure. *Passage de l'Odéon, Sylvia Beach, Adrienne Monnier et la vie littéraire à Paris dans l'entre-deux-guerres*. Paris : Librairie Arthème Fayard, 2003, 367 p.
- MURIEL, André. *Safêlivre : guide des salons et fêtes du livre*. Vitry-sur-Seine : CALCRE, 2002, 223 p.
- NOIRIEL, Gérard. *Atlas de l'immigration en France*. Paris: Editions Autrement, 2002, 63 p.
- NOWICKI, Joanna, OUSTINOFF, Michaël (dir.). *Hermès, n°49 : Traduction et mondialisation*. Paris : CNRS Editions, 2007, 272 p.
- NYSSEN, Hubert. *L'éditeur et son double*. Arles : Actes Sud, 1988, 273 p.
- PALFREY, Thomas R. *L'Europe littéraire (1833-1834), Un essai de périodique cosmopolite*. Paris : Librairie ancienne Honoré Champion, 1927, 188 p.
- PARINET, Elisabeth. *La librairie Flammarion, 1875-1914*. Paris : IMEC Editions, 1992, 404 p.
- PEETERS, Jean. *La médiation de l'étranger. Une sociolinguistique de la traduction*. Arras : Artois Presses Université, 1999, 368 p.
- PEREZ de CUELLAR, Javier (dir.). *Notre diversité créatrice*. Paris: Editions Unesco, 1996, 343 p.
- PERRET, Bernard. *L'évaluation des politiques publiques*. Paris : La Découverte & Syros, collection « Repères », 2001, 123 p.
- PERROT, Marie-Dominique. « La mondialisation culturelle ou le bavardage planétaire », in *Le retour de l'ethnocentrisme, Purification ethnique* versus *universalisme cannibale*, Revue semestrielle du MAUSS n°13, 1er semestre 1999. Paris : La Découverte, 1998, pp 167-183.
- PETIT, Michèle. *Eloge de la lecture, La construction de soi*. Paris : Belin,

2002, 159 p.
- POIRRIER, Philippe. *Les politiques culturelles en France*. Paris : La Documentation française, collection « Retour aux textes », 2002, 637 p.
- POULAIN, Martine (dir.). *Lire en France aujourd'hui*. Paris : Editions du Cercle de la Librairie, 1993.
- POULAIN, Martine (dir.). *Littérature contemporaine en bibliothèque*. Paris : Electre/Editions du Cercle de la Librairie, collection « Bibliothèques », 2001, 174 p.
- PRADEAU, Christophe, SAMOYAULT, Tiphaine. *Où est la littérature mondiale ?* Vincennes : Presses Universitaires de Vincennes, collection « Essais et Savoirs », 2005, 150 p.
- RAGI, Tariq. *Minorités culturelles, école républicaine et configurations de l'Etat-nation*. Paris: L'Harmattan, 1997, 315 p.
- RAIMOND, Michel. *La crise du roman. Des lendemains du Naturalisme aux années vingt*. Paris : Librairie José Corti, 1966, 539 p.
- REX, John. « Stratégies antiracistes en Europe », in WIEVIORKA, Michel (dir.). *Racisme et modernité*. Paris : Editions La Découverte, série « Histoire contemporaine », 1992, 436 p., pp 327-344.
- RICOEUR, Paul. *Sur la traduction*. Paris : Bayard, 2004, 68 p.
- ROBINE, Nicole. *Lire des livres en France des années 1930 à 2000*. Paris : Editions du Cercle de la Librairie, 2000, 254 p.
- ROCHE, François. *La crise des institutions nationales d'échanges culturels en Europe*. Paris : L'Harmattan, 1998, 126 p.
- ROUET, François. *Le livre : mutations d'une industrie culturelle*. Paris : La Documentation française, 2000, 306 p.
- SARTRE, Jean-Paul. *Qu'est-ce que la littérature ?* Paris : Gallimard, collection « Folio essais », 1948, 307 p.
- SCHOR, Ralph. *L'opinion française et les étrangers, 1919-1939*. Paris : Publications de la Sorbonne, 1985, 761 p.
- SCHUWER, Philippe. *Traité pratique de l'édition*. Paris : Electre/Editions du Cercle de la Librairie, 1994, 566 p.
- SCHUWER, Philippe. *Editeurs aujourd'hui*. Paris : Editions Retz, 1987, 167 p.
- Société Française de Littérature Générale et Comparée. *La recherche en littérature générale et comparée en France*. Paris : SFLGC, 1983, 416 p.
- STEINER, Georges. *Après Babel*. Paris : Albin Michel, collection « Bibliothèque des Idées », 1978, 470 p.
- STEINER, Georges. *Le silence des livres*. Paris : Arléa, 2006, 69 p.
- STERNHELL, Zeev. « La fonction politique et culturelle du racisme », in WIEVIORKA, Michel (dir.). *Racisme et modernité*. Paris : Editions La Découverte, série « Histoire contemporaine », 1992, 436 p., pp 54-59.
- SUREL, Yves. *L'Etat et le livre, Les politiques publiques du livre en France (1957-1993)*. Paris : L'Harmattan, collection « Logiques

Politiques », 1997, 362 p.
- SZENES, Dominique. *Les grands romans du monde entier*. Paris : Bordas, collection « Les compacts », 1992, 255 p.
- TAGUIEFF, Pierre-André. « L'antiracisme en crise, Eléments d'une critique réformiste », in WIEVIORKA, Michel (dir.). *Racisme et modernité*. Paris : Editions La Découverte, série « Histoire contemporaine », 1992, 436 p., pp 357-392.
- TARNERO, Jacques. *Le racisme*. Toulouse : Editions Milan, collection « les essentiels », 2007, 63 p.
- THEVENIN, André. *Enseigner les différences : la pédagogie des cultures étrangères*. Paris/Montréal : Etudes vivantes, collection « Axes », 1980, 141 p.
- TIEGHEM, Paul van. *La littérature comparée*. Paris : Librairie Armand Colin, 1951 (4e édition), 224 p.
- TIEGHEM, Philippe van. *Les influences étrangères sur la littérature française (1550-1880)*. Paris : Presses universitaires de France, 1961, 275 p.
- TODOROV, Tzvetan. *Nous et les autres, La réflexion française sur la diversité humaine*. Paris : Editions du Seuil, collection « La couleur des idées », 1989, 452 p.
- TODOROV, Tzvetan. *La littérature en péril*. Paris : Flammarion, collection « Café Voltaire », 2007, 94 p.
- TOMICHE, Anne, ZIEGER, Karl (dir.). *La recherche en littérature générale et comparée en France en 2007, bilan et perspectives*. Valenciennes : Presses universitaires de Valenciennes/SFLGC, 2007, 366 p.
- TOULA-BREYSSE, Jean-Luc. *Cultures du monde en France : le guide*. Paris : Editions Plume, 1999, 285 p.
- TOULA-BREYSSE, Jean-Luc. *Désir d'Asie*. Paris : Association française d'action artistique, 1998, 93 p.
- TOURAINE, Alain. « Le racisme aujourd'hui », in WIEVIORKA, Michel (dir.). *Racisme et modernité*. Paris : Editions La Découverte, série « Histoire contemporaine », 1992, 436 p., pp 23-41.
- TUDORET, Patrick. *L'écrivain sacrifié. Vie et mort de l'émission littéraire*. Latresne : Le Bord de l'Eau, 2009, 430 p.
- VERBUNT, Gilles. *La société interculturelle. Vivre la diversité humaine*. Paris : Le Seuil, 2001, 280 p.
- VIDALING, Raphaële (dir.). *L'histoire des plus grands succès littéraires du XXe siècle*. Paris : Tana Editions, 2002, 191 p.
- WEIL, Patrick. *La France et ses étrangers*. Paris: Editions Calmann-Lévy, 1991, 579 p.
- WILHELM, Bernard. « Imprimeurs et traducteurs français : les obscurs bâtisseurs de la littérature américaine des années 1920 », in *Paris et le phénomène des capitales littéraires, carrefour ou dialogue des cultures (Actes 3 du premier Congrès international du CRLC, 22-26 mai 1984)*,

volume I. Paris : Presses de l'Université de Paris-Sorbonne, 1984, 493 p., pp 175-184.
- ZARATE, Geneviève. *Enseigner une culture étrangère*. Paris : Hachette, collection « Recherches/ Applications », 1986, 159 p.
- ZUBER, Roger. *Les « Belles Infidèles » et la formation du goût classique*. Paris: Armand Colin, 1968, 501 p.

ARTICLES

- ABEL, Olivier. « Quatorze thèses sur l'humanité universelle et le respect des différences » *Esprit*, n°6, juin 1999, pp 101-107.
- « Aimer les différences ? », in *La pensée de midi* n°14, hiver 2004/2005, Actes Sud/La pensée du midi, 142 p.
- ANDREUCCI, Catherine. « Globalisation en rayon ». *Livres Hebdo* n°646, 19 mai 2006, p 9.
- ARMEL, Aliette. « Entretien avec Nancy Huston : "nous sommes tous pétris d'imaginaire" », *Le Magazine littéraire* n°475, mai 2008, pp 93-96.
- BERTRAND, Anne-Marie. « Minorités et multilinguisme », *Bulletin des Bibliothèques de France*. Paris, 2003, tome 48, n°5 (dossier « Littératures étrangères »), p 68.
- BESSIERE, Jean. « Les prix littéraires étrangers en France (1970-1986) », *Revue de littérature comparée*, n°250, avril-juin 1989, 293 p., pp 225-236.
- BIDARD, Gaëlle. « Lire en anglais à Paris », *Bulletin des Bibliothèques de France*. Paris, 2003, tome 48, n°5 (dossier « Littératures étrangères »), pp 42-46.
- BOUQUIN-KELLER, Hélène. « Les langues dites d'immigration dans les bibliothèques municipales françaises », *Bulletin des Bibliothèques de France*. Paris, 2003, tome 48, n°5 (dossier « Littératures étrangères »), pp 34-40.
- BRENT, T. David, FINOCCHI, Luisa et alii. « Pour une comparaison internationale » in *Esprit*, n°6, juin 2003, pp 159-188.
- BRUCKNER, Pascal. « Faut-il être cosmopolite ? », *Esprit*, n°12, décembre 1992, pp 80-101.
- « Fin(s) de la politique culturelle ? », in *La pensée de midi* n°16, octobre 2005, Actes Sud/La pensée du midi, 156 p.
- CARVALLO, Fernando. « Belles Latinas : stimuler les efforts de la création et de la critique », *Espaces latinos* n° 206, octobre 2003, pp 16-17.
- CASANOVA, Pascale. « Paris, méridien de Greenwich de la littérature », in CHARLE, Christophe et ROCHE, Daniel (dir.). *Capitales culturelles, capitales symboliques, Paris et les expériences européennes*. Paris : Publications de la Sorbonne, 2002, pp 289-296.
- CASANOVA, Pascale. « La tragédie des hommes-traduits ou l'impossible choix de la langue d'écriture », revue *Chaoïd*, 2008.

- CORTES, Jacqueline et MERCIER-BALAZ, Mercedes. « Rencontre avec Anne-Marie Métailié », *Espaces latinos*, Supplément « Programme des Belles Latinas », septembre 2002, p V.
- DELAHAYE, Martine. « France Culture, conversation avec Christian Bourgois ; Rencontre avec l'éditeur d'un des catalogues les plus prestigieux de littérature étrangère », *Le Monde Télévision*, 25 octobre 2003.
- DESLOUIS, Emmanuel. « Entretien avec Marcel Barang, traducteur, défricheur de trésors thaïlandais », *Eurasie*, 21 mai 2003.
- DEMONCHY, Anne-Sophie. « L'écrivain sacrifié – vie et mort de l'émission littéraire », site htpp://www.lalettrine.com, 24 février 2009.
- DUTRAIT, Liliane et Noël. « Gao Xinjian, écrivain seul et libre », *Le Monde*, 13 février 2004.
- ESPINOSA, Januario. « Belles Latinas II », *Espaces latinos* n° 206, octobre 2003, p 15.
- « Europe : la conscience citoyenne », *L'Express*, n°2742, semaine du 19 au 25 janvier 2004, pp 46-47.
- GARAPON, Paul. « Décentrer le regard : le travail du roman. Emmanuel Carrère et Jean Rolin », *Esprit*, n°6, juin 2003, pp 25-36.
- HULST, Lieven. « Le discours sur la traduction (1800-1850) », *Revue de littérature comparée*, n°2, avril-juin 1989. Paris : Didier Editions, 151 p.
- « La génétique au secours du talent... », *Le Monde des Livres*, 12 mars 2004.
- LAMBERT, José. « L'époque romantique en France : les genres, la traduction et l'évolution littéraire », *Revue de littérature comparée*, n°250, avril-juin 1989, 293 p., pp 165-170.
- « La rentrée littéraire en dix questions », *Le Figaro*, 20 août 2002.
- LEMIEUX, Emmanuel. « Comment parler des livres à la télévision ? ». *Lire*, dossier spécial, mai 2003.
- LEMIEUX, Emmanuel. « C'était au temps de l'innocence des écrivains ». *Lire*, dossier spécial, mai 2003.
- LEMIEUX, Emmanuel. « Michel Polac, le doyen ». *Lire*, dossier spécial, mai 2003.
- LE SAUX, Annie. « Les enjeux de la traduction en Europe », *Bulletin des Bibliothèques de France*. Paris, 2003, tome 48, n°5 (dossier « Littératures étrangères »), p 69.
- LHUILLIER, Marion. « La Bibliothèque municipale internationale, Un nouvel équipement du réseau des bibliothèques de Grenoble », *Bulletin des Bibliothèques de France*. Paris, 2003, tome 48, n°5 (dossier « Littératures étrangères »), pp 24-32.
- MACE-SCARON, Joseph. « Oxymore et remords », *Le Magazine littéraire* n°475, mai 2008, p 3.
- MASSE, Isabelle. « L'Europe par le livre ? », *Bulletin des Bibliothèques de France*. Paris, 1997, tome 42, n°1, pp 67-68.

- MONGIN, Olivier. « Création et culture à l'âge postcolonial, Eloge du décentrement », *Esprit*, n°3-4, mars-avril 2002, pp 316-332.
- MORAN, Jacques. « Parti pris. L'écrivain Jean-Marie Laclavetine défend le système équilibré de soutien au livre en France ». *L'Humanité*, 28 février 2002.
- NGI, Céline. « Des livres pour passer l'hiver : la rentrée littéraire de janvier 2009 », site Internet http://www.fluctuat.net.
- ORIOL-BOYER, Claudette. « Pour une didactique du Français Langue ET Littérature étrangères », *Revue Le Français dans le monde*, novembre/décembre 1990.
- PIAULT, Fabrice. « Littérature étrangère : la pente anglaise ». *Livres Hebdo* n°646, 19 mai 2006, p 7.
- PICQUIER, Philippe. « Dix-sept ans en Asie », *Bulletin des Bibliothèques de France*. Paris, 2003, tome 48, n°5 (dossier « Littératures étrangères »), pp 64-67.
- « Rentrée littéraire : des kilos de livres », *Courrier Picard*, 22 août 2007.
- *Revue de littérature comparée*, avril-juin 1989, n°2. Paris : Didier Erudition, 151 p.
- RIDING, Alan. « Culture : les Européens préfèrent le "made in USA" », *Courrier International* n° 706, du 13 au 18 mai 2004, p 18.
- « Rentrée littéraire de septembre 2009 : les romans étrangers », site http://www.culture-cafe.net, 14 juillet 2009.
- « Romans étrangers : les gagnants 2002 », *L'Express*, 19 décembre 2002.
- SALLES, Alain. « Les ventes de fiction perdent du terrain », *Le Monde des Livres*, 5 février 2004.
- SALLES, Alain. « L'édition sans boussole », *Le Monde*, 26 janvier 2004.
- SALLES, Alain. « Les prix littéraires se vendent moins », *Le Monde des Livres*, 30 janvier 2004.
- SALLES, Alain. « L'ombre du Prix Nobel Gao Xinjian », *Le Monde*, 30 janvier 2004.
- SALLES, Alain. « Célébrer la francophonie sans tataouiner », *Le Monde des Livres*, 12 mars 2004.
- SANCHEZ, Serge. « Michel Le Bris et Alaa El Aswany : les écrivains voyageurs sont-ils au bout du chemin ? », *Le Magazine littéraire* n°475, mai 2008, pp 14-17.
- SAVIGNEAU, Josyane. « Passeurs d'Orient », *Le Monde des livres*, Spécial Salon du livre, 19 mars 2004.
- TADIE, Alexis. « Quelle action culturelle extérieure ? », *Esprit*, n° 7, juillet 2000, pp 111-118.
- TRESMONTANT, Emmanuel. « Une résidence d'écrivains au diable vauvert », *Newsletter via Michelin*, mai 2001.
- VASIL'JEVNA POUCHKOVA, Svetlana. « La Bibliothèque d'État de littérature étrangère pan-russe à Moscou », *Bulletin des Bibliothèques de*

France. Paris, 2003, tome 48, n°5 (dossier « Littératures étrangères »), pp 18-23.
- YOUGOVA Dessislava. « La littérature est-européenne, cette belle étrangère si peu connue. Entretien avec Eric Naulleau ». Article paru sur le site « manuscrit.com », janvier 2002.
- ZIEGER, Karl. « Une grande exposition culturelle et son rôle pour la réception d'une littérature étrangère », *Revue de littérature comparée*, n°250, avril-juin 1989, 293 p., pp 217-224.

TABLE DES MATIERES

Introduction   p 9

Une arrivée au compte-gouttes à la Renaissance   p 15
Premières incursions
Une affirmation progressive
L'épineuse question de la traduction

Une infiltration progressive à partir du XIXe siècle   p 29
Le rôle croissant des universités à partir de 1830
Revues, salons et critiques littéraires
Intellectuels et passionnés

Entre engouement et repli nationaliste, une réception mitigée avant 1945   p 47
La difficulté d'appréhender une littérature étrangère
Des engouements éphémères ?
Un nationalisme littéraire exacerbé après 1870

Les étrangers devenus une valeur sûre pour éditeurs et libraires   p 59
Des éditeurs de plus en plus friands de littératures étrangères
Des librairies qui tentent de suivre le mouvement éditorial

Le rôle fondamental de la traduction   p 81
Des traductions en constante augmentation
Rôle et difficultés du métier de traducteur

Les structures de l'action publique   p 105
Le rôle croissant des bibliothèques et la politique de « lecture publique »
L'action directe de l'Etat et des collectivités locales
L'absence d'une politique publique spécifique aux littératures étrangères

Les modes de soutien aux littératures étrangères   p 127
L'événementiel a le vent en poupe
Soutien à la traduction, système des prix littéraires, résidences d'écrivains

Les centres culturels étrangers en France   p 141
L'action littéraire des centres culturels étrangers

La centralisation parisienne et la collaboration avec les acteurs français

L'impact mitigé des médias   p 151
La presse écrite : un public déjà conquis ?
La télévision, ennemie ou alliée ?
La littérature à la radio, une quasi-exclusivité des stations de Radio France
Internet, complice de l'avenir ?

Le système éducatif et les littératures étrangères : « peut mieux faire »   p 167
De l'intérêt d'une éduction multiculturelle
Les œuvres étrangères en primaire
Constat mitigé au collège
Au lycée, des littératures étrangères quasi absentes
Enseigner les littératures étrangères pour redonner le plaisir de lire ?
La problématique de la littérature européenne dans l'enseignement
L'enseignement des langues et littératures étrangères au prisme du phénomène de l'immigration
Former les enseignants à l'enseignement des littératures étrangères

Les littératures étrangères à l'Université   p 207
L'enseignement des littératures et civilisations étrangères
La recherche, les colloques et les publications
Les faiblesses de l'Université

Une réception encore difficile   p 221
L'engouement pour les « cultures du monde »
La difficulté de confrontation aux littératures étrangères
...et si les choses n'avaient pas tellement changé depuis Quo Vadis *?*

Chapitre 13 : Portraits de « passeurs »   p 243

Conclusion   p 251

Bibliographie   p 263

Liste des sigles

ARALD : Agence Rhône-Alpes pour le livre et la documentation
ATLF : Association des Traducteurs littéraires de France
BNF : Bibliothèque nationale de France
Bpi : Bibliothèque publique d'information (Centre Georges Pompidou)
CLEF : Club des lecteurs d'expression française
CNL : Centre national du livre
DLL : Direction du livre et de la lecture
DRAC : Direction régionale des Affaires culturelles
MAE : Ministère des Affaires étrangères
MEET : Maison des écrivains étrangers et des traducteurs
NRF : Nouvelle Revue française
PIE : Parlement international des écrivains
SFT : Société Française des Traducteurs
SNE : Syndicat national des éditeurs
UNESCO : Organisation des Nations Unies pour l'éducation, la science et la culture

Remerciements

Cet ouvrage est dédié à la mémoire M. François Roche ; il supervisa, à l'Institut d'Etudes Politiques de Lyon, le mémoire de DESS à partir duquel cet ouvrage a été écrit.

Je tiens également à remercier Gaëlle Le Floch et Romain Goetschy pour leur soutien et leurs encouragements durant la rédaction de ce travail, ainsi qu'à Jean-Paul Dekiss et Catherine Verjus pour leur relecture attentive.

L'Harmattan, Italia
Via Degli Artisti 15 ; 10124 Torino

L'Harmattan Hongrie
Könyvesbolt ; Kossuth L. u. 14-16
1053 Budapest

L'Harmattan Burkina Faso
Rue 15.167 Route du Pô Patte d'oie
12 BP 226
Ouagadougou 12
(00226) 76 59 79 86

Espace L'Harmattan Kinshasa
Faculté des Sciences Sociales,
Politiques et Administratives
BP243, KIN XI ; Université de Kinshasa

L'Harmattan Guinée
Almamya Rue KA 028
En face du restaurant le cèdre
OKB agency BP 3470 Conakry
(00224) 60 20 85 08
harmattanguinee@yahoo.fr

L'Harmattan Côte d'Ivoire
M. Etien N'dah Ahmon
Résidence Karl / cité des arts
Abidjan-Cocody 03 BP 1588 Abidjan 03
(00225) 05 77 87 31

L'Harmattan Mauritanie
Espace El Kettab du livre francophone
N° 472 avenue Palais des Congrès
BP 316 Nouakchott
(00222) 63 25 980

L'Harmattan Cameroun
BP 11486
(00237) 458 67 00
(00237) 976 61 66
harmattancam@yahoo.fr

540731 - Septembre 2013
Achevé d'imprimer par